21世纪高等院校旅游管理类创新型应用人才培养规划教材

旅游策划理论与实务

李锋 李萌

内 容 简 介

旅游策划不能盲目操作，需要在策划理论指导下分析事物规律，把握科学的方法，旅游策划理论和实践正越来越引起旅游行政管理部门、旅游投资商、旅游运营商和各高等院校的重视。本书将旅游策划理论和最新实践密切结合，根据高等院校旅游管理教学实际和旅游实践发展趋势，系统阐述了旅游策划的基础知识、基本理论和操作方法。本书共 11 章，主要包括旅游策划导论、旅游策划的原则和技巧、旅游战略策划、旅游创意策划、旅游产品策划、旅游形象策划、旅游营销策划、旅游演艺策划、旅游节庆策划、旅游广告策划、旅游公共关系策划等章节。

本书力求理论联系实际、形象生动、学以致用，为旅游策划提供理论依据和实践范例，适用于高等院校旅游管理等专业的教学用书，也可以作为旅游从业人员业务学习和培训教材使用。

图书在版编目(CIP)数据

旅游策划理论与实务/李锋，李萌主编.—北京：北京大学出版社，2013.6
(21 世纪高等院校旅游管理类创新型应用人才培养规划教材)
ISBN 978-7-301-22630-8

Ⅰ.①旅…　Ⅱ.①李…②李…　Ⅲ.①旅游业—策划—高等学校—教材　Ⅳ.①F590.1

中国版本图书馆 CIP 数据核字(2013)第 124823 号

书　　　名：	旅游策划理论与实务
著作责任者：	李　锋　李　萌　主编
策 划 编 辑：	莫　愚
责 任 编 辑：	莫　愚
标 准 书 号：	ISBN 978-7-301-22630-8/C·0914
出 版 发 行：	北京大学出版社
地　　　址：	北京市海淀区成府路 205 号　100871
网　　　址：	http://www.pup.cn　新浪官方微博：@北京大学出版社
电子信箱：	pup_6@163.com
电　　　话：	邮购部 62752015　发行部 62750672　编辑部 62750667　出版部 62754962
印 刷 者：	北京虎彩文化传播有限公司
经 销 者：	新华书店
	787 毫米×1092 毫米　16 开本　21.25 印张　510 千字
	2013 年 6 月第 1 版　2021 年 1 月第 7 次印刷
定　　价：	43.00 元

未经许可，不得以任何方式复制或抄袭本书之部分或全部内容。
版权所有，侵权必究
举报电话：010-62752024　电子信箱：fd@pup.pku.edu.cn

编写人员名单

主　编　李　锋(河南大学旅游科学研究所)
　　　　　李　萌(上海市松江区人民政府)

编　委(按姓氏笔画排序)
　　　　　王永志(四川大学旅游学院)
　　　　　吕晨萌(南昌大学经济与管理学院)
　　　　　毕　剑(河南理工大学经济管理学院)
　　　　　刘宏盈(广西民族大学管理学院)
　　　　　宋云飞(河南师范大学旅游管理学院)
　　　　　陈道山(河南牧业经济学院旅游管理系)
　　　　　陈水映(南阳师范学院国际教育学院)
　　　　　张红珍(河南城建学院工商管理系)
　　　　　罗　静(南昌大学经济与管理学院)
　　　　　周学军(重庆三峡学院经济与管理学院)
　　　　　胡炜霞(山西师范大学历史与旅游文化学院)
　　　　　黄光文(南昌大学经济与管理学院)
　　　　　程金龙(河南大学历史文化学院)

前　言

迪拜"玩转地球"的野心计划让全世界为之惊叹！20年前，当迪拜提出要大力发展旅游业时，许多人不以为然地认为这是异想天开；今天，走在中东杳无人烟的大漠之上，迪拜的摩天大楼和神秘岛屿已成现实世界的"海市蜃楼"，迪拜成为世界旅游业的重要一隅。迪拜的成功，验证了策划的力量。

中国旅游业的发展终究要走出"靠山吃山，靠海吃海"的资源依赖型开发模式，旅游策划也必将成为旅游业发展的第一生产力。这是旅游发展的规律所在，也是旅游发展到当前阶段的必然结果，更是旅游发展到未来的必然要求。目前，中国旅游业已进入跨领域、跨产业的"大融合"发展时代，在区域旅游竞争空前激烈的大背景下，各地的旅游投资者和旅游管理部门都渴望能有独特的旅游产品招揽天下宾客，但却鲜有大作和力作出现，为什么？究其原因：一方面，缺乏合格的旅游策划人才，策划者对旅游策划活动不得要领，导致了整个旅游策划市场处于无序状态；另一方面，旅游策划缺乏系统的理论指导，直接导致了一幕幕旅游策划闹剧轮番上演。一言以蔽之，策划已成为当前我国旅游业发展中的短板，其现状已阻碍了我国旅游业的健康持续发展。

旅游策划被列为高校旅游管理专业课程，标志着旅游策划正逐步走向理论化、系统化、规范化和科学化。本教材的编写初衷，也是着眼于我国旅游策划人才的需求和旅游策划人才培养的需要。本教材着力于将理论和实践紧密结合，积极学习、借鉴优秀教材特别是国外精品教材的写作思路、方法以及章节安排，力求内容简明扼要、深入浅出、生动活泼。为使本教材的内容更加充实与实用，我们参阅了众多学者的著作，借鉴了许多专家的理论总结和实践案例，汲取了它们的思想养分。限于篇幅，有的已经列出，有的囿于出处模糊等原因没能具体指明，在此谨向对本教材编写提供过思想养分的所有专家、学者表示崇高的敬意！

本书由李锋（河南大学）、李萌（上海市松江区人民政府）任主编，并负责组织编写、拟定提纲、审稿和统稿等工作。参加撰稿的还有：南阳师范学院的陈水映，山西师范大学的胡炜霞，河南牧业经济学院的陈道山，四川大学的博士研究生王永志，河南理工大学的毕剑，河南大学的程金龙，河南城建学院的张红珍，广西民族大学的刘宏盈，南昌大学的黄光文、吕晨萌、罗静，重庆三峡学院的周学军，河南师范大学的宋云飞。具体的编写分工如下：陈水映编写第1章，李萌编写第2章，胡炜霞编写第3章，陈道山与王永志合作编写第4章，毕剑编写第5章，程金龙编写第6章，张红珍编写第7章，刘宏盈编写第8章，黄光文、吕晨萌、罗静合作编写第9章，周学军编写第10章，宋云飞编写第11章。

由于本书编写时间仓促，加之编者水平和能力有限，书中的疏漏错误之处恳请读者批评指正。

编　者
2013年6月

目 录

第1章 旅游策划导论 1
1.1 策划概念 2
1.1.1 策划具有明确的目标 4
1.1.2 策划是在充分调查和分析的基础上所进行的活动 4
1.2 策划的特征和原则 4
1.2.1 策划的特征 4
1.2.2 策划的原则 6
1.3 旅游策划的概念和本质 9
1.3.1 旅游策划的概念 9
1.3.2 旅游策划的本质 11
1.4 旅游策划类似概念辨析 13
1.4.1 旅游策划和旅游规划 13
1.4.2 旅游策划和旅游创意 14
1.5 旅游策划的特点 15
1.5.1 旅游策划的服务性 15
1.5.2 旅游策划的差异性 15
1.5.3 旅游策划的智力性 16
1.5.4 旅游策划的竞争性 17
1.6 旅游策划的分类 18
1.6.1 按时间分类 18
1.6.2 按旅游策划的内容分类 18
1.6.3 按旅游策划的等级分类 19
1.7 旅游策划的程序 19
1.7.1 确定旅游策划者阶段 19
1.7.2 界定问题和明确目标阶段 20
1.7.3 拟订计划和组织分工阶段 20
1.7.4 调查分析阶段 20
1.7.5 策划创意阶段 21
1.7.6 撰写策划报告阶段 23
1.7.7 修改和实施阶段 23
1.8 旅游策划学的理论体系和学科体系 24
1.8.1 旅游策划学定义 24
1.8.2 旅游策划学的学科特点 24
1.8.3 旅游策划学的研究对象 25
1.8.4 旅游策划学的学科体系 26

第2章 旅游策划的原则和技巧 29
2.1 旅游策划的原则 30
2.1.1 差异创新性原则 31
2.1.2 目标指向性原则 33
2.1.3 操作可行性原则 34
2.1.4 多维系统性原则 36
2.1.5 动态调适性原则 37
2.1.6 艺术审美原则 39
2.1.7 人文关怀原则 40
2.1.8 文化把握原则 42
2.2 旅游策划的基本技巧 43
2.2.1 借势、造势法 43
2.2.2 头脑风暴法 44
2.2.3 纲举目张法 44
2.2.4 衍生裂变法 45
2.2.5 重点突破法 45
2.2.6 差异求变法 45
2.2.7 文化包装法 46
2.2.8 另辟蹊径法 46
2.2.9 缺点列举法 47
2.2.10 置身界外法 47

第3章 旅游战略策划 50
3.1 旅游战略策划概述 51
3.1.1 战略 51
3.1.2 旅游战略 52
3.1.3 旅游战略策划的概念和特点 53
3.1.4 旅游战略策划的原则 55
3.1.5 旅游战略策划的核心 58
3.1.6 旅游战略策划应重点解决的问题 61
3.2 旅游战略策划的内容 62

		3.2.1	旅游战略策划的基础条件
			分析 62
		3.2.2	旅游战略目标策划 68
		3.2.3	旅游战略思想策划 69
		3.2.4	旅游战略重点策划 73
	3.3	不同层次旅游发展战略的策划 74
		3.3.1	国家层面旅游发展战略策划 ...74
		3.3.2	区域旅游发展战略策划 75
		3.3.3	旅游企业(景区)发展战略策划 76

第 4 章　旅游创意策划 81

- 4.1 创意概述 83
  - 4.1.1 创意的含义 83
  - 4.1.2 创意的本质 84
  - 4.1.3 创意的方法 86
- 4.2 旅游创意 88
  - 4.2.1 旅游与创意的关系 88
  - 4.2.2 旅游创意的作用 89
  - 4.2.3 旅游创意的特征 90
  - 4.2.4 旅游创意的原则 93
  - 4.2.5 旅游创意的生成 94
- 4.3 旅游创意策划 100
  - 4.3.1 旅游创意策划认知 100
  - 4.3.2 旅游创意策划的特征 100
  - 4.3.3 旅游创意策划的原则 101
  - 4.3.4 旅游创意策划技巧 102
  - 4.3.5 旅游创意策划流程 105

第 5 章　旅游产品策划 114

- 5.1 旅游产品策划概述 115
  - 5.1.1 旅游产品与旅游产品策划概念 115
  - 5.1.2 旅游产品策划的原则 117
- 5.2 旅游产品策划的类型 121
  - 5.2.1 单项旅游产品策划 121
  - 5.2.2 组合旅游产品策划 122
  - 5.2.3 旅游服务产品策划 123
  - 5.2.4 旅游新产品策划 123
- 5.3 旅游产品策划要领与步骤 123
  - 5.3.1 创意呈现 123
  - 5.3.2 旅游产品的市场定位 125
  - 5.3.3 深挖旅游产品特色 126
  - 5.3.4 提升旅游产品质量 128
  - 5.3.5 旅游产品命名 128
  - 5.3.6 旅游产品的确定与推广 128
- 5.4 不同主题旅游产品策划实例 129
  - 5.4.1 体育旅游 129
  - 5.4.2 影视旅游 130
  - 5.4.3 老年婚恋旅游 131
  - 5.4.4 高铁旅游 132
  - 5.4.5 微旅游 133
  - 5.4.6 爱情旅游 134

第 6 章　旅游形象策划 139

- 6.1 旅游形象概述 140
  - 6.1.1 旅游形象的概念 140
  - 6.1.2 旅游形象的特征 142
  - 6.1.3 旅游形象的类型 144
  - 6.1.4 旅游形象的形成 145
- 6.2 旅游形象策划 146
  - 6.2.1 旅游形象策划的概念 146
  - 6.2.2 旅游形象策划的特征 146
  - 6.2.3 旅游形象策划的原则 148
  - 6.2.4 旅游形象定位策划 148
- 6.3 区域旅游形象策划 151
  - 6.3.1 区域旅游形象策划的影响因子 151
  - 6.3.2 区域旅游形象策划的内容 151
- 6.4 城市旅游形象策划 154
  - 6.4.1 城市旅游形象策划应处理的关系 154
  - 6.4.2 城市旅游形象策划的影响因素 155
  - 6.4.3 城市旅游形象策划的流程与内容 156

6.4.4 城市旅游形象策划的主要
　　　　模式 164
6.5 企业旅游形象策划 165
　　6.5.1 企业旅游形象策划的缘起 165
　　6.5.2 企业旅游形象策划的目的 166
　　6.5.3 企业旅游形象策划的内容 167

第 7 章 旅游营销策划 176

7.1 旅游营销策划概述 177
　　7.1.1 营销与营销策划 177
　　7.1.2 旅游营销与旅游营销策划 179
　　7.1.3 旅游营销策划的特点与
　　　　作用 180
　　7.1.4 旅游营销策划的分类 182
7.2 旅游营销策划的要素、原则与
　　程序 182
　　7.2.1 旅游营销策划的要素及其
　　　　特征 182
　　7.2.2 旅游营销策划的原则 185
　　7.2.3 旅游营销策划的程序 186
　　7.2.4 旅游市场营销策划的策略 190
7.3 旅游目的地营销策划 193
　　7.3.1 旅游目的地产品营销策划 193
　　7.3.2 旅游目的地空间竞争战略
　　　　策划 196
　　7.3.3 旅游目的地促销策划 197
7.4 旅游企业营销策划 200
　　7.4.1 旅游景区营销策划 200
　　7.4.2 旅行社营销策划 201
　　7.4.3 旅游企业营销策划的一般
　　　　技巧 204
7.5 中国旅游营销策划的发展趋势 206
　　7.5.1 我国旅游营销策划现阶段
　　　　存在的问题 206
　　7.5.2 中国旅游营销策划发展
　　　　趋势 207

第 8 章 旅游演艺策划 212

8.1 旅游演艺概述 213

　　8.1.1 旅游演艺的含义 213
　　8.1.2 旅游演艺的意义 215
　　8.1.3 旅游演艺的类型 216
　　8.1.4 旅游演艺的特征 217
8.2 我国旅游演艺的发展历程与趋势 218
　　8.2.1 中国旅游演艺的起步 218
　　8.2.2 中国旅游演艺项目的现状 219
　　8.2.3 旅游演艺项目发展趋势 220
8.3 旅游演艺项目策划原则与技巧 221
　　8.3.1 旅游演艺项目策划原则 221
　　8.3.2 旅游演艺项目策划策略与
　　　　技巧 222
8.4 旅游演艺项目案例解析——
　　以《印象·刘三姐》为例 223
　　8.4.1 《印象·刘三姐》的效益
　　　　分析 224
　　8.4.2 《印象·刘三姐》的示范
　　　　效应 225
　　8.4.3 《印象·刘三姐》的成功
　　　　因素分析 225
　　8.4.4 借鉴与启发 227

第 9 章 旅游节庆策划 233

9.1 旅游节庆概述 234
　　9.1.1 旅游节庆概念 234
　　9.1.2 旅游节庆的分类 235
　　9.1.3 旅游节庆的性质 238
　　9.1.4 旅游节庆的特点 238
　　9.1.5 旅游节庆的功能 239
9.2 我国旅游节庆存在的问题 241
9.3 旅游节庆策划的原则 243
9.4 旅游节庆运作模式和运作趋势 245
　　9.4.1 旅游节庆运作模式 245
　　9.4.2 旅游节庆的运作趋势 247
9.5 旅游节庆策划的主要内容 248
　　9.5.1 确定旅游节庆的主题 248
　　9.5.2 开展前期调研 249
　　9.5.3 进行节庆定位 250

9.5.4 选定节庆的商业运作模式......251
9.5.5 制订节庆运作计划......253
9.5.6 进行节后绩效评估......253
9.6 旅游节庆品牌策划......254
9.6.1 旅游节庆品牌的特征......254
9.6.2 旅游节庆品牌的作用......255
9.6.3 旅游节庆品牌建设策划......256
9.6.4 旅游节庆品牌发展策划......258

第10章 旅游广告策划......262

10.1 旅游广告概述......264
10.1.1 广告......264
10.1.2 旅游广告......265
10.1.3 旅游广告要素......266
10.1.4 旅游广告的分类......267
10.1.5 旅游广告的作用......267
10.2 旅游广告策划的内涵、要素、特征及原则......269
10.2.1 旅游广告策划的内涵......269
10.2.2 旅游广告策划的要素......270
10.2.3 旅游广告策划的特征......271
10.2.4 旅游广告策划的原则......274
10.3 旅游广告策划的程序与步骤......277
10.4 旅游广告创意的概念与要求......280
10.4.1 旅游广告创意概念......280
10.4.2 旅游广告创意的要求......283

第11章 旅游公共关系策划......290

11.1 旅游公共关系概述......291
11.1.1 公共关系......292
11.1.2 旅游公共关系概念......293
11.1.3 旅游公共关系的功能......294
11.1.4 旅游公共关系活动的基本模式......296
11.2 旅游公关策划流程......300
11.3 不同内容主题的旅游公关策划......302
11.3.1 旅游公关新闻策划......302
11.3.2 旅游公关专题活动策划......309
11.3.3 旅游公关促销策划......316
11.3.4 旅游危机公关策划......319

第1章 旅游策划导论

本章教学要点

知识要点	掌握程度	相关知识
策划的概念	了解	谋划、筹划、打算、计谋、筹谋、计策、设计、计划、办法等智谋活动
策划的特点	掌握	创新性、组合性与目的性
策划的原则	掌握	特色性、系统性、可行性、文化把握以及复合效益原则
旅游策划的本质	重点掌握	文化本质、生态本质与艺术本质
旅游策划的特点	重点掌握	服务性、差异性、智力性与竞争性
旅游策划学的学科特点	了解	交叉应用性的综合性学科

本章技能要点

技能要点	掌握程度	应用方向
旅游策划的本质和特征	掌握	能正确理解旅游策划的基本要求
旅游策划的程序	掌握	掌握旅游策划的基本步骤

导入案例

一 字 千 金

图1.1 骆马湖

宿迁骆马湖(见图1.1)谐音不好,旅游发展受到影响。三个共管该湖的城市都想过改名,但谁也改不了,因为行政上难于协调。受邀策划推广的机构认为人可以有别号,比如李白号青莲居士;地可以有别名如昆明又称春城,为什么骆马湖就不能取别名呢?据此,策划机构研究发现骆马湖在地图上非常像一个骑在马背上的蝙蝠(也可理解为马背上的湖),把骆马湖取别名叫"马上湖",在当地广告牌上很快换上"马上湖"的别名。

不久,计划成功。《扬子晚报》误以为骆马湖更名,首先煽动性报道此事,引来全国及全世界媒体的跟风报道,骆马湖知名度一夜之间实现了千年突变,成为全国关注的热点。骆马湖旅游也顺理成章地推广开来。用当地主管部门的话讲:"骆马湖取别名的炒作,为我们省了两个亿的广告费!"

骆马湖,马上湖,一字创意,成就了一个景区的发展,不得不说"千金难敌"。宿迁骆

马湖"别名"策划案例再次诠释:智慧的策划真的能改变一切。

(据熊大寻旅游策划公司《谁在策划旅游》整理)

策划在产业经济发展中发挥着越来越重要的作用。旅游产业是一种注意力经济、形象力经济和创造力经济,应当以策划为生命。但由于"旅游资源决定论"长期主导着旅游业的发展,资源的重要性被无限地放大,行业内也逐渐陷入了"非资源不成事"的固定思维模式中。的确,拥有垄断性强、奇特性突出、观赏价值高的旅游资源为当地旅游业的发展奠定了坚实的基础,这样的旅游资源似乎不需要任何策划就可带来很大的经济价值。因而,策划的重要作用在一定程度上并未被充分认识。但是中国不可能处处拥有像黄山、泰山、五大连池等具有强大历史积淀和先天优势的名山圣水。对于缺山少水的旅游资源贫瘠地区,旅游业出路何在呢?国内外旅游业发展实践表明,发展旅游业,资源并不是绝对决定因素,迪拜就是"资源决定论"的最好反证。创意经济时代的到来为"一切皆有可能"做了最好的诠释,也为旅游资源的多维度开发利用插上了翅膀。随着创意策划在现代旅游业发展中重要性日益突出,作为一门学科的旅游策划学也逐渐形成。

旅游策划学是旅游学和策划学交叉融合而形成的一门综合性学科。其突出特征是它的应用性和实践性。构建旅游策划学的学科理论架构,确立其学科特点、研究内容等,具有十分重要理论和现实意义。本章将对策划的内涵、特点、原则和旅游策划的本质、特点与程序等问题进行讲解。

1.1 策划概念

"策划"一词最早可见于《后汉书·隗嚣传》,意思为计划、打算。策划一词,古代写作"策画"。唐代诗人元稹《奉和权相公行次临阙驿》诗:"将军遥策画,师氏密訏谟"。《说文解字》中,"册,符命也,诸侯进受于王者。象其札,一长一短,中有二编之形"。可以看出,策的本意是书简。"画,界也。象田四界,聿所以画之。"可见,早期的"划"字有划分界线的含义,后来引申为谋划。策划,《辞源》对其解释为"筹谋,计划"。《辞海》对"策划"的解释为"谋划;运筹"。《现代汉语词典》中,策划的解释是"谋划、计谋。"通过对策划词义的探源,我们可以初步发现,策划一般是指谋划、筹划、打算、计谋、筹谋、计策、设计、计划、办法等智谋活动。

最近几十年,"策划"一词逐渐成为使用频率较高的时髦词汇。今天人们所说的"策划",除了有《后汉书·隗嚣传》中的"计划,打算"之意外,又有了一些新的含义,如统筹、安排、酝酿、计谋、谋策。在汉语中,策划有两种不同的解释。作为动词使用时,是指人们事先的策划活动,即策划主体运用知识、智慧和能力进行策划活动的过程。作为名词使用时,则指思维活动的结果,即策划方案。

以策划的当代含义来看,商周交替时期的姜太公吕尚可以当之无愧地被称为策划鼻祖和策划大师。由于中国历史的发展历程特征和中国传统文化的影响,中国古代的策划理论和策划实践多表现在政治生活、军事生活、社会生活和文化生活中,而在经济生活中并不多见。如现在我们还经常阅读的《三国演义》、《水浒传》、《孙子兵法》等著作中,其中的事件、故事、思想和谋略等，处处可觅见策划的痕迹和光彩。

经典人物 1.1

古代策划典范人物——吕不韦

吕不韦(见图 1.2)的策划才能、营销谋略可谓古今中外之典范。其一是奇货可居。秦子楚入赵国为人质，因期间秦国多次攻打赵国，故子楚在赵国的待遇也深受影响，生活困顿。然而，凭着丰富而敏锐的商业直觉，吕不韦认为子楚"奇货可居"，是只潜力股，可以投资以待时日。正是这个引子，拉开了这位商业奇才的传奇政治生涯。其二是一字千金。毕竟是商人出身，吕不韦官封秦相初时，朝廷官员多少有些不服气。吕不韦受孔子著《春秋》，孙武写《孙子兵法》的启示，命门下三千门客著书《吕氏春秋》，且将全文抄贴在咸阳城门上，并发布告曰："增损一字，赏予千金。"这恐怕是古往今来，最有气魄的"炒作"了。

图1.2 吕不韦

"奇货可居"与"一字千金"蕴含的投资与商业策划智慧，至今仍然是备受推崇的商业思想，且极富现实指导意义。自吕不韦后，无人能出此二者左右也。

当然，人类文明是全人类共同创造的。世界上任何一个国家和民族都为人类智慧的发展贡献了自己的力量，人类的历史长河中曾涌现出许许多多的具有卓越才能的策划家，如古罗马帝国领袖恺撒、法兰西第一帝国创立者拿破仑·波拿巴、近代旅游创始人托马斯·库克等。

随着经济和社会的发展，人们对策划的理解也逐步多元和深刻，国内外很多学者对策划的概念进行了明晰和辨别。

美国学者苏珊(2002)归类和总结了部分学者对策划的定义，得出了以下几种策划类别定义。

事前设计说：认为策划是策划者为了实现特定的目标，在行动之前为所要实施的行动设计。持这种观点的专家以威廉·H.纽曼(William H. Newman)、权宁赞、马修·E. 迪莫克(Marshall E. Dimock)为代表。

管理行为说：认为策划和管理是密不可分的整体，策划是管理的内容之一，是一种有效的管理方法。持这种观点的专家学者以哈罗德·D. 斯密斯(Harold D. Smith)为代表。

选择决定说：认为策划是一种决定，是在多个计划、方案中寻找最佳的计划或方案，是在选择中做出的决定。持这种观点的专家学者以美国学者哈罗德·库恩兹(Harold Koontz)和塞瑞尔·O. 多恩德(Cyril O. Donned)为代表。

思维程序说：认为策划是人们的一种思维活动，是人类通过思考而设定目标，以及为达到目标而进行的最根本、最自然的思维活动。持这种观点的专家学者以赫伯特·A. 斯密斯(Herbert A. smith)和日本的星野匡为代表。

苏珊在综合比较了策划的各类别定义后，对策划做出了如下解释：策划是人们事先的筹划、计划和设计的活动过程，是在综合运用各方面信息的基础上，思维主体运用自身的知识、能力和经验，遵循一定的程序，运用现代科学方法手段，为了特定目标的实现而事先进行系统、全面的思考和运筹，从而制定和选择具有合理性的、现实可行的以及能够达到最佳成效的实施方案，并根据目标和环境的改变对方案进行调整的一种创造性、思维性的活动过程。

国内学者对策划比较有代表性的定义如下。

杨振之(2005)认为，策划是通过整合各种资源，利用系统分析方法和手段，通过对变化无穷的市场和各种要素的把握，设计出能解决实际问题的、具有科学系统的分析和论证的可行性方案和计划，并使这样的方案和计划达到最优化，使效益和价值达到最大化的过程。

雷鸣雏(2004)认为，策划是通过概念和理念创新，利用整合各种资源，达到实现预期目标的过程。

李宝山、张利库(2003)认为，策划就是为实现特定目标，运用科学的方法，产生、设计、选择组织与环境的最佳衔接方式，并制定出具体实施方案的创造性思维活动。

吴灿(2001)认为，策划就是对某件事、某种项目有何计划、打算，用什么计谋，采取何种谋略、计策，然后综合实施运行，使之达到较好的效果。

综上所述，笔者认为，策划就是主体为实现特定目标，综合运用各类有利条件和因素，在特定时间和场合所进行的创造性谋划活动。

这一定义包括以下几个方面的内容。

1.1.1 策划具有明确的目标

策划总是为了一定的目标进行的，目标是策划的依据和落脚点，没有目标就没有策划。策划的目标就是正确地把握事物发展变化的趋势及可能带来的结果，并据此来确定所要实现的目标和需要依次解决的问题。

1.1.2 策划是在充分调查和分析的基础上所进行的活动

离开具体环境和实际情况，策划只能是空中楼阁。策划者要尽可能多掌握策划所依赖的各种信息，包括有利的和不利的因素，并对所收集到的信息进行深入分析、研究，寻找问题的实质和主要矛盾。只有如此，策划才可能具有针对性、合理性和科学性。

1.2 策划的特征和原则

1.2.1 策划的特征

策划是策划者智慧的结晶，创新性是其最基本特征。策划越是有新意，效果就会越显著，因而绝不能说哪种类型的策划是最佳的策划。但策划也是有规律的。总体来说，策划具有以下三个特征。

1. 策划具有创新性

创新是策划的灵魂，只有创新才能保持竞争优势。

一个富有创新的策划可以化腐朽为神奇，使策划项目光彩夺目。策划创新重要的是策划创异，其异能异出自己的文化差异，异出特色的别异，异出策划的新异。标新立异应建立在了解市场需求，了解消费者心理的基础上而不是简单的立异，应结合自身文化特色，抓住卖点，以特色提高吸引力，使策划创新活动能真正地让顾客喜欢，从而赢得顾客的喝彩。其活动主题、活动形式、活动内容应为广大消费者所接受，而不是搞千篇一律、千人一面、大同小异的文化肤浅的活动。

另外，策划要注意创奇。《孙子·势篇》说："三军之众，可使必受敌而无败者，奇正是也。""奇"就是策划的写照。但奇相对于正只是皮毛，正才是骨肉。"正"这一标准是为奇法指路的，是策划的本质。正法和奇法结合才能策划成功。在今天竞争的年代中，就要"奇"他人还没有"奇"过的，用孙武的话说："见胜不过众人之所知，非善之善者也；战胜而天下曰善，非善之善者也。"孙武这样的"奇"，也是高标准的，如能达到这样"知"的境界，当然是最理想不过的"善之善"的境界了。

经典人物 1.2

创新思维之父——爱德华·德·博诺

爱德华·德·博诺(Edward de Bono，见图 1.3)是创造性思考和把思考作为技能直接教授的相关领域内德高望重的权威。有的人认为他的价值甚至超过了诺贝尔奖得主。爱德华博士把毕生精力用于创新思维领域的拓展与开发，他根据对人大脑的工作原理的理解，构建了世界上最庞大、最具穿透力的思维训练系统，创造出了"水平思考法"、"平行思考法"、"6 项思考帽"等广泛应用于企业管理的工具，被誉为"创新思维之父"。

图 1.3　爱德华·德·博诺

2. 策划具有组合性

对相关事物进行优化组合是策划的第二个特征，也是策划的本质特征。策划不同于文学、艺术，不同于培训、翻译，不同于律师、顾问，不同于导演、教练，也不同于其他智力性活动，作为一种特殊的智力性活动，策划要做的事情就是研究怎样对相关事物进行优化组合。事物是由事和物构成的，政治、经济、文化、军事、外交、资源、环境、人员、组织、体制、机制、政策、策略、设备、工具、方式、方法、技术、艺术、动作、表情、声音、颜色等都是事物。而相关事物是开放性的，究竟哪些事物与达到既定策划目的有关并且能进行优化组合取决于策划人的智慧。

对各种相关事物进行优化组合要尊重客观规律，要坚持科学态度。科学是一个庞大并不断发展的体系，其中包括很多并且越来越多的门类。不同策划需要不同的科学知识。"空城计"应用的主要是军事学和心理学，"草船借箭"应用的主要是军事学和气象学。

策划水平与知识的广度、高度、新度及应用知识的灵活度成正比,强调的是对知识的灵活应用。

案例分析1.1

诸葛亮的"空城计"

大敌当前时,一般人想到的是兵马、弓箭与退兵有关,诸葛亮想到的却是椅子、扇子、大门、表情。"空城计"中,诸葛亮让人把关闭的大门打开,自己坐在城楼的椅子上,手里慢慢地摇着鹅毛扇,把忐忑不安的表情换成若无其事的表情,都是为了使司马懿退兵。

诸葛亮对相关事物进行优化组合使重新组合后的事物实现了退兵的目的。

3. 策划具有目的性

有特定目的是策划的第三个特征。凡是策划都有特定目的,这个目的可能是要把一件事情或一项事业干成或干好,可能是把一件事情或一项事业尽快地干成干好,可能是把一件事情或一项事业用较少的投入干成干好,可能是把一件事或一项事业干得又好、又快、又省。达到不同的目的需要不同的策划,达到高级的目需要高级的策划,达到多方面的目需要多方面的策划。比如,三国时,诸葛亮的战略方针很明确:东联孙吴,北抗曹魏。关羽、刘备先后违背了这个战略,结果都失败身亡了。刘备死后,阿斗继位,诸葛亮马上恢复了与东吴的和好关系,始终坚持总的战略目标。

知识要点提醒

策划的目的性就是最大限度地实现策划主体的社会价值和其产品(服务)的市场价值。

1.2.2 策划的原则

凡事都有原则和标准。原则不仅决定了对一个事物的判断,而且决定了我们对这个事物的理解,甚至决定了这个事物的存在。或者说,原则使我们有理由确定一个事物的存在情况。

1. 特色化原则

克隆的价值是有限的。策划贵在特色化。只有创新才能保持竞争优势。策划要善于抓住新的问题,创造出与众不同的信息,从而引起人们的关注,以实现策划的目的。策划要不断出新、求变、求异,涉足别人未涉足的领域,尤其要善于独辟蹊径,不拾人牙慧,不拘泥于陈规陋习。总之,只有在内容上、形式上、策划手法上不断出奇制胜、新意迭出,有独特的视角,有新奇的创意,才能在竞争中独树一帜,立于不败之地,取得最佳社会效益和经济效益。

另外,创意是策划的灵魂。支配策划的创意和策划的表现形式主要还是抽象的感性。策划要创新,要求变。唯有如此,才能给人以影响和感染,才能达到传播和冲击效果。策划的特色化原则就是要做到"唯一性、权威性、排他性",策划不管是企业还是个人,最主要的是为它或者自己定位,即找出自己的特色优势。要做到人无我有,人有我先,人先我变,突出自己的优势,才能以最小的投入,取得最大的收获。

案例分析1.2

农夫山泉"有点甜"

在1997年以运动瓶盖"扑"的一声杀入中国水市的农夫山泉,凭借"有点甜"的独特创意,以特色化营销定位,在消费者心目中留下了深刻的印象,在当时已是群雄割据的市场中强行占领了一席之地,第二年就坐上了"康师傅"出局后空出来的中国水业"老三"的位置。农夫山泉的成功与其精湛的策划创新手段是分不开的。

2. 系统化原则

做策划时,一切都要从系统的概念出发,注意每一个因素的变化引起各种变化后产生的影响。坚持系统原则就是要把策划作为一个整体来考察,在系统整体与部分之间的相互依赖、互相制约的关系中进行系统综合分析,抉择最优方案,以实现决策目标。

单靠浮浅的点子时代已经过去,过于倚重一两个灵光突现的点子,没有系统的配套措施,策划也会过早夭折。强调系统原则,就是强调策划活动的整体性、全局性、效益性。

系统原则要求对系统中各个部分的策略做统筹安排,确定最优目标。系统是个有机整体,整体大于部分之和,整体具有其中各要素简单相加起不到的作用。策划在市场调研和营运管理等各环节都要到位,因为今天的市场,无论是生产、销售,还是传播,都是系统的工程。为使系统最优化,必须对系统中各组成要素全盘考虑,并且要与外部环境协调起来。另外,协调广告活动各要素与环境的关系,讲究整体最佳组合效应也要遵循系统化原则。一个系统化的策划过程包括:调查研究、目标定位、理念设计、资源整合、运作切入、形象塑造、文化底蕴、政治糅合,还有实战操作、过程监理、微调修整、总结提高等。

小思考

策划的系统性是各因素的简单相加吗?

3. 可行性原则

策划本身要结合实际,策划目标是可遇可求的,而不是不切实际、漫无边际的虚幻图景。

策划活动所追求的是目的性与规律性达到统一,即人们所制订的目标、所制订的计划和规划必须符合客观的发展规律才能获得实现,只有这样策划才算达到目的。所以,策划的一个十分重要的原则就是使自己的策划方案能符合客观规律,即符合现实的原则,这也就是通常所说的"成事在天"。策划的可行性原则强调策划活动必须符合自然规律和社会规律，符合历史潮流，符合民意。策划一定要从活动主体的现实条件出发，根据主体所拥有的实物，所具有的财力，所能利用的资源，以及所有可信的信息来源等，做出符合实际的可行方案。坚持客观现实的原则就必须做到：做一个头脑清醒的策划者，深入调查，掌握客观的数据，严格分析论证，做到严格依据事实进行策划。策划要求策划者真诚、求实。

但是，策划所讲的可行性并不是被动消极、按部就班地等待。策划要讲究审时度势，太超前不会被市场接受，太滞后没有效益，与市场同步又没有新意，不能很快引爆市场。适度超前是策划的精妙之处。策划要防止保守主义，同时要防止冒险主义。

知识要点提醒

可行性原则要求对策划项目的主要内容和配套条件，如市场需求、资源供应、环境影响、资金筹措、盈利能力等，从技术、经济等方面进行调查研究和分析比较，并对策划项目建成以后可能取得的财务、经济效益及社会环境影响进行预测，从而决定该项目是否值得投资。

4. 文化把握原则

策划背后是文化的巧妙利用。策划最关键的东西，从最高层次上讲，是对每一个地方文化价值和文化神韵的把握。策划者所策划的文化产品一旦进入市场，转化为文化服务商品，就要受市场规律的支配。它一方面有使用价值，要满足社会需要；另一方面，它要求价值补偿，寻求高额回报。文化把握原则要求策划项目中的文化产品的文化内涵是先进的、健康的，把社会利益放在第一位，可能是普品、精品、财富。文化产品在创造价值和实现价值时若把寻求高额回报放在第一位，就可能降低商品品质、迎合低俗需要，其文化内涵就可能是落后的、有害的，甚至成为毒品或垃圾。这样，文化的先进性与落后性便注入策划活动之中，从而导致策划目标产生积极的和消极的两面性。

案例分析 1.3

水乡古镇周庄走向世界

1984年，著名画家陈逸飞回到有"中国第一水乡"美称的苏州周庄(见图1.4)采风，如饥似渴地收录着每一寸动感的画面。于是他怀着激情和灵感创作了著名的油画《故乡的回忆——周庄双桥》，栩栩如生，完美表达了千年古镇"小桥流水人家"的肌理和风采。这幅有灵性的油画被美国石油大王哈默购买收藏，并在他访华时赠送给邓小平。1985年，"双桥"图案被印在联合国首日封上。"双桥"成为周庄的标志形象，使世界上更多的人领略周庄的秀美。

图1.4　水乡古镇周庄

从此，陈逸飞和《家乡的回忆——周庄双桥》一举成名，水乡古镇周庄也走向了世界。

5. 复合效益原则

策划从某种角度上来说，是一门生态经济学。这就是说在算经济账的时候，也一定要考虑社会账和环境账。项目的成功不仅要有经济效益，还要有社会效益和环境效益。

案例分析 1.4

"雷人"采茶工招聘信息

河南固始西九华山风景区开发有限公司刊登了一则招聘信息，信息内容为：招聘采茶工竟然要求是处女，而且胸围要在 C 罩杯以上，身体明显部位不允许有伤疤及受伤等痕迹。按照岗位要求，应聘采茶工需根据春茶的采摘期每日采集"口唇茶"，每天必须按时进行口腔和身体的清洁工作，按时进行身体锻炼，日薪人民币 500 元。该招聘信息发出后，被网友传至各大论坛并引发热议。

图 1.5 招聘采茶工

通过以上对策划内涵和特征的了解，很易理解策划是一门涉及人类学、心理学、美学、传播学、经济学、管理学、历史文化等多种学科的学问。策划对于策划人员要求较高，策划人员必须有较宽的知识面、丰富的想象力、敏锐的观察力、较强的逻辑思维能力和思维发散能力、清晰的系统思维力等。

1.3　旅游策划的概念和本质

1.3.1　旅游策划的概念

旅游产品、旅游服务的独特性和旅游形象传播的有效性是旅游业成功经营的必备条件。当前旅游市场的规模日益扩大，旅游产品的种类和层次也日益丰富，旅游区域之间和区域内旅游企业之间的竞争日益白热化，旅游开发和旅游经营依靠常规的通式越来越行走艰难。在当前民营资本放量进入旅游行业的背景下，资本逐利的天性也决定了它们对风险的高敏感性。为了力求旅游产品的特色和旅游形象的鲜明，保证旅游市场竞争中的胜利，旅游策划也越来越受到政府、资本投资者的重视和倚重。一个好的策划能使旅游目的地在短期内迅速提升知名度，确立竞争优势。

旅游策划是旅游学和策划学交叉衍生的一门学科。对旅游策划作为一门学科进行专门研究起始于20世纪80年代，因此对旅游策划的概念界定也是"仁者见仁，智者见智"。不同的学者依据自己的学识和实践经验，给旅游策划以不同的理解。比较有代表性的有以下几个。

沈祖祥、张帆(2000)认为，旅游策划是指旅游策划者为实现旅游组织的目标，通过对旅游市场和旅游环境等的调查、分析和论证，创造性地设计和策划旅游方案，谋划对策，然后付诸实施以求获得最优经济效益和社会效益的运筹过程。简言之，旅游策划是对某一旅游组织或旅游产品进行谋划和构想的一个运筹过程。

蒋三庚(2002)认为，旅游策划是策划人员为达到一定目的，经过调查、分析与研究，运用其智力，借助于一定的科学方法、手段和技术，对旅游组织、旅游产品或旅游活动的整体战略和策略运筹规划的过程。

杨振之(2002)认为，旅游策划是通过创意去整合、连接各种资源和相关因素，再通过对各细分目标市场需求的调查研究，为市场推出所需要的产品组合，并对其付诸实施的可行性进行系统论证的过程。旅游策划是一个科学的、完整的、理性的体系。它讲究的是程序，追求的目标是解决旅游业的实际问题。

陈放(2003)认为，旅游策划是以旅游资源为基础、通过创造性的思维整合旅游资源，实现旅游资源与市场拟合的同时实现旅游业发展目标的过程，具有经济性、社会性、创新性和时效性等特点。

欧阳斌(2005)认为，旅游策划是为了满足旅游业发展自身的需要和游客的需要而设定一种目标，并为实现这种目标所进行的思考和采取的行动。

上述概念界定各有其侧重之处，需要注意的是，大多概念有意义过于狭窄的不足，如有的概念纯粹是从旅游产品的角度出发而忽略了旅游形象，有的是简单地把策划戴上旅游的帽子，概念的专业性不强，难以突出旅游策划的概念实质。借鉴和吸收以上概念后，本文对旅游策划定义如下：旅游策划是旅游主体为实现自身发展需求，依据自身资源和外界条件支持因素，创意性地推出具有个性化的旅游产品，形成区别于竞争对手的旅游产品或正面旅游形象，以达到影响相关旅游市场目的的系列活动。

旅游策划是策划的一个分支，它既具有策划的普遍性，又有旅游行业的特殊性。在遵循普遍性的前提下，其特殊性表现在以下几个方面。第一，旅游策划要充分理解旅游资源的价值。旅游资源的价值主要体现在它能够满足旅游者愉悦身心的需求方面，但是对旅游资源单体或者旅游资源群来说，在进行旅游策划活动时，不同的专家对旅游资源价值的理解相差甚远。尤其突出的是部分人员把资源的历史文化价值或者科学价值等同于旅游价值，还有的策划人员解读资源价值时"只见树木，不见森林"，不能从有机整体的角度看待资源，导致旅游策划达不到应有效果，甚至出现变相降低旅游资源价值的现象。第二，旅游策划要契合区域旅游发展方向。旅游目的地的发展依靠鲜明独特的旅游形象，旅游形象的传播需要特别的形式或方式，旅游者的旅游活动追求一种异样的经历和体验，这些都表明策划必不可少。但在进行旅游策划的时候，往往出现策划主体和旅游业主体不一致的现象，这样非但没有达到设想目的，反而可能适得其反。

1.3.2 旅游策划的本质

作为旅游管理和旅游决策的一种前导程序和总体构想，旅游策划是旅游思想及策划思想在旅游领域的具体体现和应用，是信息利用、科技和智慧发展的思想结晶，是集创造精神和理想意识于一体的活动。从旅游学领域来研究策划，可以总结出旅游策划的3种本质：文化本质、生态本质及艺术本质。

1. 旅游策划的文化本质

旅游策划就其本质来说是文化的营造和再现。文化旅游是现代旅游的发展趋势之一，也是旅游竞争的关键所在。旅游给文化带来活力，文化给旅游带来魅力。可以说，旅游的本质是种精神文化活动，文化是旅游的灵魂。所以旅游策划本质首先应该体现出旅游的文化精髓。文化的民族性、地域性、时代性、继承性等特点都决定了旅游资源的特征。无论是旅游消费活动还是旅游经营活动都要具有强烈的文化性。在旅游策划中只有挖掘出当地的文化内涵，策划方案才有实施的价值。比如，美国人策划的迪斯尼乐园，营造和再现了恢弘、荒诞、勇于开拓的美国文化。

案例分析 1.5

北宋王朝鼎盛时期的印象画卷：《大宋·东京梦华》

《大宋·东京梦华》是中国最大的宋文化主题公园——开封清明上河园出品的大型实景水上演出（见图1.6）。这项演出是一卷关于北宋王朝鼎盛时期的印象画卷，是《清明上河图》和《东京梦华录》的历史再现。它运用《虞美人》、《醉东风》、《蝶恋花》、《满江红》等8首耳熟能详的经典宋词及其意境，勾勒出北宋都城东京的历史画面。豪华的场景，经典的宋词，高科技的舞美，带给广大游客的是强烈的视听震撼。它生动、真实地再现了北宋京都汴梁的盛世繁荣。整个演出由经典的8首宋词串联而成，演出围绕宋词的意境而渐次展开。剧中有熙熙攘攘的宋代市井风情，都城东京汴梁的繁荣与奢华，友邦邻国来朝的气势，战争的悲壮，祝福的寄托，整个演出场景是"闹""静"交错的大写意的水墨画。演出传颂隽永的宋词，代表了宋代东京的市井生活和社会风貌。

图1.6 《大宋·东京梦华》演出现场

旅游业的文化价值开发、民族文化创新，以及民族文化产业化促进民族现代化的特色发展道路模式适应了全球化背景。民族既要现代化，又要保持民族文化的主体性和独特性。保护和开发民族传统文化可为民族发展探索一条新的道路。中国有五千年悠久的历史，各个地域都有着自己的传说和文化。对于观光客来说，这些都是旅游的兴趣所在，更应该是旅游策划把握的中心。

2．旅游策划的生态本质

生态是人与自然、人与社会、人与人之间的和谐状态，而旅游的本质就是人短暂地诗意地栖居在大地上，能享受到这种和谐。所谓"生态"策划即回到事物本源看事物。生态策划即把旅游策划对象塞入某件"容器"里头，这容器可以是民俗形态、自然形态、社会形态，也可以是自然与社会形态嬗变的复合体，通过溯本追源浸染到十足的"原生态"，然后"取出"，在确保原汁原味的基础上，配以各种调料，供不同口味的消费者体验或享用。以往单向度极度细分的方式把"策划"逼进了死胡同，让策划越来越虚，愈发变假。脱离本真的策划只剩下虚幻的意念、空洞的理念，而生态策划拨乱反正，回到事物本身看事物，回到需求本源看需求，剔除了"雾里看花、水中捞月"的虚幻，还公众一个真实清晰的"原生态"。

策划存在的本质是为了生存与发展。这是所有生物的生存原则，是一种生态关系。旅游策划正是这种生存原则在意识形态上的具体体现。所以旅游策划每个环节都应体现和践行这种生态属性。策划者应领会和运用旅游策划的生态本质，使旅游策划少走弯路，回归到正确的轨道上。

案例分析 1.6

"原汁原味、土生土长"的《云南映象》

《云南映象》是一台将云南原创乡土歌舞与民族舞重新整合的充满古朴与新意的大型歌舞集锦。参与《云南映象》演出的演员70%来自云南各村寨的少数民族，演出服装全部是少数民族生活着装的原型，他们血液中本来就流淌着原始的舞蹈基因。《云南映象》挖掘、整理、提炼云南民俗的精髓，通过文艺的表现将"活化石"活灵活现地端显在观众面前。《云南映象》以原生态环境为背景，结合各民族性格和原生态歌舞艺术的特色，演绎体现民族文艺无穷无尽的生命力。它具有非凡的表现力和冲击力，展现了彝、苗、藏、傣、白、佤、哈尼等民族原生态歌舞的绚丽色彩，展示出原汁原味的云南民族元素。它能如此震撼人心，是因为舞者都是用生命在舞、用灵魂在唱，血液里流淌着马蹄的声音，生命中涌动着艺术的张力。这是一种人性的真正体验，将生活原态再现在舞蹈里，突破了以往舞台艺术的均衡布局，使传统的广场活动与现代舞台艺术得到了完美结合。

3．旅游策划的艺术本质

著名美学家蒋孔阳教授曾经指出，旅游"不单纯是游山玩水，寻欢作乐，它其实是一种没有任何强制的审美教育"。旅游者的游览活动，实际上就是旅游者体现、丰富、发展和完善自由生命的审美活动。旅游活动中"游"的心理，实际上就是旅游者的审美心理，所以旅游策划首先应满足旅游者的审美需求。旅游者对审美的追求要求旅游策划也应以审美为标准,在策划旅游项目时要采用艺术性的手段,达到审美的高度。旅游策划的艺术性还体现在策划没有一套统一的、放之天下皆准的法则,它需要策划人员根据具体的情况采取相应的策划方案。因此没有一套成功的策划方案是可以被完全复制的。

知识要点提醒

在后工业时代的现代策划中,旅游策划成为连接艺术世界和技术世界的边缘领域,旅游策划活动是在追求种种能引起诗意反应的物品。艺术本身也已成为一种强大的生产力,艺术给科学提供了一个更方便和更有效交流思想的环境。在全国旅游产品雷同的情况下,艺术作为一种思想工具,特别在旅游景观设计的创新中应该发挥它应有的魅力。

1.4 旅游策划类似概念辨析

旅游策划是一门新兴的学科,目前国内外对其深入的系统研究还不是太多,在实际操作中,旅游策划的概念常常与其他一些旅游相关概念相混淆。为使旅游策划概念界定更加科学、全面、合理,有必要将旅游策划的概念同旅游规划、旅游创意这些容易与之相混淆的概念进行比较。

1.4.1 旅游策划和旅游规划

1. 两者的区别

旅游策划和旅游规划是既相互区别、又相互联系的两个概念,在旅游理论研究和旅游管理实践中,要理解和处理好两者之间的区别和联系。两者的区别主要是旅游策划致力于解决游客来不来的问题,旅游规划解决的是游客来了后体验什么的问题。具体区别见表1-1。

表1-1 旅游策划与旅游规划区别分析表

	概念	任务	目的	时间先后
旅游策划	出谋划策。旅游策划是依托创造性思维,整合旅游资源,实现资源、环境、交通与市场的优化拟合,实现旅游业发展目标的创造过程	策划是做软件,着重解决前期的战略定位理念创新、中间的游玩方式项目策划、后期的商业运作模式等重要的问题	找出资源与市场间的核心关系,构建可采取的最优途径,形成可实施的明确方案,并对近期的行动进行系统安排	旅游发展规划前
旅游规划	旅游策划是一个地域综合体内旅游系统的发展目标和实现方式的整体部署过程	规划是做硬件,规划注重的是旅游产品在空间上的安排、旅游配套设施在空间上的配套	形成法规性文件	旅游策划后

2. 两者联系之处

首先，旅游策划是旅游规划的基础。旅游规划相当于企业产品的生产过程，主要围绕硬件来做，而策划则是在生产该产品之前的软件设计。旅游策划的品质决定了旅游产品开发的层次和深度。在旅游规划编制之前，首先要依据旅游资源特征进行主题定位、目标定位、市场定位、功能定位、开发战略定位等工作，而这些工作就是旅游策划的工作内容。前期旅游策划是后期旅游规划的依据和基础，是旅游规划是否可行的保证。

其次，旅游规划是旅游策划的延伸。旅游规划是依据相关法律法规和场地条件，对资源开发和景观设计进行的全面计划，具有宏观性和战略性特点，主要表现为方向性指导，但缺乏旅游发展中的操作性指导。旅游规划的执行和落地还需有旅游策划来保证。旅游规划的可操作性通过许多单项旅游策划来实施，对规划进行进一步的延伸和细化，把抽象变具体，把定性变为定量，把宏观变为微观，把理念变为措施，把思想变为行动，把项目变为产品等。

总之，旅游策划是纲，旅游规划是目，纲举才能目张，没有旅游策划的旅游规划是没有灵魂的肉体，每个旅游项目应该遵循旅游策划在先，旅游规划在后的原则才能成功。没有规划指导的建设是乱建，没有策划指导的规划是乱划。策划指导规划，规划指导建设。

国内多年存在的"重规划、轻策划"主要表现在不考虑资源的特殊性、不考虑投入的盈利性、不考虑项目的可持续性，这样的规划建设、旅游开发就是犯罪。

小思考

重规划、轻策划带来哪些影响

西安大明宫遗址公园耗资上百亿，部分建成的建筑遭拆除；西游记宫在全国各地分布了300多个，大部分入不敷出，处于濒临闭门状态，据悉江苏某市最近又要建；华东地区近200个拓展基地，300多条旅游购物街……每年数以百亿计的旅游发展投入，大部分都成为复制和模仿的规划产品。多年来，国内旅游策划形成了观念落后、野蛮开发、产品雷同、重复建设、创意无根、规划无魂的发展现状。

1.4.2 旅游策划和旅游创意

所谓旅游创意是指主要基于个人的观念、知识、经验、信息和技能，通过创造性思维产生的以旅游产品符号价值生产、营销与消费为中心的独特意念和新颖构思，同时也用作动词表述作为这一活动的过程。旅游策划需要创意，旅游创意是策划的起点和关键。旅游创意可以脱离旅游策划而独立存在，而旅游策划则是涉及其他众多因素的系统工程。

旅游创意是旅游策划的核心和灵魂，旅游创意决定了旅游策划的成功与否及成绩大小。旅游策划和旅游创意是一种包含和被包含的关系，旅游创意只是旅游策划系统中的一个环节和要素，旅游创意是一个"点"，而旅游策划则是一个"面"，旅游策划是包含旅游创意的一个系统实施过程。策划比创意更完备、更具体、更具有可操作性。

小思考

为什么品牌不知名时，需要通过策划来制造亮点，资源不足的时候，需要向创意要资源？

1.5 旅游策划的特点

旅游策划作为策划的一种，是依据旅游市场的现实需求、潜在需求和旅游地的资源优势，对该旅游地的旅游项目进行定向、定位的过程，也是对旅游产品的研制、发展、优化的过程。由于旅游业及旅游消费的特殊性，旅游策划也表现出自己的特点。

1.5.1 旅游策划的服务性

服务性是旅游业的本质表现，因此服务性是旅游策划区别于其他策划的本质特征之一。旅游策划过程本身就是旅游策划主体为各类旅游组织和旅游活动提供服务的过程，其最终目的是更好地满足旅游市场需求。因此旅游策划必须树立以游客为核心的观念，一个好的策划必须满足游客需求。旅游是人们为追求和满足愉悦、审美、康体等某些方面的需要，支付一定的精力、时间和金钱成本，亲自前往异地活动。旅游地的每个环境构成要素都是其旅游产品和旅游形象的映像，所以旅游策划要时时处处为游客着想，以满足游客需求为核心。

案例分析 1.7

迪斯尼乐园的服务创造价值

半个多世纪以来，迪斯尼乐园的知名度和影响力越来越大，为迪斯尼集团创下惊人的财富。这个主题乐园创造的价值绝大部分来自于服务。迪斯尼乐园每天都是人山人海，而在繁华背后，是他们对游客的独到服务。据介绍，迪斯尼对普通扫地的暑期工都要培训 3 天才能上岗。这样做的目的是为孩子和家长提供娱乐服务、创造人间的欢乐童话。在迪斯尼的愉快经历，会在每个孩子心中沉淀，定格在他们美好的童年记忆里。显然这是可以传承的。他们的孩子，他们孩子的孩子，在童年时期都可能会被带到这里来体验快乐。迪斯尼乐园经久不衰的真正魅力是一切以游客为中心的至诚服务，而且坚持几十年不变。

1.5.2 旅游策划的差异性

差异性就是求新求异性。旅游经济本是一个差异性产业。旅游者从客源地向旅游目的地移动，就是受求新、求异、求知、求乐的需求驱动，所以某地的旅游越具有强差异性就越具有强吸引力。旅游策划应不断把旅游产业的内涵进行延伸和包装形成差异化的产品和市场。其次,旅游策划应寻找旅游资源之间的差异性和独特性,并赋予创新。旅游策划者经过对策划对象的观察、分析,提出带有差异性的活动方案,并提供独特的创意。

当今中国城市形象千城一面,旅游开发千景一面,因为思维方法的平庸化导致城市和旅游景观的同质化;创新方式的拿来主义导致城市面貌和旅游景观的失魂落魄。比如,全国城市的路灯都是"糖葫芦",全国城市的建筑都是"火柴盒",全国城市的广场都是"喷水池",造成旅游形象缺乏差异性,难以吸引旅游者。所以城市景观和旅游景区亟须超常规思维和突破性创意,中国城市景观需要创意性再造,中国旅游景区需要震撼性策划。

案例分析 1.8

天天都是春天——差异性的昆明旅游形象策划

中国城市的发展对古老的东西破坏是很大的,中国几乎所有的城市都是千城一面,很难有自己的特色形象,很难看到古代建筑符号的完整表现。2004年,策划公司对昆明市(见图 1.7)进行旅游整体战略策划,提出昆明差异化的旅游品牌形象,即昆明天天是春天。差异性的旅游品牌形象使昆明很快脱颖而出。"昆明天天是春天"除了贩卖气候外,春天的内涵和外延也得到了深入发展。昆明市持续打出了"昆明天天狂欢节",全力打造"狂欢昆明"的新形象。这一举措使昆明旅游品牌形象进一步凸显,品牌价值得到了提升。

图 1.7　昆明

1.5.3　旅游策划的智力性

旅游策划如果沿袭陈旧的策划体制,复制其他行业策划的经验和方式,就会缺乏旅游本身鲜明的形象。所以,把智力当作融合剂形成一个强有力的智业支撑体系,引入旅游行业,可以更好地打造旅游策划平台,扩大旅游业的内涵和外延。旅游策划的智力性的实质就是通过智力来贯穿旅游策划各个环节,以实现旅游产业链条真正意义上的无缝对接。再则,智力在旅游策划活动中起主导作用。传统工业经济需要大量资金和设备,有形资产起主导作用;知识经济更依赖智力、知识和信息,无形资产起主导作用。

旅游策划的智力性使得智力人才在旅游中的作用显得尤为重要。除一些技巧性因素外,旅游策划的成功更大程度地依赖于旅游策划者的超人智慧和独特眼光。旅游策划是策划者想象力的施展、主观冲动的发挥、创新欲望的落实,以及对目标的好奇心和孜孜不倦的探索精神的体现。策划者只有具备高超的智慧,才能将各种知识融汇于排列有序、新奇独特的构想之中,使策划血肉丰满,富有强大的感召力和鼓动性。如何吸收旅游智业的先进理念,构筑旅游产业全程智力支持系统,需要引起旅游业界足够的重视。物质的资源毕竟是有限的,而智慧可以是无穷的。智慧构筑的旅游智业同样是没有止境的。旅游智业作为一种取之不尽、用之不竭的资源,其附加值远远大于其载体的本身。

第1章 旅游策划导论

经典人物 1.3

熊大寻：熊大寻旅游策划机构总策划

- 中国10大策划人第一名，策划最高奖"金钥匙"持有者。
- 被第三届中国策划大会授予"中国策划新一代掌门人"称号。
- 中国策划20年十大策划专家。
- 《风光》报道"中国城市策划第一人"。
- 《羊城晚报》报道："继何阳、王志纲后，中国策划第三阶段的代表人"。
- 《经营者》报道："中国商业模式策划开创者"；"中国策划少帅"。
- 《新营销·城市黄页》报道："前有王志纲，后有熊大寻"、"中国策划界第一怪杰"。
- 策划大理、遵义获中国策划金奖。

1.5.4 旅游策划的竞争性

旅游策划是旅游组织提高生存能力、发展能力和竞争能力的一种有效手段。旅游策划的目的是通过精心策划在激烈的市场竞争中提升旅游组织的竞争力，使之赢得竞争的主动地位。因此竞争性是旅游策划的又一显著特征。首先，对于策划活动而言，竞争者将是最主要的问题。到底谁才是自身产品的真正竞争者，在确定这个问题以前，首要工作应该对自身的规模、产品、目标市场、发展方向、未来走向等进行统一分析和把握，在充分了解自身的情况后再来思考竞争者是谁，这时就需要对竞争者的各方面进行调研和分析。旅游策划竞争归根到底是旅游精神、旅游思想和旅游智慧的竞争。衡量旅游策划方案优劣的唯一标准就是策划方案是否凸显竞争力。

案例分析 1.9

"风花雪月"旅游形象的策划

——大理的再腾飞

图1.8 大理

大理(见图 1.8)被称为"东方的瑞士"和"亚洲文化的十字路口"。曾几何时,大理和西双版纳一度成为云南旅游的代名词。但是近年来随着丽江旅游的世界性引爆和观光旅游向体验旅游的转型,丽江成为全世界小资的天堂和中国旅游的最热点。大理大有退隐江湖之势。如何提升大理的竞争地位就成了该地旅游策划首先关注的重点。策划公司通过对该城市内涵的挖掘,总结出大理最重要、最悠久、最有价值的品牌资产是"风花雪月",这是经过古今中外、千千万万人所共同认可的"宇宙珍奇",不仅要将它保留,还将它强化、放大,直至"天下第一"。大理带给游客最核心、最深层次的感受其实就是这种诗意居住的感受。成功的策划使大理竞争地位得到了提升。

1.6 旅游策划的分类

旅游策划按照不同的分类标准,可以分成不同的类型。

1.6.1 按时间分类

按照旅游策划在旅游规划的时间前后,旅游策划可以分为总体策划(规划前的策划)和深度策划(规划后的策划)两类,具体见表1-2。

总体策划要求景区在开发之前不是先做旅游总体规划,而要先做旅游策划方案,先对景区的开发进行定位,提炼开发主题,设置符合市场需求的旅游项目和产品,做出独特的卖点。新颖的创意和准确的定位、独特的旅游项目和旅游游玩方式的设计是旅游区策划的重点所在,是各旅游开发单位在做旅游总体规划前的必经阶段。

深度策划特别是营销策划对旅游企业的后续发展及竞争力水平的提升有着重要的作用。旅游企业后续发展要不断扩大市场占有率。营销策划就是要不断地了解消费者,研究消费者,不断开发新产品或新形式的服务体系,不断完善提高服务和产品的质量,不断扩展产品线来满足消费者需求,通过旅游策划活动不断提升旅游企业和产品的品牌形象,并借助多渠道信息传播途径来宣传品牌形象。

表1-2 总体策划与深度策划简述表

	时间	目的	表现形式	层次
总体策划	旅游规划前	明确市场形象,找准市场位置	形成吸引力的产品形态	战略层面上的
深度策划	旅游规划后	把规划的大理念,转变为产品、项目和行动计划	营销策划、招商策划、融资策划等单项策划	战术层面上的

1.6.2 按旅游策划的内容分类

根据旅游策划的内容,旅游策划可以分为旅游产品策划、旅游形象策划、旅游营销策划、旅游节庆策划、旅游公关策划等。旅游产品策划侧重于对旅游产品的设计和创造;旅游形象策划指的是对旅游目的地,包括其旅游活动、旅游产品及服务等,在人们心目中形成的总体印象即品牌形象的策划和定位；营销策划是在对旅游企业内外部环境予以准确的分析并有效运用经营资源的基础上，对一定时间内旅游企业营销活动的行为方针、目标、战略以及实施方案及具体措施进行设计和计划，它侧重于产品的宣传和推广策略的应用；节庆策划主要是对大型节气庆典活动的策划；公关策划主要是通过与社会以及相关群体沟通，致力于树立良好的社会形象的策划。

1.6.3 按旅游策划的等级分类

按照旅游策划的等级，旅游策划一般分为旅游产业策划、旅游企业策划、旅游产品策划。旅游产业策划是根据旅游业的历史、现状和市场要素的变化所制定的目标体系以及为实现目标体系，在特定的发展条件下，对旅游产业发展的要素所做的系统安排。旅游产品策划是对旅游资源进行市场调查，通过创意形成、创意筛选、市场定位、概念形成和市场可行性分析为产品开发做好先导的过程。旅游策划的等级分类具体见表 1-3。

表 1-3 旅游策划等级分类简述表

	策划范围	策划主要内容	策划目标
旅游产业策划	旅游产业层面内	旅游产业范围内餐饮、运输、酒店、商业、农业等的整合与连接	区域聚集，推动区域发展
旅游企业策划	企业内部资源	企业的发展战略、盈利模式、运营模式、业务规划、营销策略、组织机构、财务预算等内容	提升企业的知名度和美誉度，提高市场竞争地位
旅游产品策划	旅游产品的设计	产品分析、市场分析、消费者分析、价格分析等	产品准确定位，突出产品特色

1.7 旅游策划的程序

旅游策划是一项复杂的综合性系统工程，是一个刻意创新、出奇制胜，更好地实现旅游发展目标，追求最佳效益的过程。旅游策划没有完全相同的策划方案和固定不变的策划程序，而是因人而异、因时而异、因事而异。但在旅游策划理论研究中，人们却习惯于把旅游策划过程程序化，即把旅游策划过程分为几个不同的阶段：确定旅游策划者阶段，界定问题和明确目标阶段，拟订计划和组织分工阶段，调查分析阶段，策划创意阶段，撰写策划报告阶段，修改实施阶段。

1.7.1 确定旅游策划者阶段

确定旅游策划者是整个旅游策划过程中的第一步。通常旅游策划者由若干不同领域的专家学者组成，从其所属部门看，可以是本企业的策划部门，也可以是专业策划公司、高等院校或科研院所。

旅游策划者的素质在旅游策划中起决定性作用，直接影响旅游策划的效果。因此旅游策划对旅游策划者提出了较高的要求。旅游策划者应该具备以下几个方面的素质。(1)具有强烈的问题意识,不仅能够掌握问题的实质,而且能够发现新的问题。(2)具备旅游知识,了解国内外旅游发展的历史、现状和趋势。(3)具备较强的综合、归纳和联想的能力,富有想象力和创造力。(4)具有团结合作的精神。

旅游组织委托专业的公司或者科研院所进行旅游策划时,委托方和被委托方之间通常需要签订委托协议或者合同,明确双方的责任和权利、策划的内容和目标以及策划完成时间和所需费用。

1.7.2 界定问题和明确目标阶段

界定问题就是认真分析问题,把握问题的实质。这是旅游策划目标具体化的基础和前提。要界定问题,一方面策划者要完全领悟委托方的本意;另一方面,策划者要明确完成旅游策划的时间和内容等具体要求。策划者在了解委托方的本意和要求后,要调查研究策划对象,对委托方的本意和要求进行科学论证,判断委托方的本意是否可行,是否存在改进需要。如果科学论证的结论是委托方的本意不可行,策划者要尽量劝说委托方放弃;如果方案可以改进,则要明确向委托方提出改进的方向;如果可行但策划难度较大,策划方不能胜任,最好放弃策划,以免给双方带来麻烦。

问题界定后,策划者要进一步明确旅游策划的目标。明确具体的目标是进行成功策划的起点。按照不同的分类标准,旅游策划目标可以分为总体目标和分目标,长期目标和短目标,主要目标和次要目标。为使方案得以顺利实施,目标得以最终实现,旅游策划目标要有战略性、明确性、可塑性和可操作性。

1.7.3 拟订计划和组织分工阶段

旅游策划计划是对旅游策划各个环节的具体安排,是旅游策划活动有序进行的依据和保障。策划者在接受委托方的委托后,要根据委托方的要求、问题的特点和自身的实际情况,制订详细周密的策划计划。计划的具体内容包括:拟定完成工作时间表、具体做什么工作、人员分工以及经费的安排等。

组织分工就是明确策划小组成员的具体任务,做到职责分明。分工要充分发挥小组成员的特长,并强调相互之间的配合,做到分工不分家。

1.7.4 调查分析阶段

调查分析是旅游策划的依据和基础,调查分析质量的好坏直接影响到旅游策划方案的优劣。调查分析包括三个方面的工作:确定调查内容、收集资料和整理分析资料。调查分析的目的是确定旅游策划的目标、受众、诉求点、表现方法和实施策略。

1. 确定调查内容

收集资料带有一定的目的性。漫无目的地收集资料不仅会增加工作量,而且会使目标不集中,不能获得有效的资料。旅游策划对象不同,调查分析的内容也不一样。以下是风景旅游区策划所须调查分析的内容。

首先是旅游资源调查。它包括调查旅游资源赋存状况和旅游资源环境状况两个方面。

旅游资源赋存状况的调查内容主要有资源数量、质量、分布、特色、类型和吸引力等。旅游资源环境状况的调查内容有自然环境调查和人文环境调查。其中自然环境调查包括气候条件、地质地貌条件、水文条件和生物条件等，人文环境调查包括历史沿革、经济状况、社会文化环境、旅游设施状况和地方管理状况等。

其次是旅游市场调查。市场导向是旅游策划的基本原则和依据，有无旅游市场是旅游策划能否成功的关键。旅游市场调查的内容主要有市场需求调查、游客评价调查、产品组合调查和市场环境调查等。其中市场需求调查包括旅游者的规模、构成、动机和行为，以及客源地的出游率、重游率和旅游花费等；游客评价主要包括旅游者对旅游产品的评价和接受程度、旅游者的心理状态等；旅游产品组合调查的内容主要有产品组合的广度、深度和相关性等；旅游客源市场环境调查包括政治环境、法律环境、经济环境、社会文化环境、科技环境和地理环境等。

最后是旅游设施和服务调查。旅游设施可分为旅游基础设施和旅游上层设施。前者是指主要使用者为当地居民但旅游者也必须依赖的设施，如供水系统、道路系统、通讯系统、金融系统、医疗系统、治安管理系统等；后者指虽然也可供当地居民使用但主要供旅游者使用的服务设施，如宾馆饭店、旅游咨询中心、旅游商店和某些娱乐场所等。

2．收集资料

根据来源，可将所收集的资料分为第一手资料和第二手资料。第一手资料也称为原始资料，是指须由调查人员为达到本次调查目的直接从调查对象处收集的资料。第二手资料也称为现有资料，是指过去已经收集或由他人收集、整理的信息资料。

在收集资料时，应首先从收集第二手资料入手。只有当第二手资料不能满足需求时才着手进行第一手资料的收集。第二手资料主要有企业内部资料(包括各种统计报表、各种经营指标、客户资料以及以前研究报告等)，政府发布的有关信息、文件、统计公报、研究报告，商业资料(包括企业发布的信息资料、企业咨询机构出售的信息资料和研究报告等)。第一手资料不仅能够弥补第二手资料的不足，而且具有可靠性、真实性和实效性的特点，因而在旅游策划中发挥着重要作用。第一手资料的收集主要有观察法、会议法、询问法等多种形式。

3．整理分析资料

通过调查所收集的资料众多且繁杂，因此旅游策划者或调查人员应该在收集资料的过程中及时认真地对收集到的资料进行分类整理，去粗取精，去伪存真。

1.7.5 策划创意阶段

旅游策划就是根据界定的问题、确定的目标和掌握的各种资料探索和设定解决问题的具体步骤和方法。策划方案的科学性直接关系到策划活动的成效，因此策划方案必须要有创意，创意是旅游策划的生命力。也正因为如此，策划是整个策划过程的核心和关键环节。策划创意的具体内容包括确定策划立意、设计策划主题、构思策划创意和确立策划方案 4 个方面。

1. 确立策划立意

确定策划立意就是确定策划活动或者策划对象的作用层次和品位，回答策划活动或策划对象要反映什么样的文化品位，达到什么效果等问题。策划立意是制作策划方案的总体指导思想和立足点，决定着策划方案的编制方向、层次、水平和策划对象的发展前景。为提高策划方案的实施效果，策划立意必须做到新颖、高层次，并能反映时代潮流。

立意并不是单凭一个人的点子就可以简单得来的，必须要经过系统的组织、整理，形成可以实现的构想和方案。通常立意主要有三个来源。

一是组织内部。有许多好的立意可能存在于旅游工作人员的脑海中，只不过是没有发现，或者没有被重视，或者还只是一个点子。因此策划人员要对内部人员进行广泛的征询和调查。

二是社会。对于某一方面的问题，可能在社会上已经有解决方案，如书籍。因此，策划人员必须要占有大量资料，具有丰富的阅历。

三是策划人员的灵感。这种灵感往往来源于策划人员丰富的经验和良好的素养。

在确立策划立意时，还要特别注意跟踪学术前沿和旅游产业发展前沿，要广泛交流和反复思考。

2. 设计策划主题

策划主题是策划活动理念、内容及策划对象特色的高度概括和凝练，是策划对象的发展方向、功能和形象的统一，是策划活动的灵魂，并贯穿于整个策划活动之中。策划主题是否突出、形象生动、富有特点，能否高度概括和反映策划活动内容，直接关系到整个策划活动的成效。

主题拟定绝不能随心所欲、草率了事，应充分调查研究，综合考虑策划活动的受众对象心理和社会时代潮流以及策划对象自身的目标、性质特点、活动内容等。

3. 构思策划创意

构思策划创意是创造性的思维过程。通过构思策划创意，才能使策划方案形成新的思想和方法。创意离不开点子，点子是策划的亮点，但创意不是点子，而是经过系统的组织、整理所形成的可以实现的构思和方案。

产生良好策划创意的人员并非一定要聪明绝顶，反应敏捷，关键是能否正确把握策划主题，能否深入看待问题，是否具有丰富的联想能力，能否掌握正确的策划方法等。通常寻找策划创意的方法主要有以下几种。

第一，借鉴法。通过广泛的调查和资料收集，策划者可能得到一些与策划对象相类似的创意。借鉴法即在此基础上结合策划对象的具体情况，对类似的创意添加新内容，加以修改、变更和加工，形成新的构思。

第二，感性认知法。策划活动虽然是一个创造性的思维过程，但仅靠策划人员的苦思冥想是不够的，需要策划人员走出去，对策划对象进行实地调研和市场考察，积极参加到旅游产品的生产和销售之中，通过广泛的调研和体验获得感性认识。在此基础上，策划者往往会获得新的灵感和创意。

第三，累积法。很多好的创意是在资料和信息的日积月累的基础上产生的，好经验的再应用常常会产生新颖的创意。策划者通过观察、学习、交流和体验等多种途径，可以逐步积累旅游策划的理论和经验。

第四，联想法。联想法就是把一种事物和现象与其他事物和现象联系起来加以思考，从而获得创意的方法。

4．确立策划方案

在旅游策划中往往会出现几个甚至多个创意，并由此得到不同的策划方案。为使策划方案切实可行，必须对不同的方案进行评估论证，通过综合分析评价比较各种方案的优劣，筛选出最优方案作为最终实施的方案。在选择最优方案的过程中，应该注意两方面的问题。首先比较各种方案的可行性和可操作性，所选方案应该符合策划委托单位的实际情况。有的策划方案尽管很好，但投资多、周期长、所需外部条件比较苛刻，这样的方案就不能采用。其次，策划方案要得到领导的信任和支持。这就要求策划人员在策划过程中认真倾听委托方和有关领导的意见和建议，并在策划方案中合理吸收。这是因为委托方与有关领导非常熟悉当地实际情况，而且策划方案能否顺利实施和执行，与领导的信任和支持程度密切相关。

1.7.6 撰写策划报告阶段

为了给旅游策划的实施提供依据，便于委托方或他人查阅、参考，旅游策划的最终方案必须整理成策划报告书，并提交委托方和有关部门、领导。策划书一般由文字、图表、图片、示意图、效果图等组成，具体又可分为策划文本及策划文本说明书两大内容。

由于策划对象和策划目标不同，策划书的内容也千差万别。但一般的策划书应包括以下基本要素。(1)策划项目的名称、策划委托单位、策划小组(包括领导组、顾问组、专家组等)、完成时间。(2)策划的目标、原则、指导思想。(3)策划对象的社会、经济、市场环境和资源条件。(4)策划对象的内容和详细说明。(5)策划的实施安排。(6)策划的预算、计划(人力、物力、费用)。(7)策划方案预期实现的经济、社会、环境效果分析。(8)策划的相关资料和说明。(9)其他策划方案概要。(10)策划实施过程中需要注意的事项。

1.7.7 修改和实施阶段

策划方案的修改和实施阶段包括三个步骤。

1．答辩、评审或修改意见

毕竟实施一项旅游策划需要较长的时间，涉及大量人力、物力和财力的投入，关系到一个旅游企业甚至旅游地区的发展前景，因此策划方案实施之前，策划者必须征求意见，或者进行评审，或者进行答辩。征求意见是把策划书下发给各个相关部门的主要领导和其他人员，广泛征求他们的意见。答辩则要求严格一些，由主要领导和相关部门的领导询问策划的内容，策划小组就这些问题进行回答。评审不仅有主要领导和相关部门的领导参加，还要请一些旅游策划专家参与。在策划方案评审过程中，策划小组应对策划书的内容作出比较详细的阐述，对所提出的问题做出明确的答复，并认真记录各方面的意见和建议。

2．修改完善

策划方要认真对待从各方面反馈回来的意见和建议，根据正确的意见和建议，对策划书进行相关的修改。为避免做大的修整，策划方在调查阶段应该尽可能多地获得资料信息，在确定策划创意阶段要与领导和相关部门多沟通、多交流。

3．实施方案

当策划方案被同意或者批准后，就进入实施阶段。在实施的过程中，策划人员要密切关注以下问题。

第一，策划人员要告诉委托方抓住实施方案的有利时机，并明确时间要求。因为策划的各种背景变化较快，如果时间拖得过长延误了时机，就很可能达不到预期的策划效果，从而给委托方带来损失，也不利于树立策划人员良好的形象。

第二，策划人员要告诉委托方对策划方案的实施进行有效管理。委托方要保持策划的连续性和权威性，要严格按照策划内容实施，不得随意改变策划内容。

第三，策划人员要认真做好策划实施过程中的服务工作。要严密监控策划的实施情况，及时收集和掌握策划执行过程中的各种信息，分析执行情况，并根据客观条件的变化对方案进行必要的补充和修正。

1.8 旅游策划学的理论体系和学科体系

旅游策划学是策划学和旅游学的综合而成的一门分支学科和应用学科。作为一门应用性很强的新兴学科，旅游策划学在我国旅游事业发展和高等教育旅游教学学科体系建设中所起的作用越来越重要。构建旅游策划学的理论体系和学科体系具有现实意义和时代意义。

1.8.1 旅游策划学定义

旅游策划学作为旅游学科体系中的一门独立学科，有其特定的研究对象和自成一体的学科体系。它是一门研究旅游策划的运作规律、原理、原则、方法、技能及其在旅游策划实践中如何应用的学科，旨在通过对诸方面的系统研究，为旅游策划实践提供理论依据和指导。

1.8.2 旅游策划学的学科特点

旅游策划学作为一门交叉综合性学科，具有以下几方面的特点。

1．综合性

旅游策划学是一门新兴的交叉学科，它不仅仅是旅游学和策划学合理整合的结果，还是策划学、传播学、行为学、创造学、运筹学、市场学、心理学、文化学等多学科交叉和融合的一门学科,因此具有综合性特点。旅游策划学就像一根红线,把各学科及其知识贯穿起来,形成了策划科学的总体系。所以不论是从旅游策划学知识的运用来看,还是从整个旅游策划学的体系来看,都具有鲜明的综合性,这是旅游策划学的基本特征。

旅游行业是一个由多专业交叉而形成的复合型文化产业,市场的需求和营销每天都在变化,所以策划人要不断完善自己的知识体系。例如,策划人除了要掌握基本的策划知识和技能,通晓营销、管理、品牌、广告、公关、传播、人力资源、财务等方面的基础知识,还要具有历史学、政治学、心理学、经济学、社会学等学科广博的知识,以适应实际工作中对旅游策划人知识体系的要求。

2.应用性

旅游策划学与旅游经济学、旅游地理学和旅游心理学等学科相比较,尤其强调操作性、实用性和应用性。旅游策划学虽然也对旅游的一些理论问题进行总结和概括,但这种总结和概括根本的出发点在于指导具体的旅游策划实践。另外,旅游策划学的实用性是由其功能性质所决定的。旅游策划学是随着社会旅游策划活动的实际需要而产生的,是为了指导策划活动,减少盲目性,提高自觉性,以使策划活动取得更好的成效。因此,它的理论、原理、原则、方法等都需考虑实际的效用。应用性是策划的中心议题,策划学存在和发展的意义也在于此。

3.社会历史性

旅游策划学的社会历史性是由人类策划活动的社会历史性所决定的。旅游策划活动是人类特有的活动,这种活动是在一定的社会关系中进行的,是为一定的阶级、社会集团服务的。因此策划目标的决定、方案的设计、效果的评估等都与一定历史时期的社会实际相联系。社会是发展变化的,旅游策划活动和旅游策划学的相关理论也是发展变化的。因此旅游策划学具有社会历史性的显著特征。

1.8.3 旅游策划学的研究对象

科学是按照它们研究对象的不同而分类的。旅游策划学是把策划思想的智谋文化和旅游策划的实践科学提炼到学科层面上,主要把旅游策划活动、旅游策划行为作为专门的研究对象。

旅游策划学是实践的产物。旅游策划活动和旅游策划行为是社会生活中的特殊领域,它具有特殊的矛盾性和独特的运行规律。从这个意义上说,旅游策划学是研究旅游策划活动和旅游策划行为规律性的科学,目的就是研究和揭示策划活动、策划行为的客观规律。它所关心的不是策划活动和策划行为的个别现象,而是能够主宰这些现象的基本规律,是研究旅游策划活动和旅游策划行为的本质和机理。这一方面要求从中国丰富多彩的策划思想中提炼研究旅游策划活动和旅游策划行为的规律性;另一方面,要求从旅游管理决策活动中提炼研究策划活动、策划行为的规律,特别是研究旅游科学策划活动要素构成的现象及其基本矛盾的运动规律,以及研究策划活动过程中的策划行为及其规律。

1.8.4 旅游策划学的学科体系

旅游策划学的学科体系是一个立体交叉多元结构的理论体系，也可说是由若干分支学科组合而成。旅游策划学的基础理论体系具体包括历史学、地理学、文化学、经济学、心理学、管理学、哲学、园林学、建筑学、规划学等基础学科。专业理论系列主要包括策划学、旅游市场学、旅游经济学、旅游地理学、旅游心理学、旅游景区管理、旅游规划与开发等。

旅游策划学的内容体系包括两个有机部分，一是旅游策划的原理；二是旅游策划的具体应用，这也是旅游策划学的基本结构。前者主要包括旅游策划的概念、性质、特点、原则、内容、方法、技巧和操作程序等。后者是应用部分，主要包括旅游形象的策划、旅游战略策划、旅游节庆策划、旅游广告策划、旅游服务策划、旅游营销策划、旅游公关策划等。

本章小结

策划是主体为实现特定目标，综合运用各类有利条件和因素，在特定时间和场合所进行的创造性谋划活动。它具有创新性、组合性与目的性这 3 个显著特征。策划的原则有特色性、系统性、可行性、文化把握以及复合效益 5 大原则。

旅游策划是旅游主体为实现自身发展需求，依据自身资源和外界条件支持因素，创意性地推出具有个性化的旅游产品，形成区别于竞争对手的旅游产品或正面旅游形象，以达到影响相关旅游市场目的的系列活动。旅游策划具有文化本质、生态本质与艺术本质，并具有服务性、差异性、智力性与竞争性四大特征。旅游策划按照不同的标准，可以分为不同的类型。

旅游策划的程序一般可分为确定旅游策划者阶段、界定问题和明确目标阶段、拟订计划和组织分工阶段、调查分析阶段、策划创意阶段以及撰写策划报告阶段等。

旅游策划学是一门交叉综合性学科，具有综合性、应用性以及社会历史性三个特点。旅游策划活动、旅游策划行为是其专门的研究对象。旅游策划学的理论体系正在不断地丰富和完善。

关键术语

策划；策划本质；旅游策划；旅游策划特征；旅游策划程序；旅游策划学

Key words

planing; the nature of planning; tourism planning; the characteristics of tourism planning; the program of tourism planning; the subject of tourism planning

参考文献

[1] 马勇．旅游经济管理[M]．天津：南开大学出版社，1999．
[2] 杨振之．旅游的本质——人诗意地栖居[N]．中国旅游报，2012.1.4．
[3] 邵春．策划在规划中的应用．http：//www.Davost.com
[4] 杨振之，等．旅游原创策划[M]．成都：四川大学出版社，2005．
[5] 沈祖祥，张帆．旅游策划学[M]．福州：福建人民出版社，2003．
[6] 李庆雷．旅游创意：缘起、内涵与特征[J]．北京第二外国语学报，2011，(1)：26-33．

习题

一、单选题

1．从策划的当代含义出发，(　　)可以当之无愧地被称为策划鼻祖和策划大师。
　　A．孟子　　　　　B．吕尚　　　　　C．吕不韦　　　　D．司马迁
2．(　　)不是策划的特征。
　　A．创新性　　　　B．组合性　　　　C．历史性　　　　D．目的性
3．(　　)是策划的灵魂。
　　A．创意　　　　　B．策划目的　　　C．策划方法　　　D．策划手段
4．旅游策划的生态本质主要体现在(　　)。
　　A．回到事物本源看事物，使策划活动尽可能保持原生态状态
　　B．保护生态环境
　　C．保护民俗文化
　　D．维护人与自然的和谐
5．(　　)是旅游策划的基本特征。
　　A．文化性　　　　B．经济性　　　　C．服务性　　　　D．竞争性

二、判断题

1．"策划"一词最早见于《史记》。　　　　　　　　　　　　　　　　　　(　　)
2．旅游策划与旅游规划没任何区别。　　　　　　　　　　　　　　　　　(　　)
3．所谓旅游创意是指主要基于个人的观念、知识、经验、信息和技能，通过创造性思维产生的以旅游产品符号价值生产、营销与消费为中心的独特意念和新颖构思，同时也用作动词表述作为这一活动的过程。　　　　　　　　　　　　　　　　　　　　(　　)
4．总体策划是规划后的策划，深度策划是规划前的策划。　　　　　　　(　　)
5．旅游策划学主要把旅游策划活动、旅游策划行为作为专门的研究对象。(　　)

三、简答题

1．策划的原则有哪些？

2. 简述旅游策划的概念和本质。
3. 简述旅游策划与旅游规划的区别和联系。
4. 旅游策划的特征有哪些？
5. 简述旅游策划的主要程序。

四、思考题

1. 旅游策划的竞争性主要体现在哪些方面？
2. 为什么旅游策划学具有很强的综合性？

五、案例分析

"杜甫很忙"

2012年3月，一组名为"杜甫很忙"的系列图片在微博上流传。在这些再创作的图片里，杜甫时而手拿机枪，时而挥刀斩西瓜，时而身骑哈雷摩托……该事件引发了一场网络集体围观。很快，一个更具戏剧性的爆料在网络上流传，有媒体报道这场网络风潮并非偶然，其背后有专业的公关团队在策划。

有媒体报道称，"杜甫很忙"的背后有专业的公关团队在策划，而国内著名的营销人士薛永昱便是策划者。据网络上的资料显示，薛永昱从事互联网行业9年有余，在过去的几年里，薛永昱为上千家网站、企业做过免费的诊断与咨询，使这些企业与网站受益。

《天府早报》记者通过QQ联系上了薛永昱。薛永昱承认这是他的团队所为，他表示"杜甫很忙"这组图片大部分都是出自团队成员之手。"这是我们帮一个博物馆做的策划，想引起更多人对那家博物馆的关注。"对于博物馆的具体名称，薛永昱说不方便透露。

虽然薛永昱并没有透露具体是帮哪家博物馆做的策划，但有网友猜测，成都杜甫草堂博物馆便是报道中所指的"博物馆"。不过，《天府早报》记者昨日向杜甫草堂博物馆陈宣部求证时，对方否认的同时还透露最近忙坏了，忙着各种回应，可谓比"杜甫还忙"。

杜甫草堂博物馆副馆长方伟称他们的态度一直是很鲜明的，"对一些现代版、优雅版的图片，我们是理解和包容的，但对于一些暴力版、色情版、广告版的，我们的态度则是坚决地反对"。（来源：百度名片）

【思考与分析】
1. 为什么该策划方案引起很大争议并形成网络风潮？
2. 请结合旅游策划的特征与原则分析该博物馆宣传策划方案的优劣。
3. 根据案例分析应该以歪曲、扭曲文化的手段来做策划，还是应该以保护文化、传承文化的角度来做策划？

第2章 旅游策划的原则和技巧

本章教学要点

知识要点	掌握程度	相关知识
旅游策划原则技巧概述	了解	旅游策划原则与技巧在旅游策划实践中的功能与作用
旅游策划的一般原则	掌握	差异创新、目标指向、操作可行、多维系统、动态调适原则
旅游策划的特定原则	重点掌握	艺术审美、人文关怀、文化把握原则的内涵、意义与要求
旅游策划的常用技巧	掌握	借势造势、头脑风暴、另辟蹊径、置身界外、缺点列举等方法
旅游策划的重点技巧	重点掌握	纲举目张、衍生裂变、重点突破、差异求变、文化包装等方法

本章技能要点

技能要点	掌握程度	应用方向
旅游策划原则的实际运用要求	掌握	在旅游策划实践中结合实际灵活运用
旅游策划技巧的具体操作手法	掌握	在旅游策划实践中结合实际灵活运用

导入案例

"上海山水画"的横空出世

2010年上海迎接世博会期间,在全市范围内组织了"上海新八景"的海选活动,最终诞生了上海新八景(又称沪上新八景),分别为外滩晨钟(外滩区域)、豫园雅韵(豫园旅游区)、摩天览胜(陆家嘴区域)、旧里新辉(石库门建筑群区域)、十里霓虹(南京路)、佘山拾翠(佘山旅游度假区)、枫泾寻画(枫泾古镇)和淀湖环秀(环淀山湖旅游区)。上海郊区入选的仅有3处即"佘山拾翠"、"淀湖环秀"、"枫泾寻画",分别属于上海的3个郊区——松江区、青浦区和金山区。这3个区旅游业发展基础较好,是目前上海各郊区县中旅游业发展较快、投入较大、成效显著的地区。但由于上海都市旅游的核心区主要集中在中心城区和浦东陆家嘴地区,所以3区旅游业很难在国内外旅游市场上获得上海市级层面的形象与效果。3个地区的旅游管理部门经过深入思考,创意开发出三区联动发展的"上海山水画"产品(见图2.1)——把松江的佘山、青浦的淀山湖和金山的农民画组合在一个旅游产品里,形成上海郊区精华景观的有机组合。它包含了上海新八景中的三景,含金量高;弥补了上海市级层面缺少叫得响的生态旅游产品的不足;具有山水画的良好意象和朗朗上口、易于传诵的传播优势。

"上海山水画"一经推出即被上海市旅游局确定为2011年上海后世博时期主推的旅游产品之一,并指定了相关旅行社具体运作。上海市政府参事室的专家也到这些区域做专题调研，给予高度肯定。松江、青浦和金山三个区经过战略审视、综合集成、联动优化，其旅游传播效果、游客接待数量、区域战略地位等由此都得到有效提高。

图 2.1 "上海山水画"之佘山拾翠、淀山环秀、枫泾寻画

(图片来源：乐途旅游网)

旅游策划作为一种明显体现人的主观能动性、积极认识并运用旅游发展规律的自觉实践，是一种具有高度的创造性、创意性和创新性的复杂活动。从本质上讲，它并没有固定的套路与方法，需要在旅游产业、旅游企业实际的运行环境和运营过程中，根据支撑资源与约束条件，进行符合当时当地实际情况的、具有高度针对性的思考与谋划。但它作为一种常态化的思维、运筹行为，作为一种实践性活动，又必然体现出一定的运作规律、创作原则甚至工作技巧。因此从旅游策划相关理论分析和实践经验中概括提炼、总结梳理出一些呈现规律性、特质性的东西，并在后续的实际工作中加以吸纳、实施和完善，这既是提高旅游策划工作自觉性的内在要求，更是有效提高旅游策划质量和旅游策划工作成功概率的基本保障。本章将对旅游策划所遵循的一般原则和可采取的一些技巧进行讲解，旨在为提高旅游策划人员的工作能力，提高旅游策划工作的质量提供一些基本路径与方法。

2.1 旅游策划的原则

旅游策划工作要遵循的准则与原则实际上包括两个层面。一是任何一种策划行为大致都要遵循的普适性原则，主要包括差异创新性原则、目标指向性原则、操作可行性原则、多维系统性原则、动态调适性原则；二是旅游策划应遵循的不完全雷同于其他策划活动的原则与规律，如艺术审美原则、人文关怀原则和文化把握原则等。对于旅游策划学习者、实践者而言，两者都需要学习和掌握，而后者尤其需要引起思考和重视。

2.1.1 差异创新性原则

1. 本质内涵

策划本质上是一种关于未来的创造性的思维活动，是管理活动和决策行动的先行设想和前导程序。创新尤其是超前创新是策划的核心、生命和灵魂。所谓超前，是指策划方案在时间的延续上要经得起历史的考验，具有较长时期的适应性、实用性和领先性。所谓创新就是指策划人借助于系统的观点，利用新思维、新技术、新方法，创造一种新的更有效的资源整合配置方式（张利庠，2004）。美国迪斯尼乐园的成功，首先在于沃尔特·迪斯尼将制作卡通片的一些手法和想象力，创造性地移植到一个真实的世界中，开创了主题公园这一现代旅游娱乐场所概念的先河，使主题公园风靡全球。

"异"就是不同点、特殊点。一个好的旅游策划，一定要在名字、形式、理念和内容上有自己的特殊性与难以模仿性。创造差异是旅游策划最基本的原则和方法。差异创新性的内涵就在于通过创造性思维、创意性组合与嫁接，针对旅游运营现状，提出具有鲜明特色、个性特征的旅游策划方略。

2. 策划要求

促使旅游活动产生的主要动机之一就是"寻求差异与新奇"，因此旅游策划对差异创新的要求较之其他领域更为迫切。如何达到"差异性、独特性、唯一性、权威性、排他性"是旅游项目和旅游产品策划首先要考虑的目标。差异创新性原则的策划要求主要有以下两点。

一是要求旅游策划者拥有超人的智慧与独特的眼光，施展、投入丰富的想象力、好奇心与探索精神，具有标新立异的冒险精神与独辟蹊径的巨大勇气。无论是在旅游策划的观念层面还是在操作层面和现实层面都需要遵循这一原则，否则会给人似曾相识的感觉，从而失去吸引力，达不到策划的预期效果。模仿、抄袭、墨守成规是旅游策划的大忌。"定海神针"的巨额投保引起的轰动效应、张家界飞机穿越天门洞的策划都典型地体现了这一点。

二是要培养旅游创意的能力。旅游策划拒绝平庸，通过追求其创意的独特性、原创性，避免和他人策划的雷同或形似。策划者以无穷的智慧、丰富的想象力和杰出的创造力在旅游悟性和超前意识引导下展开激情创意，方能形成出奇制胜的市场卖点和商业感召力。"创意就是具有新颖性和创造性的想法。没有创意就没有创新，创意是创新之始，创意是创新之源，创意是创新之擎。创意人才最突出的特点是头脑灵活、异想天开、敢于创新。而问题和问题意识、创造性思维、经验和知识是创意产生的主要触发源。"（陈淑兰、付景保，2010）因此创造性思维与创新能力是旅游策划人最为核心的职业能力。这一点成为进入旅游策划领域的重要门槛要求，也是衡量旅游策划质量与水平的最重要的评价指标之一，同时也说明了旅游策划人才高度稀缺的原因所在。

案例分析 2.1

从"五岳独秀"到"中华寿岳"

南岳衡山是老牌景区,自古有"五岳独秀"的美誉。在激烈的市场竞争中,如何使老品牌焕发出新活力是一个关键问题。衡山以"秀"见长,但在南方的山中,清秀是其共性,如比较著名的四川青城山、江西三清山等,衡山以秀为卖点难以突出其差异化的优势。通过市场分析,南岳衡山的市场对象主要是珠三角和港澳地区,这里的旅游者普遍有追求健康长寿的诉求。而衡山称为"寿岳"由来已久,《周礼》、《星经》、《史记》等诸多古籍中都有记载。宋徽宗在衡山还留下了"寿岳"石刻和"天下南岳"题词,新版《辞源》中也明释南岳为"寿岳"。结合南岳衡山寿文化源远流长的特征,根据其拥有的适合养生健身、益寿延年的自然条件,衡山在品牌上进行了大胆创新,重新定位为"中华寿岳",打出了"中华寿岳,天下独寿"这张牌,大做寿文化文章,建造中华寿坛,铸造中华万寿大鼎,连续举办国际寿文化节暨庙会,使南岳真正成为高举"寿文化"大旗的"中华主寿之山"、"天下祈寿之地",从而在名山竞争中占据主动。

(资料来源:刘汉清,转引自沈祖祥. 世界著名旅游策划实战案例[M]. 郑州:河南人民出版社,2004.)

案例分析 2.2

冀南银行旧址变身"红色金融博物馆"与"原生态抗日村"

图 2.2 冀南银行旧址

冀南银行总部旧址(见图 2.2)主要在黎平县东崖底镇的小寨村(一个 100 多户人家的小山村),目前仅有一栋 50 平方米左右的破旧二层小楼,并且仍然居住着农民。若沿袭革命文化旧址或纪念地的一般开发模式,如此单薄的资源与远非优越的区域条件,很难成功开发成为红色旅游项目。但冀南银行在红色金融史上的地位,是非常重要的。它是八路军的银行,是抗日根据地的银行,是中国人民银行的前身!通过放大这一资源亮点,形成了产品策划的核心结构:冀南银行旧址、冀南银行纪念馆、中国红色金融博物馆、原生态小寨抗日村及抗日村影视城。由此形成了项目的核心吸引力——人民银行的祖庙、中国金融的朝觐地、原生态的抗日村落——独特,而且垄断。经过创新策划,该项目由一个50平方米的旧址小楼成为了一个投资上亿元的红色、绿色与情境化旅游全面结合的新型旅游景区。这个变化,是投资商、当地政府、包括策划者自己都没有预料到的。

(图片来源:百度图片;资料来源:绿维创景网站 http://focus.lwcj.com/expert/expert090112011_2.htm)

2.1.2 目标指向性原则

1. 本质内涵

旅游策划工作指向性很强,始终具有明确的目标与主题,始终围绕"发现价值、表达与传递价值、提升价值"的主线展开策划工作,以确保旅游策划产生应有的效益——对旅游产业、企业实际发展的指导与支撑。遵循目标指向性原则有利于集中优势资源发现、破解发展中的核心难题,取得事半功倍的实际效果。

2. 策划要求

目标指向性原则的策划要求主要有以下两点。

一是解决实际问题、追求实际效益的意识突出,目的明确。始终把获得实际效益、提升实际效益作为主旨追求,这种目的性要贯穿始终,不能忘记做这项工作究竟是为了什么这一根本。旅游策划应该而且能够创造经济效益、社会效益和环境效益。它既要求瞄准问题,又要求跳出产品设计和功能的本身来分析、解决问题。旅游策划专家陈南江曾提出,一个好的旅游规划应当在不对生态和社会构成消极影响的前提下起到三个方面的作用——帮委托方省钱、帮委托方找钱、帮委托方赚钱。

二是毫不偏离主题、主线,紧追不舍,主题性突出。旅游主题的确定关系到旅游策划的目标和所突出的特色,是旅游策划活动的中心、依据和旅游立意的起点。第一,旅游策划的主题建立了旅游策划活动的中心和理念,是旅游策划方案的基础。离开主题,旅游活动各个子系统便失去了中心。第二,旅游策划的主题是策划独特性的集中体现。没有主题,就失去了独特性和灵魂。许多地方的旅游开发由于主题明确,突出了当地的特色,塑造了明显的独特性,因而取得了极大的成功。如开封的《大宋·东京梦华》,由于主题明确、气势宏大、表演逼真,从而产生轰动效应。但在已有旅游策划中,缺少主题、主题不突出、主题少新意、多主题和主题重复、主题缺少层次结构、主题定位不准确、脱离主题等屡有发生,例如上海嘉定区建成不久就倒闭的美国梦幻乐园,既缺乏与"梦幻"有关的标志物,又缺乏有"梦幻"感的游乐设施,是旅游策划脱离主题的典型案例(沈祖祥,2007)。

案例分析2.3

上海松江仓城历史文化风貌区旅游开发策划

松江被誉为"上海之根",是上海历史文化的发源地。其中仓城历史文化风貌区是松江的"城中之城",是上海市历史文化风貌区之一,较好反映了松江作为上海历史文化的发祥地的历史风貌。这里至今尚存明清时期古建筑 100 多处，是一个较完整地具有传统风貌和地方特色，有较高历史文化价值的区域。该区域目前处于老城改造已经启动、旅游开发尚未起步的阶段。

本案旨在通过历史文化旅游功能的开发，助推老城改造的步伐，提升老城改造的质量，实现老城区的复兴与有机更新。它的总体目标定位是：以江南水乡古镇和历史文化传统风貌为载体，以商业与文化结合、观光与休闲兼具为特色，留住松江历史，延续松江文脉，展现上海之根，打造集观光游览、购物娱乐、文化创意、复合居住于一体的松江文化旅游新地标，构建上海市民和中外游客品味上海历史文化的精品胜地。所做业态安排如下。一是特色商业方面的松江传统手工艺和土特产的制作和产品展销(特色创意产业)；二是旅游纪念品方面的古玩、书画、陶瓷、金银、玉石等传统工艺和民间工艺行业；三是餐饮美食方面的特色餐品、风味小吃；四是在传统民居基础上经过内部结构现代处理的休闲住宿业；五是休闲保健方面的中医、中药、推拿、针灸等传统中医行业。同时还提出了一些启动阶段应该给予特别重视的问题及解决措施，从而为风貌区文化旅游发展提出了明确的目标定位和有助于解决实际问题的操作思路及举措。

(资料来源：姚昆遗.《仓城历史文化风貌区旅游开发策划》. 2008-5)

2.1.3 操作可行性原则

1. 本质内涵

策划本质上是一种关于未来的创造性思维活动，预先决定做什么，在"过去—现在—未来"之间的系统分析中提出现在可以操作、可以采取的路径与策略。它以运作实施为首要前提，任何旅游策划的方案都应该能够实施并取得科学有效的结果。实践是检验真理的唯一标准，任何一个策划在本质上都是一种构想，无论其看起来多么完善，但在实施的过程中可能会存在各种阻碍，甚至是半途而废。旅游策划必须考虑经济上、环境上和技术上的可行性与可实施性。操作可行性是区分旅游策划质量高低最为基础性的一个门槛条件。

2. 策划要求

策划者要在全面考虑现实诸多条件与环境软硬约束的基础上使旅游策划的思路、战略、策略、具体推进措施等具备落地实施的可能，并达到"能用、管用、有成效、有威力"的效果。如果没有丰富的实践经验和不断学习思考的习惯，很难达到这一要求。

一要对旅游策划在"旅游决策体系—辅助支持体系—旅游经营体系"中的位置与功能有清醒的认识与把握，这是保证操作可行性的基本前提。旅游策划显然属于辅助决策的支持体系的内容，对这一点要有合理的定位。

二要有保障操作可行性的具体手段与方法。首先是实事求是的科学态度，旅游策划的目标、实施条件等要符合策划主体的能力、实力以及外界政治、经济、法律法规、社会道德和环境的要求。其次是用合理规范的方式方法，对需求市场进行准确研究与判断。第三是丰富有效的实践经验的渗透等。唯有如此，才可能推动旅游策划方案的落地实施。

案例分析 2.4

古城更新——旅游与商业激活城市能量

开封是一个传统历史文化富集的古都,但传统观光型旅游已难以承担起展示城市整体形象、塑造新型城市功能、推动城市有机更新的重任。长1.9公里、面积达1247亩的开封水系二期项目被寄予厚望——承担起复兴开封传统文化、"重塑开封城市灵魂"、引领开封旅游由传统观光型向休闲度假型转变的重要使命。

总体策划思路: 水系二期开发将以旅游吸引物为先导,融文化演绎、历史景观、休闲商业、特色居住等功能为一体,实施综合发展驱动战略,发展成为独具魅力的、开放型、体验性的生活休闲娱乐目的地。最终建设成为古都生活休闲娱乐目的地的首创者、古都旅游产业的整合者和生活方式的引领者,开封古城也必将在城市的更新建设中谱写历史新篇章。

具体途径与推进顺序安排: 通过旅游、商业、地产的互动,带动城市文化复兴与城市改造。把旅游和商业作为整个项目开发的核心引擎,撬动水系二期周边地块价值,激活城市能量。首先通过设置多个文化旅游景观节点,吸引人气,以旅游设施带动商业发展,形成商业氛围,进而旅游商业的繁荣,带动地块升值,旅游地产应运而生。而地产的出现吸引固定的人流,并提供商业消费和旅游休闲度假的固定客源。如此,旅游、商业和地产形成良性互动、相互促进发展,从而有效地塑造和推广城市形象,提高城市综合竞争力,起到经营城市的作用。

(资料来源:奇创旅游规划咨询机构网站。http://www.kchance.com/Text_details.asp?id=1155&TP=1)

案例分析 2.5

上海深坑酒店建设的一波三折

在上海西部佘山国家旅游度假区内一处海拔-87米的废弃的采石坑里建造一座超五星级的国际酒店,可谓一种非常大胆、新颖的旅游创意与设想。投资方委托某国际著名规划设计机构所设计的酒店建设方案(见图2.3)一经推出,就在国际上获得多项创意设计大奖,一时引起媒体与社会各界的广泛关注。但从设计方案完成至今已经有几年时间了,这个备受关注的、现名为世茂洲际新体验的酒店只是刚进入动工建设阶段,建设过程缓慢,可谓一波三折。应该说,除了2008年金融危机期间因投资方资金链问题导致建设延后外,导致建设进程缓慢的主要原因可能还是在于方案设计与落地实施之间矛盾的处理上:深坑酒店这种地面下的建筑在防火、防震、排污等方面的建设,如何与国内现有的相关标准和要求相容并保证其安全性,成为一个反复争议、反复修改并不断调整的核心问题。大胆、新颖的创意设计方案,只有在经过反复的可操作性的修改与完善之后,才进入落实实施建设阶段。

图 2.3　上海深坑酒店方案图

(图片来源：百度图片)

2.1.4　多维系统性原则

1. 本质内涵

旅游业本身已发展成为一种重要的综合性的社会现象，生态、经济、社会、文化关联度高，游客、居民、政府、投资商、代理商等利益主体多元，利益相关者复杂，同时旅游运营过程又涉及多个领域，如景区发展问题就涉及环境、景观、财务、人事、公共资源保障等诸多内容。旅游策划工作需要视野开阔、总揽全局、整合资源、综合协调，追求多元共生、整体优化，突出多维系统性。

任何一个成功的旅游策划方案，必定都是融战略与战术、环境与形势、内在条件与外在约束等多种因素于一体的产物。多维系统性是提高旅游策划质量、优化旅游策划成果、保障旅游策划流程科学规范的重要手段。

2. 策划要求

多维系统性原则的策划要求主要有以下三点。

一是需要有全局观念与战略眼光。不能抓住一点不及其余，多维系统性原则强调战略至上。对客观现实的准确掌握才能说明策划者的真实能力。

二是需要严谨性，彰显逻辑思维的力量，专业知识与科学性至关重要。综合集成是有效的方法与途径。综合就是把各种不同类别的资源或方法组合在一起；集成是指将各类事物中好的方面、精华部分集中起来组合在一起。通过科学而巧妙的创造性思维，从新的角度和层面来联动各种资源要素，拓展运营视野和疆域，提高各项管理要素的交融度。它具有整体优化性、动态开放性、模糊性和协同性四个特点(张利库，2004)。

三是必须能够在客体的价值创造、生产与展示，客户的价值诉求，策划者自身团队的价值理想的追求与实现这三者之间，形成和谐相融的发展状态。这样才可能产生比较优秀的旅游策划方案。

案例分析 2.6

广东中山岐江公园多元功能优化的再利用

图 2.4 　中山岐江公园

中山岐江公园(见图 2.4)的场地原是中山著名的粤中造船厂旧址，占地 11 公顷，从 1953 年到 1999 年，走过了由发展壮大到消亡的简短却可歌可泣的历程。作为一个有近半个世纪历史的旧船厂遗址，过去留下的东西很多：从自然元素上讲，场地上有水体，有许多古榕树和发育良好的地带性植物群落，以及与之互相适应的生境和土壤条件；从人文元素上讲，场地上有多个不同时代船坞、厂房、水塔、烟囱、龙门吊、铁轨、变压器及各种机器，甚至水边的护岸，但是早已被岁月侵蚀得面目全非。设计组提出了以产业旧址历史地段的再利用为主旨的设计，追求时间的美，工业的美，野草的美，参差错落的美，珍惜足下的文化、平常的文化、曾经被忽视而将逝去的文化。该策划在保留了自然系统、构筑物、机器 3 种元素的同时，对原有形式和场地进行改变和修饰，通过增与减的设计赋予场地新的功能和形式。它在讲述过去故事的同时，将城市的功能融入公园，创造了现代人的休闲娱乐空间。方案很好地解决了防洪与古树保护、产业旧址的保护改造与再利用、产业用地和城市现代化发展等难题。该项目于 2002 年获全美年度设计荣誉奖，是中国设计界获得的第一个美国景观设计师协会 ASLA(American Society of Landscape Architects)颁发的设计荣誉奖，被多国大学和业界作为范例引用。

(图片来源：百度图片；资料来源：俞孔坚　庞伟.
理解设计：中山岐江公园工业旧址再利用.《建筑学报》，2002-8)

2.1.5 　动态调适性原则

1. 本质内涵

策划本质上是一种关于未来的创造性的思维活动，它预先决定做什么或不做什么，而旅游发展实践存在无限的丰富性、可能性，是一个动态性的过程。为提高旅游策划的有效性，避免被发展实践所抛弃，策划必须具备足够的灵活性、弹性和动态调适性，能够随着实践发展而做相应调适，体现兼容、协调统一的特征，以应对不断发展变化的内外环境。动态调适性原则也是一个成熟的策划人或策划组织必须具备的基本素质。

2. 策划要求

动态调适性原则的策划要求主要有以下三点。

一是旅游策划提出的谋略与方案具备多可能性和广域适用性。策划的核心思路与主线不能随意变动，但实施程度、实施环境、实施节奏及时序、资源投入等需具备一定弹性，要在实践灵活性与理论刚性之间作平衡处理。

二是策划要留有余地与空间。旅游需求是随时间变化而不断地变化的，因此旅游策划必须保持相当的弹性，为后续策划留有余地。只有优化旅游策划的系统层次结构，旅游策划才会有弹性。而当前中国一些主题公园在开发和策划过程中，由于没有很好地遵循系统弹性分层原则，整个过程缺乏系统的层次链，往往开园时很热闹，随后冷冷清清，趋于萧条(沈祖祥，2007)。

三是与时俱进。"时"就是企业面临的新"形势"、企业管理的"趋势"。"进"就是创新、变化和前进。与时俱进就是要在策划时时刻保持与企业环境、企业管理实践和管理学发展趋势的联动优化、同步发展，运用最新工具与成果，保障策划目标的实现(张利庠，2004)。

案例分析 2.7

珠海棕榈滩假日水世界营造欢乐梦想

该项目位于珠海金湾区机场海滨路口，总面积约 5 平方公里，内陆水域面积 3.5 平方公里，背山面海，地势开扬，是珠海西部金湾新区未来的市镇发展中心区域，也是珠海市区通往斗门、机场和珠海港的要冲。该项目海陆空交通便利，地理位置优越。本着"让老人年轻，让孩子勇敢，让青年时尚，让情侣难忘"的宗旨，为那些在充满竞争和高速生活节奏中过度透支体力、脑力、心智的人们营造一个品尝欢乐、体验浪漫的空间，项目提出了"品尝欢乐、体验浪漫"的策划核心理念，同时提出用环境经济(包括大地艺术手段)、体验经济和娱乐经济的丰富元素创造一个天国。在这个天国里，人们完全平等地品尝欢乐、体验浪漫。它是一份不断开启的奇妙礼物，给人们带来无尽的惊喜。它将为人们提供更新鲜、更靓丽、可供重复游历和体验的娱乐产品，它将极大地拓展并丰富人们的精神生活和美好回忆。它用"欢乐+时尚+青春+动感+神秘+梦幻+温馨+浪漫"的手段，推出一种"营销欢乐"的连锁经营理念(类似于麦当劳，肯德基)，很好地适应了当前的旅游市场状况，同时也为以后的建设与发展奠定了理念与思路基础。

(资料来源：巅峰智业集团网站．http://www.davost.com/Case/dujiaqu/2011/04/11/15433112393.html)

以上 5 项原则是所有策划活动都需要遵循的准则，它们是旅游策划的一般原则。只是在创新性、动态调适性等方面，旅游策划较之其他领域的策划要求更高，挑战更大，表现更为突出。除此之外，基于旅游活动、旅游产品和旅游产业的特质，旅游策划还要遵循一些特定原则，如艺术审美原则、人文关怀原则、文化把握原则等。这一点尤其需要旅游策划的学习者和实践者深入思考和掌握，对旅游策划而言更为重要。

2.1.6 艺术审美原则

1. 本质内涵

旅游活动的审美特质、旅游产业的情感经济性质决定了旅游策划必须要处理好美学价值与市场商业价值之间的转换与融合。仅仅遵照科学标准做旅游策划，很难拿出优秀的策划方案。旅游策划工作实质上是用科学的方法做艺术的事情，是科学思维与艺术创造的有机结合，脚踏实地与做白日梦同时并行，其实践性、真实性与艺术感染力之间需要实现某种平衡。如果说调研、分析、论证是科学、规范，那么劝导、激励、引诱、说服、象征性暗示则是艺术。旅游策划需要一种发散性的思维、一种自由想象的灵感、一种善于造梦的能力。对艺术审美的强调与重视是体现旅游产业的审美经济特质、突显产业自身特性、贴近产业发展规律的必然要求，也是旅游创意无限的重要体现。

2. 策划要求

旅游策划的立意、理念、内容、内涵及表述方式、成果形式等都需要浸润和体现较强的审美性、艺术性。旅游策划者要用科学的方法、艺术的形式与路径，做出既有说服力、又有魅力的综合性效果。

技艺融合是行之有效的思路与方法。技艺融合实际就是在策划工作中实现技术和艺术两种方法的联动优化。"技"就是指策划必须按照一定的规律行事，体现策划原则、程序和方法的科学化；"艺"就是策划的灵活性，它更多地表现为策划的技巧和经验，是策划人的知识、灵感、经验、分析能力、洞察能力、判断能力和应变能力的综合体现，目的是在策划中闪现创意的新奇亮点和应时而变的灵活性，提高策划成果的魅力(张利库，2004)。这对策划行为主体的审美情趣和文化修养以及自觉意识提出了更高的要求。

案例分析 2.8

一首歌带动一个市场——《无锡旅情》在日本的流行

20 世纪 80 年代中期，无锡通过旅游客源市场调查，发现在近邻日本的旅游市场上几乎无人知道无锡这个城市。为了扭转这一困境，策划人员产生了"物色日本的词曲作家为无锡写歌，由日本当红歌手演唱，扬无锡之名并打开日本旅游市场"的大胆创意。

当地首先委托日本著名的 ABC 音乐制作社社长山田广作和著名的词曲家中山大三郎为无锡创作了《无锡旅情》歌曲，歌曲在词、曲调上完全适应日本人的需要与习惯，同时暗含了无锡的旅游信息。双方在歌曲发表、演唱、推广等方面做了很好的协商与准备。这首歌描写一个男青年因和妻子闹矛盾而出国旅游，浩瀚的太湖使他心胸开阔，决心回国与爱人和好如初。委婉动人的歌曲诞生之后，由日本著名的当红青年歌星尾形大作演唱，双方随之进行了包括歌曲发布会、歌曲播放、举办发表演唱会、周年演唱会等内容丰富的为期 3 年的联合市场推广活动。

  活动取得了很好的效果：歌曲在日本流行了 7 年，几乎家喻户晓，唱片创造了在两地的发行量达到 300 万张的佳绩；无锡在日本的知晓度由 1985 年的几乎无人知晓达到 1993 年的 76%；从 1987 年到 1992 年(除了 1989 年)，来无锡旅游的日本游客每年都以两位数递增。无锡用歌曲艺术的创意成功开发旅游经济市场，成为旅游目的地促销的典范案例，被誉为音乐史、旅游营销史上的一个奇迹。

  (资料来源：楼嘉军，转引自沈祖祥. 世界著名旅游策划实战案例[M]. 郑州：河南人民出版社，2004.)

2.1.7 人文关怀原则

1. 本质内涵

  人文关怀原则是指对资源环境的保护、对游客体验需求的满足以及对其他利益相关者合理利益的真诚尊重与呵护，是人性化、人本化理念在旅游策划工作中的完整体现。旅游业是情感服务产业，是体验经济，是富民产业，是环境友好型资源节约型产业。这些特质要求旅游策划要自始至终贯穿对人的尊重、对环境及其他相关者的责任，体现以人为本的原则。

  遵循人文关怀原则是旅游策划塑造自身良好职业形象、获得持续发展、产生综合效益的根本条件之一，也是旅游策划方案能够得到多方认同、支持并付诸实施的重要保障，充分体现着旅游策划人对旅游策划工作及旅游业发展多重效应与多重价值的尊重与重视。

2. 策划要求

  人文关怀原则的策划要求主要有以下三点。

  一是对旅游者消费需求、体验需求的发现与满足，对消费者及其他利益相关者正当利益的尊重与满足。策划要全面体现人文关怀。

  二是贯穿可持续发展意识与责任意识，把道德原则，人格、诚信与责任感融入整个策划过程。一个策划做得好，这个地区很多人可以靠策划带来的效果吃饭；做不好则导致委托方巨额投资丢进去没有效果，相当于谋财害命。旅游策划者必须协调处理好满足旅游者的需求与满足目的地居民需求以及资源环境的保护之间的复杂关系。

  三是精心设计符合游客心理特征、消费特点的旅游价值展示手段与呈现方式。现在的生活已经不缺乏功能，旅游者需要的是一种别样新颖的体验和情感感召。最受游客欢迎的游憩方式是情境化、体验式、娱乐化的产品。以人为本，设计出互动体验、亲和吸引、情境感悟、个性娱乐的旅游产品，用故事、情感意境展示景观，用娱乐化手段包装项目和展示文化，都是旅游设计最有效的技术。策划时要注意避免做一厢情愿的事情。

案例分析 2.9

新一轮旅游形象口号策划的情感特质
——以博爱南京、好客山东、老家河南为例

南京"博爱之都"形象品牌的塑造与推广

"博爱之都"是南京于2005年10月起正式使用的对外推介名称。当时经过了市长办公会批准,并且花9万元注册了商标。使用这个名称的原因,据说来自孙中山先生提出的"博爱"之意,表示南京"博大、博爱、宽容、包容"的城市精神。它蕴含了南京多元文化交融的城市特征,表达了"宽容"、"海纳百川"的城市精神,体现了南京人民豁达开放的胸怀和热情好客的民风民情。同时,南京还向社会各界征集了"博爱使者"上千名,从不同领域、不同地域推介全新的城市形象。这种既抓住城市的神韵与城脉又加强了城市与游客的情感联系的形象推广,赢得了广泛的社会认同,优化了古都南京的现代旅游形象。

(资料来源:南京该打什么"牌",人民网—华东新闻,2006-08-25)

"好客山东"品牌的强势崛起

自2007年山东推出"好客山东 Friendly Shandong"的全新品牌形象至2009年,经过短短的两年时间,"好客山东"品牌以齐鲁悠久文化为支撑,结合"山东、山东人""好客"的地域性格,以山水圣人、黄金海岸和逍遥游三大骨干旅游产品为依托,迅速形成了多品牌支撑点、多营销着力点的完整品牌体系,叫响大江南北,成为价值上百亿的地域品牌。"好客山东"已经从最初的区域旅游形象口号上升为区域旅游目的地形象品牌体系,被誉为目前中国区域旅游品牌中体系最完整、运作最成功的一个,也成为打造区域旅游品牌的典型模式。同时,山东省旅游局与省文明办联合出台《好客山东旅游服务标准》,用制度创造全员营销氛围,强化全民品牌意识,使旅游者到山东既能体验到好客文化,又能感受到好客服务。

(资料来源:"好客山东"价值彰显. 中国旅游报. 2009-9-7)

"老家河南"独辟蹊径打故乡牌

河南是中国历史文化的发源地,中原文化悠久而厚重,但河南的旅游业尽管资源丰厚,多年来却一直未取得应有的成效与地位。为求突破,自2009年9月初,河南省文化产业投资有限公司策划的新一代河南省形象宣传的广告语——"记忆中原,老家河南",先后在央视一套、新闻频道、财经频道、国际频道、科教频道等主流平台播出,在《新闻联播》等10余个收视王牌栏目累计播放2000余次,成功地在观众心目中刻画了文化厚重、风光秀美的河南旅游新形象。2010年7月13日,河南省文化产业投资有限公司申请国家工商部门把"老家"注册成了文化旅游商标,成为推动河南旅游提升发展的重要推动力。这种打故乡牌、唤起华人归属感从而促使更多人回老家看看的情感营销,取得了非常好的效果。

(资料来源:用市场的力量打造"老家"拉动河南全省旅游. 河南旅游新闻网.
http://travel.shangdu.com/wan/201009/26-44835.shtml)

2.1.8 文化把握原则

1. 本质内涵

旅游本身是一种跨文化的体验，主要是对文化的消费与体验，终极目的是精神文化追求。所以文化是旅游的灵魂，也是旅游策划的核心。旅游策划的本质是通过旅游文化的营造和表现实现旅游文化的可感知性、可参与性和可体验性。旅游策划的过程也就是文化繁殖和创造的过程。缺乏文化基础、文化背景和文化内涵的旅游策划，是没有生命力的旅游策划。国内比较成功的主题公园项目的策划，如开封的"清明上河园"、西安的"大唐芙蓉园"、杭州的"宋城"等，以及国内比较成功的旅游演艺节目，如《印象·刘三姐》、《印象·丽江》、《禅宗·少林》等都鲜明体现了这一点。文化把握原则有助于发现、展示、放大、优化旅游资源的根本价值，有利于旅游价值的赋予、创造与提升。它是旅游策划一直受人青睐的重要原因之一。

2. 策划要求

文化把握原则的策划要求主要有以下三点。

一是注重对旅游目的地或旅游企业所拥有的资源进行价值分析，尤其要注重对其根本价值的分析与把握。这是文化把握原则的第一要义。

二是准确勾勒出策划对象的价值层次体系：根本价值(灵魂与主线)、文化价值(本底价值)、旅游价值(商业价值)等。

三是结合市场需求特征及发展趋势，用体验经济的手法把资源的各类价值轻松、有趣地展示表达出来，并做有效传播和积极建构，扩大、提升资源价值。

案例分析 2.10

横店影视城——打造中国特色的民族文化品牌

30多年前，横店只是浙江中部山坳里的一个贫穷偏僻的小村落，现在全国闻名的横店集团就是从那时候的一个丝厂逐步发展而来的。横店影视城作为横店集团发展文化产业的先头部队，起步于1996年，在无任何先天优势的情况下，从为著名导演谢晋拍摄著名电影《鸦片战争》修建广州街拍摄基地开始，一步一步发展到今天，通过文化把影视和旅游结合起来，走有自己特色的发展之路，逐步成长为一个集中国影视旅游文化之精义，向国际化迈进的观光与休闲的梦幻之城、快乐之都。

横店影视城始终坚持"影视为表，旅游为里，文化为魂"的经营战略，以影视基地为依托，以产品开发为抓手，立足于中国古老文化和当代文化，融入外来文化，形成了影视和旅游两个轮子快速转动的特色经营业态。横店集团先后共投资数十亿元，相继建成了广州街、香港街、秦王宫、清明上河图、明清宫苑、梦幻谷等众多的影视拍摄基地，实景规模跃居全球第一。横店影视城现在已成为全球规模最大的影视拍摄基地、全国最大的影视旅游主题公园。影视城非常注重挖掘和推广本民族的文化精华，持续推出特色旅游产品。

表演节目《傩舞》、《江南遗韵》、《武松救哥嫂》、《皮影戏》、东阳花鼓、道情等，饱含中国古老文化和地域特色民俗文化，精彩纷呈。这些活动绝大多数都融入了中国民俗文化。不同风格的建筑景观、物美价廉的旅游商品、一年到头接连不断的各类活动，都深深打上了中国烙印。这种以本民族的文化为根，致力于打造具有中国特色的民族文化品牌，注重以文化的差异性、多样性、参与性、体验性、趣味性吸引游客的理念与举措，使横店影视城创造了一个又一个的奇迹。

(资料来源：东阳新闻网．2010-1-26)

2.2 旅游策划的基本技巧

旅游策划本质上体现的是一种智慧，是一种智力的激扬和思想的碰撞。在遵循旅游产业发展客观规律的基础上，在准确把握现实发展条件约束的情况下，若采取一定的方法与技巧，则易于入门，有助于提高策划工作的成效。这里主要介绍一些旅游策划常用的手段、方法与技巧，为旅游策划入门者提供一些行之有效的实战性工具。需要明确的是，在旅游策划实践中，实际采用的手法常常是一种复合型、动态型的多方法融合。

2.2.1 借势、造势法

"势"就是通常所说的"氛围"、"大环境"、"趋势"、"潮流"等。对"势"的利用，有"借势"、"顺势"、"转势"、"造势"四个方面的内容，其中又以"借势"为重。借势，顾名思义就是借他人之势为我所用。这种策略在旅游策划中运用非常广泛。借势主要有以下几种形式。

一是借事件之势。就是借助某一事件尤其是公众普遍关注的特殊事件的影响进行旅游策划，以达到旅游策划的目标。如1999年在云南昆明举办的世界园艺博览会，虽然在云南之前已经在二十多个地方举办过，但没有留下什么硬性旅游资源。可云南却趁势而动，以大手笔建立了一个集古今中外园艺为一体的昆明世博园，从而为云南留下一笔永久财富。借园艺博览会，云南旅游也上了快车道。

二是借政策之势。主要是借助各级政府的重大旅游决策而进行的旅游策划。旅游业是政府主导型产业，政府的决策对旅游业的发展至关重要。如2004年，国家旅游局决定将红色旅游作为一个重点来发展，决策一出，湖南、江西等省便率先启动规划了一批红色旅游线路和景点，并策划了一系列的大型主题活动，如"中国红色之旅、百万青少年湘潭韶山行"大型主题活动、"新世纪、新长征、新旅游——2004中国红色之旅万里行"活动，取得了很好的效果。

三借时间之势。就是借助某一特殊的、有重大意义的时间进行旅游策划，以达到树立旅游组织形象、发展旅游业的目的。特殊的时间，如社会节假日、自然界和人类的特殊时刻等，往往具有特殊的意义，会产生特殊的效果。如浙江台州策划的"千禧年中国第一缕阳光"、山东泰山点千年圣火等活动。

四是借人物之势。就是借助某一名人的影响，策划出相应的活动或开发项目。从借古人来看，中国古代的帝王、将相、文人墨客等相关遗存都成为旅游景点，如杜甫草堂、乾陵、曲阜孔庙，古代神话中的七仙女、嫦娥，西游记中人物猪八戒、孙悟空等也成了重要旅游资源。各地争抢名人的现象说明了这一点。

五是借民俗之势。民俗是重要的旅游文化资源，是旅游策划的好素材。这些民间风俗习惯只要稍加整合，就可以成为独具魅力的景观景点和旅游节庆活动。我国著名导演张艺谋策划的大型室外实景演出《印象·刘三姐》、《印象·丽江》等，都是借民俗之势进行旅游策划的文化精品。

在借势的同时，策划者还可以在审时度势的基础上，结合内部、外部资源，积极主动造势，形成有利于自身发展的氛围与环境。

2.2.2 头脑风暴法

头脑风暴法是一种专家会议的形式。在一种和谐融洽的氛围中，各位专家可以畅所欲言，每一位专家都不对别的专家的观点和看法进行评论和否定。这种环境可以弥补专家的知识缺陷，可以使思想产生互相激发共振，更易碰撞出奇妙的思维火花，开拓视野和思路，可以使创意更易折服和感染人。当然，头脑风暴法须有高屋建瓴式的领袖人物甄别和统筹各种想法。这种方法是心理学上所言的联想系列(联想族)方法的典型代表。我国古语"三个臭皮匠，顶个诸葛亮"的说法大致也是这样的意思。

2.2.3 纲举目张法

纲举目张法也叫点睛法。在旅游策划中，面对纷繁芜杂的策划素材，必须给策划主题一个明确的定位，找到一个亮点寻求突破。旅游策划的定位就是旅游策划的纲，只有抓住了"纲"这个牛鼻子，才能在纷乱的素材中理清思路，通过合理地把一个个可利用素材在纲的统领下如同串珠似的把一颗颗散落的珍珠串起来，形成形象鲜明、光彩夺目、个性专有的策划主题项链。比如一个城市在历史发展过程中，由于独特的地理位置形成和留下了自己的独特自然文化遗产，那么在旅游发展上就必须先给城市合理定位，只有如此才能合理策划独特旅游项目和服务。

案例分析2.11

成都欢乐谷由7大主题区组成，每个区都用情节曲折的主题故事进行了精心的包装。同时，主题公园内设置130余项体验观赏项目，包括43项大型娱乐设备设施、58处人文生态景观、10项艺术表演、20项主题游戏和商业辅助性项目。这一游乐综合体落户成都后，成都以此为"纲"和"亮点"在城西北打造成都市第一个 "中央欢乐区 CHD" (Central Happiness District)，以华侨城欢乐谷主题公园、都市娱乐商业和高尚人文社区为核心，辐射城西北周边区域。该片区将拥有国际前沿品牌的大型购物中心和主题公园、创意产业园、国际美食、休闲娱乐、影视动漫、数字娱乐、特色零售等时尚业态，将建成为成都现代都市娱乐的集中地甚至整个西南地区的核心欢乐区域。

2.2.4 衍生裂变法

旅游策划中应该拓宽策划对象的日常作用和常态表现，应对其进行发散，拓宽思维，采用移植、嫁接和拓展等手段，发现、挖掘、展示策划对象的新价值或另类作用，不能仅仅围绕着对象自身的自然状态打转。

案例分析2.12

名人资源开发不是一件容易的事，一是名人众多，数不胜数；二是名人故里开发往往是整修原址、建立纪念馆等模式，很难拓宽旅游吸引力的范围。浙江德清孟郊故里的旅游开发面临类似问题：历史遗存不多，而且像孟郊这样的诗人，毕竟为数太多，其影响、地位和作用难以与李白、杜甫等相提并论，即便开发，也很难引起普通游客更多的关注。因此若仅仅围绕孟郊为古代著名诗人的主线做"人"的文章和"居"的文章，旅游开发难度很高，意义不大。策划组提出要把孟郊的《游子吟》的内涵和影响做深、做透，作为策划的新线索与新亮点，寻找到孟郊故里的文化敏感点——慈母手中线牵动的"游子心、思乡情"，由此衍生裂变出一系列景点和设施，形成"中华游子园"、"中华游子天涯路"等概念与功能。该案以"孟郊故里做游子"的思路开创了一种名人故里旅游开发的新模式。

（资料来源：沈祖祥. 旅游策划——理论、方法与定制化原创样本[M]. 上海：复旦大学出版社，2007. ）

2.2.5 重点突破法

旅游策划不是花拳绣腿，是要集中优势解决面临的实际问题。因此旅游策划要求招招制敌。为此，旅游策划要采用"针灸式"方法，而不是"按摩式"方法。最害怕的旅游策划是隔靴搔痒，点不到要害，抓不住蛇的七寸。

1998年开园的深圳华侨城欢乐谷是我国新一代主题公园，是华侨城集团引以为豪的旅游项目。为了应对跟进者的竞争与挑战，推广、复制其颇为成功的"旅游＋地产"的商业模式，华侨城集团做出向全国扩张的决策。2002年，华侨城集团悄悄开始了全国战略扩张，很快形成了"南依深圳、北上北京、东进上海、西拓成都、中据武汉"的全国战略布局，占据了各个区域的制高点，形成了较为明显的竞争优势。

2.2.6 差异求变法

中国每年要上马四五百个景区，央视一套有800个城市和景区在做广告，常规的旅游策划在旅游业高度竞争的当代，无疑是找死。在旅游过度开发、旅游审美疲劳的今天，只有观念领先、差异求变，超常规策划、打造超常规产品，才能产生震撼世人的旅游景观。求变的内核在于三点：意料之外、情理之中、预算之内。所谓"意料之外"(变异)，就是要策划包装出别人想不到的项目和产品来；所谓"情理之中"(根基)，就是这个意料之外的创意要有当地历史文化和自然环境的支持，否则站不住脚；所谓"预算之内"(程度)，就是要尽量花小钱办大事、花钱少见效快。它规定了变化的速度与程度。所谓的"人有我优、人优我变"即体现了差异求变的思想与方法。这种方法在旅游策划实践中运用非常普遍。

2.2.7 文化包装法

文化是旅游策划的"神",渗透和弥漫到策划的各个环节和整个过程。没有文化的旅游策划是庸俗的策划、低层次的策划和没有灵魂的策划。在旅游策划中,要读懂和吃透旅游策划对象的文化内涵,把握、活化和展示文化内涵。唯有如此,才能使策划对象鲜活生动又不失高雅厚重。只有用文化包装旅游、让旅游承载文化,才能使文化旅游业焕发出持久的生命力。进入"大众旅游"时代后,人们对旅游品质的要求越来越高,过去那种"靠山吃山、靠水吃水"的资源禀赋型模式已经不能适应时代的需要。旅游产业需要文化来提升,需要创意来拓展。文化可以也应当在旅游产业的提质增效、转型升级中发挥更大功能与作用。

案例分析2.13

图2.5 西安大唐芙蓉园

西安大唐芙蓉园(见图2.5),气势恢宏,园内亭、台、楼、阁、榭、桥、廊等一应俱全。园内的唐式建筑几乎集唐代所有建筑形式之大成,是国内最大、最有震撼力的仿唐建筑群,在国内开创了多项旅游文化领域之先河。国内一流的策划专家、唐文化专家、旅游专家给这座千亩园林赋予了丰富、多元的唐文化内涵。这里汇聚了神圣恢宏的皇家文化、科举进士的精英文化(杏园探花、曲江流饮、雁塔题名)、四方来朝的外交文化、曲水流觞的酒文化、陆羽茶圣的茶文化、一步一景皆唐诗的诗歌文化、"三月三日天气新,长安水边多丽人"的女性文化、佛道并存的宗教文化、霓裳羽衣胡旋舞的歌舞文化等。建成不久就赢得巨大影响,成为"国家文化产业示范基地"和陕西省王牌景区。

(图片来源:百度图片)

2.2.8 另辟蹊径法

在一些区域内的旅游同构、同质化现象非常普遍,要想在这种白热化的环境下脱颖而出,就必须另辟蹊径,标新立异式地选择卖点。超越常规,从问题的反面进行思考,这样往往能看到别人看不到的一面。同时从逆向思维中激发出的创意由于给人"出人意料"的刺激,这种冲击力更强,往往能收到意想不到的结果。旅游策划往往需要剑走偏锋,出奇制胜,所以在旅游策划中更需要逆向策划的方法。

案例分析 2.14

图 2.6 镇北堡西部影视城

著名作家张贤亮在银川郊外搭建的镇北堡西部影视城(见图 2.6),靠着"卖的就是荒凉"大获成功。镇北堡的两座城堡,是明清时期为防御贺兰山以北外族入侵府城银川而设置的军事要塞,历经数百年沧桑,以其雄浑、古朴的风格,成为贺兰山东麓的特色景观。这里人烟稀少、环境苍凉,不具备成为一个标准旅游景区的资源条件。但正是"它的粗犷,它的朴拙,它的苍凉,它的遒劲",那种透着黄土味的荒凉感和原始性、民间性,经张贤亮慧眼识珠注入"出卖荒凉"的创意后,吸引了大量影视摄制组和大众游客的到来。

(图片来源:人民网)

2.2.9 缺点列举法

这是心理学所讲的臻美系列(臻美族)方法中有代表性的一种,同时它又跟策划学所讲的策划树法很相近。任何一类或一种旅游策划都会存在一定的风险性,为减少其风险,最好的方式是在策划中采用这种方法。策划树就是从一个基点出发,将各种可能性全部标注在一个树状的图示中,然后依据内外各种主客观条件对每一可能性进行分析,对可能存在的缺点进行全面列举和分析,在分析的基础上制定策划方案。由此可以尽量减少缺点,降低旅游策划中的不确定性风险。

2.2.10 置身界外法

"不识庐山真面目,只缘身在此山中。"旅游策划要求策划者视野开阔、思想活跃且具有高度的概括力,并对类似策划对象的策划动态全面把握。如果策划者对于策划对象是进得去而出不来，不能以旁观者的状态审视策划对象，那么就很难保证策划的大创意和可行性。策划专家王志刚在策划西安市曲江旅游发展时，就提出"欲策划曲江，先了解西安，欲了解西安，先了解中国"。

总之，不管采用什么样的原则与方式方法，都离不开对资源特质与价值的准确把握，对最新旅游消费趋势的关注与判断，对公众注意力聚焦点的挖掘与跟踪，对媒介传播规律的研究与运用。只要始终遵循旅游策划"发现价值、提炼价值、赋予价值、传播价值、提升价值"的功能主线，采取符合实际情况需要的方式方法，就可能获得质量较高的旅游策划成果。

本章小结

处于不断变化中的旅游市场环境，旅游策划可谓无章可依却有法可循，需要在策划实践中不断探索与总结。本章简要介绍、分析了旅游策划工作需要遵循的差异创新性、目标指向性、操作可行性、多维系统性、动态调适性等一般原则，以及艺术审美、人文关怀、文化把握等旅游策划的特定原则。同时择要讲解了实际工作中经常采用的一些行之有效的策划技巧与方法，如借势造势法、头脑风暴法、另辟蹊径法、置身界外法、缺点列举法、纲举目张法、衍生裂变法、重点突破法、差异求变法、文化包装法等。学习、掌握这些原则与技巧的精髓，有助于提高旅游策划工作的质量与成效。

关键术语

旅游策划原则；旅游策划技巧；旅游策划应用

Key words

the principles of planning; the skills of tourism planning; the application of tourism planning

参考文献

[1] 沈祖祥. 旅游策划——理论、方法与定制化原创样本[M]. 上海：复旦大学出版社，2007.

[2] 沈祖祥. 世界著名旅游策划实战案例[M]. 郑州：河南人民出版社，2004.

[3] 张利库. 论企业策划的四大原则：企业策划理论研究之一[J]. 生产力研究，2004，(3).

[4] 陈淑兰，付景保. 旅游创意人才的培养模式与途径[J]. 河南教育学院学报(自然科学版)，2010，(4).

习题

一、单选题

1. 旅游策划的一般原则有(　　)。
   A．差异创新原则　　　　　　　　　　B．目标指向原则

C. 人文关怀原则　　　　　　　　　　D. 动态调适原则
　2. 属于旅游策划的特定原则的是(　　)。
　　A. 艺术审美原则　　　　　　　　　　B. 多维系统原则
　　C. 操作可行原则　　　　　　　　　　D. 文化把握原则
　3. 旅游策划的常用技巧有(　　)。
　　A. 借势造势法　　　　　　　　　　　B. 另辟蹊径法
　　C. 置身界外法　　　　　　　　　　　D. 衍生裂变法
　4. 旅游策划的重点技巧有(　　)。
　　A. 头脑风暴法　　　　　　　　　　　B. 纲举目张法
　　C. 差异求变法　　　　　　　　　　　D. 文化包装法

二、简答题

1. 旅游策划的人文关怀原则有哪些具体要求？
2. 为什么说在差异创新性、动态调适性方面，旅游策划较之其他领域的策划要求更高，挑战更大？
3. 文化包装法的基本内涵是什么？

三、实际操作训练题

1. 每年元旦上海都有两个登高活动，一个是东方明珠电视塔登高健身活动，一个是上海佘山国家旅游度假区举办的佘山元旦登高活动。它们都积累了不少人气，在社会上的影响不断扩大。但在同一天、同一个城市举办性质类似的活动，从吸引力及品牌的打造来说，对这两个活动都是挑战。试结合本章中的相关策划原则与策划技巧，对这两个登高活动的主题定位、组织方式等提出创新策划的思路。

2. 江苏南京是一个旅游资源非常丰富的文化旅游城市。为进一步塑造、推广城市特色旅游形象，南京曾举办过一场声势浩大的"城市名片"评选活动。据称有百万人参加，历时百天，最终有10个词汇当选，分别是：博爱之都、龙蟠虎踞、明城墙、中山陵、南京大学、夫子庙、总统府、云锦、金陵十二钗、"多大事啊"。最后一个是南京人常用的一句俚语，其他多为有形的东西。请结合本章相关内容，对当选的这10个名片做优劣分析与评价。

第3章　旅游战略策划

📖 本章教学要点

知识要点	掌握程度	相关知识
旅游战略概念	了解	战略泛指统领性的、全局性的、长远性的、左右胜败的谋略、方案和对策。旅游战略具有宏观和微观两个层次
旅游战略策划的特点和原则	掌握	预见性、理念性、定位性、差异性、竞合性；把握大势、理念创新、突出差异
旅游战略策划的核心	重点掌握	旅游战略策划的核心是定位，定位有三个中心：特色、取舍、延伸
旅游战略策划应重点解决的问题	了解	旅游经济在特定地区国民经济中的地位、旅游供给和旅游市场、旅游开发导向、旅游发展方向和总体布局、旅游业内部和各种有关行业或部门的综合配置
旅游战略策划的基础条件分析	掌握	地方性分析、旅游资源综合评价、市场条件分析、安全性评估
旅游战略思想策划的内容	重点掌握	旅游资源开发战略思想策划、旅游产品战略思想策划、旅游产品品牌战略思想策划、旅游市场营销战略思想策划、旅游投融资战略思想策划

📖 本章技能要点

技能要点	掌握程度	应用方向
旅游战略策划的原则和核心	重点掌握	掌握旅游战略策划的思想和定位要领
旅游战略策划的内容	掌握	知道具体做旅游战略策划时从哪些方面入手
旅游战略策划基础条件分析	掌握	能够正确评价旅游资源的旅游价值，知道如何做到资源与市场的融合，以免失之偏颇
旅游品牌战略思想策划	掌握	熟悉旅游战略中品牌的价值

📖 导入案例

旅游战略策划的经典作品——昆明世界园艺博览会

云南省通过"中国'99昆明世界园艺博览会"(见图3.1)点燃了旅游大发展时代的引擎，可谓旅游战略策划成功的经典案例。这次会议堪称世纪之末中国承办的最高规格的国际盛事，被称为园艺界的奥林匹克运动会。在承办此次会展时，云南省主动向中央请缨，不要国家一分钱。当时云南省经过了十多年烟草业的发展，光香烟就创造了上千亿的财政收入。但是，云南很清楚仅靠香烟产业的日子将会越来越难过，因此希望借助手中积累的资金进行第二次创业,通过本省所拥有的园艺和花卉资源优势,发展旅游产业和生物绿色产业。但几年来却一直没找到突破点,因此争办这次会展就是想通过世博会向世界推介云南,希望可以获得一种超额利润的回报。他们深知如若没有好的策划引领导航,再好的原材料烹炒出来的大菜也会难以下咽。经过反复论证,基于云南省被称为中国植物王国的优势和云南省在地理位置上名字的由来将此次会展策划定位为"万绿之宗,彩云之南——'99昆明世界园艺博览会",将展览会"人与自然——'99昆明世博会"的内容和主题特色化和专一化。

图3.1 昆明世界园艺博览会

因为后者只是表明了性质类别的环保生态口号,过于平淡,还容易使人们与当时中央电视台的热播节目《人与自然》产生混淆。在营销战略上采用"反弹琵琶,把云南送出去,把中国和世界请进来",以国庆献礼的方式在北京搞预展,把世界上的多种奇花异草摆放在天安门及周边地带,以引起媒体广泛关注,通过北京这个超级转播器,把信息传播至全中国、全世界,让所有中央新闻单位,不用请就主动变为义务报导者。同时向外界表明,北京的展现只是小荷才露尖尖角,真正的好戏是昆明世园会展现的姹紫嫣红的大花园。策划者在制定战略策划时还整合相关的旅游资源,借机推出丽江、玉龙雪山、香格里拉等一批新的旅游景区和线路,力图使园艺博览会最终做出来的是一桌套餐而不独独是一道菜,因此战略策划的已不仅仅是简单的世博会了,而成为塑造整个云南形象的系统工程。策划取得了非凡的效果,昆明世博会大获成功。

战略策划为云南省旅游业腾飞奠定了起飞平台,创造了历史发展契机,谱写出七彩云南旅游的奇迹和神话。

(资料来源:王志纲.《策划旋风:王志纲演讲录》.人民出版社,2007年,有删改)

战略决定全局,战略决定成败。"人无远虑,必有近忧"中的"远虑"就是战略方面的考虑。对于旅游业这样一种市场性强、波动性大、敏感度高的产业,尤其需要加强旅游战略策划,通过大视野、深透视、宽角度的战略策划,对产业或企业发展实践中的重大问题、深层次问题进行综合谋划,未雨绸缪,从而提高发展的自觉性和科学性。本章将对旅游战略策划的特点、原则、核心、内容以及不同层面的旅游战略策划等内容进行讲解。

3.1 旅游战略策划概述

3.1.1 战略

在中国,战略一词历史久远,"战"指战争,略指"谋略",战略是指导战争全局的计划和策略。春秋时期孙武的《孙子兵法》被认为是中国最早对战略进行全局筹划的书籍,也是世界上第一部论述"战略"的著作。在西方,战略"Strategy"一词源于希腊语"Strategia",意为军事将领、地方行政长官。后来演变成军事术语,指军事将领指挥军队作战的谋略。

因此战略一词起初主要用于军事方面。以后战略的使用又逐渐超出军事范围，被应用于比赛之类的竞争场合。目前，战略一词广泛应用于社会、经济、政治、文化、教育、科技等领域，其含义演变为泛指统领性的、全局性的、长远性的、左右胜败的谋略、方案和对策。战略的基本特征是全局性、长远性、谋略性、稳定性和风险性。全局性是战略最根本的特征。战略的构成要素主要有战略目的、战略方针、战略力量、战略措施等。

美国营销大师、"定位之父"杰克·特劳特称"战略就是让你的企业和产品与众不同，形成核心竞争力。对受众而言，即是鲜明地建立品牌"；美国哈佛大学商学院终身教授、"竞争战略之父"迈克尔·波特认为"战略就是创造一种独特、有利的定位，战略就是在竞争中做出取舍，其实质就是选择不做哪些事情，就是在企业的各项运营活动之间建立一种配称"；美国管理大师彼得·德鲁克称战略为"有目的的行动"。战略策划是一项系统工程，战略策划的关键不在于有多少点子和策略，而在于看问题的角度、方法和思路。战略决定全局，战略决定成败。思路决定战略，思路决定出路。

3.1.2 旅游战略

由于旅游业的复杂性、关联性和特殊性，旅游战略(旅游业发展战略)通常有着更为广泛的内涵，有宏观、微观两个层次。从宏观上讲，旅游战略是指一个国家(或地区)为实现该国家(或地区)发展旅游业的目标，为旅游业内各行业制定的在一个相当长的时期内(中长期)发展的总体设想、方向和规划。从微观上讲，旅游战略是指一个旅游企业为了谋求长期的生存与发展，通过对旅游企业自身的优势和劣势的认识，根据外部环境和内部条件的变化制订未来发展计划、措施和程序的总和。微观层面的旅游战略，主要是旅游企业对市场营销所做的具有长期性、全局性的计划和设想。旅游战略多是从宏观角度来出发的，但微观层面的旅游战略同样也很重要。

通俗地说，旅游战略可以简要地概括为"定调子、定盘子、定路子"。定调子指的是旅游发展的定位、指导思想与方针、基本方向，是战略制定的根本问题；定盘子指的是旅游市场拓展的范围、旅游发展的规模、目标等，是战略制定的核心问题；定路子则是指旅游发展的计划、路线与实施过程，以及具体的发展战略措施，是战略制定的主要问题。三者结合才能组成旅游战略。

旅游战略应该包括以下内容。

一是科学明确的定位。定位是旅游目的地给旅游者的印象和感觉，是它在旅游者心目中的形象的塑造。一流的旅游目的地策划都不仅仅是销售旅游产品和服务的，它们都是在销售其在旅游者心目中的形象，使得旅游产品能够找到一个专属的字眼，从而深入人心。例如夏威夷＝度假胜地，中国＝历史文明古国，北海道＝温泉泡浴之地。对任何事情而言都是先有定位后有目标，没有准确的定位就无法找到切实合理的发展目标。城市旅游定位与城市旅游资源紧密相关。城市的旅游资源不同，定位也不尽相同。历史古城，则定位为历史文化游；滨海城市，则定位为休闲度假游；山川城市，则定位为山水观光游；餐饮消遣之城，则定位为饮食娱乐游；商业发达之城，则定位为购物游；会议展览之城，则定位为会展游，等等。因此，旅游发展战略策划首先要对策划对象有科学明确的定位。

图 3.2　夏威夷度假胜地　　　　　　　图 3.3　日本北海道温泉

二是实际的旅游战略总目标与分目标。旅游战略总目标是指旅游目的地要达到的总体目标(终极目标)。如把本区域建成区域旅游目的地和集散地；把本区域打造成中国(亚洲或世界)最佳的生态湿地公园等。旅游战略分目标是为实现旅游总目标而实施的具体战略环节、步骤所要达到的目标。如人才建设目标、创新体系目标、项目目标等。

三是竞争制胜的战略创新。一个创新的旅游战略，不仅是旅游业发展的不竭动力，也是提升地区知名度的重要举措。如一些传统旅游目的地如何进一步挖掘潜力保证旅游业的可持续发展，创新就是关键。一般情况下，要在观念、制度、文化和管理四个方面进行创新。

3.1.3　旅游战略策划的概念和特点

1．旅游战略策划的概念

战略策划是在分析现状和形势的基础上，主体创造性地谋划能达到自身预定目标的全局性的有机政策。旅游战略策划是在对旅游发展的资源、环境和现实开发条件、机会及可能出现的问题进行分析的基础上，对旅游发展的战略思想、战略目标及战略重点等的谋划。

旅游战略策划的主要内容主要涉及以下几个方面：旅游业发展的指导思想、旅游业发展的目的、旅游业的发展速度、旅游产业的定位、旅游产业的结构优化和产业整合战略、旅游资源和旅游产品开发战略、旅游市场开发与营销战略、旅游产业时空布局战略、旅游资源与环境保护战略等。

旅游战略策划的主要任务是明确旅游业在国民经济和社会发展中的地位与作用，提出旅游业发展目标与任务，进行明确的战略定位，优化旅游业发展的要素结构与空间布局，实施有效发展旅游业的方略，促进旅游业持续、健康、稳定发展。由于旅游业的综合性强、关联度高、影响面广，旅游战略策划必须着眼于长远、宽广的角度和大的环境背景去考虑问题，从地理环境、社会、经济、文化、人口、交通、政府、企业、历史基础等要素特征及它们之间的关系等方面进行分析思考。

2．旅游战略策划的特点

(1) 预见性。"础润知风雨"，战略策划应具有前瞻性，能够预见未来形势的变化和发展，指导未来的行动。预见是战略策划的源泉。创新不是凭空想象，创新源于对大势的把握，它建立在对发展规律的分析总结以及未来趋势准确判断的基础之上。没有对大势的预见，理念与战略创新就成为无源之水，无本之木，成为失去方向的航船。成功的旅游战略策划架起了旅游业今天和明天之间的桥梁。策划着眼的是旅游的将来，它可以使人们明确目标、理清思路、增强信心。当代旅游战略环境和活动的显著特点是大众化、全球化和复杂化、多样化，因而旅游战略预见也应以全球视野和对复杂性的把握为前提。

(2) 理念性。理念是理性概念，含褒义，一般指绝对正确的观点，可以作为道理、真理来形容，是指导思想。战略的制定应有先进的理念指导，并创造新的理念指导行动。理念可用千言万语来阐述，但最后要凝结为一句话，一句口号。在市场经济的海洋上，理念就是给旅游项目或旅游区域勾勒神韵，把这种神韵展现在旅游者面前，使旅游者接受它。理念设计就是为主体和客体找到最佳的沟通桥梁。理念是旅游产品和项目的灵魂，有了这个灵魂以后，才有它的躯体和骨骼，没有这个灵魂，这个躯体和骨骼就是行尸走肉，是不可能顺利走向市场的。

(3) 定位性。定位就是在充分盘存、梳理各种资源的基础上回答"我是谁，我目前处于什么位置和状态，我向何处去(如何发展)"等问题。按照唯一性、排他性和权威性的原则，因时、因地、因人制宜，找到策划对象的个性、灵魂、理念。

(4) 差异性。战略策划就是要制造一种不同。制定战略应注意差别，细分市场，防止同构竞争，以特色制胜。旅游策划本身就是在创造性地寻找一种差异，寻找一种契机。世界上没有相同的两片树叶，任何组织和产品都有其自身存在的价值；也都有与其他组织和产品相似和不相同的地方。旅游策划关键在于发现这种差别。

(5) 竞合性。竞合就是参与事物的双方或多方保持一种既竞争又合作的关系。在竞争中共同发展进步、实现优胜劣汰，在合作中谋求更好的共存方式。麦当劳的对手是谁？多数人一定会说是肯德基，这个答案只对了一半，因为我们多数人只看到了他们的对立关系，并没有看到二者的统一关系。在对付中餐问题的立场上，麦当劳和肯德基却是盟友关系。

趣味小故事 3.1

双赢理论——龟兔赛跑新传

国内经济学家厉以宁曾提出过一个有别于传统的"龟兔双赢理论"：龟兔赛了多次，互有输赢。后来指定路线发生变化，路中间出现了一条河。于是它们想出了合作的办法，兔子先把乌龟驮在背上跑到河边，然后乌龟又把兔子驮在背上游过河去，最后双双获益。这就是典型的竞合战略的例子。

旅游业竞合是竞争性合作，是基于竞争前提下的有机合作，其实质是推动和实现区域旅游一体化，将局部对立变成更大空间范围的共存，不是与竞争对手"争夺市场"，划分势力范围，而是努力与竞争对手共同创造分享一个更大的市场。旅游战略策划需要在强化自身特色、加强旅游地自身竞争力的同时提高区域旅游整体形象，寻求双方或多方的共存共享和互惠共赢，获得任何单方无法达到的高水平和最大利益。

案例分析 3.1

竞合关系——山西省晋商大院文化景区的发展壮大

图 3.4　山西省晋商大院

山西省被称作中国的"古建历史博物馆",旅游业发展至今逐渐形成了一些享誉国内外的知名品牌:晋北以五台山—云冈石窟为主的佛教古建游;晋南以尧庙—大槐树为主的寻根祭祖游;晋中以平遥古城—乔家大院为主的晋商民俗游。山西开始发展旅游业以来,一直是晋北地区独领风骚,晋中只乔家大院稍有些名气,还远未形成区域规模。随着1997年平遥古城(古城内有众多的院落)申遗成功,晋中与晋商文化有关的大院、古堡、民俗博物馆等先后对游人开放,高峰时曾达到十几个。目前最负有盛名的晋商大院也有6个:乔家大院、王家大院、常家庄园、曹家大院、渠家大院、师家大院。晋商大院集群间是一种竞争与合作的共存关系,既有资源上的互补,也有发展上的竞争。晋商大院文化景区保持数量增长的同时产生了激烈的内部竞争,在竞争中保持了文化品牌的活力。另外,晋商文化景区通过突出自己的特色来找准形象定位,使旅游功能和主题形象尽可能地差异化,形成互补进行合作。例如,平遥古城重在体现金融机构;乔家大院被称作"民间故宫",重视财富与人生的传奇演绎;常家庄园侧重园林建筑艺术文化;王家大院层楼叠院,节节攀升的城堡反映了民间建筑空间布局的恢宏气势……晋商大院景区还通过协作打破分头营销,进行整体营销。晋商大院集聚开发中形成的竞争与合作关系,创建出魅力四射的晋商文化旅游品牌,使晋商大院景区成为山西省旅游业发展的龙头和代表形象。

3.1.4　旅游战略策划的原则

1. 把握大势

管理大师彼得·德鲁克曾经说过:"没有人能左右变化,唯有走在变化之前。""战略不能决定未来,不能消除风险,它将改变可能性(概率)。" 20世纪60、70年代,3S旅游,阳光(Sun)、沙滩(Sand)、海水(Sea)是世界旅游发展的主流风格,所以地中海沿岸被称为"黄金海岸"。如今旅游发展的格调呈多元化的态势,其中 3N 旅游,怀旧(Nostalgic)、自然

(Nature)、回归(Nirvana)成为一种重要的旅游思潮。旅游业激烈的竞争迫使旅游经营者必须想方设法来满足旅游者的需要，不断创造新的旅游项目。旅游业的飞速发展和旅游经济的快速增长也推动了许多行业向旅游业的拓展，旅游产业与其他产业之间相互渗透明显。所以，现在已经很难找出来哪一类事物和现象绝对不可能被用作旅游资源来开发利用了，而且绝大部分原来都是其他产业的资源或产品。许多曾经不适合做旅游开发的地域、资源，现在则成了非常抢手的热点旅游目的地、旅游产品。在旅游三大行业旅行社、旅游饭店、旅游景区中，作为旅游发展的基本和核心单元，旅游景区已经成为业内最主要的投资领域，其社会关注程度大大高于其他。还有温泉、滑雪、露营等专项旅游的兴起过程，各地随着交通改善带来的旅游腾飞，等等，无不说明抢占先机、预测未来、果断决策的重要性。事物是动态的，考虑事物的发展就必须有前瞻性的眼光和思维，不能以现在的角度去理解和解决问题，更不能以过去的经验来理解和解决问题，必须以未来的角度来看待和解决问题。

对于旅游战略策划而言，预见力、整合力、创新力缺一不可。预见是旅游战略策划的源泉。创新不是凭空想象，而是建立在对旅游发展规律的把握以及未来趋势的准确判断的基础之上。没有对旅游发展大势的预见，旅游战略创新就是无源之水、无本之木。

2. 理念创新

在中国旅游大发展的时代，规则不断改变、秩序不断改变，昨日成功的案例，今天可能就是失败的源泉。如果说先期的旅游业竞争还停留在比山川秀美、比水色诱人，比服务管理水平的优劣上，那么今天旅游业最后的竞争，比的就是策划——看谁能为旅游赋予新的色彩、新的活力。换言之，谁能推陈出新，谁便会掌握旅游市场的先机。策划的生命力在于创新，创新是旅游战略策划的灵魂。在当今一切都过剩的时代，创新思维是最稀缺的资源。凡是克隆的东西，价值都是有限的。创新的背后是理念，策划的最终意义在于改变人的观念。

案例分析 3.2

旅游战略策划的理念创新——山西皇城相府景区的腾飞之路

图 3.5 山西皇城相府

皇城相府(见图 3.5)是清朝一代名相陈廷敬的官邸，城堡建筑集明清两代精华于一体，融官宅民居、军事防御、中西方文化于一身，被誉为"中国北方第一文化巨族之宅"。它位于山西省晋城市一个偏僻、闭塞的曾高度依靠煤炭资源生存的小山村，1998 年开始发展旅游，是山西省旅游业中地地道道的"小字辈"景区。但是短短的十来年间，它以品牌效应带动，打造出一个拥有 20 个企业、员工 6000 余人的皇城相府集团公司，使得景区所在的皇城村成为中国少有的被冠以"中国 10 大魅力乡村"、"中国十佳乡村"等一串串含金量十足称号的富村。一个在山西省后起的景区，何以能够晋升中国最顶尖景区行列，发展壮大成为一个现代企业集团，靠的是理念创新。皇城相府与众不同，皇城相府一直在变。1998年，皇城相府成功举办了"首届全国清代名相陈廷敬暨皇城古建筑学术研讨会"，自此这一东方古堡逐渐揭开神秘面纱，为外人所知。2000年，皇城相府投资280万元赞助《康熙王朝》影视剧，并推出"看《康熙王朝》，游皇城相府"的宣传口号，迅速得到市场认可。之后，利用已经建立起来的品牌，皇城相府景区开始向乡村旅游延伸，向休闲农业旅游进军，收购了九女仙湖，建成了农业生态观光园。如今游客来皇城，不仅能参观古迹，还能在皇城相府生态园里体验现代田园风光。从一个景区的旅游到乡村旅游，从乡村旅游到休闲农业旅游，从一个景区到多个景区合纵连横的集团，皇城人以理念创新引领发展模式创新，这是皇城相府展翅飞翔、奇迹崛起的最大秘诀。

3. 突出差异

地域分异规律的存在使得地球表面上自然地理环境千差万别、丰富异常，依赖于自然环境物质基础的文化资源时空差异也更加多姿多彩。地理环境的差异性激发着人类最本能的好奇心，也激发着人类产生旅游的需要。旅游资源是地理环境的重要构成要素，这种区域差异从大尺度反映到旅游资源上便形成独具一格的地方特色。资源的差异是旅游发展的基础。世界上有许多旅游资源是独一无二、具有垄断性的，如"世界八大奇迹"，当然也就具有了不可替代性。但从小尺度地理空间看，更多的情况是其他地方也有同类或相似旅游资源。所以资源在具有差异化的同时，更多的还是旅游资源间的普遍性和共通性。因此旅游战略策划需要最大限度地挖掘旅游资源的特色，寻找差别和不同，实施差异化的战略。没有差异化的资源特性和旅游形象，就无法确认旅游目的地的身份。定位的本质是差异化。同质化的战略其实等于没有战略，差异化的战略就是以差异化的角度深入旅游者大脑，占据一个制高点，赢得市场。

趣味小故事 3.2

印第安部落幸存之道——迈克尔·波特谈差异化战略

"竞争战略之父"迈克尔·波特(见图 3.6)在论述竞争战略时，讲过一个印第安部落的故事。在加拿大的原住居民区，有几支以狩猎为生的印第安部落。经过长时间的生存博弈，最后只剩下一支印第安部落存留。这个部落所以成为幸存者的原因很"搞笑"：其他部落在狩猎前，都是先总结过去的成功经验，选定最可能获取猎物的方向，然后狩猎；而这支部落却大搞迷信，请巫师焚烧鹿骨，按照骨上的纹路确定狩猎的方向。虽然采取的方式不科学，但这支部落，却"幸运"地规避了其他部落"战略趋同"的狩猎方式，避免了竞争，实现了"战略差异化"，最终获得更广阔的"市场"存活下来。这个小故事告诉我们：同质化竞争导致失败。

图 3.6　迈克尔·波特

3.1.5 旅游战略策划的核心

定位是战略的起点,也是战略的终点。旅游战略策划的核心是对旅游发展进行科学、明确、合理的定位。在现代汉语词典中,定位是指"把事物放在适当的地位并做出某种评价"。古老的西方哲学命题"我是谁?我从哪里来?我要到哪里去?"蕴含着自我管理和个人定位最原始的意义。商业中的"定位"(Positioning)概念最早来源于传播领域,于1969年由美国定位之父杰克·特劳特首次提出,他认为定位是"将本企业产品在潜在顾客的心目中确定一个合理的位置",后来发展成为"定位是品牌在顾客大脑中占据一个有价值的位置"。这个定义包括了三个含义:第一,定位的对象是品牌,也就是通常意义上的产品的名称;第二,定位的地点是顾客的心智;第三,定位的根本是位置,这个位置的地点是在顾客的大脑中。特劳特认为品牌是商业竞争的基本单位,定位的核心是打造品牌。他所倡导的"品牌定位理论"已被世界广泛认同。这也是本书中采用的观点。营销大师菲利普·科特勒认为:定位是对公司的提供物(Offer)和形象的策划行为,目的是使它在目标消费者的心目中占据一个独特的有价值的位置,是对产品的心理定位和再定位。支撑科特勒定位的理念仍然是产品信仰,而不是品牌。竞争战略之父迈克尔·波特认为:定位是让企业在产业中确立对自己有利的竞争位置。在波特定位概念中,竞争的基本单位是企业,也不是品牌。他的观点被称作"竞争定位理论"。

知识链接 3.1

大师问答——采访定位理论之父杰克·特劳特

图 3.7 杰克·特劳特

他就是杰克·特劳特(见图3.7)——75岁,定位之父,全球最顶尖的营销战略家之一。1969年,他首次在论文中提出了商业中的"定位"观念,1972年以《定位时代》论文开创了定位理论。30年后(2001年),这一理论压倒了菲利普·科特勒、迈克尔·波特,被美国营销协会评为"有史以来对美国营销影响最大的观念"。杰克·特劳特认为他一生最大成就是定位理论,最大的教训则是"改变人们的心智是非常困难的"。他说:"我以为我可以改变人们的想法,但很多时候都是徒劳无功,每个人思维系统都是独特的,很难被改变,即使你是对的。"

可否描述一下你最初是如何建立这个理论的?

40年前,我在一本当时名为《产业营销》(*Industrial Marketing Magazine*)的杂志上发表了第一篇关于定位理论的文章,标题叫《定位:同质化时代的竞争之道》(*Positioning Is a Game People Play in Today's Me-Too Marketplace*)。之所以有这个想法,是因为那时我发现市场竞争越来越激烈,跟风产品越来越多,消费者心智中装不下那么多品牌。为了在竞争中胜出,企业必须理解消费者的大脑是如何工作的,并在消费者心智中占有一个独特的定位。这个基本的想法成为我这么多年来著书和工作的基石。

市场的繁荣、消费者选择的增加,给企业带来的是噩梦吗?

典型的观点认为，更多的选择能吸引更多的消费者。实际上，心理学家指出，大量的选择正在把我们逼疯！正如社会学教授巴里·施瓦茨(Barry Schwartz)所言："太多的选择加大了人们延缓决策的可能性。它提高了人们的期望，令消费者为做出糟糕的选择而自责。如果只有两条牛仔裤可以选的话，你不会期望太高。但如果有几百条牛仔裤的话，你就会期望找到其中最完美的一条。"更多的选择其实会抑制消费者的购买动机。在这种混乱情形下，企业想要自己的品牌从众多选择中脱颖而出，必须有一个清晰易懂的定位。

你觉得市场上有哪些常见的对于定位理论的误读或者错误应用？

最大的误读是没有抓住"竞争的地点发生在顾客心智"这一要点，以致出现了定位的滥用。定位一词满天飞，比如价格定位、人群定位、功能定位等，这些说法都属于运营层面的东西，而非心智层面。诚然，定位在操作上也会落实到企业环环相扣的运营活动中，正如迈克尔·波特所概括："战略就是去创建一个有利的定位，并以此形成一套独具的运营活动。"但重点是，定位只能存在于顾客的心智之中——这一点也是波特的著名论文《什么是战略》的唯一缺憾。

(摘自:《哈佛商业评论》中文版 2010 年 11 月刊. 采访者: 柯恩. 有删节)

对于旅游战略而言，战略定位的策划应该包括三个中心：特色、取舍和延伸。

旅游战略定位策划的立足点是旅游产品和项目的特色。旅游战略策划一定要先明白旅游产品和项目的特色是什么，使得这个特色成为"唯一"或同类旅游产品中的"第一"，从而以自身的独特性在旅游者心智中拥有一个概念，得到游客的认可。一旦旅游产品在独特性方面占得先机，成为第一个进入旅游者大脑中的品牌，别人将永难超越，因为人们的认知很难发生改变。假如这种特色仅仅只是策划者所认为的"特色"，而不能被游客认可，那么这样策划出来的特色只不过是自我陶醉、自我欣赏，由于不能吸引游客而产生任何经济价值，也就毫无意义。因此旅游产品的特色不能自卖自夸，要成为能占领市场的真特色。美国现代管理学之父彼得·德鲁克认为"企业唯一的目的就是创造顾客"，谁的旅游产品占据了游客的心智，谁就可以取得成功。旅游产品的特色需要通过差异来体现，需要找到与众不同之处。

案例分析 3.3

"中国第一防癌抗癌疗养胜地"——山西红豆峡景区的特色定位

图 3.8 山西红豆峡景区

红豆峡景区(见图 3.8)是山西省长治市壶关县太行山峡谷中的一个景区,因峡内天然生长着成片珍稀树种红豆杉而得名,境内雄山秀水、直壁断崖、植被茂密,是一处优美的天然风景区。但是红豆杉景区开发几年来,一直处于不温不火的状态中,只是默默无闻地固守着一方区域市场。虽然景区也提出了不少概念,比如"最美丽的太行峡谷"、"中国第一情峡"等,可市场反应却不佳。出现如此不振的局面,关键的问题就在于红豆峡没有找出一个能够吸引游客、打动游客的特色。在中国,峡谷数量众多,种类丰富,"最美丽峡谷"、"情人谷"之类的名号人们早已耳熟能详,这种类似的起步明显在后的定位无法让人们在众多的峡谷中独独发现红豆峡。而经过调查发现:红豆杉不仅是国家一级保护植物,还称作长寿树,是天然珍稀的防癌抗癌植物,当地盛产的红豆杉还是治疗癌症的好药材。于是,与当前人们注重健康、乐于养生、希望高质量生活的观念结合起来,景区被定位为"中国第一防癌抗癌疗养胜地"。这样的定位简洁明了,充分彰显了红豆峡的资源特色,使其占有了旅游者心智中养生生态旅游品牌第一的位置,也使其在旅游市场上迅速打破了僵局。

旅游战略定位的第二个中心是取舍,也即"牺牲法则",是在权衡利弊中做出选择。在取舍过程中最难的其实不是取而是舍。例如,一个地方的旅游资源可能丰富多彩,但真正的王牌只有一两张。除此之外,其他资源都要依附于这张王牌,服从于这一王牌。所以,定位就要忍痛割爱,不能什么都当王牌打。同时,定位还要保持一定的连贯性。一个旅游战略定位确立后,只要它所代表的属性对旅游者还有足够的价值,就应该保持不变。

知识链接 3.2

定位的排他性和连续性

有一位广告大师曾经说过,一个人尽管有满脑袋头发,但真正有个性魅力的头发只有一两根,所以定位时,就要突显出那一两根与众不同的、独具一格的头发,让它在头顶跳舞、在风中飘摇,这就是你的旗帜和标记,就是你的品牌。而那满头没有个性和特色的头发则要忽略掉,这些头发再多,别人也无法因此识记你。

广告大师叶茂中十分注重自我的定位与包装,一顶鸭嘴帽把眼睛遮掉一半成了他的识别标志。有一次,叶茂中没有戴帽子出席某一活动,最后被人当作假冒叶茂中盘问,理由很简单:叶茂中从来都是戴帽子的。所以说,战略策划的定位要有排他性和连贯性。

第三,定位要以点带面,进行延伸。营销学中的锥形射射原理告诉我们,如果把要营销的产品做成一个锤子的形状而不是锥子的形状,尽管所用的总压力一样,但压强却大不相同,锥子的力量远远大于锤子的力量。定位的过程就是寻找锥尖的过程。只有锥尖顺利深入,锥面才能顺利跟进。也就是说定位要以点带面,以点的突破来带动全局的深入。旅游战略策划要在旅游产品既有的特色优势上扩展延伸,要考虑整体的协同效应。例如,昆明世界园艺博览会结束后,世博园会展场地和场馆的直接旅游经济效益大大减少了,但以策划世博园为突破口的云南省旅游发展一直稳步上升,走上了发展旅游的快车道。

3.1.6 旅游战略策划应重点解决的问题

1．旅游经济在特定地区国民经济中的地位

旅游的发展要求科学地确定旅游业在国民经济中的地位。任何产业的大发展都必须明确其产业地位。中国组成国民经济的产业大体分为4种，即主导产业、支柱产业、关联产业、基础产业。国家针对不同产业制定了不同政策，以保证其健康持续发展。中国旅游业在发展的前20年，产业地位始终不明确。1998年在历史上第一次明确提出，旅游业是国民经济新的增长点。2009年12月颁布的《国务院关于加快发展旅游业的意见》首次将旅游业确定为国民经济的"战略性支柱产业"，这为旅游产业的大发展提供了新的契机。旅游经济在国民经济中的地位主要是根据特定地区的旅游资源、市场需求、旅游发展现状和旅游业在整个地区经济中的地位，包括旅游业收益占GDP的百分比、地区的经济发展形势等方面进行综合分析得出的结论。旅游发展应根据不同地区的不同情况制定出不同的发展战略。

知识链接 3.3

国家旅游局局长邵琪伟谈旅游的战略性支柱产业地位

2009年12月颁布的《国务院关于加快发展旅游业的意见》首次将旅游业确定为国民经济的"战略性支柱产业"。国家旅游局局长邵琪伟认为：战略性支柱产业是指对国家或地区经济社会发展具有战略意义、构成经济社会发展重要支撑的产业，它不仅本身具有相当的规模，而且发展潜力巨大，同时能够对经济社会发展起广泛的关联带动的作用。国际上一般认为一个产业的增加值占到GDP的5%以上就是支柱产业，占到8%以上就是战略性支柱产业。把旅游业培育成为战略性支柱产业，我国的主要思路是，推动旅游业与第一产业融合发展，重点发展乡村旅游；推动旅游业与第二产业融合发展，大力发展旅游装备制造业；推动旅游业与第三产业主要与文化、金融、交通、商务、医疗、体育等产业融合发展。

(资料来源：新华社．中央政府门户网站：www.gov.cn．)

2．旅游供给和旅游市场

旅游发展取决于两个方面：旅游供给和旅游需求。旅游供给包括由旅游资源转化成的旅游产品和为旅游提供服务的各种物质条件和人力资源。旅游需求可分为国内旅游需求和国外旅游需求及各种不同类型旅游产品的需求。

3．旅游开发导向

资源导向：早期观念，资源导向只看重旅游资源而忽视旅游市场需求，旅游产品必将被旅游者所冷落。

市场导向：后来的观念，20世纪90年代初期，深圳建造的锦绣中华及中华民俗村一举成功，使旅游产业发展单一依赖旅游资源的传统模式受到挑战。人们提出旅游发展应该以旅游市场需求为导向来拟定旅游发展战略。但是这种只强调旅游市场需求，而忽视资源特点和地位的导向模式具有较大的局限性，不利于旅游地保持长久的生命力。20世纪90年代各地纷纷兴建的主题公园倒闭的事实也正证明了这一模式并不适合任何地方。

资源—市场二元导向：偏重经济效益，忽视综合效益。

资源—市场—文化—环境多元导向：以资源为基础，以市场为导向，以文化为灵魂，以环境为背景，重视旅游可持续发展。

4．旅游发展方向和总体布局

在确定旅游发展方向时，应遵循以下原则。(1)重点优先开发那些最有垄断性、竞争力的旅游资源，打造拳头产品，避免分散力量。(2)客源市场导向。根据自身的区位和资源条件来确定主要客源市场，并根据旅游市场形势的变化，进行旅游项目的调整。中国旅游产业的发展涉及方方面面，但是最关键的是产业支撑体系的构建。产业支撑体系构建重点是旅游产品的打造，而影响旅游产品打造的主要因素是市场。多年的旅游发展实践告诉我们，旅游产业本质上是综合性的经济性产业，市场是其发展必须遵循的最基本的原则。例如香港旅游发展局非常重视市场调研工作。这项工作不只局限于客源市场的分析，还要对游客年龄层、职业、访港目的、喜好以及消费能力都做出调研分析。围绕旅游资源和市场需求，香港旅游发展局策划了不同的重点推广项目。换句话说，谁能够更深层次地了解游客需求，谁就更能掌握市场。

旅游总体布局包括旅游景区景点的布局、旅游企业的布局、相关行业和部门的整合与布局，交通布局等。

5．旅游业内部和各种有关行业或部门的综合配置

中国旅游行业涉及30多个产业和部门，因而在制定旅游发展战略时，应全面考虑旅游业内部和各种有关行业以及部门的综合配置。旅游发展战略策划应注意发挥旅游在优化产业结构中的作用。

旅游发展战略策划应根据需要和可能处理好市场营销、游、购、娱、吃、住、行之间的数量和质量之间的有机配置以及一切相关行业和部门的综合配置和整合，使之形成合理的结构与规模，避免木桶效应和瓶颈因素的出现。

3.2　旅游战略策划的内容

3.2.1　旅游战略策划的基础条件分析

旅游战略策划应建立在对当地的旅游资源和发展现状十分了解的基础上，不仅要对旅游资源自身的价值和功能，数量、密度和布局等做出分析评价，还要对旅游资源所处的环境以及旅游资源的区位、客源、投资等开发条件进行评判分析。

1. 旅游目的地与景区的地方性分析

任何旅游目的地、旅游景区景点都具有其自身独特的地方特性，或称地格(Placeality)，它是一个地方长期积累形成的自然与人文本质特征。这种本质特征决定了其发展倾向于当地人的世界观。文化生态学研究者巴克尔说，决定人类生活与气质的因素往往与气候、食物、土壤、地形四个主要自然因素有关。自然和人类相互影响形成不同的地格。地格对长期生活于其中的人的思维、性格会产生一定的影响。人们的思维和性格必然体现于一切人文景观中。一切人文景观都必须位于一定的自然地理环境中，并与之协调。黄土高原的窑洞，蒙古草原的帐篷(见图 3.9)，东北林区的"木格楞"，南方湿热地区的高脚屋(见图 3.10)，无不显示出不同自然因素的影响。

地格可以分成地脉和文脉。地脉是当地的自然地理环境，文脉相当于当地的人文精神。自然旅游资源的表征构成了旅游地形象定位的"地脉"，诸如气候气象、地形、水文、动植物等自然旅游资源，都可能成为旅游地定位的决定性因素。比如四川省，在众多的旅游资源中，大熊猫具有绝对的垄断性，中国 80%以上的大熊猫在四川，大熊猫既是中国的国宝，也是全世界动物保护的标志。因此四川省定位为"大熊猫的故乡"，就具有无可比拟的号召力。对于一个以自然为主的地区，如没有多少常住居民的自然保护区、森林公园和世界自然遗产地，其地格主要由地脉构成；而对于人造景观或人类活动频繁的人文景观区，其地格主要由文脉构成。旅游地的历史文化传承，构成了旅游地的文脉，它是旅游地发展旅游的灵魂，对提高旅游地产品的文化含量起着重要的作用，能增加旅游地的厚重度。如果历史文化在旅游地定位中起了关键作用，这就决定了旅游目的地产品开发的方向和它吸引的旅游者的类型。比如，中国是世界上四大文明古国之一，其"东方文明古国"的形象在全世界深入人心，当然支撑这一形象的是她灿烂的五千年文明史和多姿多彩的历史文化，以及以北京、西安、南京、杭州、洛阳等中国古代帝都为代表的旅游目的地。这一形象的定位决定了中国的旅游产品特色以历史文化观光产品为主，吸引的游客也多半是以猎奇、探秘为主的观光游客。如果中国要开发度假旅游产品来吸引国际度假游客，这一策划与其在国际市场中的旅游形象相悖，难以受到市场的认同，因为国际度假游客所认同的度假旅游地在美国夏威夷、加勒比海沿岸、地中海沿岸地区。中国开发度假旅游产品的主要市场应是国内市场。所以，国家旅游局在 20 世纪 90 年代中期决定开发 12 个国家级度假地时，思路以吸引国际游客为先导就有较大的困难。在以人类为中心的社会里，绝大多数地区的地格是以文脉为魂、地脉为形的综合体。中国人口众多、历史悠久，可以说，在中国每一个旅游目的地都有丰富的历史文化和自然旅游资源，每一个旅游目的地在谈到自己的旅游资源时都会如数家珍。在旅游目的地的定位中，经常会遇到哪一方面都割舍不下的现象。如何比较这两方面旅游资源在旅游地形象定位中的优势，标准和尺度如何把握就显得十分重要。本书认为，无论是历史文化旅游资源还是自然旅游资源，资源的垄断性、唯一性和排他性是旅游目的地定位的原则。如果两方面都有这些品质，那么在定位中两方面同样重要。如果只有一方面有这些品质，则只能以这方面为基础进行定位，对旅游资源的其他方面的特色要舍得舍去。

 图3.9 草原上的帐篷
 图3.10 热带、亚热带地区的高脚屋

2. 旅游资源综合评价

1) 旅游资源评价

自然界和人类社会凡能够激发旅游者的旅游动机并促动其实现旅游活动，可以为旅游业开发利用，并可以产生经济效益、社会效益和环境效益的各种事物和因素，均称为旅游资源。旅游资源有物质的，也有非物质的；有有形的，也有无形的。非物质的旅游资源往往是在物质基础上产生的。旅游资源是旅游开发的物质基础，旅游资源的丰富与否，直接影响旅游发展战略的制定。如旅游资源丰富的地方可以立足资源特色打造拳头产品；旅游资源贫乏的地方，可以立足市场，建设主题公园和人造景观。

旅游资源的特色是衡量其对游客吸引力大小的重要因素，因此旅游战略策划要在旅游资源的吸引力上下功夫，关键要抓住资源的个性、特征和差异。通常，个性化程度越高、差异性越大的旅游资源其开发前景相对就越好。这也就是说，很多时候相对价值往往比绝对价值更重要。森林公园、自然保护区、地质公园、风景名胜区、文物保护单位等，只能说明景区的类型，不能说明景区的个性、特色和旅游价值。旅游资源所处环境的质量也直接影响着其对游客的吸引力，因为人们外出旅游的一个重要目的就是暂时摆脱当前常住地的不良环境，因此有利于旅游者的身心健康并使人感到舒适和赏心悦目的旅游环境才特别受到人们的青睐。如青藏高原、香格里拉等，有别于其他类型的高原和自然保护区，它们能达到震撼人心的效果。除此之外，它们最吸引游客的还有不同寻常的环境：湛蓝的天空、清新的空气、洁净的水质、宁静的氛围、祥和的心态、纯朴的生活等。

一个旅游地能否兴旺发达乃至兴旺发达的程度不仅取决于旅游资源的绝对价值(本身的价值)，还取决于旅游资源的空间分布和结构组合特征。一般情况下，景观数量大、相对集中并且布局合理的区域资源赋存状况较为理想。在邻近区域或同一地区内同类型的旅游地之间，空间的相互作用以替代性为主，结果使得同一客源地的客流方向转移或者造成分流；而两个性质不同的旅游地之间，空间相互作用则以互补性为主，如此则会增强旅游资源的整体组合价值，对游客具有综合吸引力，产生叠加效应。比如，同一地区内地位较低的旅游景区一般难以发挥应有的价值，这也就是"旅游屏蔽效应"。一般来说先开发的旅游地占有领先优势。在黄土高原风貌民情旅游上，山西远不如陕西；在东北冰雪旅游上，吉林难以和黑龙江抗衡；在云贵高原上，贵州旅游无法和云南比拼；在青藏高原，青海难以

与西藏对抗。反之，资源属于不同类型且相互补充的情况，如洛阳的古都文化和嵩山的少林拳术、西安的悠久历史与华山的险峻风光、都江堰的古老人工水利工程和青城山的山葱水秀、苏州的诗意栖居园林和无锡的现代影视城等都是属于叠加效应的旅游地域。倘若邻近区域内两地的旅游资源价值都很高，则更会"锦上添花"，令游客兴奋点接连不断，如安徽的黄山和皖南民居西递、宏村，湘西的张家界和凤凰古城，山东泰山曲阜孔府、孔庙、孔林都是这样的典型例子。从某种角度上看，资源结构的多元性也往往是吸引游客的重要因素。

旅游策划就是不断发现、挖掘旅游资源独特性的过程，旅游策划的最高境界是"化平淡为神奇"。在别人常常忽视和习以为常的东西里发现神奇之处，这样的策划才有神来之笔，也才能传之后世。要做到有新发现，就要十分了解、熟识旅游资源，对旅游资源能够进行科学的、恰当的评价，并能判断它们在同类旅游资源中的地位、特色和价值，更重要的是，要能判断这些资源开发为旅游产品对市场的吸引力和市场的需求。值得注意的是，有的旅游资源的背景环境，如生态环境的价值往往超过了直接转化为产品的价值。如温泉旅游产品，游客虽然直接光顾的是喷涌温泉的旅游地，但显然，处于高山雪峰和莽莽森林中的温泉就要比处于景色单调、山体光秃中的温泉的价值高。因此旅游资源评价还要考虑旅游资源的功能。如旅游度假区的资源评价应侧重于环境评价。对度假旅游目的地的策划要注意评价环境、建设环境、管理环境、营销环境、优化环境。

即学即用 3.1

贵州旅游为何举步不前

贵州省地处中国西南部云贵高原的东部，山川秀丽，气候宜人，民族众多，旅游资源得天独厚。贵州的自然风光资源(见图 3.11)充满着奇异的色彩。最负盛名的有：全国乃至亚洲最大的瀑布——黄果树瀑布，被誉为"亚太奇观"的地下明珠——安顺龙宫，拥有"举世无双的岩溶博物馆"——织金洞，世界自然遗产、被列为世界"人与生物圈"保护区网的喀斯特森林保护区——荔波茂兰等。贵州多姿多彩的民族风情旅游资源神奇绚丽。这里有苗家村落、布依族山寨、侗乡鼓楼、悦目的蜡染、丰富的民族节庆活动等。

图 3.11 贵州风光

但是在优越的条件下有一个值得所有人思考的问题：为什么在如此丰富的旅游资源条件下，贵州的旅游业发展得不温不火？为什么国人对贵州所知并不多？其原因主要有以下几点。

(1) 处于周边省份的旅游屏蔽效应中。贵州与云南、广西、四川、湖南、重庆毗邻，和周边省份在自然景观和文化习俗上非常相似。因此贵州与周边的旅游地在空间关系上以竞争为主，而不是以整合为主。并且从发展历程上来看，贵州旅游业起步较晚，人们都会有一种先入为主的心理，这使得贵州省处于周边省份的形象遮蔽之下，使贵州的旅游竞争陷入被动状态。

(2) 旅游资源在转化为产品时缺乏个性和特色。贵州旅游景点在营销运作中,没有自己的营销支点,大自然赋予的自然旅游资源与周边省份的自然旅游资源在特色上不能有效地区隔,历史文明、民族文化、佛教文化、酒文化及红色旅游产品等与周边省份相比,文化主线不突出。譬如,周边省份在民族风情旅游项目的开发上给贵州带来了很大的压力及挑战。云南在这个项目上的运作是很成熟的,云南白族的《五朵金花》与美丽的蝴蝶泉吸引着几代中外游客,演绎得出神入化的傣族的泼水节在旅游市场上享有很高的声誉。广西的《印象·刘三姐》与桂林的喀斯特地质地貌成功的组合使人们在感叹桂林的山水美时无法忘怀与那石林相映成辉的能歌善舞、聪明善良的壮家儿女。所以,贵州在民族风情旅游项目的开发上应注重区隔性。但目前贵州旅游更多地还停留在放任自流及模仿阶段。如布依族的"六月六"歌节、土家族的"八月八"唢呐节、神秘"二月二"苗寨祭桥节等节日没能与当地的历史文化、民俗及自然资源组合起来,只是过节而已,在促销中只是单一地宣传节庆,所以没有一个能做成旅游市场上的强势品牌。

(3) 旅游产品的开发没有以大众游客的需求为导向。贵州是一个典型的喀斯特地区,是世界岩溶地貌发育最典型的地区之一。喀斯特地貌占全省国土面积的 61.9%,很多研究喀斯特地形地貌的专家学者都把贵州当作科学研究的首选地。贵州黄果树大瀑布就是上天送给这块喀斯特地区的一个神奇礼物。但论及喀斯特地貌广西桂林显然名气比贵州更大,而且在市场运作上比贵州早,所以在中国旅游市场上提到喀斯特地貌,旅游者首先想到的是广西桂林——阳朔的漓江山水。贵州在把喀斯特地质地貌作为旅游产品推向市场时用了一堆比较专业的词语,譬如:"中国最大的溶岩分布区,发育于地表的石芽、漏斗落水洞、竖井、洼地、峰林、峰丛、天生桥、岩溶湖、瀑布、跌水、带状分布的石林,与发育于地下的溶洞、暗河、暗湖、伏流等纵横叠置。"这让旅游者理解起来一头雾水。于是旅游者把复杂问题理解简单化,认为贵州的喀斯特地貌等同于广西桂林,去了桂林就没必要再看贵州了。

(4) 宣传无重点,无先后。贵州省旅游资源丰富,但这些年来翻来覆去的还是黄果树瀑布,旅游管理部门没有制定有次序的宣传重点。旅游主管部门应对一定时期的宣传主题有计划性,一个一个地来。云南在这方面就做得很好,先是石林,后是西双版纳,大理,丽江,世博园,香格里拉,每一个宣传都有主题,深入人心,个个炒得火热。而贵州到目前为止,除了黄果树,没多少人知道其他的景点。贵州的少数民族节日上千个,但没有一个让人知道得很彻底的。

因此在同类型的旅游地开发中,在旅游资源相类似的情况下,后发展的地区往往处于前期开发的旅游地的阴影中,即便在很多方面这个新开发的旅游地要比已开发的旅游资源有优势。在这种处于劣势的情况下,为了消除游客"先入为主"的旅游消费心理,如何树立和突出自身的独特性和差异性就是一个很难的问题。

(资料来源:综合多处资料修改而成)

小思考:结合旅游战略策划的基础条件分析等相关知识,谈谈云贵高原上的贵州旅游为什么举步不前?你认为贵州省旅游要加快发展该从哪些方面来找突破口?

2) 旅游资源开发条件的分析评价

区位条件评价。区位一词来源于德语"standort",英文于 1886 年译为"location",即位置、场所之意，我国译成区位，日本译成"立地"，有些意译为位置或布局。"区位"一方面指该事物的位置；另一方面指该事物与其他事物的空间联系。旅游活动的实现和发展必须有一个确定的空间位置，也离不开与其他事物的联系，这种联系包括与自然环境和社会经济环境之间的联系。旅游区位主要是指旅游目的地、旅游景区(或其他旅游企业)所在地的地理位置以及与此紧密相关的旅游资源、与主要客源市场的距离、可进入性、与周围旅游区等其他因素条件之间的空间相互联系。旅游区位评价主要是从市场角度对这些空间联系的优劣状况作出评价。

一个旅游地客流量的大小，除了取决于旅游资源的优劣和距离客源市场的远近之外，还取决于交通条件的通达便利程度。交通不便、可进入性差往往是不少风景优美之地的制约因素。不少"老、少、边、穷"地区，虽然有着"真山、真水、真貌、真情"旅游环境，但却由于位置偏僻、经济落后、地形复杂而缺"线"少"路"，从而制约了当地旅游业的发展。新疆的喀纳斯、原来的延安、晋陕交界的壶口瀑布等就是例证。

另一类的旅游地并非地理位置偏远，是因为交通线路不畅而影响和制约了旅游发展。如山西五台山、山东曲阜等都是世界著名旅游胜地，但没有火车或飞机直达，游客进去和出去都比较麻烦而且费时，从而影响了游客的满意度和潜在游客旅游动机的形成。还有一些旅游胜地，由于没有始发或终点的列车，也影响了当地旅游业的发展，如泰山、华山、衡山等。当然，随着经济的发展，交通区位的条件也是动态变化的，要以发展的眼光来看待和评价交通区位。

客源条件评价。客源数量直接关系到旅游开发的经济效益。旅游目的地、旅游景区客流量的大小并不完全取决于资源的吸引力，旅游目的地或景区所在区域和所处的位置也起着重要作用。这是因为在我国目前的旅游市场地区结构中，多数人受金钱和时间的限制，旅游流仍以近地短程旅游为主。目前我国旅游客源市场主要集中分布在开发较早、经济发展水平较高的"三区一线"等地区，即渤海经济区、长江三角洲经济区、珠江三角洲经济区和沿海经济开发区一线。除此还有各省、自治区内的大中型城市等。对于同类型同级别的旅游资源，旅游景区离主要的客源市场近则游人多，反之则游人少，这是受旅游客源市场地缘格局的影响。因此对旅游区域、旅游景区进行客源区位评价时，一定要分析客源市场距离策划区的远近和客源市场出游的潜力。例如从园林旅游资源的吸引价值及景观的规模和构景要素的组合状况来看，上海的豫园(见图 3.12，图 3.13)不如河北承德的避暑山庄，但从游客量上来说后者就要比前者逊色多了，这是因为上海的豫园位于经济发达区，具有区位优势。

图 3.12　上海豫园外九曲桥

图 3.13　上海豫园

3．旅游市场条件分析

旅游市场是中国最早与国际市场接轨的市场之一。20世纪70年代以前，由于长期实行计划经济，旅游市场营销理论在中国几乎无立足之地。改革开放初期，旅游市场理论不得不以"洋"为师。随着中国旅游业的崛起，国内市场国际化及旅游经济全球化时代的到来，旅游市场营销的重要性日渐显现。现代市场营销观念的核心思想是"以顾客需求为中心，最大化地实现顾客价值"。因此旅游开发首先必须解决的问题是目标游客是谁，这些游客的需求特点是什么，如何提供优势产品和采取有效策略吸引这些游客，如何能够留住游客并最大化地实现游客所期望的价值。无论是市场调研、市场细分、市场定位还是竞争战略的实施、营销组合策略的运用，都必须围绕着如何满足游客需求和增强游客满意度这一核心思想来进行。制定市场营销战略的目的是为旅游地的市场推广运作提供可选择的模式，以适应市场环境的不断变化，保证市场推广的有效性。

先进的旅游策划理念是"策划即营销"。用市场营销的眼光、思维、理念来指导旅游策划，衡量旅游策划的质量。遵循"策划即营销"的指导思想来开展旅游策划工作，可以避免制定出的旅游策划方案"中看不中用"和"束之高阁"的局面。

4．旅游安全性评估

人类社会已经进入"风险社会"。当前，在国内外其他行业与种类的风险、灾害评估中，应用安全性评估来分析问题已成为一种新趋向。安全性评估有助于决策者在进行安全管理时有针对性地选择最优技术和政策。旅游业作为当前的世界第一大产业和中国的朝阳产业，是一个相对较为脆弱的行业，对于风险和危机的应对能力较差。因此旅游策划应为旅游地设计旅游安全性评估和旅游危机管理保障系统，以提高预测和抵御风险的能力。旅游安全性评估包括自然性安全评估、社会性安全评估、管理性安全评估、社会公共卫生事件安全评估、民族宗教安全评估等。

3.2.2 旅游战略目标策划

1．旅游战略目标

旅游战略目标是旅游目的地发展旅游业努力的方向和要求达到的目的，是制定和实施旅游战略的出发点和归宿点。不同的旅游目的地、旅游企业，旅游发展战略的目标不同。无目标的旅游战略策划是毫无意义的策划。旅游发展要求达到的目的主要如下。旅游业是经济产业，要能够增加当地居民收入，提供就业机会，增加财政收入，促进经济发展和多样化。旅游业是文化产业，要繁荣人们的精神文化生活，推进社会主义精神文明建设。旅游业是服务产业，要能为旅游者和当地居民提供旅游和娱乐活动设施和服务。旅游业是形象产业，通过旅游的开展要能够提升区域的总体形象。旅游业是环境产业，对环境的依赖性很强，发展旅游业的同时要促进环境保护和环境质量的改善提高。旅游业是动力产业，旅游产业链条上的环节多，关联带动作用强，综合因素多，通过旅游业可以而且应该促进多项产业齐头并进的发展和进步。国家旅游局曾在"十五"规划中，明确把旅游产业称为"动力产业",这就从根本上揭示了旅游业的关联带动作用。它的发展可带动许多相关产业,被人们誉为"前导产业"、"先导产业"、"窗口产业"、"朝阳产业"等。旅游业的综合性很强,旅游发展战略目标并不是单一的,而是以上各种目标的综合。

旅游战略目标策划要以旅游发展目标的分析为基础,根据旅游目的地的具体情况和对旅游发展的确切要求而定,使得旅游的发展能够符合旅游目的地社会经济文化发展的客观实际。

2. 旅游战略目标策划的内容

根据要求和标准不同,旅游战略目标策划的内容也有所不同。

(1) 总目标和子目标。总目标是全局性和总体性的目标,而子目标则是总目标的具体的地区目标和阶段目标。旅游发展战略目标的表述通常要求十分概括,但它却是深思熟虑的结果。旅游发展战略目标主要指整体战略思想实施所能达到的目的,可以概括为一定时期内某一地区旅游业发展的地位、速度、发展水平和竞争地位。如江苏提出的旅游发展总目标:依托综合优势,形成较大规模的旅游产业,不断提高旅游品质、扩大旅游功能,创造新的江苏品牌,使江苏率先进入世界一流旅游目的地行列。

旅游战略目标还应该是较为具体和细致的。子目标一般指的是分层次、分项目、分建设内容所要实现的指标,这些指标的组合构成其总目标的指标体系。战略目标一般分阶段实施,根据旅游需求和供给的关系分析策划不同阶段所要达到的分目标,一般可分为前期、中期和远期 3 个目标。在目标描述中,通常是用概念性定性目标和数值性目标(定量指标)来共同阐明子目标。

(2) 经济水平目标、社会效益目标、文化发展目标、环境保护目标和品牌建设目标。旅游战略目标策划的经济水平目标是反映其最终产业规模和经济收益状况的系列指标,包括境内外旅游者人数、旅游总收入与创汇、地方居民收入水平、占国内或区域内生产总值的比重、投资回收期、投资收益率、乘数效应等。社会效益目标主要涉及特定时期下旅游的发展将会产生怎样的社会效果,包括就业机会提供、地方居民的支持率、社会风气、旅游者的满意度、从业人员服务质量等指标。文化发展目标需体现旅游发展对当地文化的影响和旅游与文化互动的预期结果,包括当地文化的完整性、文化个性、文化整合的程度、交叉文化的吸引力等指标。环境保护目标直接关系到旅游可持续发展的问题,主要包括自然风景资源保护、历史文化资源保护、环境综合整治指标、绿色覆盖率、水资源环境、大气资源环境等内容。品牌建设目标包括发展多少个 5A 级旅游景区,要建设成什么级别和类型的旅游地等。

(3) 主要目标和次要目标。主要目标是涉及目标执行全局的、长期的战略目标,次要目标则是在主要目标的实现过程中附带的目标。二者策划的复杂性有很大不同。

3.2.3 旅游战略思想策划

旅游战略思想是制定旅游发展战略的指导思想,是区域旅游资源、旅游产品开发和旅游企业经营战略策划制定的导向和应坚持的原则。旅游战略思想是旅游发展目标实现的战略依据和方针，反映了策划者对旅游发展目标实施途径的把握，从旅游资源、旅游产品、旅游产品品牌、旅游市场拓展、投融资等方面得以体现。

1. 旅游资源开发战略思想策划

对旅游资源的认识、评价和把握是旅游策划的基础。旅游资源开发战略思想通常表述为"整合资源，重点分布实施"等，就是要致力于有效地整合各种资源，为旅游者创造某种特殊的体验。整合资源就牵涉到资源评价问题。事实上在评价的过程中更强调资源转化为产品的能力。旅游资源再好，也不一定能转化为旅游产品。旅游资源的价值再大，将它开发为旅游产品后，也不一定能得到市场的追捧。旅游资源的历史价值、文化价值、科学价值并不一定等同于旅游产品的市场价值。如通过专家评定，某项旅游资源如某人类文化遗址、某地质活动剖面、某一文物、建筑和壁画的价值很大，专家们也写出了大量论文进行研究论证，可这类资源就是迟迟不能转化为旅游产品为市场所接受，形不成旅游风景。这其中的原因也许有多种，但若排除其他开发条件，恐怕旅游资源本身价值的表现力不强是重要原因。因此若陶醉于旅游资源的历史价值、文化价值、科学价值而不能自拔，也难以将旅游策划做好。

旅游资源自身所具备的各种价值、品质、特色决定了旅游资源自身的级别。它是旅游形象定位的基础，是旅游产品开发的基础。离开了这一基础而谈旅游开发，通过炒作可能在短期内带来大量客源，但其生命力一定不强，生命周期一定不长。另外，像主题公园这一类旅游资源，它不是原赋的自然、人文旅游资源，而是对原赋旅游资源的仿制和整合，这类旅游资源虽然不具备历史价值、科学价值，但仍具备艺术价值和文化价值，它经历了艺术的再创造过程。同时，这种对原赋旅游资源的仿制和整合，以及仿制和整合的水平也能体现主题公园的品质和特色。

旅游资源开发战略思想策划要坚持"整体规划、分布实施、突出重点、强化特色、打造品牌、持续发展"的整体原则。

2. 旅游产品战略思想策划

旅游产品的策划需要熟悉旅游市场，通过对市场需求的确认来决定将哪些有市场价值的旅游资源转化为旅游产品以及该旅游产品的表现形式如何。旅游产品的表现形式也是一个十分重要的方面，它必须能够使游客亲近，能使游客便于购买并感受到旅游资源的独特魅力，体验到一种与众不同的特殊经历。

值得注意的是，在旅游产品策划的支撑要素中，旅游资源的外部环境条件和内部环境条件可通过许多客观方法获得，而对旅游资源特征的把握相对来说却是一个较多地渗入了策划者自身主观认识、经历以及价值观的过程。不同的策划者由于自身条件不同，可能在掌握相同基础资料的情况下，对旅游资源自身特性的把握产生较大差异。

3. 旅游产品品牌战略思想策划

品牌是给使用者带来溢价，产生增值的一种无形资产。旅游产品品牌策划是一个沟通过程，是旅游目的地在旅游者心目中逐步建立起一个相对稳定的印象，并使这一稳定印象成为沟通的情感纽带的过程。这一过程需要传播或沟通的介质,如宣传口号、形象标志、视觉标志、界面意象等。

中国旅游经过三十几年的发展,历经"产业观念确立"、"结构机制调整"、"产品开发建设"阶段,现在已经进入了"品牌策划经营"时代。在当今"资源产品化,产品品牌化,品牌差异化"理念的指导下,如何从心理及视觉上找到一个有效、可靠的载体来承载旅游品牌显得尤为重要。旅游策划可以支撑旅游品牌,提高对品牌的认知度。云南旅游策划的形象词是"万绿之宗,彩云之南";浙江"宋城"进行了"给我一天,还你千年"的演绎;黄龙洞标志性景点"定海神针"被投保一亿元保险,创世界为资源性资产买保险之先河;湘西凤凰(见图 3.14)南方长城举办了万众瞩目的"棋行大地"活动,是第一次将中国建筑、兵戈、围棋、武术多元素有机融合的文化创新活动;大型桂林山水实景演出《印象•刘三姐》,以举世闻名的桂林山水实景(见图 3.15)作为剧场,大写意地将刘三姐的经典山歌、广西少数民族风情、漓江渔火等元素创新组合,被誉为"与上帝合作之杰作"。这些旅游策划大大提升了城市和景区的知名度和美誉度,创造了极大经济和社会效益。因此旅游策划要有震撼的品牌口号,要有整合的品牌传播。

图 3.14 凤凰古城

图 3.15 桂林——阳朔漓江山水

但当前许多旅游经营者把旅游品牌视为旅游产品,忽视品牌创立,对品牌的核心价值不明确,对品牌的角色关系理不清,对品牌认同的设计不重视。

目前在品牌战略实施中存在以下误区。一是品牌定位脱离实际。品牌定位的目的就是创造鲜明的个性,树立独特的形象,最终赢得市场客源。定位不准、脱离实际的旅游品牌必定经不起市场的考验。二是品牌制造无创意。旅游商品、旅游酒店、主题公园(如世界之窗)雷同现象比较普遍。三是品牌营销手段单一。国内旅游组织在品牌营销中往往是降价、广告、推介会等单一的营销手段。四是品牌评选遍地开花。许多品牌评选是利益驱动的商业行为,价值寥寥。

案例分析 3.4

"城市,让生活更美好"——上海世博会品牌策划

"人们来到城市是为了生活,人们居住在城市是为了生活得更好。"——亚里士多德
上海 2010 年世博会主题的筛选与确认,是一个城市群策群力、广泛发动实现旅游品牌

图 3.16　上海

梦想的过程。筛选主题采用"三步走"方针。第一步，资料收集；第二步，科学确定主题遴选的基本原则；第三步，全方位挖掘、比选、精练 2010 年上海世博会主题的关键词和表述方式。研究小组经过 4 轮比选，最终锁定"城市"和"生活质量"作为上海申办主题的两个要素，形成了"新城市、新生活"、"更美好的城市，更高质量的生活"、"大都市高质量的生活"3 个主题。当"城市"主题进入世博会视野后，通过 2000 份问卷调查，据统计，对"城市与生活"的支持率达 84%。经过反复提炼，"城市，让生活更美好"成为世博会正式主题。上海世博会主题"城市，让生活更美好"(Better City, Better Life)实际上已经成为上海新的旅游形象，已经渗透到城市的每个角落。这个用了短短 100 多年从一个小渔村成长为中国最大的经济中心城市的"城市"，为人们呈现出的是一个国际化大都市的形象，一颗充满了活力与魅力的东方明珠形象。

4．旅游市场营销战略思想策划

旅游市场营销战略思想策划是如何对市场进行营销的策划。对于区域旅游发展来说，旅游市场营销战略思想策划应树立大市场、大营销的观念，应具有政府树形象、行业拓渠道、企业推产品的总体思路，开展以区域联合、行业联合、企业联手为主的大联合整体营销。这一策划要制定出切实可行的形象策略、产品策略、价格策略、宣传策略、公关营销策略、主体活动策略和旅游市场营销保障措施。

对旅游市场的研究是旅游市场营销策划成功的关键。旅游是关联度较高的产业，旅游市场不同于其他类型的市场，其可变性太大，难于把握。由于游客购买的是不同于日常生活的经历和体验，许多旅游产品具有无形的特征。同时，对旅游经历的感受又受时时变幻的游客心理因素的影响，市场特征虽有规律可循，但却难以捉摸。"地无长势，水无长形"，或者说对旅游市场的认识比对其他行业的市场的认识要难得多。对旅游产品的营销策划不能与其他物质产品等同而论。旅游市场营销战略不是一成不变的，旅游经营者一定要依据市场的动态不断地调整和完善业已制定的营销战略，围绕固定的供给来创造需求。

在进行旅游产品市场营销策划时一定要注意与旅游资源的特色充分结合。旅游策划一定要强调以旅游资源为基础，策划的核心内容是旅游资源的特性和特色在逻辑上的合理延伸。以前我们非常强调旅游市场的导向原则，这是正确的。但目前有这样一种倾向，即过多强调了市场导向而忽略了对旅游资源自身特色的把握。要知道旅游策划与一般广告公司的产品策划是不一样的。总的说来，目前旅游策划出现了两种偏差，一方面是缺乏对细分市场的深入研究，推出的旅游产品缺乏卖点；另一方面，在旅游产品的开发上严重脱离了旅游资源的特性和特色。必须指出，旅游的开发、策划还是要以资源作为根本。事实证明，脱离旅游资源特色而策划出的旅游产品大多是满足一时需求的商业炒作，这种商业炒作最终是注定要失败的。

案例分析 3.5

景区命名影视作品的开河之作——山西乔家大院景区营销策划

高高的红灯笼等意境符号，在张艺谋《大红灯笼高高挂》凄幽哀婉的镜头下，曾经令"藏在深宫人未识"的乔家大院(见图3.17)声名鹊起。但当年拍摄电影只是无意识和被动的，还谈不上什么营销。真正让乔家大院红遍天下，一跃而成为国内炙手可热景区的战略营销策划是电视剧《乔家大院》的拍摄。2003年，晋中作家王松山写了一部取名为《晋商之旅》的小说，主角是清末山西祁县著名商人乔致庸。乔致庸是乔家大院的主人，他弃儒经商，主持家业，以信义为本，直至造就了"全国凡有麻雀的地方，就有乔致庸的买卖"的盛况。有感于这部小说的震撼，乔家大院决定拍

图 3.17 乔家大院

摄一部以乔家创业故事为主的电视剧，借此宣传景区。为了吸引人们对景区的注意力，乔家大院景区意味深长地将电视剧名称确定为《乔家大院》，首开以景区名称命名电视剧的先河。这部几乎是为乔家大院量身定做的电视剧自开播之日起收视率一路上扬，稳坐全国电视剧收视冠军宝座，在一片赞赏声中全线飘红。乔家大院景区的旅游发展也因此盛况空前，一路高歌，成为整个晋商和民族魂魄的反映。旅游借势影视文化营销在国内并不罕见，但在《乔家大院》之前，为传统旅游景区量身定做的电视剧却是一个空白。在这个信息过剩的时代，品牌影响还必须依靠它切入人们意识的营销方式和速度。方式越新颖，进入速度越快，品牌越可能在人们的记忆中占有一席之地。

5. 旅游投资战略思想策划

旅游投资方面的战略思想包含3个方面：一是以国家为投资者；二是国家、地方、部门、集体、个人共同投资；三是自力更生并利用外资。各地可依据实际情况而定。一般来说，旅游规划不针对单个项目，就无法真正招商引资。有了单项旅游策划对规划建设内容的分解，就形成了单个项目的建设目标、项目建设环境、市场前景分析等内容，使投资者有了投资的机会点。而旅游策划追求商业化盈利的目标符合投资者的利益目的，能够为他们带来丰厚的回报，进而实现了旅游项目融资的目的。旅游策划的创造性思维就是吸引投资者投资。与投资条件相关的要素主要包括资源所在区域投资渠道的畅通程度和政府对于旅游投资的政策。投资渠道畅通、旅游投资主体较多、政府对于旅游投资制定优惠政策的区域，其投资条件相对较为优越。这类区域在旅游资源开发的资金筹集方面往往能够获得有效保障。

3.2.4 旅游战略重点策划

旅游发展战略是旅游发展战略目标的主攻方向，是决定旅游开发投入力量分配的关键，

包括旅游各组成部分中的优势项目(重点发展的部门)和优先领域。要达到预期的旅游发展战略目标，必须有战略重点的支撑。

1. 旅游优势战略重点策划

旅游优势战略重点策划应指明旅游发展的重心，指明旅游发展的优势所在，找出旅游发展的关键点，把握旅游发展的命脉，找准快速见效的生长点，找准关键项目。它具有牵一发而动全身的功效。

2. 优先开发战略重点策划

在旅游发展战略重点的优势旅游项目中，一定时间内要有优先开发的旅游区域，它应该是这一地区具有旅游发展优势的领域。一般来说，旅游资源品位和价值较高且具有相对垄断优势的地区或项目可以考虑作为优先开发部分。自然，确立时还要结合区位条件、客源市场和当地经济水平等因素综合考虑。

3. 克服旅游发展"短板"战略策划

旅游发展战略重点策划必须考察并寻找制约旅游业发展的部门或环节，因为这些部门或环节的落后会制约整个旅游业的发展。管理学科中的"木桶效应理论"认为，若想增大一只木桶的容量，最有效的办法不是加长最长的那块木板，而应在补齐最短的木板上下功夫。木桶效应对于选择旅游发展战略重点，提高旅游业的整体发展水平是很有意义的。例如旅游交通问题就曾经成为制约很多奇特神秘旅游区域发展的短板因素。

3.3 不同层次旅游发展战略的策划

旅游发展战略策划主要是针对旅游目的地而言的。旅游目的地发展战略适合于小到旅游景区，大到地区和区域，甚至一个国家的所有地域。在不同的层次上，旅游发展战略策划活动的内容、程序、过程和方法基本相近，包括了发展目标、计划、措施、政策等，但区域范围和层面不同，战略策划是有区别的。如国家层面上更强调总体与分区利益协调，目标描述比较宏观，而在区域层面上则强调目标和计划的可实现性与操作性，微观角度上的操作性更详细具体。

3.3.1 国家层面旅游发展战略策划

国家层面的旅游发展战略因国家大小、地位、现状、资源条件等因素不同而有不同的关注点。通常这样的策划或规划活动由各个国家政府或大型的旅游组织完成，这一层面的战略表述更加宏观，体现了国家发展旅游的大方向、大思路、大政策，是国家在发展旅游中的指导思想、战略目标、政策方针和战略重点，体现了旅游业在整个国家国民经济中的地位。

例如，红色旅游发展战略就是国家层面的旅游发展战略，也是最近国家组织得非常成功的策划工程。它不仅显示了旅游的教育宣传和政治性学习特色,同时将处在全国老、少、边、穷地区的红色旅游资源盘活,又能与社会主义新农村建设相结合,所以红色旅游目前异常火爆。在战略定位上,国家把发展红色旅游作为弘扬民族精神、加强青少年思想政治教育、建设社会主义先进文化的文化工程,也作为促进革命老区经济社会发展、提高生活水平的经济工程。在组织领导上,成立高层次的组织、协调结构。在实施步骤上,规划先行,科学打造红色旅游精品,加大红色基地的基础配套建设;制定优抚政策,引导社会消费和社会投资;加大宣传力度,尽快扩大市场和培育品牌。在规划布局上,重点发展12个红色旅游区、30条红色旅游精品线路、100个红色旅游经典景区。

3.3.2 区域旅游发展战略策划

区域旅游发展战略策划是地方政府在中央总体旅游发展战略思想的指导下,结合地方经济发展的特点和旅游方面的优势,制定区域旅游发展战略的指导思想、目标及战略重点等。相对国家层面而言,区域层面的旅游发展战略策划更为具体和复杂。区域旅游发展战略策划需要对区域发展有准确的定位、科学的目标、可行的战略措施、切实的计划。根据区域范围的不同,区域旅游发展战略策划又可以分为省级、市级、县级3个层面。

一是省级旅游发展战略策划。省级相对于国家层面要具体一些,相对于市县级要宏观一些。省级旅游发展战略策划要注意总体利益与分区利益的协调。如四川省旅游发展战略强调政府主导战略,成立了旅游产业发展领导小组,统一协调解决全省文化旅游发展中的重大问题,包括强化旅游局的综合管理和协调职能,特别是公安、交通、文化、文物、宗教等要主动配合旅游部门,共同搞好文化旅游资源的综合利用和开发管理。在区域利益协调方面,四川省策划出在国内外俱有影响的拳头产品和精品线路,即在传统的峨眉山、乐山、都江堰、九寨沟、黄龙寺5大精品的基础上逐步推出"大香格里拉(康巴、彝族、摩挲文化)、阆中古城、李白故里—杜甫草堂"等世界级文化旅游精品。

案例分析3.6

近些年来河南旅游可谓"风起云涌"、"喜事连连",港姐游河南、世界旅游小姐游河南等一连串主题旅游活动的策划与实施使得河南旅游热潮不断。首届中国中部(河南)旅游交易会、俄罗斯总统普京造访少林寺,以及丙戌年黄帝故里拜祖大典的成功举办,一波波狂热的旅游旋风"席卷"中原,使得河南旅游一再引起世界的瞩目。河南省明确把旅游业确定为重要支柱产业之一来发展。如今河南大部分地区也都把发展旅游作为农民增收的重要途径,并以策划大型旅游节庆活动为纽带,通过招商引资和对当地旅游资源的科学整合,让旅游真正成为名副其实的支柱产业。河南旅游业正大踏步走进旅游策划时代。河南省旅游局依托现有和潜在的旅游资源,积极策划并推出了中原5大特色的主题之旅,主要包括以下项目。古都之旅:河南省积极与北京、西安建立合作并联合策划推出北京—安阳—洛阳—开封—郑州—西安、西安—洛阳—开封—郑州—北京两条古都旅游线路。功夫之旅:河南省紧紧抓住俄罗斯总统普京访问少林寺,在俄罗斯及欧洲掀起新一轮少林热的契机,重点推出"功夫之旅——中国功夫探访游"经典旅游产品,《禅宗少林·音乐大典》实景演出剧目也促进了旅游演艺市场的活跃。寻根之旅：针对首届黄帝故里拜祖大典引发的寻根拜祖热，河南省还推出了以"同根同源——中原寻根之旅"为核心的旅游产品，巩固开拓中国港、澳、台地区及东南亚市场。乡村之旅：河南省面向省内、国内市场推出中原乡村之旅，全面展示河南省作为农业大省在社会主义新农村建设中的崭新成就和亮丽风采。

二是市级层面的旅游发展战略策划。此层面更强调抓住全市旅游发展的突出矛盾，关注旅游发展中的主要问题，强调定位准确、旅游资源的整合、旅游发展的创新意识、特色旅游产品的开发、旅游竞争的策略、旅游市场的开拓、旅游体制的改革等问题。例如苏州近几年来将旅游业列为重点产业，将发展旅游业作为优化GDP结构的重要举措，制定了力争经过3年的努力进入中国旅游城市第一方阵，把苏州建设成为国内必选、国际首选的休闲度假胜地和具有国际竞争力的旅游城市的发展目标，将快速提升旅游业作为新的经济增长点。

三是县级旅游发展战略策划。它比上一级更具体，更注重可操作性，更强调市场营销与产品开发策略，更注重龙头景区的带动和示范作用。

3.3.3 旅游企业(景区)发展战略策划

相对于区域层面的策划来说，此微观角度更具备可操作性和现实意义。旅游企业发展战略策划重点解决旅游企业在发展过程中遇到的重大问题，推动旅游企业获得健康、良性发展，不断提升核心竞争力和综合影响力。各类旅游企业如宾馆酒店、旅行社、旅游景区等需要进行战略策划，增强发展的自觉性和科学性。尤其是拥有自然、人文资源的旅游景区更需要进行战略策划。如浙江淳安千岛湖未来的旅游发展战略目标定位为：打造观光、休闲、度假、会展四位一体的长三角一流、国内著名、世界知名的休闲度假胜地，塑造湖泊旅游的典范。这一定位指明了景区的长远发展方向。通过战略策划对景区发展中的主要矛盾、产品定位、营销目标、经营体制和形象定位等重大的、深层次的问题与思路策略进行综合性、大视野、宽角度的谋划。

本章小结

战略泛指统领性的、全局性的、长远性的、左右胜败的谋略、方案和对策，它的构成要素主要有战略目的、战略方针、战略力量、战略措施等。战略策划是一项系统工程，战略策划的关键不在于有多少点子和策略，而在于看问题的角度、方法和思路。战略决定全局，战略决定成败。旅游战略有宏观、微观两个层次，宏观上是为旅游业内各行业制定的在一个相当长的时期内发展的总体设想、方向和规划，微观上是旅游企业制订未来发展计划、措施和程序的总和。

旅游战略策划具有预见性、理念性、定位性、差异性和竞合性的特点。旅游战略策划需掌握把握大势、理念创新和突出差异的原则。旅游战略策划的核心是定位，定位有3个中心：特色、取舍、延伸。

第3章 旅游战略策划

旅游战略策划是对旅游发展的战略思想、战略目标及战略重点等的谋划。其内容主要包括基础条件分析、战略目标策划、战略思想策划和战略重点策划等。旅游战略策划的基础条件分析包括地方性分析、旅游资源综合评价、市场条件分析和安全性评估。根据旅游战略的实际应用领域，在旅游业发展实践中往往需要在不同的层面进行战略策划，比如国家层面的旅游战略策划、区域层面的旅游战略策划和企业层面的战略策划等。

关键术语

战略；旅游战略；旅游战略策划；旅游战略区位；旅游战略策划定位；旅游战略思想策划

Key words

strategy；tourism development strategy；tourism development strategy designing；tourism development strategy location；the positioning of tourism development strategy designing；the designing of tourism development strategy idea

参考文献

[1] 沈祖祥，张帆，等．旅游策划学[M]．福州：福建人民出版社，2000．
[2] 杨振之，等．旅游原创策划[M]．成都：四川大学出版社，2005．
[3] 陈扬乐．旅游策划——原理、方法与实践[M]．武汉：华中科技大学出版社，2009．
[4] 王衍用，曹诗图．旅游策划理论与实务[M]．北京：中国林业出版社、北京大学出版社，2008．
[5] 盛学峰．旅游需要策划[N]．华东旅游报，2004-8-13：第3版．
[6] 艾文礼．让策划为旅游文化插上腾飞的翅膀——对承德旅游"二次创业"的思考[N]．中国旅游报，2008-9-17：第11版．
[7] 熊大寻．香格里拉是如何策划成功的．http://www.xiongdaxun.com/html/qzzn/cgal/1146.html．2010-11-15．
[8] 王志纲．策划旋风．王志纲演讲录[M]．北京：人民出版社，2007．
[9] 刘梅．浅议阻碍贵州旅游价值提升的问题[J]．经济研究导刊，2009，(21)．

习题

一、填空题

1. (　　　)被认为是中国最早对战略进行全局筹划的书籍，也是世界上第一部论述"战略"的著作。
2. 管理学大师彼得·德鲁克认为战略是(　　　)。
3. 旅游战略策划中定位的本质是(　　　)。
4. 旅游战略策划中定位的3个中心是(　　　)、(　　　)、(　　　)。

5. 旅游战略策划是对(　　)、战略目标及(　　)等的谋划。

二、单选题

1. 全球定位之父是美国营销大师(　　)。
   A. 菲利普·科特勒　　　　　　　　B. 杰克·特劳特
   C. 迈克尔·波特　　　　　　　　　D. 彼得·德鲁克
2. 下列那一项不是旅游战略策划的原则(　　)。
   A. 把握大势　　B. 理念创新　　C. 突出差异　　D. 策略设计
3. 旅游战略策划的核心是(　　)。
   A. 创意　　　　B. 理念　　　　C. 竞争　　　　D. 定位
4. 中国旅游经过三十几年的发展,现在已经进入了"(　　)策划经营"时代。
   A. 市场　　　　B. 产品　　　　C. 品牌　　　　D. 营销
5. (　　)不是旅游战略策划的基本特征。
   A. 预见性　　　B. 竞合性　　　C. 理念性　　　D. 服务性

三、简答题

1. 简要说明旅游战略策划的特点和原则。
2. 举例说明旅游战略策划的核心。
3. 旅游战略策划应该如何进行基础条件分析?
4. 旅游战略思想策划主要包括哪些内容?
5. 旅游战略策划该如何处理市场与资源之间的关系?

四、思考题

1. 选一个你所熟悉的经营一般的景区,分析它的定位是否准确,你又会如何对它定位?
2. 试对你所熟悉的区域进行旅游战略策划基础条件分析。
3. 以你所熟悉的区域为例试述如何制定旅游战略思想策划。

五、案例分析

香格里拉的标志——梅里雪山旅游战略策划

图 3.18　梅里雪山

梅里雪山(见图 3.18)隶属云南迪庆藏族自治州的德钦县,位于滇西北青藏高原南延的横断山脉纵谷地区,与举世闻名的香格里拉县相距 70 余公里,景区内有怒江、澜沧江、金沙江 3 个风景片区,8 个中心景区,60 多个风景点,总面积 3500 多平方公里。景观主要有:三江并流、高山雪峰、峡谷险滩、林海雪原、冰蚀湖泊、少见的板块碰撞、广阔美丽的雪山花甸、丰富的珍稀动植物、壮丽的白水台、独特的民族风情等,构成了雄、险、秀、奇、幽、奥、旷等特色。它是云南省面积最大、景观最丰富壮观、民族风情最多彩,极令人神往但基本尚未开发的处女景区。梅里雪山,一座神圣不可侵犯的山,一座举世闻名的山。其主峰卡瓦格博峰是藏民心目中至高无上的神山。每年尤其藏历羊年,青、藏、甘、川、滇 5 省区藏民皆要来朝圣卡瓦格博,外转 13 天,内转 5 天,还有的长期转山修行。在藏民千年来匝绕朝圣的各神山中,卡瓦格博最圣洁无瑕,是全球之内未被人类征服的处女峰。曾有人说:"如果说香格里拉是云南旅游的王冠,那么梅里雪山就是王冠上的明珠。"20 世纪整整 100 年里,英、美、日等国登山队数次攀登皆告失败。1991 年那次震惊世界的山难,埋葬了中日登山队登山运动员。人类登山史上卡瓦格博留下的遗骸位居世界第二!

梅里雪山主峰卡瓦格博峰是藏传佛教中八大神山之首,卡瓦格博本命属羊,出生于水羊年,2003 年正逢藏历水羊年,为 60 年一轮回。据说,羊年朝圣转卡瓦格博一圈,相当于平时转 12 圈。而在藏历的水羊年转山一圈,其功德无量!因此 2003 年梅里雪山旅游启动就包括了民俗文化活动、转山巡礼、宗教仪式等精彩的内容。但当一切看似准备就绪时,人们突然发现,梅里雪山是什么?这个活动想传达什么?还根本没有搞清楚。也就是说项目定位还没有找到,就来进行宣传,这无疑是无源之水,无本之木。在进行战略构思时有这么几种观点:第一种是神秘观,认为梅里雪山没有广大的知名度,不适宜针对大众进行宣传,应该针对它造成的震惊世界的山难,并且从未被征服过的特点来宣传,所以目标消费群应是喜欢探险和登山的人,在神秘性上做文章,诉求"梅里雪山——神秘之旅"以吸引游客,同时也限制了大规模人群的进入,有利于保护雪山;第二种是宗教观,认为应突出梅里雪山位居藏传佛教八大神山之一的宗教色彩及其纯洁无瑕的气质,用"世界的朝拜,你我的朝拜"、"靠近神灵——梅里雪山的召唤"和"人类灵魂的朝圣地"来定位梅里雪山;第三种是哲学观,认为梅里雪山不论从外形或精神内涵,不论从东方哲学还是西方哲学来看,都达到了美学上的最高境界,应该用"大美无言"和恩格斯说过的一句话"人类第一次丧失自己"来概括梅里雪山;第四种是人类观,主张让梅里雪山成为全世界的心灵庇护所,用"世界平安——梅里雪山的祝福"来表达。

战略定位需要回答"我是谁?我目前处于什么位置和状态?我向何处去?"这样的问题,对于梅里雪山来说,也就是要问"梅里雪山在哪个方面可以成为世界第一?撬动梅里雪山的旅游,最有力的杠杆在哪里?梅里雪山可否占据一个制高点,带动一片,影响一个板块,拔出萝卜带出泥?"

经过分析讨论认为,对于"神秘之旅",全中国每天会有许多类似的宣传语出现!定位的"唯一、第一、专一"的"三个一工程"明显没有做足,针对探险爱好者这群分众来进行宣传,相当于大炮打蚊子,因为这群人原本就知道梅里雪山,而且消费能力有限;第二种宗教观,有类似的问题,而且国家广告法规也很难通过;第三种哲学观,太抽象!绝大多数老百姓都听不懂,更别说进行有效传播了;第四种人类观,"世界平安",联合国可能比较感兴趣，与旅游者有何相干？旅游者要的是能提供给他什么样的利益，而不是说教弘法。这些说法多从梅里雪山本身的角度来出发，但对于消费者来说，凭什么让他们买单？项目定位跟用放大镜点纸一样，只有高度聚焦，将太阳光完全聚焦在一个小点上，才能将光源转化成光能，才能燃烧引爆。一个项目的定位，不一定要很全，但一定要找到堪称世界唯一的那一个点。梅里雪山的资料介绍中有3个奇特现象：一是几乎所有关于香格里拉的照片，都有意无意地将梅里雪山作为其标志出现。二是在《消失的地平线》这本令香格里拉享誉全世界的著作里，曾多次提起过一座名叫"卡拉卡尔"的外形如同金字塔的雪山，这座雪山在著作里是识别香格里拉所在地的核心标志。而梅里雪山的主峰叫作"卡瓦格博"，在当地藏语的发音里就念作"卡拉卡尔"，且外形极像一座壮美的金字塔。三是在藏传佛教和当地人的习俗中，梅里雪山的主峰卡瓦格博，被视为藏区八大神山之一，并且是全世界唯一的男性神山，是人们心目中至高无上的神祇和精神寄托。因此梅里雪山及其主峰卡瓦格博是香格里拉的识别记号和心灵密码，当之无愧地是香格里拉的标志，体现了香格里拉神秘意境的终极。"梅里雪山——香格里拉的标志！"没到过梅里雪山，就不能领略香格里拉的真正风采和内涵！而没有香格里拉，梅里雪山就没有世界性！这意味着，梅里雪山可以搭上香格里拉的顺风车成功启动！也意味着，在四川稻城、阿坝和甘孜等地，在争先恐后抢打香格里拉这张王牌的激烈竞争中，梅里雪山让香格里拉就在云南这一既成的事实上，板上钉钉。

而对于县域旅游战略策划来说，不仅仅是做好一个梅里雪山。应该以梅里雪山文化节为杠杆，以梅里雪山旅游推广为支点，撬动德钦县乃至整个大香格里拉地区的经济板块，实现旅游整合，产业互补，区域联动，经济起飞。梅里雪山旅游的启动必须挂在具有世界性的声誉和影响力香格里拉这个火车头上，让它搭一程，送一站，整合东竹林寺、雨崩神瀑、茨中教堂、哈巴雪山、三江并流等旅游稀世资源，将之捆绑打包，形成"香格里拉标志"的形象系统，真正做到在旅游经济上成为香格里拉标志和中心。德钦县原来是木头财政，以砍伐林木作为产业支柱，现在德钦通过梅里雪山的朝圣旅游，体验式的旅游，使旅游成为了支柱产业。

(资料来源：熊大寻. 香格里拉是如何策划成功的.
http://www.xiongdaxun.com/html/qzzn/cgal/1146.html. 2010-11-15，有删改)

【思考与分析】

1. 结合案例，谈谈你如何理解旅游战略定位中的唯一性、排他性和权威性。
2. 你是如何理解梅里雪山旅游战略策划中的"以点带面"和"忍痛割爱"的？
3. 试对梅里雪山的旅游战略策划条件进行分析。
4. 想一想梅里雪山的旅游战略策划是如何把握资源与市场的关系的？

第4章 旅游创意策划

🐲本章教学要点🐲

知识要点	掌握程度	相关知识
创意的本质	理解	创意是客观存在的、创意目的是生存发展、创意是思维创新、创意也是生产力
创意的方法	掌握	头脑风暴法、三三两两讨论法、六六讨论法、心智图法、曼陀罗法、逆向思考法、分合法、创意解难法
旅游创意	掌握	旅游创意的作用、旅游创意的特征、旅游创意的原则、旅游创意的生成
旅游创意策划	掌握	旅游创意策划认知、旅游创意策划的特征、旅游创意策划的原则、旅游创意策划技巧、旅游创意策划方法、旅游创意策划流程

🐲本章技能要点🐲

技能要点	掌握程度	应用方向
旅游创意方法	掌握	能在旅游创意策划的实践活动中科学运用
旅游创意的生成	理解	能根据旅游创意生成的过程原理来把握旅游创意策划
旅游创意策划技巧	掌握	能在旅游创意策划的实践活动中科学运用

🐲导入案例🐲

Island caretaker job offer: get paid $150000 to swim, snorkel

Queensland's latest tourism campaign is giving job seekers the chance to get paid $150000 to live six months rent-free on the Great Barrier Reef …(More information: http://www.theage. om.au/travel/island-caretaker-job-offer-get-paid-150000-to-swim-snorkel-20090112-7ews.html#i xzz1poAtBNm2)

2009年年初，澳大利亚昆士兰旅游局面向全球招聘大堡礁看护员，这项招聘工作耗时半年，进行了一次超值的旅游创意策划。

这一招聘活动举着"世界上最好的工作"的牌子满世界为大堡礁寻找"护岛人"，吸引了全球30万人浏览昆士兰旅游局网站，来自200多个国家和地区的3.5万人直接参与竞聘。这一策划实现了"花最少的广告费，达到最佳的推广效果"。整个招聘事件全过程，全球媒体都被牵着鼻子走，报纸和电视新闻等都在重要位置为"招聘"免费报道，而且由于几名中国求职者杀入最后面试环节，我们的媒体也争先恐后地为大堡礁做了大量免费广告。在感叹被忽悠的同时，不得不被澳大利亚昆士兰旅游局高超的旅游创意水平所折服，这一环扣一环的精彩创意过程无不展现着旅游策划的魅力。

我们不妨来分析一下该招聘事件之所以能成功的几个关键点。

(1) 活动目的明确。这是昆士兰旅游局一次别具心裁的创意策划，旨在提升大堡礁在国际上的知名度。

(2) 金融危机下的诱人饭碗。金融危机下，很多企业裁员、减薪，对很多人来说能有机会获得一份"世界上最好的工作"，不啻是天降甘露。

(3) 全球广泛参与。此类高薪厚职的美差，应聘条件理应十分苛刻，然而此次招聘条件却较为简单。宽进严出，谁都可以申请但谁都没有把握。尽管"世界上最好的工作"听起来像是精心策划的市场策略和公关手段，但它确实是一份真实的工作，令公众无法质疑其动机。

(4) 巧借网络。互联网被一次又一次巧妙利用。此次海选活动的一个规则是："申请者必须制作一个英文求职视频，介绍自己为何是该职位的最佳人选，内容不可多于60秒，并将视频和一份简单填写的申请表上传至活动官方网站。"另外，除了传统媒体大量报道外，海选还产生了比如BBS、博客以及网站等网络讨论平台，这些媒介实现了与大众的零距离交流，也直接引发了申请者全神贯注地在这些平台上互相挑毛病、评点作品以及交换创意等活动，让大堡礁植入大脑。

(5) 持续的热点。从整个事件的活动时间来看，此次活动保持了持续的热点。①接受全球申请(1月9日至2月22日)；②第一轮海选决出50强(3月3日公布)；③第二轮海选决出10+1强(4月2日公布)；④第三轮海选决出冠军(5月6日公布)；⑤护岛人签合同工作(2009年7月1日至2010年1月1日)。源源不断的新消息保证了这条新闻的持续性。公众刚有点遗忘，它就又来了。

(6) 精心的策划。这是一次别出心裁的创意策划，昆士兰州旅游局甚至为此事筹备了足足3年。这项海选活动，表面上看赢家是半年薪水高达65万元人民币的最终入选者，实际上最大赢家是昆士兰旅游局。

著名科学家爱因斯坦曾经说过："想象力比知识更重要，因为知识是有限的，而想象力概括着世界上的一切，推动着进步，并且是知识进化的源泉。"国内著名策划人王志刚曾提出，创新是策划之灵魂，预见是策划之源泉，整合是策划之血脉。21世纪是创意时代。在这个时代里，生存法则正发生着重大变化。如果说工业革命时代是规模决定胜负，信息技术时代是技术决定命运，那么知识经济时代，创意正在成为改变这个世界的重要生产力。正如世界著名未来学家阿尔文·托夫勒(Alvin Tofier)预言，谁占领了创意的制高点，谁就能控制全球！

随着社会生产力的发展，人类的精神文化需求伴随闲暇时间的增多愈益丰富，而创意的产生正是基于满足并挖掘、拓展、提升人类精神文化的需求，于是各类体现创意理念的产品与服务正拥有越来越多的消费群体，创意的发展也随之愈具深厚的社会基础和广阔的市场空间。旅游作为人类社会特有的一种现象，在社会发展的不同阶段有着不同的功能和使命。当旅游活动的文化诉求在知识经济时代成为旅游审美最关键的要素时，旅游创意便应运而生。旅游创意是旅游知识经济集聚的反映，是人的思维价值的再现，是一种在竞争激烈的旅游市场中使自己产品持续保持与众不同的生命力的创新。

第4章 旅游创意策划

旅游业是创意产业，没有高明的创意难以搞好旅游策划。在旅游创意策划中，创意是核心环节，是决定策划成败的关键因素。但创意自身的创造性思维本质与内隐性心理过程，又总让人们感到旅游创意玄之又玄。旅游创意策划无定法，但有规律可循，它也要遵循一定的原则、方法、技巧与程序来进行。本章内容的学习将为旅游创意策划活动的有效开展指引方向。

4.1 创意概述

当今是一个创意流行的时代。创意作为一个较为时髦的词汇，可以说无处不在、无时不在。"创意让生活更美好"、"创意创造价值"、"创意改变世界"等理念已为大众所接受。因此，无论是工作还是生活，每一个人都在通过创意丰富着自己的多彩人生，并且对社会的发展产生着积极而深远的影响，让整个社会充满无限的活力。可创意是什么？从政府到社会，从企业到个人，见仁见智，莫衷一是。

知识链接 4.1

一则寓言的启示：创意是什么？

一个好的创意可以画龙点睛、点石成金，炼平凡为经典，变土俗为时尚，化腐朽为神奇。那么，创意的真正含义又是什么，下面一则寓言又会给我们提供什么启示？

上帝为人间制造了一个被称为"高尔丁"的死结，并许诺谁能解开，谁就做亚洲王。所有试图解开的人都失败了，最后轮到亚历山大，他说："我要创建我自己的解法规则。"他抽出宝剑，一剑将"高尔丁"死结劈为两半，于是他就成了亚洲王。

死结意味着根本无法解开，想解开就必须采取超乎寻常的非凡手段，亚历山大的行为给了我们一个很好的启示，也道出了"创意"的真谛：创意是穿透时空的远见卓识，是契合规律的奇思妙想，是生命律动的精神共振，是感悟自然的心灵升华，是通达理想彼岸的诺亚方舟。创意绝不是一般意义上的模仿、重复、循规蹈矩、似曾相识，大多数人都能想到的绝不是好的创意，好的创意必须是新奇的、惊人的、震撼的、实效的。

4.1.1 创意的含义

"创意"一词在国内最早出现在《论衡·超奇》中，指文章中提出的新见解，相当于立意、构思，即独言立意。从各种辞书中查考，创意一词的"创"字含有创见、创造和创新的意义，"意"字则指思维、意识和理念，"创"和"意"合起来则是指创新性思维。

近年来，随着文化产业和创意经济的发展，国内外学者对"创意"一词给出了不同诠释：创意强调有远见、有目标、有目的的创造力(刘汉太，2007)；创意作为静态名词是指创造性的意念、新颖的构思；作为动词是指创意思维的过程，是一种经过冥思苦想而突然降临的、从无到有的新意念的产生过程(罗玲玲，2008)；创意广义层面指头脑中的一种思维和有形的创作，狭义层面指有形的创作(蒋三庚，2009)；创意通常是个人的灵感体现，往往是凌乱的、不系统的(刘建民，2009)；创意指从无到有形成的思路、设计和方案等，体现为创造力在经济活动中的运用，一般源于个人技能和才华(杨永忠，2009)；创意是催生某种新事物的能力，一般拥有个人性、独创性、意义3个条件([美]John Howkins，2006)；创意是对原有数据、感觉或者物质进行加工处理，生成新且有用的东西的能力([美]Richard Florida，2008)；创意在于不同思维方式之间的转换、不同元素之间意想不到的组合([美]Chris Bilton，2010)；创意在互不熟识的参照系间建构新的、出人意料的联系能力([美]Arthur Koestler，2010)。

纵观人类社会发展史，可以说人类所有的有形的和无形的创新过程及其结果都可以追溯到创意，创意可谓一切创新活动得以开展的前提和基础，是一切创新的起点或源头。综上所述，简而言之，创意就是有创造性的想法和构思。

4.1.2　创意的本质

探讨事物的本质，首先要指明这个事物是否存在，然后解答它为什么存在，它存在的意义是什么。

知识链接 4.2

古老的行当，新兴的行业

春秋战国时期，苏秦纵横六国如履平地，张仪事秦兵吞六国，这些早期的纵横家在诸侯争雄的战火烽烟中炙手可热且游刃有余；一介书生诸葛亮高卧山村，心忧天下，帮着无权无钱的蜀汉硬是和强大的魏、吴分庭抗礼，一时间带动了以出谋划策为业的文人奇士的身价倍增；明清两朝，师爷辈出，入幕他乡，有的以"文侠"之名流芳千古，有的在协助封疆大吏开疆拓土中建功立业，有的甚至出将入相……历史走进20世纪中下叶，在一位老人的指引下，我国的市场经济风起云涌。借电视剧《公关小姐》之势，公共关系这门在西方已风行数十年的管理科学被引入我国，"公关热"、"点子热"、"广告热"、"CI(Corporate Identity，企业形象规范)热"、"营销热"等由南至北此起彼伏，后浪推前浪。随后，一些人士把公关、广告、CI、营销等融合创新，为企业提供综合服务，由此我国的策划创意行业便应运而生。

1. 创意是客观存在的

从人的角度来看，创意应该是无处不在的，因为有了创意，人类才会改变或演化，没有创意就没有进步，创意在生活中无处不在(尚慧琳，2011)。创意是人类生产劳动实践引起的精神活动。创意的存在，可以从两个方面去理解：一指创意作为一种创新思维是人类大脑活动的过程，存在于人的大脑中，这种存在以物质为基础，是人的大脑物质的物理传递、化学反应等生理机制的过程；二指创意作为人的一种意识，是对创意主体的外部客观世界存在进行反应的过程。人的思维是一种精神、意识或观念活动，这种精神、意识或观念的活动来源于外部世界，只有当客观存在的外部世界的各种信息进入人的大脑，创意才能生成。

2. 创意目的是生存发展

创意是人类在多种认识方式,各种技术、手段与方法综合作用的基础上产生的创造性思维。人类社会的发展史就是一部创意史,人类文明史就是人类不断地将创新性思维付诸生产、科学实验和社会实践等活动及其累积的结果。人类为了更好地生存发展,就要不断推陈出新地进行创意,来正确处理人与自然、人与社会、人与人以及人与自身的关系。伴随着人脑的进化,在社会实践经验累积的基础上,人的创意能力也越来越大,推动着人类社会前进。可以说,人类历史上的每一次生产技术进步或科技革命创新,或每一次社会大进步,都是因为创意的出现。创意是人类社会永恒发展的不竭动力,也只有如此,人类才能更好地生存与发展。

3. 创意是思维创新

创意作为一种思维方法和技术,是人脑活动的过程。而人的智力是存在差异的,同时人的思维过程本身也存在一个科学与否的问题、方法正确与否的问题、技术高低的问题,直接导致了人的创意能力有大小、创意水平有高低、创新结果有差异。因此,创意作为人类众多思维模式中的一种,是人的大脑工作过程接纳了从未碰到过的信息或者不按常规思维重复过去的程序,是用新程序来编排、配置、处理信息的创新性思维。通俗地讲,创意是人的大脑产生与老思想、老点子和老办法不同的新思想、新点子和新办法。

4. 创意也是生产力

案例分析4.1

创意来自精准的市场调研

零售业巨头沃尔玛曾经有过一个经典的创意营销案例——将尿布和啤酒摆在一起销售,两者的组合让人觉得实在不合常理。现实却让人刮目相看,两者的销量双双增加了。原来,美国的太太们经常嘱咐丈夫下班后去超市给孩子买尿布,而丈夫们总是行色匆匆,买完尿布还可以顺便拿啤酒,销量自然就增加了。

创意本身就是一种创新,就是综合运用知识的一个过程,它的目的在于提高生产效率,从这个意义上讲,创意也是一种生产力。生产力构成的元素中,最重要最活跃的元素是人,人与生产力构成的其他元素最本质的区别是有思维,而优秀的思维就会变成一种思想,这种思想就是我们所称的"智力成果"。人类创造的"智力成果",就是今天我们所称的"创意"。

综上分析,创意是人们在认识事物的过程中,运用自己所掌握的知识和经验,通过分析、综合、比较、抽象,再加上合理的想象而产生的新思想、新观点。就创意的本质而言,创意是综合运用形象思维和抽象思维并在此过程或成果中突破常规有所创新的思维,其核心理念在于通过科学的思维方式全方位地提高思维能力,更完美而有效地创造客观世界。概言之,创意是深度情感与理性的思考,是对传统与常规的超越,是破旧立新的智慧创造,是知识创新的智能与钥匙，是科学与艺术结合的产物。

4.1.3 创意的方法

创意方法是一个系统体系，它通常由组织方法、思维方法、技术方法和激发方法等方法分类体系构成。在创意的实践活动中，创意无定法，但有规律可循。创意常用的组织方法主要有头脑风暴法、菲利普斯六六法等；常用的思维方法主要有发散思维与收敛思维、横向思维与纵向思维、正向思维与逆向思维等，以及联想、想象、类比、直觉、顿悟、灵感等具体方法；常用的技术方法有联想创意法、类比创意法、组合创意法、臻美创意法等；从激发方法来看，主要包括暗示右脑法、寻求诱因法、追捕热线法、搁置问题法、休闲娱乐法、特殊刺激法，等等。

知识链接 4.3

创意思维的类型

思维的恒常性(人的思维方式的一种惯性，人们总是习惯性地因循以前的思路思考问题，它致使人们不敢想、不敢改、不愿改，墨守成规，从而阻碍了新事物的产生和发展)往往是思维创新的最大障碍，要想打破思维的恒常性，就要敢于用科学的怀疑精神对待自己和他人的原有知识，包括权威的论断，要敢于独立地发现问题、分析问题、解决问题。同时，打破思维恒常性需要拓展思维的方向性，善于站位全局、全方位思考；善于巧妙地转变思维方向，随机应变，产生适合时宜的新办法。

常见的思维方向有多向性思维、放射性思维、换元思维、转向思维、对立思维、逆向思维。

(1) 多向性思维。思维过程中要尝试多角度思考，正所谓"横看成岭侧成峰"，从不同的角度来观察和分析问题，对事物进行全面的本质的透彻了解。

(2) 放射性思维。放射性思维就是要紧密围绕一个中心，在与之相关的领域内呈放射式地寻找一切与之有联系的信息，找出尽可能多的答案。

(3) 换元思维。换元思维即在思维的过程中，通过分析构成事物特征的多种元素，并对其中的某个要素进行变换来寻找和发现事物的新特征。

(4) 转向思维。思考问题的过程中，一旦在某一个方向受阻，应该及时转向另一个角度，学会"旱路不通走水路"。

(5) 对立思维。对立思维要从常规思考角度的对立方向展开思维，并将二者有机结合起来。

(6) 逆向思维。逆向思维就是要从问题的相反方向出发，寻找突破的新途径。如吸尘器的发明者就是从常规角度"扫走"灰尘的反向角度"吸入"灰尘去思考，利用真空负压的工作原理，设计出了电动吸尘器。

1. 头脑风暴法

头脑风暴法(Brainstorming)又称智力激励法、自由思考法、集体思考法，是由美国创造学家 A. F. 奥斯本(Osborn)于 1937 年所倡导的一种思维方法,也是最为人所熟悉的创意思维策略。这是一种在融洽和轻松的气氛下进行的集体会议,人们可以畅所欲言地发表自己的看法。此法强调集体自由思考,着重互相激发思考,鼓励参加者在指定时间内构想出大量的创意理念,并从中引发新颖的构思。头脑风暴法是产生创造性思维火花的好方法,但需要进行理性梳理和甄选、总结。运用中应遵循禁止批评、自由畅想、多多益善、借题发挥的原则。

2. 三三两两讨论法

每两人或 3 人自由成组,在 3 分钟时限内,就讨论的主题互相交流与分享意见。3 分钟后再回到团体中作汇报。该方法的重点在于能让参与者就研讨的主题或问题进行较深入的讨论、分析与分享。

3. 六六讨论法

六六讨论法(Phillips 66 Technique)是以头脑风暴法作基础的团体式讨论法。方法是将大团体分为 6 人一组,只进行 6 分钟的小组讨论,每人一分钟。然后再回到大团体中分享及做最终的评估。

4. 心智图法

心智图法(Mind Mapping)又称思维导图,是一种刺激思维及帮助整合思想与信息的思考方法,也可说是一种观念图像化的思考策略。此法主要采用图志式的概念,以线条、图形、符号、颜色、文字、数字等各种方式将意念和信息快速地摘要下来,成为一幅心智图(Mind Map)。心智图在结构上具备开放性及系统性的特点,让使用者自由地激发扩散性思维,发挥联想力,又能够有层次地将各类想法组织起来,以刺激大脑做出各方面的反应,从而得以发挥全脑思考的多元化功能。

5. 曼陀罗法

曼陀罗法(Mandalart Method)是一种有助扩散性思维的思考策略。它利用一幅九宫格图(见图 4.1),将主题写在中央,然后把由主题所引发的各种想法或联想写在其余的 8 个格内,此法也可配合"六何法(5W1H:What、Why、Who、Where、When、How)"从多方面进行思考。此方法之优点乃由事物之核心出发,向 8 个方向去思巧,发挥 8 种不同的创见。

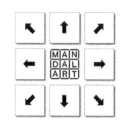

图 4.1 曼陀罗法示意图

6. 逆向思考法

在考虑某一构想的过程中,人们认为理所当然的方法未必是最好的,要进一步对其他方面作更仔细的探索,努力朝着与目的相反的方向思考,这就是逆向思考法。此方法是可获得创造性构想的一种思考方法,如能充分加以运用,创造性可加倍提高。

7. 分合法

分合法(Synectics)是1961年Gordon在《分合法：创造能力的发展》(*Synectics: the development of creativity*)一书中指出的一套团体问题解决的方法。分合法主要是将本不相同亦无关联的元素加以整合产生新的意念或面貌。分合法利用模拟与隐喻的作用协助思考者分析问题以产生各种不同的观点。

8. 创意解难法

1967年美国学者Parnes提出了"创意解难"的教学模式，创意解难法(Creative Problem Solving)是对Osborn所倡导的头脑风暴法及其他思考策略的发展，强调在解决问题的过程中，问题解决者应以有系统有步骤的方法找出解决问题的方案。

4.2 旅游创意

旅游创意是指旅游发展过程中各个领域、各个层面、各个环节所呈现出来的创新性思维或创新性思维过程。随着当今创意经济的发展，作为第三产业支柱产业的旅游业更显示出巨大的潜在市场，而这个巨大潜在市场的明显特征就是越来越依赖于创意。

旅游创意是以创意为重要驱动力的旅游发展新理念，是一种适应现代经济社会发展变化的旅游增长新方式。与过去旅游发展中对传统旅游资源的依赖性相比，这一理念更加强调以充满创意的眼光和方法去发现、开发、利用传统旅游资源的潜在价值以及非传统旅游吸引物来培育未来的旅游景观，更加强调去研判市场需求变化，引导旅游需求，拓展旅游市场。

4.2.1 旅游与创意的关系

旅游需要创意，创意推动旅游。从产业的起源和变迁进程来看，古代农耕自然经济时代的农业、畜牧业、手工业和商业，是人类发明了工具，创造了钻木取火，创制了铁器等技术后逐步演进的成果；近代社会的第二、第三次产业的形成，也是近代科技革命物化的成果。在这里，创意和旅游业还是间接的关系，是创意通过一层又一层的中间应用环节间接促进了旅游业的形成与发展。

伴随着现代旅游业的迅猛发展，创意与旅游的关系已变成了一种直接的关系。首先，创意在旅游业中已经变成直接追求经济目的或经济利益的活动，创意已经成为一种可以出售的商品，成为进入知识产权市场或资本市场的一种可以增值的资本。思维活动与经济活动或经济行为之间的界限已经变得非常模糊，人脑的创新性思维本身已经深深地融化在经济利益的追求中。其次，创意在旅游业发达国家的实践中已经成为推动旅游业发展的主要力量，创意旅游已经成了旅游业的核心。再次，发端于20世纪末的创意技术(所谓创意技术，就是指以创新性思维为前提的，全面运用已有的人文社会科学和自然科学等高新技术成果的综合技术，它是20世纪末一个重要的科技进步)被称为衔技术(衔技术是相对于硬技术和软技术而言的，硬技术一般是指自然科学技术，软技术一般是指管理。衔技术的物化成果就是指文化高附加值、技术高含量的产品和服务)，在旅游业的发展实践中，旅游创意与现代硬技术、软技术相结合的手段、知识、经验和方法，已成为旅游衔技术。如今旅游衔技术已成为我国旅游产业转型升级、拓宽旅游生产形式和平台、发展新兴旅游业态须臾不可离的基本动力。最后，旅游创意产业不同于现代农业、工业和第三产业中其他若干传统经济业态的新经济业态，其"新"表现为它以创意为主要生产手段、以创意内容为核心产品。换言之，旅游业所出卖的旅游产品已多是文化高附加值、技术高含量的旅游创意产品和服务。

4.2.2 旅游创意的作用

旅游创意不仅体现了传统旅游范式的转变，更是对旅游发展模式的革新。旅游创意不仅丰富了旅游资源地的审美形态，凝练了旅游资源地的文化精华，更为旅游者提供了新的旅游视角和方式。总之，旅游创意是旅游产业发展的"引信"，能够引发出旅游业强大的能量。

1．旅游创意能够创造差异，提升价值，增加旅游目的地的独特卖点

旅游目的地潜在价值的充分挖掘、特色凝练与产品转化是旅游目的地发展的核心问题，尤其文化型旅游目的地、传统旅游目的地更是如此。借助创意，旅游目的地能够明确旅游产品的潜在市场与独特卖点，能够发现潜在(新型)旅游资源以及传统旅游资源的潜在(新)价值与功能，并通过创意将这些资源价值转化为特色旅游产品，然后再将这些特色旅游产品推向市场来赢得公众注意力，并最终实现销售。同时，通过借用、攀附、再造等创意策略与手段，旅游目的地可以提高知名度和美誉度，进而提升无形资产价值并塑造自己的旅游品牌，增加旅游目的地的竞争力和生命力，进而为目的地的旅游发展开辟一条崭新道路。

2．旅游创意能够推进资源价值转化与功能提升，提高旅游业综合效益

随着旅游业的不断发展，等级高、特色鲜明的两类旅游资源——老祖宗留下来的旅游资源与老天爷造就的旅游资源——基本都被利用，剩下的多是特色不太鲜明、开发难度较大的资源。同时，随着人们生活水平的不断提高和旅游需求层次的不断升级，旅游者消费理念日趋理性，见多识广之下开始求新、求变、求异。在这种市场需求情况下，旅游资源开发又必须尽可能地避免与其他资源的同质或重叠，其出路也只能是更多地依靠独特、新颖的创意来寻找差异，突出特色。借助创意，旅游目的地能够运用杠杆支点原理和价值工程原则，发挥各类旅游组织的力量与优势，实现旅游项目的多元化功能，提升经营与管理的效率，实现其综合效益最大化。

3．旅游创意能够推进旅游业创新与转型升级

在需求提升、技术进步和市场竞争等背景条件下，旅游业的经营、组织与管理等方式所呈现出的形态即旅游业态也在不断发生变化。传统旅游业经过产业间不断地发展、演变、融合、创新，逐渐构建成为"大旅游产业"，并不断出现新的旅游业态。旅游业态创新是一个从构想产生到付诸实践的系统过程，它的源头就是各种独特新颖的创意。也就是说，旅游创意决定了旅游业态创新的水平，引领旅游业态创新的方向。况且，我国旅游业经过30多年的发展，转型升级已成为当前和今后一个时期发展所面临的关键任务，它既包括产业发展模式与发展形态的改变，也包括产业结构的优化以及产业要素的提升。从本质上来看，旅游转型升级就是旅游产业创新的过程，其源头还是旅游创意。无论是旅游产品层次提升，旅游经营空间扩散，旅游管理模式创新，还是旅游产业交叉融合，都离不开旅游创意。也就是说，旅游创意是旅游业改颜换貌、吸引新客源的重要方式，况且旅游创意实现了时间和空间上的转移，使得游客们可以跨越时空来进行旅游，它必将开辟新市场，吸引新客源。

4. 旅游创意能够推进旅游产业的功能拓展与持续发展

在新时代背景下，旅游产业的功能开始超越经济功能朝着复合化的方向发展，旅游业在提供就业机会、促进城乡统筹、推进经济转型、实现城市振兴、缩小地域差异、传承文化遗产、树立区域形象、提高生活质量、实现社会和谐等方面的功能日益凸显。与经济功能相比，这些新兴或衍生功能的发挥更依赖于旅游创意。与此同时，创意推动了旅游经济从传统发展方式向体验经济、循环经济、幸福经济转变，可以有效地实现区域旅游目标发展的多元化。在现代旅游产品的生产中，文化可以提高旅游产品的品位和附加价值，降低传统旅游资源、能源、原料等有形投入，这一功能的发挥离不开创意。此外，借助于旅游创意创造旅游地的形象和树立旅游目的地品牌也已成为现代旅游企业发展和区域旅游经济持续增长的重要途径。

5. 旅游创意能够推动经济社会和谐发展

人类社会现已进入了后工业化时代，后工业化时代的财富代表便是智力和创意。以旅游创意为核心的旅游业发展将衍生出许多旅游新产品、新市场，成为新的投资领域以及新的经济增长点。旅游创意将使得整个旅游经济的运行方式和管理模式发生新变化，人们的消费方式和内容也将随之发生时代性变革，整个国民经济格局也必将发生巨大变化，进而推动社会经济发展。同时，旅游创意对整个社会福利增长的推动作用也将是全方位的。一方面，旅游创意产品层出不穷，既丰富了旅游产品体系，提高了旅游体验质量，又推动了旅游产业又好又快地发展；另一方面，以创意为核心的旅游产业的综合发展，必能促进整个社会就业水平的提高，进而推动经济社会和谐发展。

4.2.3 旅游创意的特征

1. 创新性

创新性也称原创性、新颖性、独特性，是指旅游创意必须产生具有新颖性的构想。创意是金，贵在出新。创新性是旅游创意的灵魂和生命，是旅游创意区别于一般旅游发展构想的根本特征，也是判定旅游创意水平的首要指标。自主创新是创意的特征之一，只有自主创新才能使旅游创意产品具备独特性。

旅游创意的产品表现形式多种多样，在旅游发展的初级阶段主要为工业化复制的创新，在旅游发展的高级阶段则为旅游产品内容的创新。工业化复制是经营的创新，产品内容的创新是文化的创新，二者生成的创意均属旅游创新性思维的成果。每一件旅游创意产品都是独特的，不能与以往旅游产品相同，否则就不是旅游创意产品。

知识链接 4.4

"雷人"的旅游创意小盘点

(1) 湖北恩施：裸纤再现身，是否有价值？

2010 年 2 月 25 日，湖北恩施土家族自治州两会上，该州政协副秘书长、政协委员姚本驰大声疾呼：恢复巴东的裸体纤夫(见图 4.2)文化。由此引发了一场关于纤夫今后要不要穿裤子的争论，一时舆论哗然。

(2) 鲁皖三地：西门庆变身，恶霸成英雄。

图 4.2　恩施裸纤

近年来，为发展旅游业，山东省阳谷县、临清县和安徽黄山市都纷纷高举"西门庆故里"的招牌。比如阳谷，为打造"西门庆故居"等系列文化景点，规划投资 5600 多万元，其中的景点就有西门庆和潘金莲初次幽会地点——"王婆茶坊"。比起山东临清的"西门庆项目"，阳谷是小巫见大巫。临清的"金瓶梅文化旅游区"项目规划投资 3 亿元，占地 8 公顷，用以建造西门庆以及他的妻妾潘金莲、李瓶儿、庞春梅等的宅院，打造一个"金瓶梅"式的大观园。西门庆这一传统文学名著中淫棍、恶霸、奸商的艺术形象，华丽转身，成了当地政府追捧的文化产业英雄。真不知道是这个世界疯了，还是我们自己疯了？！

(3) 安徽黄山：游客扮日军抢"花姑娘"。

2011 年 7 月 30 日，位于黄山北麓谭家桥的普仁滩景区，几名游客穿着日本军装，拿着刀枪上演了一场"鬼子进村"的游戏。8 月 2 日上午，一组普仁滩景区上演"鬼子抢花姑娘"的照片在网上传播开来，引发无数网友纷纷跟帖谴责："日本鬼子又来了？扮鬼子攻打村庄、抢花姑娘，如此旅游项目合适吗？"一些网友斥责景区见利忘本，既无知又无耻。

2. 关联性

与其他创意一样，旅游创意是元素重组或异态混搭，也就是说，旅游创意必须要与多种元素相互关联。同时因为旅游产业的无边界、渗透性强等特征，以及旅游需求的多元化趋势，与其他类型创意相比，旅游创意具有更为突出的综合性与象征意义。经由创意生产出的旅游产品不同于惯常环境中的日用品，它应具有吸引游客"眼球"的象征意义和符号价值。

3．时效性

时效性是指旅游创意中关于时间元素及其效果的思维特点。许多旅游创意必须充分考虑时间元素。这是因为在不同时期、时段或时点上，旅游消费的内容、消费水平、消费结构、消费倾向是不一样的。旅游创意只有适应了旅游消费需求的变化，才能产生好的创意效果并取得良好的经济效益。

空间效果性是指旅游创意中关于空间元素及其效果的思维特点。许多旅游创意中必须充分考虑空间元素。这是因为不同地域的人对旅游消费的需求存在差异，同时人们的旅游消费会因地域的变动而变化。旅游创意必须考虑空间元素中的上述两种情况，如产品准备投放到什么市场，市场需求范围有多大，不同市场的需求差异是什么，等等。这些都是旅游创意中要解决的现实问题。此外，旅游产业布局和旅游创意园区更直接体现出空间特征。

4．高智力性

旅游创意是高智力性创新。这里讲的高智力性通常指创意中的智力和能力，其表现是对人们旅游消费需求水平和需求结构变动的预见性和敏感性。创意主体知道人们需要什么样的产品，在新产品的创意策划中知道如何提高旅游体验质量，因而能够生成创意，并设计出符合旅游市场需求的新产品。总之，旅游创意凝结了创意主体高智力的投入。

5．高增值性

旅游创意可以无中生有，可以变废为宝，可以点石成金，可以锦上添花，可以化腐朽为神奇，可以变梦想为现实，它大大推进了旅游资源价值的实现过程，提高了旅游产品的价值和旅游企业的效益。旅游创意产品的价值附着于旅游服务中。进行旅游创意的一个途径就是在衍生产品和衍生服务上做文章。旅游创意产品大多为融合性产品，是原来产业的延伸，其附加值也表现为衍生品链条所带来的价值。

6．臻美性

臻美性是指旅游创意的内容应以完美、新奇、和谐、前卫等形式满足人们心中最美好的理想、形象、情感、寄托等心理需求。旅游创意是文化创意与经济创意的结合，是科学与艺术的辩证统一。艺术的创新思维离不开审美，而旅游者在旅游活动中最本质的心理诉求就是审美。旅游者以求新求异的心态来鉴赏人与自然、人与人、现实与未来、精神与物质等的和谐之美，来产生丰富而独特的旅游体验。因此，旅游创意中要全过程全方位贯穿审美思维。也可以说，满足旅游者的审美需求是旅游创意的生命。

旅游创意除具有上述几个基本特征外，在旅游产业各领域、各层次、各行业创意中，还存有许多个性特征，如创意内容的简洁明快性、感官刺激性、幽默性、煽情性、时尚性、注重细节性、返璞归真性、衍生性等，在此不再一一赘述。

4.2.4 旅游创意的原则

案例分析 4.2

跟着课本游绍兴，创意让绍兴很幸福

如果说上海是华丽的，广州是奢靡的，成都是休闲的，拉萨是神秘的，杭州是缠绵的……那么，绍兴是什么呢？

当地域特色和文化性格渐渐成为一个城市综合竞争力的重要量化指标时，绍兴正在进行一场历史文化与现代文明的精神对话。

从百草园到三味书屋，从孔乙己的茴香豆到《故乡》的社戏，从小石桥下的乌篷船到醇厚的绍兴花雕酒……鲁迅笔下的绍兴怎能就如此躺在教科书中呢？！

正基于此，绍兴市旅游部门策划出"跟着课本游绍兴"的创意，并推出了"鲁迅笔下风情游"、"鲁迅故里游"、"绍兴古镇休闲游"等旅游线路，深受游客欢迎。随后，绍兴市旅游部门针对青少年群体推出的"《从百草园到三味书屋》，到三味书屋去"、"《乌篷船》带你看《社戏》，到东湖坐乌篷船去"、"做一回'小鲁迅'，上一堂私塾课"等夏令营专题旅游项目更是轰动全国。

图 4.3 咸亨酒店

(资料来源：根据绍兴市旅游局推出的创意绍兴系列活动之一"跟着课本游绍兴"相关资料整理)

宏观而言，旅游创意原则是指旅游创意中符合科学规律的指导思想。旅游创意原则不是对创意的限制，而是促使创意更加富有效率，从而保证思维质量，提升创意水平，更有助于优化旅游产业综合发展。

1. 质疑批判原则

创意的起点需要质疑，不对旧的东西发生质疑，就没有创意。旅游产业作为一个以创意为核心的业态,无论是在旅游产品创意,或是旅游经营创意,抑或是整个产业运行创意中,都必须有一种科学的质疑批判精神,要敢于突破传统思想的禁锢,摆脱思维定势,充分发挥想象力,大胆提出问题。旅游产业创意中的质疑批判精神是指质疑批判的创造性,而不是单纯地批判和否定。它不是一种"是"与"非"的判断,而是一种创新性思维方式的选择,挑战的是思维方式的唯一性。旅游产业创意中,单纯否定旧的是不可取的,尤其不能停留在否定的批判之中。旅游产业创意的着力点应当是寻求新的东西。破的目的是为了立,破立结合才为创意。

2. 关注点原则

所谓创意关注点,是指在创意中对生成创意最关键的领域和问题。这些领域和问题往往表现为一个"点"。旅游创意从"提出问题"到"创意酝酿"到"创意生成",再到"创意定型"整个思维规程中所思考的问题非常多也非常复杂,需要的知识也很多。但创意并不是漫无边际,四处出击,面面俱到。创意必须准确选择关注点,只有找准突破口,才能生成创意。一般来讲,创意关注点贯穿于创意的基本规程中,创意的第一个程序"提出问题"中质疑的"点",往往是"创意酝酿"阶段批判否定的"点",这个"点"也是"创意酝酿"和"创意生成"阶段中重新确立的"点",并且是"创意定型"阶段中进一步核实检验的点。

3. 文化关注原则

文化是旅游创意的核心与灵魂,旅游创意必须依据文化进行。整个旅游创意过程必须依附于文化,并用文化串联整个创意,使之具有明确的文化主题、浓厚的文化色彩。旅游创意应自始至终强化文化氛围,围绕特定的市场消费群体并努力寻找、深挖其文化,然后将这些典型文化用于旅游创意及市场营销,最终实现旅游创意的市场化。

4. 满足市场需求原则

在旅游创意过程中有无"市场"的理念,是创意成功的关键因素。在旅游创意中,创意者头脑中必须有"市场"的理念。不管创意命题是什么,所有创意归根到底都要落实到推进创意产品的生产中来,都是为了创意产品进入市场,并尽可能多地占有市场份额。没有市场就没有产业,市场是旅游产业赖以生存的基础。旅游创意以旅游产业为生存背景,以旅游产业为活动平台,依赖的也是市场。在旅游产业各个领域各个层面的创意中,应当把市场元素当做第一位的元素。

4.2.5 旅游创意的生成

创意是内在的心理活动和思维过程,这种内隐性给创意活动蒙上了一层神秘的色彩,让人觉得创意是玄妙的,认为创意毫无规律可循,更有甚者认为创意是少数聪明人的天赋,一般人不具有这方面的才能,也无法后天通过学习来掌握其规律。事实上,创意作为科学与艺术的统一,既然是科学,就要以一定的理论作为基础;既然是艺术,就应体现艺术的逻辑思路。因此，旅游创意的生成过程并不神秘，它有一定的操作原则、方法、技巧和程序。但这些原则、方法、技巧和程序只提供了一个基本框架，其生成更多地还要依靠策划人员的智慧与实践。

1. 旅游创意生成的前提

旅游创意生成的前提是强化旅游创意理念。在新经济时代，无论是国家战略、城市定位、企业经营、品牌打造还是个人成功，都需要尊重创意、研究创意、发掘创意、发展创意，造就创意。旅游管理、旅游经营、旅游研究、旅游教育、旅游营销、旅游规划设计等相关机构和人员都应树立"旅游业是创意产业"、"创意改变旅游"、"创意决胜未来"等新型创意思维与理念，树立"国土资源旅游化、旅游资源国土化"、"人民游客化、游客人民化"、"旅游产业是口缸，什么东西都能装"以及"一切旅游资源都具有无限拓展可能"、"一切旅游产品都具有无限创新空间"、"一切旅游活动都具有无限创新"、"一切旅游市场都具有无限扩张潜力"等认识，自觉运用发散、联想、想象、直觉、侧向、逆向等创造性思维方式提高个人创意能力，并塑造学习型组织和创新型团队，培育创意社群、创意园区和创意阶层，积极推进理念创新、管理创新、制度创新、产品创新以及创意策划、创意营销、创意服务，用创意武装现代旅游产业，用创意推进旅游转型升级，用创意保证旅游可持续发展。

生成旅游创意还要加强旅游创意理论研究。实践需要科学理论作为指导，没有理论指导的实践是盲目的实践。为了推进旅游创意的发展，必须要加强旅游创意理论研究。作为涉及心理学、思维科学、创新学、旅游学、经济学、管理学等多门学科的交叉领域，旅游创意的相关理论主要包括旅游创意的内涵与外延、特点与类型、作用与意义、生成机制、基本方法、评价技术、交易方式、转换模式等。旅游创意的复杂性要求研究方法和视角也应多样化、多角度、多层面，需要整合多个相关学科的人员共同推进，需要构建年龄结构合理、学科背景互补、激励机制科学、管理方式先进的研究团队进行合力攻关、集成研究，以此催发高层次的研究成果，指导旅游创意的开展及旅游创意成果的应用。

生成旅游创意需要加快旅游创意人才的培养。对于旅游业来说，旅游创意人才是旅游创意中最核心的产业要素与资源。旅游创意的发展最终要靠旅游创意人才，特别是最富创造性的高端创意人才。成功的创意人员不仅要有创新意识，还要具有创新能力，要目光敏锐，视角独特，随时做到对大千世界丰富细节的关注和捕捉，不断产生旅游创意的灵感；要有看穿繁杂事物背后真正有价值的东西的法眼和点石成金的本领，化平凡为非凡，化腐朽为神奇，在"乱花渐欲迷人眼"的环境中创造出有吸引力和生命力的新产品和新设计，创造出独具匠心的旅游创意。当前旅游创意行业的现有人才，无论是数量还是质量，都远远达不到行业本身发展的基本要求。作为旅游创意人才培养基地的各类院校应适时创新人才培养模式，设置旅游创意的相关课程，开设各类专题讲座，举办旅游创意比赛，安排相关创意实践实训等活动来提高创意能力，以满足旅游创意行业高级旅游创意人才的需要。

2．旅游创意生成的内容来源

旅游创意生成的内容来源主要有以下 3 个。

(1) 从资源本身挖掘。文化是人类智慧的结晶，它不仅被誉为旅游的灵魂，同时也是旅游创意的源泉。因此在做项目创意策划时，首先要从所拥有的资源着手，对资源所内蕴的民族、历史、地域等特色文化进行挖掘与整理或者进行文化的再开发，同时借助创意的相关理论进行资源的转换、拓展与衍生等深加工，创新资源开发与利用的模式，探索资源保护与传承的新方式，并建立起文化与旅游良性互融互动的关系，为旅游创意的生成铺垫基础。

(2) 从市场需求中寻觅。人类渴望生活的多样化和文化的多元化，这一点给旅游创意提出了一个新思路：当前市场需要什么，就创意策划什么。国内有的就在已有的基础上更新；国内没有的就从国外引进，并加入本地区特色且进行适合国情的重新开发、设计与改进。这是旅游创意比较功利、比较务实的做法，同时也是尊重市场需求的结果。事实上，从市场需求中寻找到的旅游创意项目往往生命周期较短，两三年甚至一两年就失去了市场竞争力。为此，应依据市场新需求及时做好新产品更换替代的创意策划，同时尽量为项目的创意留有足够的策划时间和变通空间。

(3) 从创新中发现。在做项目旅游创意的过程中，一些主题资源里的边缘文化、原本虚拟存在的文化或没有被旅游业所利用的潜在文化等往往是创意策划者采用的创意点，如此的旅游创意项目往往都是"非主流"、"离经叛道"、"无中生有"或"神来之笔"观念的产物。这些创意项目，常是比较个性的，市场评价也褒贬不一，甚至失败的可能性大，但对于旅游项目创意本身而言，还是应该鼓励、肯定的。其一，旅游活动本身就是在找一种感觉，找一种情绪，而此类创意项目确实能给游客带来一些新体验；其二，新创意项目需引导游客的消费或审美，其本身被旅游者接纳欣赏更需要一个过程。

案例分析 4.3

旅游创意不能制造"文化污染"

陕西宝鸡吴山旅游风景区推出"土匪抢亲"游戏旅游项目，但许多游客却不买账，"这个旅游项目宣扬土匪文化，这分明是把耻辱当光荣，与宝鸡创建全国文明城市的大环境格格不入"。

于光远曾说："旅游是经济性很强的文化事业，又是文化性很强的经济事业。"在现实生活中，文化元素可以说已渗透到景区、景点的每一个角落，贯穿于旅游的全过程，引导着旅游的消费需求，创造着巨大的市场空间。运用经济手段开发文化资源，进行具有景区特色、地域特点的旅游文化创作、生产、传播，往往能获得巨大的经济利益，带动相关产业的蓬勃发展。

于是，在旅游竞争中文化成为越来越重要的元素。正因为如此，一些地方为了旅游获得更多的经济利益，不惜"玷污"文化，颠覆人们正常的思想观念、审美情趣，甚至连道德标准也可以践踏与放弃，杀人越货的土匪成为游客体验的角色，成为景区的亮点与特色，甚至让小孩也参与其中、乐在其中。

如此另类的旅游文化"创新"如果不加以遏制，势必导致人们思想观念与道德标准的混乱。在诱人的商业利益面前，一些人有意无意漠视这些负面效应，自觉不自觉地放弃旅游文化应承担的社会责任，在旅游开发中甚至有意将暴力、色情、颠覆正常价值观、审美观的内容作为核心与卖点。

此类的"怪象"，表面上是在创意之争、文化之争，实际上是不惜牺牲文化责任与道德标准的形象之争、利益之争，背后折射的是一种畸形的价值观和发展观。文化旅游业为大众提供的是特殊的文化产品，符合社会主流的价值观念和道德规范是基本底线与经营准则。

面对旅游文化开发中出现的"精神污染"，政府相关部门应以法律为调控手段，在规划和立项等环节对其文化创意内容进行审核，对健康、有益的内容、形式予以扶持、帮助、倾斜；对涉及不正当竞争、宣扬暴力、色情、窥视人性丑恶等内容予以查处、打击。同时更应致力于提高全民族的审美情趣与文化素养，让更多的游客能自觉抵制、拒绝那些丑恶、虚假、低俗的旅游项目，使其失去生存的土壤与成长的空间。

（资料来源：新华评论. http://news.xinhuanet.com/comments/2011-08/17/c_121869623.htm）

3．旅游创意生成的形式

旅游创意的生成需要借助创新性思维。创意的本质是采取灵活多变的手段推陈出新。从思维方法来说，创意主要是创新性思维的产物，而不是通常的逻辑思维直接产生的。创新性思维是自觉意识和非自觉意识的交融，是思维心理、思维形式和思维环境系统综合的结果，它的最大特点在于非逻辑性，不采取概念、判断、推理的形式，也不遵守逻辑的固定格式，它可能突然光顾，又常常稍纵即逝。一般来说，这些特征主要体现在发散思维和收敛思维、横向思维和纵向思维、正向思维和逆向思维等思维方向上，以及联想、想象、类比、直觉、顿悟、灵感等思维方法之中。

旅游创意的生成因人因事因时因地而异。旅游创意有定法而无定式。一般而言，旅游创意主要运用创新性思维方法，但是具体的创意活动却没有固定的、一成不变的模式。旅游创意的产生有时表现为灵机一动、豁然开朗，有时表现为反复推敲、柳暗花明，有时表现为分析研究、洞幽察微，有时表现为综合建构、把握方向。不同的人对于自己的创意体验各不相同，体现出创意方法与创意过程上存在的差异性。

旅游创意的生成必须具有新颖性、独特性与奇异性。旅游创意表现各异，但总是打破思维定势，克服经验束缚，怀疑权威意见，或逆向出击，或剑走偏锋，或另辟蹊径，或出奇制胜，以前所未有的表现形式或功能给人耳目一新、叹为观止的感觉。究其实质，作为不同形态既有元素的重新搭配，经由旅游创意形成的事物具有了不同于原来的结构，因此具有了崭新的形态或功能。对于旅游者而言，这种形态或功能应是以前从没有感知过的，是新颖的、独特的、是前所未有的。

旅游创意的生成要充分利用科技手段展现。科技为旅游创意提供了全新的表现手段和实现路径，拓展了旅游创意产业的发展空间。旅游创意项目运用高科技手段来表达或展现已成为新的旅游时尚，并越来越受人瞩目。文化、科技与创意的结合是旅游产业发展的核心路径，因此旅游创意项目的展现应充分发掘与利用科技手段。旅游创意人员要利用最新科技，树立"科技兴旅"理念，探索科技创新旅游创意展演形式、科技创造新兴旅游景观、科技创意旅游消费方式的新路子，加快科普旅游、生态旅游、文化创意旅游产品的更新步伐，丰富旅游产品类型，提高游客的体验满意度。

4. 旅游创意生成的过程

旅游创意生成的过程需经过准备期、酝酿期、豁朗期和完善期四个阶段(详见图4.4)。

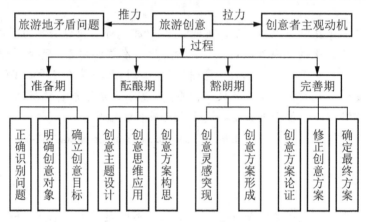

图4.4　旅游创意生成的过程(吕文艺，李庆雷等，2011)

准备期是旅游创意的发端期，其主要任务是识别矛盾问题、明确创意对象和确立创意目标。此阶段需要围绕创意目标，根据相关度由近及远、由粗及细，大量收集浏览相关的知识和资料，收集并分析研究同类问题创意的经验与教训。

酝酿期是旅游创意的关键期，其主要任务是设计创意主题、运用创造性思维方法对创意方案进行构想。此阶段需要对所要解决的问题进行周密的、多角度的、反复的思考。

豁朗期是旅游创意的顿悟期，其主要任务是记录整理创意思路，形成创意方案。此时期需要对创意主题重新进行全面思考或审视，重视直觉或灵感的作用并及时记录创意。

完善期是旅游创意的验证补充和修正完善期，其主要任务是对已形成的创意方案进行评价论证和修订，使之趋于合理可行。

知识链接 4.5

旅游项目创意生成的进程

(1) 破：突破。

"破"是旅游项目创意的第一步，只有突破现状、跳出原有框框才可能产生新的构想，正所谓"不破不立"。在旅游项目创意中，"破"主要表现在突破思维定势、传统认知和项目资源现状三个方面。思维定势存在于人脑所习惯使用的工具和程序之中，其形式化的结构和强大的惯性容易导致遇到问题时头脑的"自我应答",是旅游项目创意的最大障碍。传统认知既有的知识与经验往往束缚着新构想的产生,是创意的重要制约因素。项目资源现状与开发条件容易限制创意人员对未来发展的想象,影响创意者的激情与意志。旅游项目创意人员应不断强化自己的创新意识,自觉弱化书本、经验、权威、从众、非理性定势,培养敢于质疑的精神,勇于挑战既有的规则。

一般而言,"破"有两种基本思路,即:改变事物的原有定义、活动的原有规则、关系的原有属性;分解对象的客观结构、活动的基本环节、关系的构成要素。在"破"的过程中,除了动机、兴趣、激情、情绪、意志等非智力因素以外,旅游项目创意人员的视角泛化起着十分重要的作用。所谓旅游项目创意视角泛化,就是指借助头脑本身具有的转换认知框架的能力,从非同寻常的角度去观察旅游项目的建设条件、资源依托、发展前景与要素设计,使事物显现出以前尚未发现的不寻常属性,以促进创意的产生。根据前人的总结,视角泛化可以分为5种类型,即定性泛化(包括肯定、否定视角)、历时泛化(包括往日、来日视角)、主体泛化(包括自我、非我视角)、比较泛化(包括求同、求异视角)、操作泛化(包括无序、有序视角)。

(2) 连:连接。

"连"是旅游项目创意的第二步,只有与其他领域的事物连接、搭配、组合,才有可能产生新功能或新事物。旅游项目创意就是旅游项目元素与其他领域不同元素之间的混合搭配、重新组合。一般而言,"连"包括一个点与另外一个点的连接(即单线连接)、一个点与另外千百个点的连接(即辐射连接)、一个点通过另外一点影响其他点的连接(多维连接)。

在旅游项目创意实践中,"连"可以分为两个不同的环节,即发散和连接。其中,前者提供关联要素的来源,回答了"和谁连"的问题;后者则说明连接的方式,解决"如何连"的问题。发散体现的是创意人员思维的广度,可以扩大联想的范围和数量,提供尽可能多的备选连接对象,因此被称为旅游项目创意的关键。作为一种思维方法,发散应坚持怎么都行、禁止批评、推迟判断的原则,寻求尽可能多且方向各异的新信息。对于连接而言,其方式可以大致分为以下四种:多角度、多途径的连接;时空的连接;跨学科、跨领域的连接;看似不合逻辑的连接。在旅游项目创意中,多数都是综合使用上述连接方式,以提高创意的新颖性、独特性。

(3) 选:优选。

在经历了"破"和"连"之后,创意人员会同时产生数量不等的创意备选方案,这时就进入"选"这一环节,从中选出最佳创意。因为旅游项目类型多样,创意遴选的标准也有所不同。一般而言,遴选项目创意的主要标准包括新颖独特程度、游客体验指数、技术难度和实施成本四个方面。

在创意优选阶段,关键工作就是确定理想方案的标准,尽量采用科学的方法评估各方案,在此基础上选出最佳方案。在遴选创意的实际工作过程中,除了评估方案之外,还应树立一种理念,那就是对方案的积极评价比简单的排除更重要、每一种创意方案都有可取之处,吸收各创意方案的长处,对遴选出的方案进行改进,可以得到更优秀的创意。

(资料来源:李庆雷. 旅游项目创意的理论与方法研究[J]. 旅游研究,2011,(3). 已作整理)

4.3 旅游创意策划

旅游业是创意产业，没有高明的创意难以搞好旅游策划。旅游创意策划就像一股难以抗拒的洪流，汹涌奔腾地将智慧符号的现代价值扩散到旅游业的每个角落。很难说是现代旅游派生了这些特有的智慧符号，还是这些智慧符号成就了现代旅游的发展。但有一点可以肯定，即使在一个完全陌生的环境中，旅游创意策划也一定会让游客在瞬间找到一份亲切与熟悉。

4.3.1 旅游创意策划认知

旅游创意策划来源于策划，属于策划范畴，但又具有一般策划所不具备的一些特征。就旅游创意策划的内涵来说，创意是旅游创意策划的灵魂，在创新策划与规划中应始终坚持"创意至上"的原则。一个好创意可以提高游客对策划和规划项目的记忆度和关注度。创新的生命在于"创"，最忌人云亦云，模仿抄袭。

旅游创意策划属于新兴的旅游策划类型，其着眼点是对项目的结构、功能、主题、目标的前瞻性、战略性构思谋划，其着手处主要是从宏观的区域、空间、时间等层面，中观的传统旅游策划、新兴旅游策划层面以及微观的旅游基本要素层面来进行创意，其落脚点则在于为旅游产业发展提供战略思路，解决旅游创意策划面临的现实问题以及引导相关层次的后位旅游规划的科学编制。

4.3.2 旅游创意策划的特征

作为知识与智慧的集中体现，旅游创意策划具有以下特征。

1. 宏观战略性

旅游创意策划是对项目地未来旅游业发展宏观把握、战略引导的纲领性指导构思谋划，是对项目地社会、经济、文化、市场、资源等条件的宏观性、全局性、战略性的把握与控制，主要从全局、整体、宏观、战略的角度解决项目地旅游发展在关键问题、特殊思想、特有理念、核心主题、阶段目标与主体战略等层面的内容。

2. 意象功效性

旅游创意策划强调"概念"在策划研究中的作用，并以"意象生成"、"宏观控制"、"弹性发展"、"突破创新"的核心趋向而区别于传统旅游策划。其功效实现了由传统旅游策划完整"展现"到意念性"启迪"的转变。旅游创意策划以一种开放性、理念化、非现实性的形态为项目地未来旅游业发展提供战略发展思路。

3. "研""策"并重性

旅游创意策划在对项目地未来旅游业发展的构思谋划过程中，注重"策划"与"研究"

的齐头并进，在"策划"中展现其"研究性"的特色，在"研究"中体现其"策划性"的特点。旅游创意策划是"策划"与"研究"并重的统一体。

4．灵活普适性

旅游创意策划的灵活普适性主要体现在：在时间上的灵活性，即旅游创意策划可根据项目地的市场需求，高效、灵活地控制编制时间；在策划空间、应用领域、编制内容、参与主体上的普适性。在策划空间上，既适合大空间领域，又适合中小空间领域；在策划内容上，既可从宏观层面把握，又可从中观、微观层面引导控制。

5．创新研究性

旅游创意策划在编制过程中，更注重理念、理论、主题、方法、战略、结构上的创新研究。这便要求策划人员在旅游创意策划的过程中注重特有理论、特殊理念的提炼与应用，增加核心主题、关键方法、主体战略、空间结构的创新研究，从整体上把握核心项目的创意策划研究，并使以上各个层面与规划区的空间布局、景观环境、文化背景、社会经济等内容相统一，继而实现项目地未来旅游业的持续、健康发展。

4.3.3 旅游创意策划的原则

1．战略前瞻性

创意策划就是"出点子"，"把脉问诊"，要能够指导实践，解决实际问题。因此，在进行旅游创意策划时必须具有长远的战略眼光，包括在经济上、信息上、技术上、文化上和环境上的前瞻性。

2．信息整合性

在信息时代的今天，谁拥有更多的信息谁就拥有更多成功的机会。旅游创意策划本身就是一种信息收集和信息加工，同时也是将旅游产品信息传达给旅游者的过程。旅游创意策划要重视对旅游资源综合信息的合理开发、利用与保护，在保证满足旅游者信息需求的同时，实现旅游业的可持续发展。

3．创意新颖性

创意是旅游策划的灵魂和生命线，是旅游策划者的刻意追求。创新是事物得以发展的动力，是人类赖以生存和发展的主要手段。时至今日，旅游市场向纵深发展，由简单的观光向休闲体验延伸、转型。旅游产品创新设计已经深入人心，不注重旅游产品的知识内涵和科技含量将不能满足旅游者求新、求异的多样化与个性化需求。缺乏创新的旅游策划方案与旅游产品不可能具有竞争力和生命力。

对于旅游创意策划而言，创意出新颖的主题概念是旅游产品核心竞争力的必然诉求。因而旅游创意策划要在旅游市场需求趋势分析的基础上，结合项目策划地的资源条件，在专项研究、科学论证的前提下，创意出新颖的主题概念，构建出特色旅游产品，塑造出新颖独特的品牌形象，如此必能大大提升旅游地的竞争力。

4．内容灵活性

旅游需求是随着时间的变化而不断变化的，因此旅游策划必须保持相当的灵活性，为以后的后续开发和后续策划留有余地，要在创新原则指导下进行"求新"、"求异"、"求最"、"求需"策划。旅游创意策划只有坚持内容灵活性，才能在瞬息万变的旅游市场需求中得以立足，才能充分利用旅游地的资源条件创意出新颖的主题概念，构建出具有地方特色的旅游产品。

5．策划特色性

鲜明的特色与个性往往能减少与其他旅游产品的雷同和冲突，使旅游者产生难以忘怀的深刻印象，因而更有吸引力。突出个性和特色、求新求变已成为现代旅游竞争策略的制胜法宝。因此在旅游创意策划中，要认真研究客心理行为，遵循旅游经济规律，提高旅游文化品位，以品牌整合资源，以智慧创造财富，创新旅游经历，打造有竞争力的旅游产品。

6．文化整合性

文化是旅游创意策划的灵魂，起到了点石成金和化腐朽为神奇的作用。只有准确把握旅游地资源的文化内涵、外显方法，掌握旅游文化的客观规律，将旅游开发根植于深厚的文化土壤之中，才能使策划出来的旅游产品深受游客的欢迎，从而更具市场竞争力与生命力。

4.3.4 旅游创意策划技巧

从古代的田忌赛马、草船借箭到现代的超级女声、蒙牛航天神话，从古希腊的特洛伊木马到里根政府的星球大战计划，这一系列经典的策划活动都在昭示着创意策划的含义和力量。旅游创意策划活动的核心是策划主体对未来旅游产品生产、营销与交换活动的运筹、谋划、构思和设计。它不是按部就班的常规思考，而是建立在综合运用演绎思维、归纳思维、逆向思维、发散思维等思维方法基础上的非凡智慧和独到见解。在旅游创意策划实践中，运筹、谋划、构思和设计通常表现为无中生有、点石成金、变废为宝，这是一个智能与技巧放大的过程，是一个深思熟虑的过程，更是一个科学与艺术融合的过程。

知识链接 4.6

思考问题的"六顶帽子"

爱德华·德·博诺(Edward de Bono)博士是世界上公认的创造性思维领域的权威，思考问题的"六顶帽子"(Six Thinking Hats)由他首次提出，被当今世界广泛运用，并产生了巨大效益。为表彰他的贡献，欧洲创造协会曾要求国际航空联盟的正式命名委员会以他的名字命名一个行星，DE73 因而成为博诺星。

为什么叫"六项帽子"？首先，思考问题与头脑有关，而"帽子"又与头有着直接联系；其次，帽子是人们常用的一种物品，并且具有轻易戴上或摘下的特点；再次，如果赋予帽子一定的角色，便可以标明它的功能和职责；最后，6顶不同颜色的帽子，分别代表6种不同的思考方式。所以，重要的不是"帽子"，而是赋予"帽子"的思考问题的方式或方法。

"六项帽子"思考法一反西方建立在分析、判断和辩论基础上的"垂直思维(Vertical Thinking)"的传统，提出了与之对立的"平行思维(Lateral Thinking)"的理念。其思考模式如图4.5所示。运用这一方法，可以使我们在面临问题时不必陷于激烈的争执而不可开交，而引导大家在合作与对话的过程中寻求解决问题的途径。

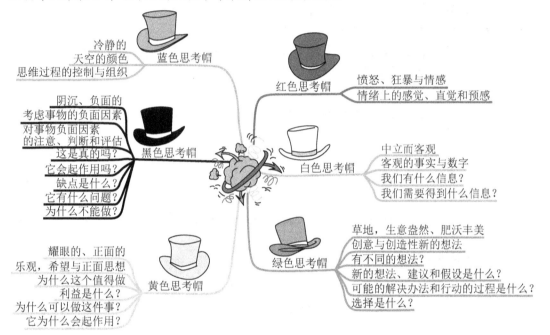

图4.5 "六项帽子"思考模式

白帽：白色是中立的。当我们戴上白帽时，我们拒绝任何争论和提议，我们检测事实，计算我们所拥有的信息，确定我们尚不具备的那些信息，问题的关键在于我们如何获得这些信息。因此，这里的焦点是：此时此地我们到底拥有哪些信息？而哪些信息又丢失了？我们希望获得哪些信息？我们将怎样去获得这些信息？

红帽：红色象征着情感、直觉和预感，它准许人们不顾各种要求证明的诉求而勇往直前。直觉只是一种综合的判断，它依赖于多年的经验，尽管其背后的理由难以被详细解释，但它无疑是有价值的。因此，戴上红帽就意味着：我内在的情感就是一切，我不喜欢(或者喜欢)现在所做事情的方式，我的直觉这样告诉我："这样做准会坏事(或成功)!"

黑帽：黑帽是对所发生事件的逻辑性否定，它代表着那类谨慎的和批评的判断。这顶帽子经常被使用，它也是有价值的，有时甚至可以避免灾难性的后果。但是如果过度使用这项帽子，因为过早的否定有时也会扼杀创造性思维。总之，黑帽关注的问题是：

目前可能的问题是什么？存在的困难有哪些？什么是我们应该注意的地方？风险主要来自哪里？

黄帽：黄帽是对所发生事件的逻辑性肯定，它代表着那种乐观主义的判断，总以为眼前充满灿烂的阳光。它着眼于事情的可行性论证，以及如何完成事情本身。因其前提建立在逻辑基础之上，看起来它比较有益于问题的解决。它主要思考的问题是：我们做这件事情的好处是什么？积极因素是什么？这个想法里有哪些好的概念？如何将它用于我们的工作？

绿帽：绿帽代表创造性思维、新的观念和其他的选择。当我们戴上绿帽时，我们将着重关注如下问题：除了现有方案，我们还有没有其他更好的选择？我们能不能以其他方式来做这件事？这里有没有另外的一种解释？总之，绿帽是对新思路的探寻，具有破旧立新的创造性，虽然有时它有点不顾逻辑与情境。

蓝帽：用蓝帽子思考，强调的是对思考过程的管理，它具有总结并掌控航向的作用。它通常为会议的主持者所使用，比如设计思考问题的议程、提出下一步思考的建议、进行讨论的总结并做出最后的决定。我们已经花费太多的时间用于责备和辩驳，现在不妨考虑：我们的讨论是从哪里开始的？我们的目标又在哪里？我们可以做一个概括和总结吗？下一步如何开始行动？即我们究竟应该戴上哪一顶帽子？

此外，我们还需要注意的是不能把每顶帽子分别当成一个人来看待。也许一个人所戴的"帽子"会偏重于某一种颜色，但我们提倡在讨论的不同阶段，一个人可以转换帽子的颜色，即变换思考角度——这才是开放的态度和合作的态度。

(资料来源：http://hi.baidu.com/xizhenan/blog/item/99764c542b1bef5c564e00c1.html)

1. 文化背景认知

文化与思想脉络的梳理是旅游创意策划的关键内容。通过综合整理旅游地的历史文化脉络，以历史文化发展脉络为轴线，以旅游地发展趋势为依托，从文化中提炼思想内涵，才能形成旅游地发展的特有指导思想。策划者通过系统分析旅游地微观环境，整合梳理旅游地的资源现状、市场需求、区域特征以及基础配套设施等提炼出具有品牌效应的关键概念和形象主题，以此树立旅游地品牌。

2. 旅游特征解读

旅游特征解读要求策划者深刻把握旅游市场的发展趋势，把国际、国内的旅游大环境与项目地小环境结合起来分析，找准旅游市场特征。就旅游市场发展趋势的国际惯例来看，一国人均 GDP 达到 1000 美元时进入旅游需求增长期，旅游形态主要是观光旅游；人均 GDP2000～3000 美元，旅游形态向休闲旅游转化，进入出国旅游的增长期；人均 GDP3000～5000 美元，旅游形态开始向度假旅游升级；人均 GDP5000 美元以上开始进入成熟的度假经济时期。据世界银行 2010 年的统计结果，我国人均 GDP 4682 美元，表明当前我国的旅游市场正在从观光旅游向休闲度假旅游形态转变，旅游产品不断升级，旅游开始向旅游休闲常态化、旅游节奏慢动化、旅游方式自助化、旅游产品多样化等复合型业态发展。与之相随的是，生态旅游将成为亮点，商务旅游将成为热点，文化旅游将成为焦点，度假旅游将成为卖点。

3．特殊理念识别

特殊理念是以策划理论为基础，针对具体旅游目的地的个性化特征而形成的指导具体规划实践的基本概念。与长期形成的体系化旅游策划相比，特殊理念的效用和价值在于总是根据策划环境和策划对象的变化而不断更新，从而解决环境变化下的新问题。

4．旅游意向设计

旅游意向设计是指旅游创意策划主体运用一定的艺术手段，利用现实中的旅游资源创造出具有深刻意向的旅游产品或项目的过程。旅游意向设计包括旅游产品、旅游项目的物象、表象、心象和语象设计。

在对旅游地环境认知的基础上，找准旅游地资源本底和核心旅游资源，梳理资源，特别是历史文化脉络，一则是旅游开发的灵魂，是规划区发展的保障与源泉；二则是当今旅游发展的主要趋势，抓住文化策划和体验性这两条主线，充分挖掘本区域的文化内涵，充分利用旅游地的历史文化打造旅游文化品牌并在项目策划上注重体验活动，才能使旅游业朝健康、持续的方向发展。

4.3.5 旅游创意策划流程

目前国内对旅游创意策划流程的研究相对较少，且未形成一个有机系统。旅游创意策划的流程源于传统旅游策划，又不同于传统旅游策划。其编制流程融合传统旅游策划、概念规划以及城市规划的特点于一体，形成了独具特色的策划流程。旅游创意策划流程主要包括研究阶段、认识阶段、分析阶段、整合阶段、提取阶段、形成阶段六个阶段，每个阶段层层连接、环环相扣、彼此联系、相互作用，最终构成了旅游创意策划特有的流程。

1．研究阶段

研究阶段是旅游创意策划编制之前，旅游地与编制单位协商之后的第一步工作。该阶段的主要内容是在双方协商并达成意向之后所开展的实地考察、基础资料搜集以及调查研究等工作。该阶段重在对现场进行细致入微的考察、勘探，尽可能多地搜集编制单位编制创意策划案时所需要的旅游地资料，以便下一阶段工作的有序进行。

2．认识阶段

在旅游地进行编制旅游创意策划前期，还有一个认识的过程，即认识阶段。此阶段是编制单位从宏观的、全局的角度对旅游地的区域环境、发展背景和政策环境进行深入的了解和认识，力争从区域的角度、整体的角度对旅游地的情况有全面的认识。

3．分析阶段

分析阶段是旅游地编制旅游创意策划的重要环节，是在研究阶段、认识阶段的基础上，通过文献分析法、问卷调查法、现场考察法等方法，分别对旅游地的区域现状、发展现状、资源现状、市场现状、发展背景、基础资料进行全面系统的分析整理，从宏观的角度把握旅游地发展的阶段和趋势。若分析阶段工作没有做足、做好、做细，就无法把握旅游地的核心发展命脉，便可能出现旅游地发展与策划案背道而驰、南辕北辙的局面。因此，分析阶段在编制旅游创意策划中占据着举足轻重的作用。

4. 整合阶段

整合阶段是旅游创意策划编制时的又一重要环节。该阶段的主要任务是在分析阶段的基础上，整合旅游地的分析资料、资源以及主题概念和理念等。

5. 提取阶段

提取阶段是编制旅游创意策划的核心环节，是对旅游特殊理念、核心概念、形象主题的提炼。旅游创意策划编制单位在整合、分析旅游地基础情况的基础上，提炼出旅游地发展的核心命脉，并在此前提下提升出旅游地发展的形象主题。富于表现力的创意策划主题是旅游资源与旅游需求的最佳结合点，一般应该具备以下特点：(1)形式新颖，与众不同；(2)富于思想性；(3)简洁明快，通俗易懂；(4)富于艺术表现力，具有市场感召力。

6. 形成阶段

编制旅游创意策划的落脚点与归宿便是形成阶段的各项工作。该阶段的主要内容包括发展战略的形成、概念主题的形成、形象理念的形成、空间结构的形成、项目布局的形成以及产品、项目设计的形成等。因此旅游创意策划的形成阶段应在综合、全面分析与研究旅游地区域现状、资源现状、市场现状、背景现状的基础上，在整合、提取的前提下，系统的对形成阶段的各项内容进行高效、高质、高品的策划与设计。

本章小结

本章从创意的基础知识出发，介绍了旅游创意、旅游创意策划的基本概念、基础知识与基本理论，并分析了创意、旅游创意、策划、旅游策划与旅游创意策划之间的关系，对理解旅游创意策划的理念、模式及实践应用具有一定的帮助作用。

创意是21世纪的主题，已成为引领全球经济社会发展的重要生产力。囿于现代旅游产业发展进程中出现的产品同质化、需求个性化、竞争白炽化等诸多问题，旅游创意应运而生并成为旅游产业发展新理念与增长新方式。旅游创意是旅游创意策划的核心环节，也是决定策划成败的关键因素。在遵循旅游创意生成规律的基础上，本章从总体上分析了旅游创意生成的原则与方法、内容与形式，使得旅游创意有了思路有了抓手。然后，借助策划的相关理论、模式与流程等科学体系，再将旅游创意付诸运用。这样，一个完整的旅游创意策划项目所涉及的内容与流程便清晰可见。

关键术语

创意；思维创新；头脑风暴法；六六讨论法；心智图法；曼陀罗法；分合法；创意解难法；旅游创意；高智力性；高增值性；旅游创意策划；帽子模式

Key words

originality; creative thinking; brainstorming; phillips 66 technique; mind mapping; mandalart method; synectics; creative problem solving; tourism originality; high intelligence; high added value; scheme for tourism originality; hat model

参考文献

[1] 厉无畏．创意改变中国[M]．北京：新华出版社，2009．

[2] 李庆雷．旅游创意：缘起、内涵与特征[J]．北京第二外国语学院学报，2011，(1)．

[3] 李庆雷．旅游项目创意的基本原理与方法体系初步探讨[J]．云南地理环境研究，2011，(3)．

[4] 沈祖祥．旅游策划：理论、方法与定制化原创样本[M]．上海：复旦大学出版社，2010．

[5] 傅建祥．旅游策划实录[M]．北京：中国旅游出版社，2010．

习题

一、名词解释

1. 创意
2. 头脑风暴法
3. 旅游创意生成
4. 创意帽子模式

二、简述题

1. 简述创意的含义与本质。
2. 列举创意的方法。
3. 简述旅游创意在现代旅游业发展中的作用。
4. 在旅游创意中，如何有针对性地充分利用旅游创意原则？
5. 旅游创意的生成是一个复杂的过程，在旅游创意的进程中我们应该从哪些方面着手？
6. 简述旅游创意策划的方法与技巧。
7. 简述旅游创意策划的实施过程。

三、实际操作训练题

"红色故都·七彩瑞金"旅游口号创意策划

创意策划背景：瑞金，是一片神奇的红土地。1931年11月7日，中国共产党在瑞金成立了中华苏维埃共和国，"红色故都、共和国摇篮、长征出发地"瑞金载入史册，光耀千秋。1933年，毛泽东在瑞金写下光辉词作《菩萨蛮·大柏地》，一句"赤橙黄绿青蓝紫，谁持彩练当空舞"，不仅将一个多彩斑斓的世界向世人展开，更为瑞金未来做出了诗意的预言，为瑞金发展打下了精彩的伏笔。近年来，瑞金市加大了旅游宣传力度，努力打造全国旅游名城，共和国摇篮、红井、客家古邑、赣鄱源头……一张张多彩的名片，让瑞金熠熠生辉、声名远播。为全面塑造"红色故都·七彩瑞金"城市新形象，提升瑞金知名度和影响力，在隆重纪念中央革命根据地创建暨中华苏维埃共和国成立80周年之际，江西省瑞金市人民政府特向社会各界公开征集瑞金市形象标志和旅游口号创意作品。

创意策划要求：紧扣"红色故都·七彩瑞金"主题，准确反映瑞金旅游主题定位和旅游形象，充分体现瑞金旅游特色、本质内涵和文化精髓。文字简洁精练，通俗明了，音韵谐美，朗朗上口，具有强烈的震撼力和穿透力。

请根据本章内容，结合瑞金旅游实际与征集要求，创意策划瑞金旅游口号。

四、案例分析题

"商丘，中国旅游发源地"创意策划的前前后后

"商丘，中国旅游发源地"的创意策划，是我十多年来一直在思考的一个命题，现将创意策划的前前后后总结如下。

一、命题创意

我大学读的是旅游教育专业，"在最初的年代里，主要是商人开通了旅行的通路"这句话引起了我的极大兴趣，感觉该论断对于论证旅游活动产生的时间、地点以及旅游活动的肇始者很有价值。后来，有两件事促使我研究起该论断来：其一，2004年5月16日"中国·商丘与商业起源研讨会"召开，会议结束后的5月19日，新华社刊发了记者訾红旗采写的通讯《专家论证：中国商业起源于河南商丘》。随后，"商人、商品源于商丘"被编入由人民教育出版社出版的全日制普通高级中学教科书《思想政治》(必修)一年级上册第一课"商品和商品经济"中。其二，2007年7月，我作为副主编参加了对外经济贸易大学出版社组织的"全国商贸类'十一五'规划应用型教材"之《旅游学概论》(2008年8月由该社出版)的编写工作，并负责编写"旅游的产生与发展"等内容。这两件事的结合，促使我在前人研究的基础上，开始对"旅游的产生"进行探讨，也便有了"旅游活动肇始于商人——商人源于商丘——商丘，中国旅游发源地"的逻辑思路。按照这一思路，《商丘：中国旅游活动发源地》一文得以成形。2009年5月，时任中共河南省委书记的徐光春提出"旅游立省"战略，随后各地市纷纷提出"旅游立市"的发展思路。在此背景下，我于2009年10月8号通过政府网市长信箱，给商丘市时任市长发去了一封建议商丘市打造"中国旅游

发源地"的书信，随后即得到市政府办公室的回复，市领导批示要求市旅游局予以吸纳。接着，我又咨询并综合了多位专家、学者的意见与建议，对论文进行修改、补充、完善与提升，并于2009年10月28日投稿于《西北农林科技大学学报》(社会科学版)并在2010年第3期得以刊发。

二、命题策划

商丘市旅游局在接到市领导的批示后，便紧锣密鼓地开始策划实施"商丘，中国旅游发源地"这一命题。2010年6月9日，"商丘，中国旅游发源地"专题研讨会在人民日报社会议室举行。研讨会由中华文化促进会旅游文化研究中心、中国企业发展研究中心旅游工作委员会主办，由中国新闻发展网承办，得到了国家文化部、中国社会科学院、国家旅游局等单位领导的支持。50多名专家、学者出席仪式并发言，会上进一步达成了这一共识。在随后举行的授牌仪式上，河南商丘被认定为中国旅游发源地。

三、命题策划后的运作

"商丘，中国旅游发源地"被中华文化促进会等权威部门认定后，商丘市旅游局便上报河南省旅游局，河南省旅游局遂上报国家旅游局，国家旅游局便在其官方网站"中国旅游网"予以公布。至此，该观点被官方认可。随后，各大媒体作了相应报道，相关网页达到30多万个。同时，商丘市旅游局也不失时机地在上海世博会举行的中国旅游文化推广大会上，作了"商丘：中国旅游发源地"的主题演讲等诸如此类的推广工作，在社会上引起了热议与强烈反响。特别值得一提的是，2012年9月26日至29日，由国家旅游局和河南省政府主办、河南省旅游局和郑州市政府承办的2012中国(郑州)世界旅游城市市长论坛及旅游博览会在郑州举行。会议期间，联合国世界旅游组织(UNWTO)执行主席弗雷德里克·皮埃尔及夫人玛丽亚·默西迪斯专程到商丘市展馆参观，在详细了解考察了商丘是中国旅游发源地的有关情况后，欣然命笔题词："ShangQiu is definitely the birthplace of tourism. ——Frederic Pierre."至此，"商丘，中国旅游发源地"的观点得到了联合国官员的确认。

如今，"商丘，中国旅游活动发源地"已成为行业共识，走入人们的生活。

问题分析：

1. 分析"商丘，中国旅发源地"创意策划成功的原因，写出简单分析报告，不超过300字。

2. 有人说创意是"无中生有"，但事实上创意又离不开一定的基础与凭借。结合上述案例的成功策划，试分析进行旅游创意时应如何处理两者的关系。

延伸阅读

创意思维训练

● 想象与联想思维训练

想象和联想在思维中是不可缺少的重要成分，是决定创作成功与否的重要条件之一。

与科学一样，没有想象的创作是不可能有永恒的生命力的。因此，要积极地开动脑筋，针对创作的主题、类型、手法、思想内涵、形式美感和色彩表现等方面，充分展开想象的翅膀，发挥创作的想象力，不拘束于个别的经验和现实的时空，而让自己的思维遨游于无限的未知世界之中，表达出与众不同、具有独创性的见解。

联想是人的头脑中记忆和想象联系的纽带。由人对事物的记忆而引发出思维的联想，记忆的许多片段通过联想形式进行衔接，转换为新想法。主动的有意识的联想能够积极而有效地促进人的记忆与思维。在创作的过程中，联想与想象是记忆的提炼、升华、扩展和创造，而不是简单的再现。从这个过程中产生的一个设想导致另外一个设想或更多的设想，从而不断地设计创作出新的作品。

图4.6　Rubin杯

● 标新立异与独创性思维训练

标新立异的思维强调个性表现，是思维中一个非常独特的方法。它不安于现状，不顺从既定的思路，不落于俗套，尽可能地让思绪超越常规、标新立异、独辟蹊径，找出与众不同的看法和思路，赋予最新的性质和内涵。

(1) 缪勒·莱依尔错视：图中两条线是等长的，由于上下线段两端的箭头方向相反，上面线段的箭头占据的空间大，所以上面的线段显得较长。

(2) 垂直线与水平线的错视：大多数人往往把垂直线看的比水平线要长，这是高估的错觉。

(3) 对比错视：高个子和矮个子在一起，高的会显的越高，矮的会显的越矮。

(4) 透视错视：图中的两条线段是相等的，但看起来下面的要短，是因为透视的错觉。

(5) 黑白错视：图中黑白线段，由于白线段明度大，具有膨胀的现象，所以看以来比黑线段长。

(6) 正方形的错视：标准的正方形左右的边看上去大于上下的边。

(7) 由于图形结构的影响而产生的错视：图中组成三、四、五边形的边长都相等，但由于周长和面积的不同，产生边长不同的错觉。

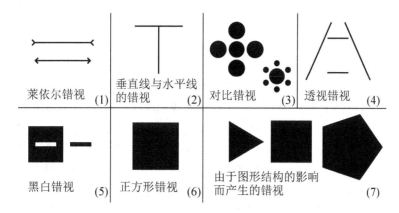

图 4.7　错视图

- 广度与深度思维训练

思维的广度是指要善于全面、立体地看问题，即围绕问题多角度、多途径、多层次、跨学科地进行全方位研究，也称"立体思维"。它要求人们在处理问题时，要善于观察问题的各个层面，分析问题的各个环节，大胆设想，综合思考，有时还要做突破常规、超越时空的大胆构想，从而抓住重点，形成新的创作思路。

思维的深度是指考虑问题时，要深入到客观事物的内部，抓住问题的关键与核心，即事物的本质部分来进行由远到近、由表及里、层层递进、步步深入的思考，要善于透过现象看本质，客观辩证地看问题，不要为事物的表象所迷惑，而要注重精神面貌、意境表现、思想内涵等多方面的提升。

- 流畅性与敏捷性思维训练

思维的流畅性和敏捷性通常是指思维在一定时间内向外"发射"出来的数量和对外界刺激做出反映的速度。我们说某人的思维流畅、敏捷，是指他对所遇到的问题在短时间就有多种解决的方法。据科研人员用现代化仪器测定，人的思维神经脉冲沿着神经纤维运行，其速度大约为每小时 250 公里。思维的流畅性和敏捷性是可以训练的，并有着较大的发展潜力。

- 求同与求异思维训练

求同思维就是将感知到的对象或搜集到的信息依据一定的标准"聚集"起来，探求其共性和本质特征。求同思维的运动过程中，最先表现出的是处于朦胧状态的各种信息和素材，这些信息和素材可能是杂乱的、无秩序的，其特征也并不明显突出。但随着思维活动的不断深入，主题思路渐渐清晰明确，各个素材或信息的共性逐渐显现出来，成为彼此相互依存、相互联系具有共同特征的要素，焦点也逐渐地聚集于思维的中心。求异思维是以思维的中心点向外辐射发散，产生多方向、多角度的捕捉灵感的触角。

求同思维与求异思维是思维过程中相辅相成的两个方面。在思维过程中，以求异思维去广泛搜集素材，自由联想，寻找创作灵感和契机，然后运用求同思维对所得素材进行筛选、归纳、概括、判断等。当然，这个过程也不是一次就能够完成的，往往要经过多次反复，求异——求同——再求异——再求同，循环往复、相互渗透、相互转化，从而产生新的认识和创意。

● 侧向与逆向思维训练

侧向思维又称"旁通思维",是发散思维的又一种形式。这种思维的思路方向不同于正向思维、多向思维或逆向思维,它是沿着正向思维旁侧开拓出新思路的一种创造性思维。通俗地讲,侧向思维就是利用其他领域里的知识和资讯,从侧向迂回地解决问题的一种思维形式。侧向思维能够起到拓宽和启发思路的重要作用。譬如,100多年前,奥地利的医生奥恩布鲁格想解决怎样检查出人的胸腔积水这个问题,他想来想去,突然想到了自己父亲。他的父亲是酒商,在经营酒业时,只要用手敲一敲酒桶,凭叩击声就能知道桶内有多少酒。奥恩布鲁格想,人的胸腔和酒桶相似,如果用手敲一敲胸腔,凭声音不也能诊断出胸腔中积水的病情吗?"叩诊"方法就这样被发明出来了。

逆向思维也叫求异思维,是超越常规的思维方式之一,它是对司空见惯的似乎已成定论的事物或观点反过来思考的一种思维方式。逆向思维即敢于"反其道而思之",让思维向对立面方向发展,从问题的相反面深入地进行探索,树立新思想,创立新形象。"司马光砸缸"就是逆向思维的经典案例:有人落水,常规的思维模式是"救人离水",而司马光面对紧急险情,运用了逆向思维,果断地用石头把缸砸破,"让水离人",救了小伙伴性命。

● 超前思维训练

超前思维作为人类特有的思维形式之一,是人们根据客观事物的发展规律,在综合现实世界提供的多方面信息的基础上,对于客观事物和人们的实践活动的发展趋势、未来图景及其实现的基本过程的预测、推断和构想的一种思维过程和思维形式,它能指导人们调整当前的认识和行为,并积极地开拓未来。

"嫦娥奔月"是中国古代一个美丽的神话传说,古今中外还有许多作家都创作出了以人类飞向月球为题材的故事,人类的这个梦想终于在20世纪60年代末实现了,美国的"阿波罗"号宇宙飞船载着两名宇航员登上了月球。超前思维训练能够帮助我们积极主动地面向未来,并从幻想中寻找思路,在创新中实现理想。

● 灵感捕捉训练

在创作活动中,潜藏于心灵深处的想法经过反复思考而突然闪现出来,或因某种偶然因素激发突然有所领悟,达到认识上的飞跃,各种新概念、新形象、新思路、新发现突然而至,犹如进入"山重水复疑无路,柳暗花明又一村"的境地,这就是灵感,灵感能够使创意无限。

灵感思维是潜藏于人们思维深处的活动形式,是思维过程必然性与偶然性的统一,它的出现有着许多偶然的因素,并不以人们的意志为转移,但我们可以在掌握灵感思维的活动规律的基础之上,努力创造灵感出现的条件。同时,我们还要学会及时准确地捕捉转瞬即逝的灵感火花,不放弃任何有用的、可取的闪光点,哪怕是一个小小的火星也要牢牢地抓住。米开朗基罗在创作罗马教堂壁画的过程中,为了以壮观的场面表现上帝的形象,苦思冥想,没有满意的构思。一天暴风雨过去后,他去野外散步,看到天上白云翻滚,其中状如勇士的两朵白云飘向东升的太阳,他顿时彻悟,突发灵感,立刻回去着手进行创作,绘出了气势浩大的创世纪杰作。

创意思维方法的训练要从培养思维的创造能力和发展智力的角度着眼。许多成功的艺术家在他们的创作生涯中都很注重读书交友，集思广益。古人所谓"读万卷书，行万里路"，是说要加强各方面的修养，从书本中、自然中和朋友之间相互交谈的过程中得到创意的思路，找到灵感，受到启示。俗话说："三个臭皮匠，赛过诸葛亮"，《论语》中也有"三人行，必有我师"，说的是人与人之间的智力是能够通过相互激发、相互补充而发挥出更好的效果。每个人因为智力的高低、能力的大小，所受教育、环境影响以及研究方向的不同，形成了思维能力、思维效果和思想认识之间的差异。朋友之间的交流，实际上是一种智力相互激励的过程，通过交流每个人都会在不同方面受到启示，在认识上有所突破。

(资料来源：http://www.ce.cn/cysc/cycy/tnfb/200705/29/t20070529_11525075.shtml，已作整理。)

第5章 旅游产品策划

本章教学要点

知识要点	掌握程度	相关知识
旅游产品概念	掌握	包括吃、住、行、游、购、娱的一个整体概念
旅游产品策划	掌握	理性思维活动、核心和基础
旅游产品策划的原则	重点掌握	创新性、市场导向、文化性、可行性、独特性、故事化原则
旅游产品策划的体系	了解	单项、组合、旅游服务、旅游新产品策划
旅游产品策划要领	重点掌握	创意呈现、市场定位、产品特色、产品质量、命名、确定与推广

本章技能要点

技能要点	掌握程度	应用方向
旅游产品策划的概念	掌握	能正确理解旅游产品策划的核心内容
旅游产品策划的原则	重点掌握	进行旅游产品策划时需要考虑这些基本原则
旅游产品策划要领	重点掌握	具体的旅游产品策划的步骤,具有可操作性

导入案例

广州正式启动赴台自由行,旅行社抢闸推出首批赴台个人游产品

记者从有关方面获悉,海峡两岸旅游交流协会与台湾海峡两岸观光旅游协会经过磋商,2012年4月1日就开放第二批大陆居民赴台个人旅游试点城市达成共识。纳入此次试点的包括天津、重庆、南京、杭州、广州、成都、济南、西安、福州、深圳10个城市。此消息一出,立即迎来众多游客和旅行社的欢呼,广之旅等多家市内具有台湾游组团资格的旅行社第一时间推出了首批赴台自由行旅游产品,线路主要包括台北、北投、淡水、九份、高雄等地自由行,行程以3~6天为主,"机票+四星酒店"整合价格从2999~4999元不等,较团队游贵1/3左右。

台湾本地旅游产品首次"登陆"广州旅游市场,5~6人小团体出游最划算。据了解,由于有提前一年的"前期铺垫"及"预热",在广州开放成为第二批"赴台个人旅游试点城市"消息传出后,广州市内各大旅行社的赴台个人旅游产品随即"全线上架"。记者从广之旅方面了解到,该社已经相应增加赴台自由行各个环节的资源采购,如台北、台中等台湾地区热门城市的酒店,包括市中心系列商务型酒店、郊区的民宿等;在交通方面,广州、香港、澳门等地往返台湾的机票,台湾岛内各内路段机票、高铁票、旅游交通优惠PASS等,也是采购的重点。此外,一些台湾本地居民岛内旅游的本土旅游产品,如台湾岛内单

车骑行团、观鸟团等,也被该社纳入"采购范围"以内。"与团队旅游的游客相比,选择自由行的游客对旅程安排的特色、自由度要求更高,属于'玩家型'游客。因此,我们精心挑选了一些在台湾本地发展成熟、深受台湾本地旅游者喜爱个性化旅游路线,推荐给赴台自由行的游客,希望他们能用最地道的方式,玩转台湾岛——这个具有丰富旅游资源的地方。"李念阳说。

据悉,首批推出的赴台自由行旅游产品,以台湾一地呈放射状向周边散开的形式推出,如台北+北投,台北+淡水、九份等,以"机票+酒店"的方式推出,行程时间为3~6天。与常规团队普遍10人或以上成团的情况不同,由于自由行出游人数相对较少,因无法享受机票、酒店的团体价格,自由行价格相对较常规团队线路的价格高。为控制成本,各大旅行社可谓"出尽法宝"。李念阳向记者介绍:"我们专门跟航空公司沟通,争取新增5~6人小团体机票折扣,较1800~2000元的机票散客价格便宜300元;而酒店方面,则采取年度规模采购的方式,提前采购一定房晚的酒店入住量,再分销给各类型的自由行游客,以保证自由行价格的优质优价。"

(资料来源:邓圩,张敏婷. 广州28日正式启动赴台自由行 旅行社抢闸推出首批赴台个人游产品. 人民网. http://gd.people.com.cn/n/2012/0401/c123983-16903290.html,有删改)

旅游产品策划是旅游策划的基础和核心,旅游产品是旅游者购买并消费的内容,它是由吃、住、行、游、购、娱等多个方面所组合而形成的一个整体,是旅游者最为关心的内容。旅游产品策划是在对旅游资源、旅游目的地形象、旅游者消费需求、旅游竞争者、旅游企业本身等多个方面综合考虑之后所进行的一种理性活动,是旅游企业的旅游产品能否真正满足旅游者需求的重要基础。

5.1 旅游产品策划概述

5.1.1 旅游产品与旅游产品策划概念

1. 旅游产品

要做好旅游产品策划,首先要明确什么是旅游产品。旅游产品是以旅游地为核心,为旅游者提供的物质产品和精神产品的总和。旅游产品是旅游景观、旅游设施和旅游服务的综合体,它是一个复合概念。同时旅游产品和旅游活动紧密相连,旅游活动是一种综合性的活动,包括吃、住、行、游、购、娱。旅游产品是一种以顾客需求为中心的整体概念。需求不同,对吃、住、行、游、购、娱的组合的要求也不同,于是形成了不同类型的旅游产品。如观光旅游产品和度假旅游产品对旅游产品中各组成要素的组合与要求标准就差别很大,侧重点不同。观光旅游要求旅游景点景观独特、知名度高、吸引力大,景点标准明显高于度假旅游,对食、住、行、购等要求居次;而度假旅游强调休息、消遣,对环境、气候、设施等的要求明显高于观光旅游。特定的旅游产品为满足特定的旅游活动需求,需要将构成产品的各种要素进行特定的组合。

2. 旅游产品策划

产品开发，策划先行。旅游产品策划是旅游产品开发的先导。成功的旅游产品策划可以突出旅游产品的特色，提升旅游产品的品位，对游客产生强大的吸引力。旅游产品策划是旅游规划中十分重要的一个步骤，是整个规划过程的核心。它是通过整合各种资源，利用系统分析方法和手段，通过对有特色的旅游资源、变化的市场和各种相关要素的把握，有创意地设计出能吸引游客的旅游产品。成功的旅游产品策划有四个标准：定位准确、核心吸引力凸显、游玩方式适应游客需求、投入产出合理。

目前对于旅游产品策划还没有统一的概念，一般而言，旅游产品策划是一种理性的创造性思维活动，是指对旅游产品的开发、生产、经营等一系列活动进行全方位把握，并运用多种创意思维的结合，以满足旅游者消费需求和消费偏好的动态过程。旅游产品策划是旅游策划的核心和基础。

由于旅游产品策划的对象——旅游产品最终需要运用到旅游者的旅游消费过程中，因此旅游产品策划要针对产品的目标市场因地制宜地设计出有特色、有新意、有亮点的旅游产品。

例如，2001 年昆曲入选"世界非物质文化遗产"，很快就在全球华人社会中引起了一阵昆曲热潮，特别是一些酷爱中国传统戏曲文化的海内外华人更是对昆曲表现出极大的兴趣。因此浙江、江苏、上海等地纷纷推出昆曲旅游项目，特别是台湾剧作家白先勇在大陆策划推出青春版《牡丹亭》之后，更是使昆曲受到热捧，很多东南亚的华人专程赶到内地来欣赏昆曲。昆曲旅游产品由此成为文化旅游专项产品中的一个亮点。

知识要点提醒

旅游产品策划是旅游产品开发的先导和一个十分重要的步骤，是整个开发过程的核心。

知识链接 5.1

青春版《牡丹亭》

《牡丹亭》中瑰丽的爱情传奇，以典雅唯美的昆曲来演绎，二者相得益彰，400 年来不绝于舞台。2004 年 4 月，由著名作家白先勇主持制作，两岸三地艺术家携手打造的"青春版"昆曲《牡丹亭》(见图 5.1)开始在世界巡演，更给这门古老的艺术以青春的喜悦和生命，在美国上演时场场爆满。

青春版《牡丹亭》七大看点如下。

(1) 剧本：在各种戏剧因素中，剧本是基础，是统摄全剧精神、赋予其思想活力的核心所在。编者在汤显祖原著上，是整理而不是改编，完全继承原词，经过精心梳理，创作了以"梦中情"、"人鬼情"、"人间情"为核心的青春版《牡丹亭》，完整地体现

图 5.1 昆曲《牡丹亭》

了汤显祖原著"至情"的精神。

(2) 演员：青春版《牡丹亭》演员平均年龄20岁左右，不论主演、配角、龙套全部由年轻演员担纲，这源于白先勇先生独具一格的创意，他希望用年轻演员的演出来吸引更多的青年人热爱古老的昆曲艺术，了解中国国学的博大精深。

(3) 音乐：青春版《牡丹亭》音乐的最大特色就是把歌剧的音乐创作技法用到了戏曲音乐之中，全剧采用西方歌剧主题音乐形式，丰富了戏曲本身和音乐的表现力，为观众呈现出一席五彩斑斓的视听盛宴。

(4) 唱腔：传统昆曲唱腔过于冗长、节奏缓慢，观众难以接受。白先勇先生组织了两岸音乐人在唱腔和旋律上进行大胆的创新和突破，将西方歌剧和东方戏曲相结合，在《牡丹亭》的唱腔中加入了大量的幕间音乐和舞蹈音乐，很好地渲染了舞台气氛。

(5) 服装：青春版整体色调是淡雅的，具有浓郁的中国山水画风格，正如北京奥运会开幕式在图画卷中惊艳8分钟那样！全部演出服装系手工苏绣，尤其是杜丽娘、柳梦梅着装传统苏绣工艺将成为最大看点。

(6) 舞蹈：青春版《牡丹亭》有众多花神，用服装设计舞蹈。设计者将传统的花神拿花舞蹈改成用12个月不同的花来表现，用戏曲语言来舞蹈动作，让舞台的整个气氛随花神独具特色的表演流动起来。

(7) 舞美设计：为使昆曲的古典美学与现代剧场接轨，白先勇集合了两岸三地的专家出谋划策，利用"空舞台"的设置，最大限度拓展了载歌载舞的虚拟空间，舞台地板打破了传统地毯的限制，利用灰色调地胶作舞台，还将现代书法家的优美书法运用其中，舞台景片上书写了唐代散文大家柳宗元的散文。

有报道说"青春版《牡丹亭》使昆曲的观众人群年龄下降了30岁，打破了年轻人很难接受传统戏剧的习惯，提高了学生们的审美情操及艺术品位"。

(资料来源：百度百科．http://baike.baidu.com/view/1214417.htm，有删改)

5.1.2 旅游产品策划的原则

不同的旅游景区性质不同，拥有的资源和所处的环境也各不相同，其旅游产品策划自然千差万别。但总的来说，还是有一些基本原则是旅游产品策划应该遵循的。

1. 创新原则

创新是事物得以发展的动力，是人类赖以生存和发展的主要手段。"创新是经济增长的四大车轮之一"，而人类社会的进步就是在一次次创新中完成的。中国旅游产业的发展也是伴随着一次次大到政策创新、制度创新，小到具体的服务操作程序和布景的创新等一系列的创新完成的。

旅游产品策划能否有新的突破是其成败的关键。创新能吸引人们的兴趣，吸引人们参与其中，从而使策划力挫群雄，实现其自身的价值。策划需要创新性的思维，应随着具体情况而发生改变，要想不断地取胜，必须不断地创造新的方法。即使成功的模式，也不能生搬硬套，要善于依据客观变化的条件来努力创新。只有这样，策划才能吸引人，打动人，才能取得成效。创新的原则主要有以下两点。

第一，知识积累是创造性思维的基础。只有具备渊博的知识，才能形成策划人的文化沉淀，并在这种文化沉淀中培养创新的思维；没有知识积淀和文化积淀的旅游策划人员是很难做好旅游策划的。

案例分析 5.1

"棋行大地，天下凤凰"旅游策划

2003年9月20日中韩围棋邀请赛在历经了300多年风雨沧桑的湘西凤凰县的中国南长城脚下拉开大幕。中国常昊九段和韩国曹薰铉在用青石板和红石砂岩铺成的1000平方米的世界上最大的、永久性的围棋盘(见图5.2)上，指引着由361名武林童子组成的黑白棋子，谱写下惊天地、泣鬼神的经典棋局。据悉，在这个世界上最大棋盘的设计上组织方可谓煞费苦心。为了充分体现出中国围棋文化、武术文化、民族文化和绘画艺术有机结合的精髓所在，此次活动打破了以往围棋赛事的传统举办方式，大胆创新，独具匠心地在棋盘上书写了324种字体的"和"；624名身着民族盛装的歌手伫立于蜿蜒起伏的南长城上引吭高歌，300人组成的苗鼓队为之擂鼓助威；2003只羽白鸽也将振翅高飞。湘西凤凰县用事件来演绎和诠释中国文化的博大精深及中华之魂的和文化，深度演绎了一场"棋行大地，天下凤凰"的旅游策划活动。

图 5.2　棋行大地

(资料来源：新浪网．http://sports.sina.com.cn/o/2003-08-23/1054552873.shtml，有删改)

第二，标新立异是创新思维的关键。产品策划的关键在于标新立异，只有不断推出新的旅游产品才能有效提升目的地的吸引力。首先是旅游产品要"新"，如湖南张家界百龙电梯，尽管从建设之初就饱受争议，但不可否认的是其"世界上最高、载重量最大、运行速度最快的全暴露户外观光电梯"3项桂冠独步世界。它是从万丈绝壁通往袁家界连接天子山的机器凝固的垂直交通工具，改变了我们以前所乘坐的缆车交通模式。其次是旅游产品不可复制性，如海南的博鳌论坛与旅游的结合形成了一个新的旅游产品组合，复制这种模式的旅游产品是比较困难的，因此它的生命力是经久不衰的。

2. 市场导向原则

好的策划必须能够面向市场，能够接受市场的检验，特别是在目前以买方市场为主的大背景下，旅游产品更应该以市场导向作为原则。只有紧紧把握住市场这一大的方向，收集市场需求变化及竞争对手的发展态势，旅游产品策划才能落地，也才能最终为旅游企业带来利润。世界旅游组织在预测 21 世纪旅游的趋势时认为，未来支配市场的旅游产品包括自然与生态旅游产品、游轮、水上运动、地球极点旅游、沙漠和热带雨林旅游等项目，其中生态旅游的优势最大。

3. 文化性原则

旅游文化作为一种独立的文化形式，既是一种文化现象，又是一种文化关系的总和。随着现代社会的飞速发展，文化在现代旅游活动中扮演着越来越重要的角色，文化旅游正成为一种备受青睐的旅游形式。

旅游产品策划具有两重性：一方面，作为商品生产和市场经济的必然产物，旅游产品策划在全世界范围内具有共性，它的一些理念、方式是跨文化的；另一方面，旅游产品策划又总是针对特定的，具有共同地域、共同经济生活、共同语言和共同文化心理素质的消费群体，以特定的方式和内容进行的。因此，旅游产品策划必然会由于扎根于特定的文化土壤而带有鲜明的民族特色。

旅游本身是一种跨地域文化体验的实现，而旅游者又都是在特定的文化环境中成长并且在特定的文化背景中生活的。旅游产品策划所面对的这种文化背景将在语言形式、思维习惯和价值观念 3 个层面上构造旅游者的文化性格，并进而影响旅游者的旅游需要、旅游习惯、旅游审美感受和价值判断。由这一影响深刻的观念系统和价值系统所锻造出来的每一个旅游者，在旅游行为上都被打上了深深的文化烙印，以至于在每一种需求类型和每一次消费冲动的背后，都可以寻找出深藏着的文化基因。需求本身可以是物质的，但需求的实现形式却永远会受到文化的影响。因此，从事旅游产品策划时一定要对当地的文化底蕴有非常深的把握，善于发掘和引导需求背后的文化动机，而不能以一种"放之四海而皆准"的道理到处套用，套用肯定会导致整个策划的失败。

广西壮族自治区是我国的民族集中的省域，每个民族都有自己独特的文化，广西在充分尊重其民族文化特色的基础上积极挖掘这些民族文化的优势，即便是针对自然景区也整合进民族文化的内容，如由张艺谋、樊跃、王潮歌执导的大型实景演出《印象·刘三姐》就把广西阳朔的优美自然景观和在全国家喻户晓的刘三姐有机结合，取得极大成功，并开创了一种新型旅游演艺模式。

4. 可行性原则

"实践是检验真理的唯一标准"，任何一个策划在本质上都是一种想法，无论看起来多么完善，但在实施的过程中可能会存在各种阻碍，甚至是半途而废。旅游策划也不例外，在制定策划时必须考虑其可行性，包括在经济上、环境上和技术上的可行性。

可行性分析应贯穿于整个策划的全过程。在策划活动之前，一定要做可行性分析，以确保旅游策划目标的实现。策划方案形成之后，也必须进行可行性分析，以便选出最佳方案。可行性分析主要从四个方面进行。一是利害性分析，即分析策划方案可能产生的利益、效果、危害情况和风险程度，综合考虑、全面衡量策划方案的利害得失。二是经济性分析，即考虑策划方案是否符合以最低的代价取得最优效果的标准，力求以最小的经济投入实现策划目标。三是科学性分析，它包括两方面的意思：首先看策划方案是否是在科学理论的指导下，建立在进行实际调查、研究、预测的基础上，是否严格按照策划程序进行创造性思维和科学构想；其次分析策划方案实施后各方面关系是否能够和谐统一，是否能够高效率地实施策划方案。四是合法性分析，即考虑策划方案是否符合法律法规要求，一方面策划方案要经过一定的合法程序和审批程序；另一方面策划方案的内容要符合现行法律、法规的规定和政策要求。

5．独特性原则

旅游的本质是追求与自己原来的生活环境、生活习俗不同的感受和观感。因此，旅游产品必须创造与多数旅游者不同的生活环境以及生活习俗。

旅游产品策划的独特性原则也称为特色原则，是指旅游策划不能因循守旧、墨守成规，而要标新立异、另辟蹊径，形成特有的策划方案。独特性是旅游策划诸要素中最有魅力的部分。旅游策划的独特性具有垄断性，即不能被模仿和重复使用。当一个创意在第一次出现时，相对于周围环境来说是独一无二的，刺激性最强；而在第二次、第三次使用时，已不是独有的，其吸引力自然也就大不如第一次使用。

案例分析 5.2

"神舟"五号载人航天飞机发射现场"旅游策划

2003年王祖淦先生成功策划了"见证中国航天历史——相约'神舟'五号载人航天飞机发射现场"旅游活动，其独特卖点就是第一次破天荒地把高度机密的航天飞机发射和旅游进行了结合，赢得了公众的关注和旅游者的追捧。

6．故事化原则

旅游者大多喜欢听故事，策划者就是这个故事的讲述者。如何把这个故事讲得完美惊艳、精彩纷呈，这就要求策划者具有一定的策划能力和水平。

旅游经济就是故事经济。一提起有传说故事的地方，人们就觉得有味道。国外的主题公园内涵多是童话、恐龙、外星人、灾难场景、科普等这些凭空想象而不在现实生活中的东西。而中国丰富的历史文化背景让我们有了更多选择，然而却显得更加无所适从。中国的一些主题公园目前是在学习移植国外先进的娱乐科技，许多主题公园都是童话加冒险刺激。而挖掘故事、更新故事做得十分不到位。美国好莱坞大片《功夫熊猫》在中国的热播，就很好地给我们上了一课。

第5章 旅游产品策划

7. 季节性原则

旅游产品策划要充分考虑我国南北方的季节特色,以及由此产生的旅游资源特色和旅游者出行选择规律。旅游产品策划要强调对旅游资源和旅游者出行规律的把握,不同的季节策划出不同的旅游产品,或者同一个季节针对南北方不同地域的旅游者推出不同的旅游产品。

旅游产品策划的季节性原则要求旅游策划人员根据当地旅游资源季节特色适时策划出相应的旅游产品。茶文化旅游专线就应该安排在采茶时节,油菜花文化旅游活动应该根据我国南北方油菜花开花的不同时节来推出。例如云南罗平油菜花一般在每年的阳历一月或二月开放,但陕西汉中的油菜花则要到阳历三月或四月开放。另外冬季的哈尔滨冰雪节和夏季的贵阳避暑季等活动也充分利用了季节性。

5.2 旅游产品策划的类型

旅游产品的类型是多种多样的,即便是同一个旅游景区也可形成不同的旅游产品。旅游产品体系建设最重要的一点是根据目的地的目标和主题,结合市场定位确定主导产品。

5.2.1 单项旅游产品策划

单项旅游产品策划主要指的是一种类型旅游产品的策划。例如休闲旅游产品、娱乐旅游产品、度假旅游产品等。在策划中需要提出产品的定位、发展方向、策划项目、方法、竞争优势等方面的内容。单项旅游产品的策划可突出某一类型产品的地位,但在实际运用中也可以和其他类型的旅游产品进行组合。

案例分析 5.3

开封菊花会

开封菊花会(见图 5.3)是开封市重要的旅游节庆之一。开封菊花会始办于 1983 年。从 2000 年开始,河南省省委、省政府将中国开封菊花会确定为省级节会,开封是每年以菊花为主题举行一次年会的唯一的城市。每年 10 月 18 日至 11 月 18 日为"菊花花会"的会期,它所产生的影响,就其广度而言,已远远超过了开封的地界,名扬海内外;就其深度而言,已远远超出了"赏菊"的特定含义,而是作为一种成功的载体和平台,展示着开封深厚的文化底蕴,演绎着经贸、旅游的"大戏",推动着开封的精神文明建设和物质文明建设。

中国开封菊花花会已成为开封乃至河南众多旅游资源中的一个独具特色的品牌。菊会时节,全市展菊多达 300 万盆、品种 1300 个,形成了"满城尽菊黄"的壮观景象。由于历届菊会的推动,开封的养菊技艺也得到长足的发展。在历届全国菊花品种展赛中,开封参赛菊花艳压群芳,取得了"四连冠"的好成绩。"开封菊花甲天下"成为不争的事实。针对开封菊花花会的单项旅游产品主要是从种菊、赏菊、品菊等菊花旅游产业。现在每届菊花花会期间,菊花观光、菊花宴等旅游产品都得到很好的发展。

图 5.3　开封菊花会

(资料来源：百度百科. http://baike.baidu.com/view/474257.htm，有删改)

5.2.2　组合旅游产品策划

旅游产品在更多的情况下都是组合产品。组合旅游产品即将两个或两个以上的旅游产品和服务项目进行组合，以综合价位的形式对旅游者进行销售，为旅游者提供两种或两种以上的旅游活动以吸引不同的旅游者。

河南省洛阳市是我国著名的旅游城市，它以"千年帝都，牡丹花城"作为旅游主题口号，其实就已经反映出洛阳的旅游资源和旅游特色。很多旅游者到洛阳旅游不仅欣赏龙门石窟，同时还会参观关林、白马寺、洛阳牡丹，品尝洛阳水席，其实这就是一种典型的组合式旅游产品。洛阳在进行旅游产品策划时，把洛阳最具特色的旅游资源和一些知名度不高的旅游资源进行有机结合，既让旅游者感受到浓郁的帝都遗风，又能感受到大气华贵的洛阳牡丹，同时还能品尝到独具特色的洛阳美食。正是基于洛阳良好的旅游资源及不断翻新的组合式旅游产品及旅游服务，才使得洛阳旅游持续快速发展。

知识链接 5.2

洛 阳 水 席

图 5.4　洛阳水席

洛阳水席(见图 5.4)是洛阳一带特有的传统名吃。水席有两个含义：一是全部热菜皆有汤——汤汤水水；二是热菜洛阳水席吃完一道，撤后再上一道，像流水一样不断地更新。洛阳水席的特点是有荤有素、选料广泛、可简可繁、味道多样，酸、辣、甜、咸俱全，舒适可口。

"水席"是洛阳特有的地方风味菜肴，它风味独特，选料十分讲究，烹制认真精细，味道鲜美多样，口感舒适爽利，和龙门石窟、洛阳牡丹并称洛阳三绝，是中国迄今所保留下来的历史最久远的名筵之一，距今已有一千多年的历史。

第5章 旅游产品策划

洛阳水席全席 24 道菜,即 8 个冷盘、4 个大件、4 个压桌菜。其上菜顺序是:席面上先摆四荤四素 8 凉菜,接着上 4 个大菜,每上一个大菜,带两个中菜,名曰"带子上朝"。第四个大菜上甜菜甜汤,后上主食,接着 4 个压桌菜,最后送上一道"送客汤"。24 道连菜带汤,章法有序,毫不紊乱。

(资料来源:百度百科. http://baike.baidu.com/view/1624.htm,有删改)

5.2.3 旅游服务产品策划

旅游产品中很大一部分的内容都是以服务的形式予以体现的,旅游服务产品有自己的特殊性,良好的服务能使旅游者真正感受到旅游的快乐,体味到旅游的真正价值。旅游 6 要素"吃、住、行、游、购、娱"的每个环节都会涉及服务,可以说服务在更多的情况下决定了一次旅游活动的品质、旅游产品的质量。

旅游景区、旅游酒店、旅行社等旅游活动中的重要企业都在为旅游活动的完成做出积极的努力。尽管针对旅游服务,不同的旅游企业有不同的理解,但都应该体现出对游客的尊重和理解,实现以人为本及个性化的服务理念。

旅游服务策划不仅仅是为旅游企业树立良好的企业形象,更反映出旅游企业对旅游者的真正关注,旅游服务策划同样需要常变常新,努力追求个性化和标准化相结合的旅游标准。

5.2.4 旅游新产品策划

在我国旅游业快速发展的今天,很多旅游资源被发现和开发,很多旅游产品也在不断涌现,在旅游新产品面向市场的时候都要进行产品策划。合适的策划手段能够让这种旅游新产品迅速占领市场。

5.3 旅游产品策划要领与步骤

5.3.1 创意呈现

旅游产品策划来源于创意。创意是一个人在长期的文化和知识积淀中所形成的一些独特的能够付诸实施的想法。真正好的创意源于生活,来源于现实,并能为企业或产品带来积极的效益,这是一个系统化的过程。

1. 深度挖掘旅游资源特色

旅游资源是旅游产品走向市场的最基本的内容,没有旅游资源也就无所谓旅游产品。旅游资源特色是衡量旅游产品市场吸引力的关键。在进行旅游产品策划时,必须对旅游资源进行深度挖掘,找准其区别于其他旅游资源的独特卖点。广东开平碉楼位于广东省江门市下辖的开平市境内,是中国乡土建筑的一个特殊类型,是集防卫、居住和中西建筑艺术于一体的多层塔楼式建筑。其特色是中西合璧的民居,有古希腊、古罗马及伊斯兰等多种风格。

当然，除了旅游资源特色外，旅游产品在进行策划时还应该考虑旅游产品的市场定位、市场需求、可进入性等多种综合因素。

2. 捕捉旅游者的旅游需求

旅游者的旅游需求是进行产品创意的起点。据统计，有28%的产品创意来自于对旅游者的观察与询问。对于旅游者的任何一个有价值的想法甚至抱怨和投诉都应该积极面对，也许游客的抱怨就是旅游企业一个新产品的创意来源。

曾经饱受"零负团费"困扰的旅游者对这样的旅游团非常反感，正是捕捉到旅游者对于自由旅游、轻松旅游的渴望，很多旅行社纷纷推出"纯玩团"从而大受欢迎。另外也正是捕捉到20世纪很多城市知青对于他们曾经挥洒青春的偏远乡村的怀念，很多旅行社一推出"知青旅游"产品就受到热捧。

知识链接 5.3

零负团费 8 种猫腻

图 5.5 如此"零负团费"

零团费：零团费也称"零接待费"，即地接社从组团旅行社得到的接待费为零。在此情况下，旅游者往往只需交少量团费即可成行。费用极低，吸引很多游客。

负团费：旅游消费者把旅游的费用交给了出发地的组团社，而组团社却并没有把旅游的基本费用支付给旅游接待地的地接社，甚至让地接社以亏本的价格来接待游客或支付给组团社一定的费用。即地接社花钱买团。

零负团费 8 种猫腻的表现如下。

表现一：旅行社以"优惠价"、"特惠价"等低价广告吸引游客上门，在报名和签订合同时调高价格，将飞机燃油税、机场建设费、护照签证工本费、用餐费等统统加上。

表现二：旅游目的地的重要景点不列在行程安排中，以降低门市价，在到达目的地后，以自费项目的形式向游客推荐，强制游客参加，变相加价。

表现三：旅行社在广告和报价中对游览的旅游景点表达不清楚或故意模糊，在旅途中导游不断加收费用。如到黄山，对是否包含上山门票、是否乘缆车等无明确承诺，到时再加收费用。

表现四：在合同日程外安排过多的购物点或变相购物场所(如某研究所、某展销会、某生产厂)，强制或变相让游客购物，且所购商品质价不符，有时一天安排数个购物点，旅行社或导游以回扣、佣金收入填补旅费。

表现五：大量安排自选自费项目，并安排在游览日程中，既占用和影响了正常的游览日程，又增加了游客的支出，往往这类由旅行社或导游推出的自费项目价格虚高。

表现六：旅行社以特别低廉价格推出香港、澳门、泰国游，其团费甚至低于机票价，如880元香港游、1500元泰国游。此类旅游团在旅途中一定会以不同的方式加收费用。

表现七：旅行社在广告和合同中不标明住宿饭店等级、地点，使用"准星级""豪华"等模糊字眼，或仅以口头承诺，实际住宿标准降低或地点偏僻。

表现八：在旅游过程中，导游随意调换更改行程，有意无意地疏漏景点，以减少支出。

(资料来源：新华网．http://news.xinhuanet.com/travel/2007-06/15/content_6244724.htm，有删改)

3．召集旅游一线工作人员座谈

旅游一线工作人员真正接触旅游者，他们对于旅游者的各种旅游需求和偏好有更深的了解，他们所反映的信息也更为全面和真实，往往有利于产品构思创意的产生，因此经常召集旅游一线工作人员进行座谈可以准确及时地挖掘到旅游者的消费信息，从而设计出适销对路的旅游产品。

4．认真研究同行业的竞争者

据不完全统计，有27%的产品创意来自对竞争对手的分析。许多旅游企业都会指定专人负责跟踪同行业特别是在旅游领域具有重要影响力的旅游企业的旅游产品更新信息，并对这些信息进行重点分析，从而从中寻找到自己产品创新的灵感。其实很多旅游产品都是一家旅游企业推出以后很多旅游企业适当地改变形式或模式之后再投放到市场上的。因此关注同行业的竞争者，特别是同行业中具有重要影响力的竞争者可以紧跟旅游产品发展的步伐。

5．专家访谈

旅游策划方面的专家一般都具有渊博的专业知识和丰富的实战经验，对问题看得也更透彻，对问题的把握也更具有前瞻性，因此在进行旅游策划时进行专家访谈是很重要的一个环节。发挥专家优势往往能发现机遇，使得旅游企业在旅游策划专家的指引下获得快速发展。

6．寻求细分市场机会

市场细分不仅是企业选择目标市场常用的方法，同样也是寻求市场机会的重要工具。在进行旅游策划时，通过对市场的深度分析寻求市场空缺，把握机遇，也是旅游策划最终能实现的重要方面。

5.3.2 旅游产品的市场定位

所谓旅游产品市场定位，就是根据目标市场上的竞争情况和企业自身条件寻求旅游产品在旅游者心目中的最佳位置，突出产品特色，从而塑造与众不同并富有个性的旅游产品形象，并把这种形象传递给旅游者的行为及过程。

进行旅游产品的市场定位应该综合考虑旅游资源特色、旅游者类型、同行业竞争者、利益等方面的信息。

1. 旅游资源特色

尽管旅游资源特色并不完全等同于旅游产品特色，但旅游资源特色是旅游产品特色的重要因素之一。例如，泸沽湖旅游就以神秘独特的纳西族摩梭文化为特色；大唐芙蓉园则是以盛世大唐文化为切入点；河北清苑县的地道战旅游更是以反映抗日期间的清苑县地下较为通畅的地道为吸引点。

2. 旅游者类型

不同年龄的旅游者对于旅游产品的选择不尽相同，如年轻人更喜欢刺激性的旅游项目，高收入阶层更有可能选择消费较高的温泉度假旅游产品，而返城知青却对知青旅游情有独钟。

3. 同行业竞争者

针对同行业竞争者，旅游策划人员要在充分掌握其产品特色的基础上，根据自身旅游资源特色采用不同的方法来获得自己旅游产品的合理定位。例如苏州将自己定位为"东方威尼斯"，就是想利用威尼斯的知名度来提升其旅游形象。

4. 利益

在进行旅游产品策划时，策划人员应该充分考虑旅游者的利益，最大程度地满足旅游者的合理愿望，如一些旅行社推出"纯玩团"就是根据旅游者的现实需求而设计的，尽管价位相对偏高，但同样受到旅游者的欢迎。因此关注旅游者的利益，特别是核心利益，将是旅游产品成功的重要保证。

知识链接 5.4

"纯玩团"火爆将终结海南旅游"四黑"

"花400元，住四星级宾馆，免景点门票，海南三日游全程无购物！"常见于海南各大媒体的这样的广告是否可信？游客是否满意？近日记者参加了一次当前市场叫好的"纯玩团"，亲身体验在海南旅游的最新变化。

业内人士认为，当前以成本价经营的海南"纯玩团"，相对于过去以欺骗手段争夺客源的"零负团费"旅游团，是符合旅游业市场规律的正常回归。"纯玩团"的火爆及其操作的规范化，在一定程度上预示着海南旅游"四黑"(黑车、黑导游、黑旅行社、黑店/点)时代的终结。

(资料来源：新华网．http://news.xinhuanet.com/focus/2006-03/16/content_4302609.htm，有删改)

5.3.3 深挖旅游产品特色

特色是旅游产品的灵魂，离开了特色任何旅游产品的生命力都不长久，因此突出旅游产品特色将是旅游产品走向成功的关键。

1. 旅游资源特色与旅游产品特色

有关旅游资源特色的内容前文已述。但需要说明的是旅游资源特色并不等同于旅游产品特色,旅游资源特色只能说是旅游产品的内容特色,并不是这些内容一定能被旅游者接受,因此还应该考虑市场的因素。例如丰都鬼城,尽管其鬼城内容很有特色,但这些内容是否能被大众喜欢,是否符合我国目前的精神文明建设要求,都需要慎重考虑。另外针对三孟旅游资源,尽管它很有特色,但相比较三孔旅游资源又逊色不少,并且处于三孔旅游资源的发展阴影之中,因此邹城只能从"孟母三迁"上做文章才获得较好发展。

知识要点提醒

旅游资源特色并不等同于旅游产品特色,有时候旅游产品特色最终会与旅游资源特色有一定的出入。

2. 旅游资源区域分布与产品特色定位

旅游资源的区域分布对旅游产品的特色定位影响较大,有时区域旅游部门甚至有可能完全放弃很有影响的旅游资源,而选择其他更能使其突围的旅游资源。例如,处于敦煌和嘉峪关之间的安西,尽管其边塞风光和沙漠风光很吸引人,但考虑到敦煌和嘉峪关的知名度及其旅游发展现实状况,为了突破敦煌和嘉峪关的旅游发展阴影并避免正面竞争,则不得不选择"丝路旅途的心灵驿站,大漠深处的水上乐园"作为其旅游形象。

案例分析 5.4

南通旅游环省吆喝"体育之乡",巧打"体育"牌

当全世界的球迷还沉浸在足球带给他们的狂欢中时,江苏省南通市旅游局局长戴平带着 30 多名该市旅游企业负责人,也打着"体育"牌,带着"看精彩十六运,游近代第一城"的精彩旅游线路,以旅游大篷车的形式先后来到南京、常州、无锡、苏州等地进行"吆喝"。

江苏省第十六届运动会于 2006 年 10 月在享有"体育之乡"美誉的南通举行,南通市政府要将此届运动会办成历史上最成功、最精彩、最经典的运动会,并结合此次运动会推出了"看精彩十六运,游近代第一城"的精彩旅游线路。作为十六运主赛场的南通市体育会展中心位于南通市新城区,拥有目前国内第一座可开闭式屋盖,整体建筑造型新颖,轮廓线飘逸流畅,是一座具有苏中特色、全国一流的体育会展场馆,又有"南鸟巢"之称,十六运的开、闭幕式都将在此举行。南通还建有首家全国地市级"国"字号体育馆——中国体育博物馆南通馆,馆内陈列着以奥林匹克为主题的数百件珍贵体育文物和照片。南通市少儿体校还被誉为"世界冠军的摇篮",这里曾培养出林莉、吴建秋等 13 位世界冠军。游客们可在观看省运会赛事、参观游览体育之乡的同时,品味南通体育精神。

同时,南通结合十六运在环省行中还特别推出了系列休闲旅游线路。南黄海的滨海风

情、长寿与花木之乡、底蕴丰厚的博物馆群落，加上吃有江鲜、海鲜、狼山鸡，购有盆景、丝毯、红木雕，这些对都市旅游者都是很有吸引力的。

(资料来源：人民网．http://unn.people.com.cn/GB/14748/4566019.html，有删改)

3．旅游形象定位与产品特色定位

旅游产品特色定位是旅游形象定位的重要支撑，特色鲜明的旅游产品构成了旅游形象定位的基础。同时旅游形象定位又影响着旅游产品定位。在旅游形象定位确定之后，旅游产品定们也就有了重要方向，旅游产品都应该围绕着旅游形象来进行设计和策划。例如，焦作在早期发展旅游业时，强调"焦作山水"旅游形象，因此重点发展焦作云台山、青天河等景区，但当焦作旅游业发展到一定程度之后开始重新调整发展方向，强调"拳山品牌"，其旅游产品就开始突出太极拳和山水景观的结合。

4．旅游地可进入性与产品特色定位

可进入性是一个地区能否有效发展旅游业的重要保证。旅游地可进入性并不仅仅体现在交通条件方面，还包括文化阻隔、政治阻隔、时间、费用等多个方面。不同的旅游产品对可进入性的要求也不一样。观光旅游产品对可进入性要求较低，而休闲度假旅游产品对可进入性要求较高。

5.3.4 提升旅游产品质量

旅游产品质量是旅游者的最终感受，是衡量旅游产品策划成功与否的重要指标。评价旅游产品质量的标准是旅游者的满意度。任何一个旅游者都希望在消费旅游产品时获得良好的体验，达到物有所值甚至是物超所值。因此提升旅游产品质量需要旅游策划人员跟踪访问旅游者，并结合旅游者的合理反馈意见及时对旅游产品作出调整，从而使旅游产品一直保持高吸引力、高认可度。

5.3.5 旅游产品命名

旅游产品的名称设计是旅游产品策划的重要内容。好的产品名称能让人耳目一新，有如沐春风之感，旅游者通过产品名称就能够很方便地感觉到旅游产品所包含最有价值的信息，从而在第一时间接受该产品。

旅游产品命名策划要求对旅游产品名称的设计做到针对不同类型的游客有不同的设计，既准确贴切又不失艺术性。例如，针对感受西域风光的旅游者可设计为"阳关怀古：荒漠与柳绿花红的时间之旅"，针对寻求品质旅游的旅游者可设计为"海南四星双飞品质游"。

5.3.6 旅游产品的确定与推广

1．旅游产品策划方案的甄选

旅游产品在进行策划时可以有多个初始方案，最终选择哪一个方案，需要旅游一线工作人员、旅游策划人员、旅游专家、旅游者及其他相关人员共同探讨，并经过一系列的评

定之后再行选择。旅游产品策划方案的甄选通常要考虑旅游产品的内容、资金状况、竞争者产品状况和市场需求程度等。

2. 旅游产品试验

确定好一个旅游产品之后也并不能保证它一定能获得成功，还需要对其进行小范围的试验，观察旅游者的消费反应，根据旅游者的反馈信息最终决定是放弃该产品还是在原有的基础上进行适当调整以满足旅游者的合理要求。判定旅游产品是否符合当前旅游发展的实际需要考虑旅游者的购买程度和该产品的市场吸引力。

3. 旅游产品推广

旅游产品推广包括产品推出时机和地区的选择，目标市场和销售策略的选择。

推出时机的选择可根据旅游产品的内容进行考量。采摘游一般安排在瓜果成熟的季节，婚恋旅游产品更多地可以考虑在情人节等特殊节日期间推行。如果同行业竞争对手也有相似的旅游产品则要根据自身的实力及旅游产品的市场吸引力，采取抢先进入、同时进入及延后进入等方式。不管是采取哪种时机，都做好充分的准备和调研，熟悉市场及旅游者的需求和竞争对手的产品特点，从而找到最佳时机。

旅游产品落地的地点选择同样不可大意，是把它放在一个小的市场推出还是放在一个大的市场推出，或者直接推向全国市场，都需要旅游策划人员根据旅游产品的特点慎重考虑。

目标市场和销售策略的选择应根据旅游产品本身的内容及营销组合要素先后次序进行把握，对不同的消费群体应采取不同的营销策略。

5.4 不同主题旅游产品策划实例

5.4.1 体育旅游

近年来，随着赛事热、健身热的出现，体育旅游这一新兴产业在我国悄然兴起。"鸟巢"、"水立方"等奥运场馆成了北京著名的旅游景点，第十二届黑龙江国际滑雪节将冰雪旅游办得如火如荼，2010年温哥华冬奥会的现场观摩团成功召集……不断的尝试和创新使体育与旅游的结合日益紧密，但与此同时，体育旅游的定位与发展问题也日渐引起人们的关注。

据估计，目前全球与体育相关的旅游市场价值高达1000多亿美元，占全球GDP总量的近10%，在一些发达国家，体育旅游所创造的价值更高。瑞士仅滑雪旅游一项，每年接待外国游客就达1500万人次，创汇70亿美元左右；以"足球工业"为主体的意大利，体育旅游的年产值已达到500亿美元，超过了其汽车制造业和烟草业的年产值。

案例分析5.5

以"鸟巢2009ROC世界车王争霸赛"为例分析体育旅游产品的策划

(1) 2009ROC世界车王争霸赛前夕，中国多家体育及综合媒体纷纷进行大篇幅报道，特别是由于参赛者有中国当代最具争议的青年作家，同时身兼职业赛车手的偶像派先锋人物韩寒及国际著名车手舒马赫和维特尔等，使得这次车王争霸赛具有较高的看点，激起了广大车迷和旅游者的兴趣。

(2) 由于这是2008北京奥运会后鸟巢承担的又一次重大体育赛事，因此格外引人注目。特别是大家在北京奥运会期间所看到的鸟巢是草坪和跑道，但这一次比赛要把原有的鸟巢改造为赛车车道，同样会吸引更多人的注意。

(3) 赛事由国家体育总局汽车摩托车运动管理中心、中国汽车工业协会及北京体育局主办，北京市旅游局等多家单位协办，强调其高规格赛事、多部门合作、多领域融合等特点，邀请国际著名车手参赛，并在全国进行多角度、多层面的报道，引起广大车迷和旅游者的强烈兴趣。

(4) 以鸟巢作为比赛场地，既强调其在国家体育比赛中的重要地位，也映衬出2009ROC世界车王争霸赛的受重视程度。由于此类比赛以前在国内举办的不多，本次比赛以鸟巢作为比赛地点，对于奥运会期间没有机会直接进入鸟巢观看比赛的旅游者来说，这将会极大地弥补其缺憾。

2009ROC世界车王争霸赛从前期的新闻报道和有计划的媒体宣传，到正式比赛中著名车手酣战及国家相关部门的多维配合，使得本次比赛得到广泛的知名度和社会影响力，获得了较好的经济效益和社会效益。

国家体育总局经济司司长刘扶民表示，将体育赛事和活动作为资源，推动主题或特色旅游的发展的时机已经成熟。他认为，体育需要结合市场需求和区域特色等因素整合资源，打造竞争力强的体育旅游品牌，逐步形成满足不同人群需求的体育旅游产品体系。

(资料来源：体育旅游：中国体育旅游联姻力图实现双赢，鸟巢成典范．中国网．http://www.china.com.cn/travel/txt/2009-12/22/content_19108848.htm，有删改)

5.4.2 影视旅游

案例分析 5.6

新西兰，犹如美玉藏于椟中，在世界旅游市场的影响和吸引力远远低于它的实际价值。对游客而言，新西兰的美，就像它远离大陆的地理位置一样，遥远而陌生。将真正的新西兰呈现在世界眼前，让真正的爱美之人发现新西兰，走进新西兰，是每一个热爱新西兰的人的心愿，更是新西兰旅游局和纽西兰航空公司的迫切需要！

电影《魔戒》恰在此时登上了奥斯卡领奖台，并席卷了全世界的影院。无数人被《魔戒》所吸引的时候，作为拍摄外景地的新西兰，遇上了绝佳的市场契机，梦幻般的美景，超大屏幕360度的无敌立体景观，恢弘壮阔的原始风貌，全世界唯有新西兰才能找到这么完整的巨幅画面，所以《魔戒》选择了新西兰，新西兰完全可以借助《魔戒》走向市场。

在新西兰，张开眼睛就是风景，令游客不断发现不断赞叹深深陶醉，新西兰的风景在全世界都具有独特性,在新西兰犹如置身于巨幅的大自然画卷,满眼都是四季的缤纷色彩,时时感受立体超大实景的视觉震撼。

100%纯净的新西兰是大自然旷世精品。它的存在,像一款专为一部分人群度身量作的顶级时装。新西兰要成为一部分人非去不可之地,这一部分人在审美和文化素质上都属于中上阶层,是最善于发现美捕捉美的一群人。而摄影爱好者恰好满足所有这些要求,因此相关部门首先策划推出了新西兰摄影之旅。

品牌线路:"魔戒魅影"新西兰摄影之旅。

主题口号:发现"魔戒",发现新西兰!

市场预测:"魔戒魅影"将作为新西兰主题旅游产品首先出现在广东市场,届时将由新西兰旅游局、纽西兰航空公司联同广东省各市旅行社同时推出。与之相配合的,广东省将在半年的推广期内在全省范围内举行"魔戒魅影"新西兰风光摄影大赛及作品巡回展,以此将新西兰旅游以一种特殊的方式推向第一个高潮。之后将推出徒步旅行、蜜月旅行等品牌线路,在广东省市场全方位塑造新西兰旅游新形象,此系列产品可同时在北京、上海及其他地区推广。

(资料来源:影视旅游:"魔戒魅影"新西兰摄影之旅案例. 诺狮智业网.
http://www.nuoshi123.com/detailPage/detailPage/cat_id/468/artID/29935/parentID/449,有删改)

5.4.3 老年婚恋旅游

案例分析 5.7

《深圳晚报》2001年11月4日头版头条以《爱情旋风掠过中山》为题刊发了这样一条新闻:"今天一大早,集中在市博物馆门前满载480位单身老人的12辆豪华大巴徐徐开动,带着他们的欢笑与希望,直赴中山市。本报与深圳中国国际旅行社新景界长者旅游俱乐部联合举办的'第三届夕阳红鹊桥会'再一次受到单身老人热烈欢迎,报名参加者非常踊跃。连日来,本报办公室和深圳国旅的营业部报名点的电话不断,上门登记者络绎不绝。仅10余天,参加者就达480人,中山市尚有一批单身老人在恭候。"

此次活动同样受到社会广泛关注。当天就有许多报纸、电视台、电台等媒体记者跟随采访。《深圳晚报》则派出10多位记者全程报道和服务。

与此同时,晚报还用了大量篇幅刊登了这次活动的各式花絮,而《深圳特区报》、《深圳商报》也用不少笔墨分别以《敬老月里的"新景界"》、《这个月,"夕阳红"之旅正红》、《480深圳老人中山相亲》等为标题进行报道。一时间,鹊桥会成了热门话题,而策划并成功组织这次活动的深圳国旅新景界长者俱乐部也一时间名声大噪,深入人心。随后,该俱乐部的长者旅游团也推向了新的高潮,新景界长者旅游俱乐部经过近两年的努力,成为了深圳长者游的首选品牌。

长者游作为一个细分市场,一直是许多旅行社希望进入的领域,但如何切入?如何解决成团率问题?如何在众多的竞争者中脱颖而出,形成市场公认的首选品牌?

借助公益事件及新闻媒体资源塑造品牌是事半功倍的有效方法。在《深圳晚报》两次在市区内举办"夕阳红"鹊桥会的基础上，深圳国旅敏锐地将晚报的活动和自己的业务结合起来，策划了这次"旅游+交友"的更轻松、活跃的方式，在愉快的旅途中为老人们创造相互了解的机会，这既是一次择偶过程，也是一次旅游交友活动。从关注老人晚年生活出发，媒体及社会各界都给予极大热情，活动的成功也是企业品牌的成功，多方的报道提升了企业的品牌知名度。现在，新景界长者俱乐部在市场推广中谈到这次活动，都会受到客户的认可、好评。

(资料来源：成功的主题旅游——夕阳红中山鹊桥会[EB/OL]. 深度旅游策划网. http://www.deeptour.cc/blog/post/61.html，有删改)

5.4.4 高铁旅游

案例分析 5.8

面对京沪高铁带来的新机遇，山东省旅游局再次表现出了超前的发展意识，主动出击，先声夺人，抢占京沪高铁旅游市场，实现了山东旅游的大发展、大提升、大转型。

将高铁旅游"快旅慢游"的特性与"好客山东"的品牌优势相结合，提出"高铁自由风，好客山东行"的创新定位，为山东高铁旅游的发展明确了方向。

(1) 明确传播主题。

国外将高铁形容为"贴地飞行"，它充分体现了高铁的速度——快！这是一个时间概念。高铁让"快旅慢游"成为事实。

因此，结合"好客山东"的品牌优势，山东省旅游局提出了"高铁自由风，好客山东行"创新定位，将高铁与山东完美结合，体现了一种在极速状态下，自由、酣畅的"像风一样自由"的行旅体验。

(2) 明确传播对象。

高铁旅游有成本低、距离短、选择多元3大特性，更适合自助游散客市场。据世界旅游组织的调查研究显示，散客占旅游人群的70%。高铁的普及将极大地提升这个比重。因此，高铁旅游的产品策划和营销策略，都必须偏重于自助游和散客市场。

(3) 创新营销概念

《在路上》是美国"垮掉的一代"著名作家杰克·凯鲁亚克的自传性代表作，它影响了整整一代美国人的生活方式——崇尚个性和自由，这是很多人的旅行初衷和体验向往。

因此，山东提出"在路上——行进中的旅游目的地联盟"这个概念，意在整合京沪高铁山东境内8个城市的旅游优势资源，构成"行进中的山东旅游目的地联盟"，联动营销，优势互补，形成一个游客能在行进中收获多重体验的大旅游目的地，就像欣赏一部"流动的电影"。

(4) 创新产品策划。

首先，用高铁整合各市联动的旅游产品。打破8个城市各自为战的模式，开创每个城市主打一个优势品牌，主推一个优势产品的局面，构成不同质、不重复的产品格局，为游客提供更加丰富的多元体验。

其次，由客源地市场设计旅游产品。旅游产品的设计，必须调动买方即游客的参与热情。前提是必须研究分析客源地市场的特征。比如京津地区——山东传统的黄金海岸和齐鲁文化旅游，是京津市民的首选。宁沪地区——游客普遍对于自然类、休闲类、养生类及度假类的旅游产品感兴趣，更欢迎体验型、参与型和互动型的旅游活动。

最后，从块到面的多省合作旅游产品。不仅山东境内的8个城市联动发展，京沪高铁沿线的北京、河北、山东、江苏、安徽、上海，都应该以高铁为依托，展开深度合作，从而形成从块到面的区域合作，形成一个以京沪高铁为依托的"大旅游目的地"。

(5) 创新营销策略。

山东省旅游局以事件营销为依托，以传统媒体为策应的新媒体广泛传播为理念，每月紧跟时事热点和社会动态，确定一个营销热点，提升山东高铁旅游的知名度；每周策划举办一个特色活动，聚焦媒体关注，引发具有轰动效应的事件营销；争取每年都有一个让领导肯定，值得行业认可，在游客心中留下深刻印象的亮点，巩固山东高铁旅游的形象美誉度。

(资料来源：贾云峰. 高铁旅游如何实现高速传播[EB/OL]. 百度文库. http://wenku.baidu.com/view/09902a0103d8ce2f00662319.html，有删改)

5.4.5 微旅游

1. "微旅游"渐成新宠

所谓"微旅游"，指的是短小的旅程，随时可以出发。它不需要太多的行装，不需要长时间精心计划和刻意安排。微旅游一般耗时少，旅程短，行装简单，费用低廉，以休闲为目的随意旅游，很符合现在年轻人的需求。确实，相对于长途旅游来说，微旅游出游时间和方式更具有随意性。现在的许多旅行社，还在微旅游的前面加上"减压"二字，以显示微旅游的独特品质。

知识链接 5.5

现在来越多的游客都是通过微博或网络获得信息，并进行互动，最终达成以休闲、体验为特色的旅游。"呵呵，网购淘来的！"这些曾被人看作很稚嫩的话，却越来越成为一种强大的趋势。网上捕捞信息，也越来越成为常态化。微旅游也越来越引起人们的关注。

微旅游策划要点：体现"微"特色

(1) 时间以1~2天为宜。

(2) 地点以城市郊区或乡村的纯朴自然村落、景点为宜。

(3) 人员以城市脑力劳动者或白领人员为主，他们对新鲜事物有强烈的兴趣，并渴望回归自然，感受自然。

(4) 住宿以简单干净的连锁商务快捷酒店为主,也可以就以干净农家小院作为住宿选择。

(5) "微旅游"套餐可以把原来固定的旅游线路改成组合式、菜单式、可选择的线路,旅游者可以选择门票加酒店的自驾游,也可以选择大巴或短途动车加门票、酒店的半自助旅游。

(6) 旅游者可以通过微博、博客或其他网络沟通方式相约出行,也可以通过旅行社网站进行订购。

(7) 微旅游产品策划应该特别体现简捷舒适、轻松自由、休闲自然等特点。

(资料来源:微旅游. 百度百科. http://baike.baidu.com/view/6547305.htm,有删改)

5.4.6 爱情旅游

案例分析 5.9

"新天仙配"旅游品牌成立十周年之际,由新昌、天台、仙居、临海4地旅游局与腾讯网合作,推出"新天仙配"久久浪漫之旅活动。本次活动邀请腾讯炫舞用户、腾讯微博用户参与微博互动,邀请网友关注"新天仙配黄金旅游线"官方微博,参与"微游浙江之新天仙配"互动话题,公开征集9对夫妻,讲述爱情故事,上传合照。活动一经推出,就受到了众多网友的热烈欢迎,腾讯微博有2670余万人参与到新天仙配话题的讨论,腾讯官方微博"新天仙配黄金旅游线"听众达到11万。经过近半个月的认真筛选,产生9对入围夫妻,于2011年8月12日—14日,被邀请到新昌的大佛寺景区"认养同心树",在天台的石梁飞瀑前"鹊桥相会",在仙居的永安溪漂流"同舟共济",在临海以"长城作证"见证永生爱情,享受三天两夜的免费浪漫之旅。具体内容安排如下。

第一站:【新昌大佛寺景区】2011新天仙配新昌大佛寺——永结同心。

2011新天仙配新昌大佛寺永结同心剪影——9对夫妻入场;

2011新天仙配新昌大佛寺永结同心剪影——嘉宾与9对夫妻合影;

2011新天仙配新昌大佛寺永结同心——大佛铭证、同心同结。

第二站:【天台石梁飞瀑】2011新天仙配天台石梁飞瀑——鹊桥相会。

2011新天仙配天台石梁飞瀑——鹊桥相会;紧紧拥抱、甜蜜如初;

2011新天仙配天台石梁飞瀑——鹊桥相会;石梁山水。

第三站:【仙居永安溪漂流】2011新天仙配仙居永安溪漂流——同舟共济。

2011新天仙配仙居永安溪漂流——同舟共济;工艺竹筏顺流而下,怡情山水,船头喜庆大红花。

第四站:【临海江南长城】2011新天仙配临海江南长城——长城作证。

天仙配是家喻户晓的中国民间爱情故事,10年前,新昌、天台、仙居、临海4县市的旅游主管部门开展区域合作,借助"天仙配"而取各县(市)第一个字共同设计推出了"新天仙配——长城作证"旅游区域合作线路。如今,经过近10年的宣传、运作,该线路已成为旅游界知名的品牌线路，浙江省精品旅游区域合作线路，享誉大江南北，被誉为中国黄金旅游线，旅游区域合作的新典范。通过本次活动的举办，四地旅游局进一步提高了"新天仙配"中国黄金旅游线的知名度，促进了区域旅游经济的发展。

(资料来源："新天仙配"推出久久浪漫之旅10周年主题活动. 腾讯网. http://www.itravelqq.com/2011/0817/167094.html，有删改)

本章小结

旅游产品策划是旅游策划的基础和核心，旅游产品是旅游者购买并消费的内容，它是由吃、住、行、游、购、娱等多个方面所组合而形成的一个整体，是旅游者最为关心的内容。任何商业旅游活动都是以旅游产品的形式进行销售，因此旅游产品策划决定着旅游者对旅游产品的认可和肯定程度，是旅游产品能否站稳市场的关键环节。

旅游产品策划是在对旅游资源、旅游目的地形象、旅游者消费需求、旅游竞争者、旅游企业本身等多个方面综合考虑之后所进行的一种理性活动，是旅游企业的旅游产品能否真正满足旅游者需求的重要基础。对旅游产品策划需要遵循创新性、市场导向性、文化性、可行性、独特性、故事化等原则，并在此基础上重点捕捉旅游产品创意，准确进行旅游产品市场定位，同时还要考虑到本旅游产品与其他旅游产品的区别，即寻求旅游产品特色。产品质量是任何一种产品的重要衡量标准，旅游产品质量也不例外，需要重点管控。好的旅游产品还需要一个具有市场影响力和感召力的好名称，这样在进行市场推广的过程中才能形成旅游者的快速信息获取和记忆。

目前旅游产品呈现多样化的趋势，原来很难想象的活动和事物都成为旅游产品的重要内容，如高校旅游和微旅游等。因此旅游产品策划人员应该具有敏锐的眼光和独到的见解，并占有大量的专业知识和社会知识，只有这样旅游产品策划才能使旅游产品在纷繁的市场得到旅游者的认可。

关键术语

旅游产品；旅游产品策划；旅游产品策划原则；旅游产品策划体系；旅游产品策划要领

Key words

tourism products；tourism product planning；the principles of tourism product planning；the system of tourism product planning，the methods of tourism product planning

参考文献

[1] 沈祖祥，张帆. 旅游策划学[M]. 福州：福建人民出版社，2003.

[2] 肖星. 旅游策划教程[M]. 广州：华南理工大学出版社，2005.

[3] 陈扬乐. 旅游策划——原理、方法与实践[M]. 武汉：华中科技大学出版社，2009.

[4] 卢良志，吴耀宇. 旅游策划学[M]. 北京：旅游教育出版社，2009.

[5] 李庆雷. 旅游策划论[M]. 天津：南开大学出版社，2009.

习题

一、名词解释

1. 旅游产品
2. 旅游产品策划
3. 零团费
4. 负团费
5. 微旅游

二、简答题

1. 旅游产品策划的原则有哪些？
2. 简述旅游产品策划的体系。
3. 简述旅游产品策划的要领与步骤。

三、思考题

1. 进行旅游产品策划时如何把握创意呈现？
2. 请谈谈微电影对旅游产品策划的影响？

四、案例分析

1. 河南一景区让游客戴绿帽子惹争议

2012年4月15日，河南三门峡豫西大峡谷首届登山踏青节上的"扯蛋大赛"令游客大称"奇特"。该游戏项目规则十分简单，透明广口瓶内放置数个用线绳拴住的绿皮鸡蛋，线绳另一头由参与者分别手执，主持人插科打诨之余随机喊"扯"，最后一名扯出者需戴"绿帽"作为惩罚，并且"绿帽"上还画有一只大王八。有些游客对此游戏表示质疑，认为有侮辱人格之嫌，但也有游客认为该游戏十分有趣，并且很新颖。

(1) 三门峡豫西大峡谷首届登山踏青节策划有没有不妥之处？
(2) 为何这个策划有人质疑而有人认为很有趣，很新颖？
(3) 请根据案例分析作为旅游策划人员应该具备哪些最基本的品质。

2. 英国王室利用英女王登基60周年机会推荐英国旅游

泰晤士河千船巡游　流淌的英国历史

2012年6月3日，作为庆祝英国女王登基60周年的"重头戏"，千船巡游在泰晤士河上演。英国夏令时间14时40分(北京时间21时40分)，英国女王伊丽莎白二世与其夫君菲利普亲王，查尔斯王储及其妻子卡米拉，威廉和凯特夫妇以及哈里王子等王室成员乘坐"查特维尔精神"号游船，与来自世界各地的各种船只一起组成7英里(1英里约合1.61公里)长的船队，由巴特西桥出发，前往终点塔桥。

泰晤士河流经之处都是英国文化精华所在，它哺育了灿烂的英格兰文明。伦敦的主要建筑物大多分布在泰晤士河的两旁，尤其是那些有着上百年、甚至三四百年历史的建筑，如有象征胜利意义的纳尔逊海军统帅雕像、曾经见证过英国历史上黑暗时期的伦敦塔、桥面可以起降的伦敦塔桥等，每一幢建筑都称得上是艺术的杰作。泰晤士河迂回穿过伦敦的中心，每一个转弯处都有它的历史。乘坐游船沿着泰晤士河悠闲地观光游，这是游览伦敦的最好方式。一年当中除了圣诞节，伦敦城市游船公司每天都有多越游船从威斯敏斯特码头、伦敦眼码头、伦敦塔码头和格林威治码头起航。码头之间的最短航程约持续20~30分钟，而要从容不迫地游完全程需要3个小时。

大本钟或将改名为"伊丽莎白塔"

《每日邮报》1日报道，为纪念英国女王伊丽莎白二世登基60周年，作为英国首都伦敦的地标之一，坐落于国会大楼圣斯蒂芬钟楼上的大本钟可能将更名为"伊丽莎白塔"，包括首相戴维·卡梅伦在内的331名议员同意以女王名号重新命名大本钟。2012年是伊丽莎白二世登基60周年。维多利亚女王1897年登基60周年时，位于英国议会大楼西南角的一座方塔也被以女王名号更名，称作"维多利亚塔"。议会决策机构下院委员会定于6月底碰头，最终决定是否更名。如果此次更名成功，又将为这座大钟增加一个故事。

埃普瑟姆赛马会　不为赌博只为交友与时尚

6月2日，英国女王伊丽莎白二世参加了埃普瑟姆赛马会，为期4天的女王登基60周年庆典活动拉开了帷幕。女王是"资深"赛马迷，几乎每年都会出席德比赛马比赛。按照美联社的说法，她每天早饭后必读一份专业赛马报纸，但从来不参与赌马。赛后，女王向获胜者颁奖并与一些骑师和驯马师"交流心得"。据英国BBC的消息，当天有13万人观看了这场赛马。事实上，整个赛马场成了全民的狂欢节。英国人大多是拖家带口来看赛马，许多英国人开着私家车拖家带口来这里休假，赛马会成为休闲好时光。

英国女王出席白金汉宫首次夏季游园会

当地时间2012年5月22日，英国伦敦，英国女王伊丽莎白二世在白金汉宫首次夏季游园会上迎接宾客到来。大约有8000人盛装出席此次游园会，广阔的草坪变成了彩色的、充斥着华美帽子的海洋。每年夏天，白金汉宫总要举行3场游园会，每一次都会有将近8000人把御花园挤得满满当当，而这是女王最开心的时刻。

(资料来源：搜狐网．http://travel.sohu.com/20120604/n344727682_2.shtml，有删改)

【思考与分析】

1. 英国利用女王登基60周年开展的一系列大范围的庆祝活动对英国旅游发展有什么影响？

2. 你认为英国女王登基 60 周年庆典活动策划的新颖性体现在哪里？你有什么其他好的想法？

3. 请根据本案例材料、结合本章内容，分析 2012 伦敦奥运会对英国旅游产品开发的影响。

第6章 旅游形象策划

本章教学要点

知识要点	掌握程度	相关知识
旅游形象的概念	掌握	旅游形象是旅游地或旅游企业的内外部公众对旅游外在景观特征和内在历史文化底蕴体验所形成的总体的、抽象的、概括的认识与评价,是对旅游地或旅游企业的历史印象、现实感知和未来信念的一种理性综合
旅游形象的特点	了解	客观性与主观性、稳定性与动态性、传承性与创新性、整体性与局部性、传播性与指向性
旅游形象策划的特点	掌握	综合性、应用性、稳定性、统一性、独特性、战略性
区域旅游形象策划的内容	重点掌握	包括前期的基础性研究和后期的显示性研究。前期的基础性研究包括地方性研究、受众调查和形象替代性分析等;后期的显示性研究讨论创建旅游形象的具体表达,如理念核心、界面意象、传播口号和视觉符号等
城市旅游形象策划的内容	重点掌握	包括形象调查分析与诊断、形象定位模式与竞争分析、主题形象策划、微观形象策划、形象要素空间配置与协调、形象塑造推广与传播、形象评价与管理等内容
旅游企业形象策划的内容	掌握	包括企业理念识别系统、企业视觉识别系统、企业行为识别系统等内容

本章技能要点

技能要点	掌握程度	应用方向
旅游形象策划的特征和原则	掌握	能正确理解旅游形象策划的基本要求
旅游形象策划的内容	掌握	掌握区域、城市、企业旅游形象策划的基本步骤

导入案例

中国旅游业的图形标志

图6.1 中国旅游业图形标志

图形标志是一种公共信息符号。它通过图形表达某种事物的含义,是能够相互沟通的世界性语言。国际上很多国家和地区早有各种旅游图形标志,用以塑造和传播某个国家和城市的旅游业形象。中国国家旅游局经过多种方案的比较和研究,于1985年10月确定选用"马踏飞燕"作为中国旅游业的图形标志(见图6.1)。

"马踏飞燕"是1969年在甘肃武威出土的东汉(公元25—

220 年)时期的一件青铜制品。这件文物集我国当时绘画、雕刻、冶炼铸造艺术于一体，是件国宝。铜马昂首扬尾，四蹄腾空，筋骨刚健，体态飘逸，它没有辔头、绳索，不受任何束缚，自由、奔放、轻盈、潇洒，奔驰如飞地超过了飞燕。马踏飞燕曾被称为"马超龙雀"。后经历史学家考证，东汉张衡的《东京赋》云："龙雀蟠蜿，天马半汉。"《后汉书》也有"明帝至长安，迎取飞廉并铜马"的记载，故又名曰"马超龙雀"，简称"天马"。 选择"马踏飞燕"作为中国旅游业的图形标志，其含义如下。

(1) 天马行空，逸兴腾飞，无所羁缚，象征前程似锦的中国旅游业。

(2) 马是古今旅游的重要工具，也是奋进的象征，旅游者可以在中国尽兴旅游。

(3) 马踏飞燕青铜制品象征着中国数千年光辉灿烂的文化历史，显示了文明古国的伟大形象，吸引着全世界的旅游者。

(资料来源：西祠胡同. http://www.xici.net/d68197682.htm)

21 世纪是形象时代，"形象力"的竞争将成为市场竞争的主导形式之一。因此，在旅游资源规划开发的过程中，旅游形象的塑造具有举足轻重的作用。如果一个地方的旅游形象模糊混乱，就很难对潜在的游客群体造成吸引效应，同时还会使现实的旅游者感觉经历平淡，降低其回头率。而个性鲜明、亲切感人的旅游形象是形成庞大旅游市场的源泉，并可以在旅游市场上形成较长时间的垄断地位。本章主要对旅游形象、旅游形象策划、区域旅游形象策划、城市旅游形象策划、企业旅游形象策划等内容进行讲解。

6.1 旅游形象概述

6.1.1 旅游形象的概念

有关"旅游形象"一词在学术研究中的表述，国外学者在进行旅游研究时多使用的是"目的地形象(Destination Image)"，而国内学者在进行研究时使用了几种不同的或者类似的词语，如"旅游形象"、"旅游映像"、"旅游意象"、"旅游地形象"、"旅游目的地形象"等(乌铁红，2006)。因为这些概念内涵都比较类似，只是定义的视角和表述上有所不同，故出于简化起见，本文视其为同一事物，只界定"旅游形象"这一概念。

虽然旅游形象的研究起源于 20 世纪 70 年代(Hunt J.D，1971)，并经过 20 世纪 80 年代在概念整合方面的重要尝试，旅游形象的概念界定仍旧是研究的首选领域(Baloglu S. and McCleary K.W.，1999)。有多少个研究旅游形象的学者，就伴随着多少个概念。至今研究者在旅游形象的定义和概念上还没有形成共识，他们各自从不同的角度提出了看法。在旅游形象的概念界定上，西方学者用一些术语如印象、观点、信任、感知、期望或精神表征等描述旅游形象(见表 6-1)。

表6-1 旅游形象的概念

学　者	年　份	概　念
亨特(Hunt)	1971	个体对于自己非居住地所持有的印象
马琴(Markin)	1974	个体对某地形成的个人的、内化的、概念化的理解
劳森和博德·波维(Lawson, Bond-Bovy)	1977	个体对特定的对象或地方的一种印象、偏见、想象和情感思绪的表达
克朗普顿(Crompton)	1979	旅游者对目的地的信念、观点和印象的总和
阿塞尔(Assael)	1984	随时间推移对多种来源信息的处理所形成的目的地整体感知
菲尔普斯(Phelps)	1986	地区的感知或印象
穆蒂尼奥(Moutinho)	1987	建立在对目的地属性认知和感觉基础上的个体态度
加兰托(Calantone)	1989	潜在旅游目的地的感知
恩巴赫和巴特(Embacher & Buttle)	1989	个体或群体对目的地调查后持有的观点或观念
乔恩(Chon)	1990	个体对目的地的信念、观点、感觉、期望和印象交互作用的结果
伊格特纳和里奇(Echtner & Ritchie)	1991	单个目的地属性和整体印象的感知
达格斯塔和阿瑟塔勒(Dadgostar & Isotalo)	1992	个体获得的对地方的全面印象和态度
米尔曼和匹赞姆(Milman & Pizam)	1995	普通公众对地方、产品、经历所持有的视觉或精神印象
麦可凯和费森麦尔(MacKa & Fesenmaier)	1997	多种产品(吸引物)和属性复合交织而成的总印象
普里查德(Pritchard)	1998	一个特定地方的精神和可视印象
巴洛格鲁和穆克里林(Baloglu & McCleary)	1999	个体对目的地的认识、感觉、总体印象的精神表征
科斯赫尔(Coshall)	2000	目的地特性的个人感知
墨菲(Murphy)	2000	与目的地相关联的信息碎片的组合,包括目的地的多个构成成分及个人感知
塔帕柴和瓦雷沙克(Tapachai & Waryszak)	2000	旅游者对旅游地预期利益或消费价值的感知和印象
比涅和桑切斯(Bigne & Sanchez)	2001	旅游者对旅游地现实的主观解释
金和理查森(Kim & Richardson)	2003	随时间变化累积形成的对一个地方的印象、信念、观点、期望和情感的总和

国内学者在研究旅游形象这一概念时也有多种提法,较具代表性的观点如下。

王克坚(1992)主编《旅游辞典》中对旅游形象是这样定义的:旅游形象是旅游者对某一旅游接待国或地区总体旅游服务的看法或评价;张建忠(1997)提出旅游区形象理解有广义和狭义两个方面,狭义的形象是指游客对旅游区内自然风景、人文景观要素及其组合的感知和印象,而广义的旅游形象不仅局限风景要素,还包括旅游生态环境、服务设施及社会环境等方面的因素;邓祝仁(1998)提出旅游形象是旅游者对目的地总体的、抽象的、对目的地历史影响、现实感和未来信息的一种理性综合；廖卫华(2005)提出旅游形象是现实和潜在旅游者(主体)对旅游地(客体)的感知，是对旅游地各要素产生的印象总和，是旅游地特征在游客心目中的反映。

　　回顾30多年来国内外旅游形象的定义，可得出以下结论。(1)多数研究者将旅游形象定义为个体对某地的总体认识或全部印象，或者是对目的地的精神描写(Bigne J.E.et al, 2001)。(2)不论定义在表述上有何差异，对形象概念的本质认识是基本相同的，即旅游形象研究属于认知心理学的研究领域，旅游形象是旅游者对于目的地的总体认识和评价(杨永德、白丽明，2007)。(3)国外定义长期以来基本沿袭20世纪70年代的提法，从主体角度界定。国内早期多从资源、客体角度出发，认为形象来自文脉(地方性)，即自然、历史文化、民俗、社会心理积淀构成旅游形象的内容(李蕾蕾，1999)。然而分析国内代表性的概念不难发现，近年来国内定义有向西方认知心理学角度定义靠拢的趋势，说明"目的地形象是旅游者对旅游目的地现实的主观表达"这一观点已获得普遍认同。(4)旅游形象概念的界定是一个复杂的研究领域，其研究成果充满争议，但在争议中日益严谨和完善，对形象本质的认识也日益深刻。

　　通过对以上学者对旅游形象所下的定义以及对这些定义所作的评述，本研究认为，所谓旅游形象是指旅游地或旅游企业的内外部公众(居民、旅游从业者、现实旅游者、潜在旅游者)对旅游外在景观特征和内在历史文化底蕴体验所形成的总体的、抽象的、概括的认识与评价，是对旅游地或旅游企业的历史印象、现实感知和未来信念的一种理性综合。旅游形象的实质就是整个旅游地或旅游企业作为旅游产品的特色和综合质量等级，它是旅游地或旅游企业的历史和现实发展实践与多方面功能所形成的、所表现出来的知名度和美誉度，是旅游地或旅游企业综合素质的反映。

6.1.2　旅游形象的特征

1. 客观性和主观性

　　一方面，旅游形象是旅游地或旅游企业客观实在的反映，旅游设施、旅游产品、服务态度等反映旅游形象的因素都是客观真实的，不能靠人为地主观设定。尽管由于某些客观因素可能造成对旅游形象的一时损害，但只要旅游地或旅游企业切实改进，消除误解，其卓越的旅游形象仍会重新树立起来。

　　另一方面，旅游形象是旅游者对旅游地或旅游企业的总体印象和评价，它又具有主观性特征。旅游地或旅游企业的客观实在为旅游者树立某种旅游形象提供了一个可以依据的物质基础，而旅游者接受与否，还与旅游者的主观意志、情感、价值观念等主观因素密切相关，具有强烈的主观性色彩。旅游者通过对旅游地或旅游企业的各种信息进行接收、选择和分析，进而形成特定的印象和评价，其结果是主观的。旅游形象的主观性特征要求旅游地或旅游企业在进行形象塑造时，一切活动都要考虑旅游者的价值观念、需求层次、思维方式以及情感要求，赢取旅游者的欢心，树立良好的形象。

2. 稳定性与动态性

　　一方面，旅游形象一旦形成，一般不会轻易改变，具有相对稳定性。这是因为旅游者通过对旅游地或旅游企业的游览获得各种感受，经过反复过滤分析由表象的感性认识上升为理性认识，对旅游地或旅游企业形成一个总体的固定印象。同时，旅游地或旅游企业所拥有的旅游资源等客观存在在短期内不会有很大的改变，从而使旅游形象具有相对稳定性。

另一方面，旅游形象又具有动态性或可变性的特征。旅游形象树立起来以后，旅游地或旅游企业并不是固定不变的，还具有波动可变的一面。随着时间的推移，旅游者的消费观念也在发生变化。在激烈的市场竞争中，为适应旅游者的需求，旅游地或旅游企业也可以通过开发新的旅游产品或加强旅游宣传等方法改变旅游者对旅游地或旅游企业过去固有的印象和评价，引导塑造出新的旅游形象，这就使旅游形象呈现出动态性的特征。

3．传承性与创新性

旅游形象不是空中楼阁，传承是发展和创新的基石。旅游形象的形成本身就是一个积淀与传承的过程。经过历史积淀并得以传承的旅游形象才可能发展，而创新更多的是不同时代打在文化上的烙印。旅游地或旅游企业要根据自身的历史积淀树立起独特鲜明的旅游形象，以便被旅游者认知、识别，吸引其注意，从而在旅游者心中留下难以忘怀的美好印象。

但是，旅游形象仅仅具有传承性远远不够。随着旅游市场竞争的不断加剧，旅游者的选择也在不断地发生着变化。随着社会经济的发展和科技的不断进步，旅游地或旅游企业还应该利用各种资源和途径，不断调整、创新，提升自己的旅游形象，以适应市场需求的变化。

4．整体性与局部性

旅游形象是由内外各种要素构成的统一体，具有整体性特征。从内在的要素构成来看，它包括旅游文化、资源特征、员工素质、管理理念、旅游产品质量、营销等；从外在要素来看，它包括公众的认知、信赖、好感。在结构上，两者密切相关，且两者内部各要素之间也相互联系，由此构成一个内涵丰富、有机联系的整体——旅游形象。

同时，旅游形象也具有局部性特征。从时间上看，旅游者在旅途中只是做短暂的停留，因此所看到的只是部分旅游景观或旅游吸引物，具有肤浅性特征。从空间上看，时间及交通工具的局限会将旅游者的旅游活动压缩到局部的、有限的旅游空间，旅游者接触范围局限于景区景点、旅游设施、旅游服务人员等。很显然，旅游形象不是旅游者建立在对对象全面、深刻了解的基础上形成的，而是旅游者对一个对象的局部亲历及依据自身个性特征推断而得出的结论。

5．传播性与指向性

旅游形象是借助各种渠道和手段得以传播成功的，这种传播往往是跨地域甚至是跨国界的，其传播手段包括人际沟通、大众传媒沟通等。因此广泛的传播性是旅游形象的又一重要特征。离开广泛而有效的传播，旅游形象这一无形资产就不能及时获得有效回报。

与传播性相对应的旅游形象另一重要的特征就是指向性。在每一瞬间，旅游者运用相应感官注意特定的对象，同时离开其他对象。旅游形象的指向性使旅游者可以从容不迫地反映某个对象,把握特定的外在形式与内在意蕴的对应关系,达到由外而内、由表及里地进行"观照"的目的。形象指向性形成的客观原因是对象刺激的鲜明性、新奇性和复杂性。从主观方面看,投合审美需要、激发审美情感是旅游形象形成的心理依据。一般来说,越是能契合主体内在的愿望、希冀和期待,就越有可能赢得格外的重视。

案例分析6.1

中国旅游历年主题和宣传口号

年份	旅游主题	宣传口号
1992	中国友好观光年	"游中国、交朋友"
1993	中国山水风光游	"锦绣河山遍中华,名山圣水任君游"
1994	中国文物古迹游	"五千年的风采,伴你中国之旅";"游东方文物的圣殿:中国"
1995	中国民俗风情游	"中国:56个民族的家";"众多的民族,各异的风情"
1996	中国度假休闲游	"96中国:崭新的度假天地"
1997	中国旅游年	"12亿人喜迎97旅游年";"游中国:全新的感觉"
1998	中国华夏城乡游	"现代城乡,多彩生活"
1999	中国生态环境游	"返璞归真,怡然自得"
2000	中国神州世纪游	"文明古国,世纪风采"
2001	中国体育健身游	"体育健身游,新世纪的选择";"遍游山川,强健体魄"等
2002	中国民间艺术游	"民间艺术,华夏瑰宝";"体验民间艺术,丰富旅游生活"等
2003	中国烹饪王国游	"游历中华胜境,品尝天堂美食"等
2004	中国百姓生活游	"游览名山大川、名胜古迹,体验百姓生活、民风民俗"等
2005	中国旅游年	"2008北京——中国欢迎你";"红色旅游年"
2006	中国乡村游	"新农村、新旅游、新体验、新风尚"
2007	中国和谐城乡游	"魅力乡村,活力城市,和谐中国"
2008	中国奥运旅游年	"北京奥运,相约中国"
2009	中国生态旅游年	"走进绿色旅游,感受生态文明"
2010	中国世博旅游年	"相约世博,精彩中国"
2011	中华文化游	"游中华,品文化";"中华文化,魅力之旅"
2012	中国欢乐健康游	"旅游、欢乐、健康";"欢乐旅游、尽享健康";"欢乐中国游、健康伴你行"

6.1.3 旅游形象的类型

1. 旅游地或旅游企业角度的类型划分

(1) 从性质上讲,旅游形象可分为硬件形象和软件形象。硬件形象是旅游形象的物质支撑,主要由旅游资源、旅游环境、旅游设施等构成。软件形象是旅游形象塑造的主要内容,主要由旅游从业人员的服务行为、社区居民行为等构成。

(2) 从功能上讲，旅游形象可分为整体形象和局部形象。整体形象是社会公众对旅游地或企业的旅游资源、旅游服务、旅游设施等的整体看法和印象。局部形象是社会公众针对旅游地或旅游企业的某些特定场所形成的印象和看法，如入口区、出口区、核心地段区、地标区、典型镜头区等。局部形象是构成整体形象的基础，最能反映旅游地或旅游企业自身的生气和影响力，能给公众以鲜明的印象。

(3) 从时间上讲，旅游形象可分为历史形象、现实形象和未来形象。历史形象是指旅游地或旅游企业在历史发展的过程中，在社会公众的心目中形成的形象。现实形象是旅游地或旅游企业现实的旅游开发现状在社会公众心目中所形成的形象。未来形象是指旅游地或旅游企业未来的发展趋势在社会公众心目中所形成的形象。

2．旅游者角度的类型划分

(1) 根据认知对象的不同，旅游形象可分为内部形象和外部形象。内部形象是针对旅游地或旅游企业内部，包括旅游管理机构和公众。外部形象是针对目标市场和潜在游客，用于旅游形象的推广。

(2) 从实地感知的角度，旅游形象可分为期望形象和实际形象。实际形象是旅游地或旅游企业现有的、实际的、客观的当前形象。期望形象是旅游者和潜在旅游者等心目中所期望的旅游地或旅游企业应具备的形象。

(3) 从可见性上讲，旅游形象可分为有形形象和无形形象。有形形象是指社会公众能通过感觉器官直接感受到的旅游形象，如基础设施、旅游服务人员的行为等。无形形象则是建立在有形形象的基础上，通过社会公众的记忆、思维等心理活动在人脑中升华而得到的形象，它主要体现为内在精神，不是用眼观察到的，而是用心感受到的，对旅游者是一种无声而有形的提示。

(4) 从信息传递的效果看，旅游形象可分为真实形象和虚假形象。真实形象是旅游地或旅游企业留给社会公众的符合实际的旅游形象。虚假形象是一种失真的旅游形象，是由信息传递失真所造成的。真实的旅游形象往往能够反映旅游地和旅游企业最基本的富有个性的特征。摒弃失真的旅游形象，树立真实的旅游形象，是旅游地和旅游企业所追求的主要目标之一。

6.1.4 旅游形象的形成

旅游形象的形成过程是人们对所有有关该旅游地或旅游企业的印象、感知在脑海中进行加工、甄别、排列、整理的信息处理过程。按照旅游形象与人们的旅游行为之间的关系，旅游形象的形成可以分为三个阶段，即旅游地初始印象阶段(原生形象)、深入印象阶段(次生形象)、实际印象阶段(复合印象)，用图式可以表述为如图 6.2 所示的形式。

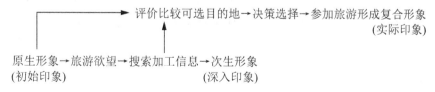

图 6.2　旅游形象的形成过程

(1) 原生形象阶段。人们在日常生活中，通常对旅游地或旅游企业有一定的了解，该了解是建立在所受教育、文化背景、日常交谈及报纸、电视、广播等大众传播、新闻媒介报道等非主动查找、被动接受的信息的基础上，对该旅游地或旅游企业产生的初始印象。这一印象往往是在相当长的一个时期内自发形成的。

(2) 次生形象阶段。人们产生旅游动机之后，确定旅游地或旅游企业之前，必然会深入了解和考虑各旅游地或旅游企业，会主动查阅有关的旅游宣传册、广告、图片，或去旅行社咨询，听取去过该地或企业的亲朋好友的介绍，积极了解该旅游地或旅游企业的风土人情、习俗、物价、住宿、饮食、交通等旅游设施情况，在此信息查找的基础之上，形成一个比上一阶段更全面和深入的旅游形象。

(3) 复合形象阶段。人们在实际游历、使用过旅游地或旅游企业的各项设施、服务和产品之后，对旅游地或旅游企业形成一个完整、清晰的印象。

6.2 旅游形象策划

6.2.1 旅游形象策划的概念

旅游形象策划是旅游地或旅游企业为树立统一独特的旅游形象而进行的设计、实施、完善的行动过程。为了树立自身独特的旅游形象，旅游地或旅游企业往往需要进行旅游形象的设计、策划和实施。旅游形象策划是一项系统化的工程，它需要旅游地或旅游企业全方位整体性地开展工作，同时，它还是一个旅游地或旅游企业区别于其他的旅游地或旅游企业的个性化特征的体现。

知识要点提醒

旅游形象策划是旅游地或旅游企业为树立统一独特的旅游形象而进行的设计、实施、完善的行动过程。

6.2.2 旅游形象策划的特征

1. 综合性

旅游形象策划是旅游地或旅游企业在现代社会发展过程中，结合时代特征，适应游客需求，立足自身特点而形成的一个综合性工作。这是一个集旅游学、管理学、市场营销学、美学、经济学、逻辑学、语言艺术、工艺美术和历史文化等为一体而形成的复杂性工作，具有较强的学科交叉性。它不仅要以以上学科理论方法为指导，更要借助于此来丰富完善自己的策划内容，张扬自己的个性化特征。

2. 应用性

旅游形象策划是在其他相关学科理论的指导下，专门研究旅游形象策划在旅游活动中特有的现象和矛盾，揭示旅游形象运行的规律及其作用的条件、范围及表现形式，把旅游地或旅游企业推向市场为游客所接受，从而指导旅游业持续、快速、健康地发展，具有极强的应用性和可操作性。

3．稳定性

旅游形象一旦确定，不应轻易改变。旅游形象策划的基本内容也应尽可能保持一贯性和稳定性，以便在旅游者心目中塑造出一个稳固的旅游地或旅游企业形象。同时，旅游形象策划不是一个凝固的概念，而是一个循序渐进、稳中求变的过程。在这个过程中，旅游地或旅游企业所处的内外环境、旅游者的需求状况都在不断地发生变化。同时，许多的可控不可控的因素都时时存在，旅游形象的内涵也应随着外界条件的变化不断发展、充实。因此，旅游形象策划应该在"稳定"和"发展"中寻求一种动态的稳定和平衡。

4．统一性

旅游形象策划的统一性主要表现在两个方面，一是旅游地形象策划的成果要体现为旅游地硬件形象与软件形象，视觉形象、听觉形象、触觉形象、味觉形象与嗅觉形象的统一。二是旅游企业旅游形象策划的成果要体现为理念识别系统、视觉识别系统和行为识别系统的统一。旅游形象策划的成果要形成一个有密切内在联系、不可分离的整体，各部分之间要协调一致，不能相互矛盾。旅游地或旅游企业要采取各种形式的活动，通过多种媒体的宣传，对旅游者进行统一性的信息传达，以便获得旅游者的认同、信赖和支持。

5．独特性

市场经济呼唤个性，只有独特的、有个性的产品，才具有生命力。旅游形象策划就是要突出旅游地或旅游企业与众不同的个性，使其在旅游市场中脱颖而出。因此，旅游地或旅游企业在旅游形象策划的各个环节都要有自己的独特性。旅游地或旅游企业如果不能在激烈的市场竞争中树立起个性化的旅游形象，就可能被淘汰出局。

小思考

旅游形象策划的独特性是可以不惜一切地追求怪诞吗？

6．战略性

"战略"一词本是战争用语，后应用于各个领域，泛指具有全局性、长期性和关键性、重大性的谋划。旅游形象策划也具有这一特征。旅游形象策划是旅游地或旅游企业的个性化特征表现，是旅游地或旅游企业的发展方向。旅游形象策划事关旅游地或旅游企业的发展全局，是旅游地或旅游企业发展的关键所在。因此旅游形象的策划、设计和实施需要从战略的高度来认识，它是一项长期而艰苦的任务。

6.2.3 旅游形象策划的原则

1. 个性化原则

旅游形象策划必须突出旅游地或旅游企业及其产品的个性，使其在消费者和社会公众的心目中形成对旅游地或旅游企业的强烈印象。"与众不同，独树一帜"是策划者要铭记于心、践之于行的指导思想。

2. 统一性原则

统一性就是旅游形象策划的上下、内外、前后都要保持一致，以显示旅游地或旅游企业的整体性、一致性。统一既包括视觉的统一，也包括理念和行为的统一，以形成规范化、标准化、整体化的良好形象。

3. 易识别原则

旅游地或旅游企业进行旅游形象策划，无论采取什么方式和手段，都是为了被游客所接受、认可。因此，旅游地或旅游企业的旅游形象策划要接近社会公众，要与社会时尚相协调，与社会公众的审美要求相适应，与社会信息传播媒体相沟通。标新立异而不追求怪诞的独树一帜是为了得到公众的认可。

6.2.4 旅游形象定位策划

旅游形象定位策划是旅游形象策划的前提，形象定位为形象策划指明方向。旅游形象定位策划的最终表述往往体现在主题口号上。旅游形象主题口号必须植根于当地文化背景，体现资源和地方特色，还要有一定的地域性和较强的排他性。

1. 旅游形象定位策划的原则

(1) 优势集中原则。依据旅游形象优势集中定位原则，当某一旅游区域或某一旅游城市的旅游业具有多种旅游发展优势时，需要将旅游产业优势进行集中，将旅游发展优势聚焦到某一点上，形成主体优势，其他旅游产业资源都围绕主体优势向外扩散，形成强大的旅游形象影响力。

(2) 多重定位原则。旅游形象定位的多重定位原则，是在国家或省大尺度旅游目的地定位中，在一个核心或主体旅游形象定位之下，需要策划多个不同层面的旅游形象定位，以利于不同尺度的旅游目的地在旅游市场上具有不同的发展空间。如福建省旅游形象定位"福天福地福建游"；之下有福州定位为"八闽古都、有福之州"；厦门定为"海上花园，温馨厦门；有魅力、更有活力"；漳州定位为"水仙花的故乡"；武夷山定位为"东方伊甸园，纯真武夷山"等。浙江省旅游形象定位为"诗画江南、山水浙江"；之下有杭州定位为"东方休闲之都、爱情之都，天堂城市"；宁波定位为"东方商埠、时尚水都"；温州定位为"时尚之都、山水温州"；舟山定位为"海天佛国、渔都港城"；义乌定位为"小商品海洋、购物者天堂"等。

(3) 突出个性原则。旅游形象定位的突出个性原则要求策划者在旅游形象定位策划时进行充分的旅游资源和旅游市场调查，特别是同一旅游区域和同质旅游资源区要有旅游形象调查，力求与相近相似的旅游形象定位区别开来，策划出具有鲜明个性的旅游形象。如同是山水城市，杭州旅游形象定位为"东方休闲之都爱情之都，天堂城市"，强调了休闲与爱情(白蛇传传说)的城市文脉；苏州定位为"天堂苏州、东方水城"，突出苏州丝绸、苏州园林和城中水溪的特色旅游资源；桂林定位为"山水甲天下、魅力新桂林"，彰显了桂林自古享有的"山水甲天下"美誉，都体现出了旅游形象定位的鲜明个性。

(4) 市场导向原则。旅游形象定位的市场导向原则要求形象定位体现旅游市场发展的需求趋向，能引起公众的关注，在潜在的游客心目中形成良好的预期印象，形成良好的旅游形象市场价值，以影响旅游者出行的旅游目的地选择。如北京针对2008年奥运会旅游市场，将其旅游形象定位为"东方古都，长城故乡，新北京，新奥运"。

(5) 公众认同原则。旅游形象定位的公众认同原则，即旅游形象定位应能充分反映旅游目的地和旅游客源地公众的心理需求与价值取向，通过旅游形象所包含的要素感知与信息传播逐渐获得公众的认同与支持。公众不接受、不认同的旅游形象定位，最终不可能确立，不会有旅游市场生命力。旅游形象定位必须从旅游目的地实际出发，既符合或贴近旅游目的地现实又不好高骛远、盲目攀比，确立一个经过努力可以达到的旅游目的地形象建设目标。

2. 旅游形象定位策划的方法

(1) 领先定位法。旅游者根据各种不同的标准和属性建立旅游目的地形象阶梯，在这些形象阶梯中占据第一的位置就有领先的形象。领先定位适用于那些具有独一无二、不可替代的旅游产品或旅游资源。如兵马俑、金字塔、巴比伦花园、平遥的华夏第一古县城等，都是世界上绝无仅有的旅游产品，在世界上处绝对的垄断地位。但如此绝对领先、形式稳固的旅游目的地毕竟不是多数，大量的旅游目的地要依据市场属性采用其他方法进行市场定位。

(2) 比附定位法。比附定位就是攀附名牌，比拟名牌来给自己的产品定位，借助知名品牌的光辉来提升本品牌的形象。比附定位法是一种"借光"的定位方法。它借用著名景区的市场影响来突出、抬高自己。比附定位避开第一位，抢占第二位。如"塞上江南"(银川)、"东方阿尔卑斯"(四姑娘山)、"东方威尼斯"(苏州)、"东方夏威夷(海南)"等。采用这种方法的景区在区位上不可与比附对象的空间距离太近，因为这种定位是吸引比附对象景区的远途客人。另外，对于已经出名的旅游景区和具有独特风格的旅游景区不能随便采用此种定位方法。

(3) 逆向定位法。心理逆向定位是打破消费者一般思维模式，以相反的内容和形式来塑造旅游形象。它所强调和宣传的定位对象一般是消费者心中第一形象的对立面和相反面，同时搭建一个新的易于被旅游者接受的心理形象平台。例如河南林州林虑山风景区以"暑天山上看冰堆，冬天峡谷观桃花"的奇特景观征服市场；宁夏镇北堡影视城推出的主题定位就是"出售荒凉"。再比如，宁夏的沙坡头，内蒙古的响沙湾本是沙漠，一般游客不会把此作为旅游的目的地，而景区也利用逆向定位，把这里打造成以沙漠文化为表现形式的旅游胜地。游客也正是逆向思考"沙漠怎么还能旅游",从而产生兴趣前来游玩。

(4) 空隙定位法。比附定位方法及逆向定位方法都与原有形象阶梯存在关联,而空隙定位方法就是要发现旅游市场结构中的旅游需求空隙,在旅游需求空隙中找到旅游形象创意定位,创造鲜明的旅游形象。旅游景点的旅游形象定位策划更适于采用空隙定位方法。

(5) 重新定位法。严格意义上来说,重新定位不能算是一种定位方法,只是一种转折发展所采用的跟进方法。有两种情形需要采用旅游形象重新定位方法,一是旅游目的地在新的旅游发展阶段采用了新的旅游发展战略,需要按照新的旅游发展战略重新策划旅游形象;二是处于生命周期的衰落期中的景区景点,通常要采取旅游形象重新定位的方法,以新旅游形象替换旧旅游形象,从而在旅游市场上占据一个有利的旅游者心灵位置。

3. 旅游形象主题口号的确定

旅游形象策划的核心是定位问题,这一形象定位的最终表述往往是以一句主题口号加以概括,而这种口号的概括,并非一般性的归纳、总结,而是在体现特色、得到大众认同的基础上的综合优化,是高度总结概括的提炼、升华。因此,旅游形象定位中的主题口号要做到新颖、准确、简洁、响亮。

(1) 新颖。旅游形象定位的口号内容、角度要居领先地位,具有创意、创新,自成一家之言,做到人无我有、人有我优、人优我奇。定位口号的实质内容来源于旅游地或旅游企业的独特性,是对其综合性的地域自然地理基础、历史文化传统和社会心理积淀及新人文环境的四维时空组合,是在体现旅游地或旅游企业鲜明特色基础上的发现和创新,因此口号要新颖、独到。旅游形象主题口号的形式可借鉴广告艺术,用浓缩的语言、精辟的文字、绝妙的组合、独特的创意等构造一个有吸引力的旅游形象定位。如我国新兴城市珠海,根据当代城市环境不断恶化,许多人正设法逃离恶劣城市环境的现实,打出了"珠海——最宜人的城市"口号,一跃成为20世纪90年代新兴旅游热点城市。

(2) 准确。旅游形象口号应该准确、鲜明、科学、合理。只有精确反映旅游形象特点的语言才称得上准确,它要体现旅游地或企业的特色主题,合乎游客心理,得到大众认同。为了正确、综合、严密表述旅游形象的定位,策划者需经多次反复实践,从群众中来,到群众中去,对整个旅游地或旅游企业作定性、定向、定形、定量的分析。以北京2008年申奥成功为例,申奥主题口号定位经过征集、讨论、宣传、反馈、投票、确定等多次反复,最后定位于"新北京、新奥运",这是对北京城市形象的一种准确、科学、合理的锤炼定位。再如银川——"银川风光美,塞上米粮川",岳阳——"洞庭天下水,岳阳天下楼"等,都是一种准确定位表述。

(3) 简洁。顾名思义,简洁即是简短明快、干净利索,用最少的文字表现最多的内容。简洁给人以美感,它是"美的必要条件"。旅游形象定位的主题口号要具备广告词的凝练生动,做到精练鲜明。一是防止繁冗;二是防止"卖弄",新词、新句堆砌。语言文字表达是在新颖、准确基础上的简洁,鲜明,"言简而意赅"。如:澳门——"赌埠",拉萨——"日光城",漠河——"不夜城",哈尔滨——"冰城",新加坡——"花园城市"等。

(4) 响亮。旅游形象定位的主题口号还需向社会传播,使人们容易接受并牢记。因此一句成功的定位主题口号还应气势恢弘、响亮,喊起来抑扬顿挫,铿锵洪亮,如行云流水,声调和谐,这样不仅可使旅游者加深印象、增强评论、视听、宣传效果,而且使人耳悦心怡,得到美的享受。如"上有天堂,下有苏杭","杭州——爱情之都","大连——浪漫之都"等。

小思考

您所在的城市当前旅游形象主题口号是什么?您认为它符合上述的四个原则吗?

6.3 区域旅游形象策划

6.3.1 区域旅游形象策划的影响因子

该因子主要包括地方文脉、旅游资源特色和旅游市场感应等方面。任何旅游目的地都具有其自身独特的地方特性,即"文脉",也称为"地格"。"形象内容源自文脉",这体现了地方特性在形象设计中的重要地位。地格的形成类似于人格的养成过程,既有先天的基础,也有后天的涵育。先天的基础就是当地的自然地理环境,而后天的涵育相当于人类的历史文化作用。因此地方文脉研究包括自然地理特征、历史文化特征和现代民族民俗文化研究。

旅游资源特色就是要凸显出旅游区域具有代表性的旅游资源。特色旅游资源的衡量标准是旅游资源的稀有程度、悠久程度、历史地位以及旅游者生活成长的文化环境与到达旅游目的地的文化环境之间的差异程度。凡垄断性、典型性、特异性、区域性等特征突出,能对旅游者产生较强吸引力的可为旅游业开发利用的各种因素和事物都可视为特色旅游资源。

旅游市场感应则是要将旅游区域的文脉和旅游资源特色充分体现出来,对旅游者产生一种诱惑在于神秘、惊奇在于新鲜、向往在于陌生、熟悉产生流连的市场感应效果,产生强大的市场吸引力,从而使旅游地在竞争市场中处于优势地位。

6.3.2 区域旅游形象策划的内容

区域旅游形象策划的内容一般包括前期的基础性研究和后期的显示性研究(如图6.3所示)。前期的基础性研究包括地方性研究、受众调查和形象替代性分析等。后期的显示性研究讨论创建旅游形象的具体表达,如理念核心、界面意象、传播口号和视觉符号等。

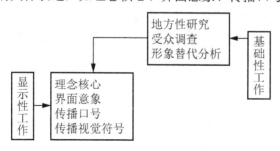

图6.3 区域旅游形象策划的内容

1. 区域旅游形象策划的基础性工作

(1) 地方性研究。任何旅游地都具有其自身独特的地方特性，或称地格。在一些区域旅游规划文本中，出现了"文脉"的分析，它在很大程度上反映的也是地方性的问题。地方性研究是区域旅游形象设计的基础工作之一。其主要任务就是通过对规划区域的文脉的把握和对地方历史文化的"阅读"和提炼，精练地总结该地的基本风格，包括文化特质和自然特性，为未来的旅游开发和规划提供本土特征基础。地格确定包括自然地理特征、历史文化特征和现代民族民俗文化的研究，它是为未来的旅游开发和规划提供具有鲜明本土特征的形象基础。

地格研究首先是自然地理特征的研究。一个地方如果在地理特性方面具有与其他地区截然不同的特征或占有特殊地位，都有可能被强化开发为地方性特征，成为吸引旅游者的事物。如西藏是世界上海拔最高的世界屋脊(珠穆朗玛峰海拔 8844.43m)，青海湖是我国最大的内陆湖泊(面积 4402.55km^2)等。在地方旅游开发中抓住这些地理特征，有时对潜在旅游者是一个很有吸引力的号召。即使是区域内的地理之最，也可以作为宣传营销的切入点，如华东第一高峰安徽的黄山(海拔 1864m)、华南第一高峰广西桂林的猫儿山(海拔 2142m)等。一些地理特征本身并无"之最"的属性，但因为本身在地理上具有唯一性，同样可以用来作为地方性特征加以挖掘"炒作"。如北回归线所经地点建立的纪念碑、新疆的亚欧大陆几何中心点纪念碑等，都被开发为具有独特地方特性的旅游吸引物。

地格研究第二个角度是对地方的历史过程进行考察分析，寻找具有一定知名度和影响力的历史遗迹、历史人物、历史事件和古代文化背景作为地方性特征的构成要素。利用当地的历史文化影响进行地格定位的成功案例不胜枚举。历史记载和考古发现并不充分的地区同样可以通过对当地现代民族文化和民俗文化的考察分析，提炼出富有地方特色的景观特性。特别是在一些少数民族集中的西部地区，民族文化往往构成富有旅游号召力的精彩内容，为旅游形象的设计和旅游目的地的营销打下了坚实的基础。云南以少数民族文化为特色，大打"民族文化旅游"的王牌，取得了相当大的成功。实际上，不仅是云南的少数民族文化具有鲜明的地方性，就连居住在云南各坝区和城市的汉族居民，也以与外省的文化有显著差异而出名，衍生出"云南十八怪"这样特殊的地域文化现象。

(2) 受众分析。受众调查和市场定位也是确定旅游目的地总体形象、选择促销口号的科学基础和技术前提。旅游形象构建的主要目的是为了向潜在旅游者推销旅游目的地，帮助旅游者更清晰、更方便地了解地方的特点和特异之处，促使其产生旅游动机，由潜在游客变为现在游客。因此策划者有必要深入了解旅游者对规划地区的意境地图的认知。这种感知研究是建立旅游目的地形象的第二个基础。因此对旅游形象设计和传播的对象(受众)进行调查和分析就是十分必要的了。

受众调查的基本目的之一是了解人们对旅游地的形象的感知。李蕾蕾认为，旅游者对旅游地形象的感知，除了包括对旅游地所在地理环境实体如风景实体的感知外，还包括对当地人文社会的抽象感知，后者的感知是通过游客满意程度来实现的。有 3 种行为因素决定游客满意度的大小，即旅游从业人员通过提供给旅游者的服务来影响游客满意度；当地居民的态度与行为在与旅游者的接触中影响游客满意度；其他旅游者的行为通过影响旅游地的社会环境容量影响游客满意度。

(3) 替代性分析。在区域旅游形象的研究中应该着重分析地方性和受众的感知两个问题。这是因为在众多的目的地体系中，任何一个区域都面临着市场竞争压力。面对这种竞争，旅游目的地在旅游形象定位中就必须通过实施差别化战略，即产品的差异性的确定，将未来的目标市场和产品作对应分析，确定本地产品在产品谱上的位置，以及与其他产品相比有何显著差异，即产品差异性分析或产品独特性分析，突出一地的独特点。只有独特的东西才能被旅游者从众多相似的信息中注意和感知。

形象设计是制定旅游战略的重要基础，任何战略的制定都必须将竞争分析置于重要位置。在许多情况下，竞争问题是影响战略的最重要的环境因素。波特认为有4种因素影响区域旅游的竞争，即来自新近进入旅游业的投资商的威胁、新的替代产品的威胁、旅游者对价格的压力以及旅游供给中某些商品的价格竞争的威胁。

2．区域旅游形象策划的显示性工作

(1) 理念核心：形象定位。形象定位是进行旅游目的地形象设计的前提，它为形象设计指出方向。形象定位是建立在地方性分析和市场分析两方面基础之上的。地方性分析揭示地方的资源特色、文化背景；市场分析揭示公众对旅游地的认知和预期，两方面的综合构成旅游形象定位的前提。通常采用的形象定位方法有：领先定位——适用于独一无二或无法替代的旅游资源，如"天下第一瀑"等；比附定位——并不占有原有形象阶梯的最高位，而情愿甘居其次，如"塞上江南"、"东方巴黎"等；空隙定位——从新角度出发进行立意，创造鲜明的形象。例如，根据伊春各方面的综合情况，策划者运用空隙定位和领先定位的方法对伊春提出如下的形象定位：林海雪原、中国林都、21世纪的森林生态旅游胜地。

(2) 界面意象。界面意象是旅游形象抽象的精神内涵与公众交流的形象。按照其表达方式和内容，可以分为现象学的、提升的抽象形象和纯抽象的形象。区域旅游形象是对区域旅游发展全面的形象化表述，是旅游形象的核心内容，是对区域旅游资源及产品特色的高度概括，既要体现地方性，又要给游客以遐想，诱发他们出行的欲望，同时要简洁凝练。界面意象通常由理念形象和宣传形象组成。理念形象针对旅游地内部，包括旅游管理机构和公众；宣传形象针对目标市场和潜在游客，用于旅游地的形象推广。

(3) 传播口号。根据地方性研究和受众调查结果，策划者提出规划地的形象设计，并据此构思并推广言简意赅的传播口号。世界上许多城市和省份都有自己的宣传主题口号，寥寥数言就把该地区的形象特征栩栩如生地刻画在潜在的和现实的旅游者脑海中。如美国纽约的口号是"I Love New York(我爱纽约)"。香港在回归之后，将其主题口号由"万象之都"改为"我们是香港(We are Hong Kong)"，起到了良好的宣传效果。1998年编制的《北京市旅游发展总体规划》，特地将旅游形象设计作为10个主要子课题之一，提出的"东方古都·长城故乡"受到了广泛的好评。因为在外国游客眼里，北京的古老文明最为突出，且中国的形象与北京的形象往往可以互相替换，因而策划人员在设计国际旅游形象时，将长城作为北京的形象之一。口号中上下句押韵，便于上口记忆。

(4) 传播视觉符号。旅游形象的精神内涵需要具体的符号化标志体现。例如,为了从视觉上表现北京的城市旅游形象,在《北京市旅游发展总体规划》编制过程中还设计了北京旅游形象的视觉符号的概念框图。编制人员在设计时将长城和天安门作为视觉形象设计的基本素材,同时将明清北京古城的凸字形城廓作为视觉符号的外框。凸字形下部长条形框内置天安门图形,图形下方书写中文的"北京旅游"标准字体。凸字形上方近正方形框内置蜿蜒的长城图形,其形状似中国传统的巨龙飞舞。这种视觉形象将适用于国际形象和国内形象两种情况。

知识要点提醒

区域旅游形象策划的内容一般包括前期的基础性研究和后期的显示性研究。前期的基础性研究包括地方性研究、受众调查和形象替代性分析等;后期的显示性研究主要讨论、创建旅游形象的具体表达,如理念核心、界面意象、传播口号和视觉符号等。

6.4 城市旅游形象策划

城市旅游形象策划又称城市旅游形象设计、建设,一直以来都是国内旅游形象研究的核心。城市旅游发展的核心和关键是建立独特、鲜明、有招徕性的旅游形象。这就决定了城市旅游规划和城市形象设计应该以城市旅游形象的营造为中心,为塑造城市旅游的总体形象、提高城市旅游的吸引力服务。

6.4.1 城市旅游形象策划应处理的关系

城市旅游形象在策划中应处理好三类关系:主客体关系、区际关系和代际关系(如图6.4所示)。

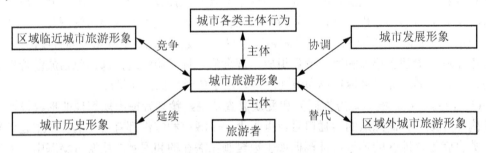

图6.4 城市旅游形象策划的关系模式图

1. 主客体关系

城市旅游形象设计的客体是城市,而主体有两个,一个是赋予城市旅游形象的主体(如城市旅游服务机构、城市管理机构和市民);另一个是对城市旅游形象进行评价的主体(如

第6章 旅游形象策划

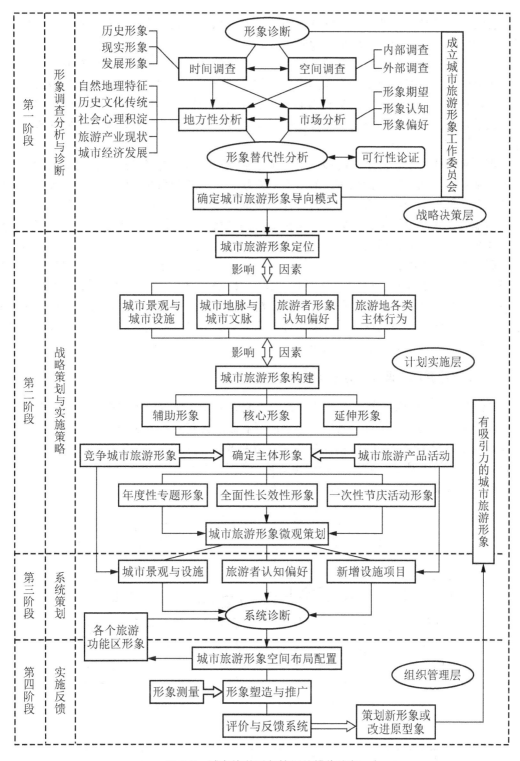

图 6.6 城市旅游形象策划的操作流程

第一阶段的主要任务是对某个具体城市进行时空两个层面的形象调查,分析该城市的地方特性和市场特性,并综合考虑该城市周边其他城市的旅游形象,在形象替代分析的基础上,确定该城市的城市旅游形象导向模式。

第二阶段的主要任务是结合城市景观、设施、地脉、文脉、旅游者认知偏好及旅游地各类主体的行为,对城市旅游形象的总体定位进行分析。在此基础上结合竞争城市旅游形象及该城市现有产品及活动,从核心形象、延伸形象和辅助形象三个角度来确定该城市的主题旅游形象。在主题形象的实施过程中可将其分解为年度性专题形象、全面性长效性形象和一次性节庆活动形象。

第三阶段的主要任务是围绕该城市的主题形象对城市旅游形象进行微观形象策划。微观形象策划主要从旅游支持系统、旅游服务系统、空间结构系统和游憩康乐系统四个方面展开。微观形象策划的结果最终要落实在城市的地域空间上。应结合城市景观设施、旅游者认知偏好、旅游设施项目,并综合考虑城市的地域空间特性对城市旅游形象进行系统策划,并在空间上予以合理配置,最终形成形象各异又相互补充的城市旅游功能区。

第四阶段的主要任务是在城市旅游形象策划的基础上,结合城市旅游形象的空间配置状况对城市旅游形象进行塑造、推广和传播,并建立起有效的城市旅游形象评价反馈系统。城市旅游形象管理者、决策者可根据城市旅游形象评价反馈系统中的信息对城市旅游形象进行动态监控管理,并根据实际改进原形象或策划新形象,以使城市旅游形象永葆活力。

具体而言,城市旅游形象策划实践的七个步骤与内容分别如下。

1. 城市旅游形象调查、分析与诊断

(1) 成立城市旅游形象工作委员会。城市旅游形象的调查分析与诊断应在城市旅游形象工作委员会的指导下进行。具体应在旅游局和政府宣传部门的组织下,由相关部门参与协作,成立领导小组,与科研机构合作,邀请专家和公众代表组成工作委员会,共同组建设计队伍(如图6.7所示)。其任务是确定目标、制订工作计划与技术路线、进行部门协调和调查研究、提交方案、宣传促销、督促实施等。

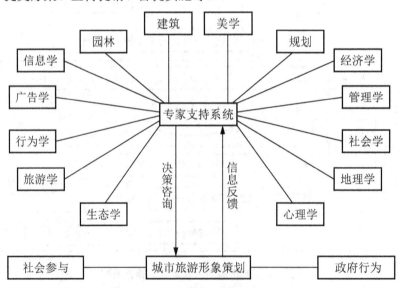

图6.7 城市旅游形象策划的专家构成

(2) 形象调查与分析。形象调查主要包括时间调查和空间调查。在时间上，调查显然要包括各项内容的过去、现状及未来发展，可称为历史形象调查、现实形象调查、发展形象调查；在空间上，调查则分为内部调查和外部调查，如市场分析中的形象认知调查既要调查城市内的有关部门和公众，也要调查城市外的有关部门和公众，了解他们对城市旅游形象的看法和评价。调查的方法可应用定点和随机等方法，可以是现场考察、问卷和座谈等多种形式。

形象分析的内容主要包括三个方面：地方性分析、市场分析及形象替代性分析。地方性分析也可称为地格分析，或叫地脉与文脉分析，内容包括五个方面：自然地理特征、历史文化传统、社会心理积淀、旅游产业现状和城市经济发展。自然地理特征分析旨在把握旅游城市在地理方面与区域内外其他城市截然不同的特征；历史文化传统分析主要是对旅游城市的历史过程和文化传统进行考察分析；社会心理积淀分析更多地揭示城市所在地域的地域文化特征以及地域文化所折射出来的市民心态；旅游产业现状分析旨在明确旅游城市产业发展的整体现状，从而为确定城市旅游核心形象、辅助形象、延伸形象提供依据；城市经济发展分析主要是从旅游业的关联性与乘数效应的角度出发，构建城市旅游产业发展平台，从而为形象产业价值链提供逻辑支撑。市场分析主要是分析旅游者对城市形象的认知与偏好，目的在于揭示公众对旅游城市的认知、态度、印象和预期。形象替代性分析是在城市旅游发展背景和形象现状分析的基础上分析城市所在区域内外的其他城市的形象空间格局和联系以及未来可能发展和创新的方向，为独特性形象的构建提供依据(如图 6.8 所示)。

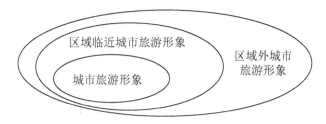

图 6.8　城市旅游形象策划的形象替代性分析

(3) 形象导向模式的确定。城市旅游形象自身具有多样性，但它并不意味着一个城市可以同时拥有多个旅游形象。城市旅游形象导向模式的确定主要依据目的论和比较优势论。

首先是目的论。政府在决定城市旅游形象的优先发展权时，要考虑如下几个因素：第一，某一形象是否符合城市旅游的发展战略；第二，该形象的发展潜质；第三，市民的接受程度；第四，兼顾旅游者乃至国际社会的认同。由此遴选出来的城市旅游形象应该对未来的旅游者有足够的吸引力，以使二者互惠互利，达到双赢的目的。

其次是比较优势论。城市旅游形象具有个性化的特征，这决定了政府在根据城市旅游的发展方向选择形象的同时，还必须充分考虑到城市旅游形象的比较优势。这主要表现在城市本身所具有的旅游功能优势和外部竞争优势，而旅游功能优势表现在旅游资源、旅游产品、旅游产业三个方面。

2. 城市旅游形象的定位模式与竞争分析

城市旅游形象定位就是城市旅游目的地根据资源、市场等优势，通过有效的宣传在旅游者心目中树立起独特的风格和吸引特质。定位策略主要包括以下几种：领先定位法、比附定位法、逆向定位法、空隙定位法、重新定位法(再定位)。

形象竞争分析是制定形象战略的重要基础，主要包括六个环节：找出谁是竞争对手、描述竞争对手状况、分析竞争对手状况、掌握竞争对手方向、洞悉竞争对手意图、引导竞争对手的行动和战略。一般而言，有四种因素影响城市旅游形象的竞争，即区域内外城市旅游形象的竞争、新的替代形象的威胁、公众对形象的压力，以及城市旅游供给中某些要素的威胁。

3. 城市旅游形象中的主题形象研究

主题形象是城市在前期形象调查分析诊断、形象定位分析和竞争分析的基础上，根据自身特点与条件确定的方向性战略发展目标。对城市旅游形象进行设计的关键是主题形象。主题形象也是城市旅游地主动对旅游市场进行细分的反映，是城市旅游地市场差异化战略的表现，其本质是反映出城市最具优势与特色的资源和产品以及主要目标市场的选择。

主题形象的内容可分为三类：一是一次性节庆活动形象；二是年度性专题形象；三是全面性、长效性的形象。主题形象的确定应遵从以下原则：总结性、艺术性、简洁性、一致性、点题性、系列化。

城市旅游主题形象的发展，旅游产品是关键，城市主题是必要条件(如图6.9所示)。区位、城市性质功能、城市资源设施、商贸活动、度假会展、环保、气候等是城市主题的发展条件。

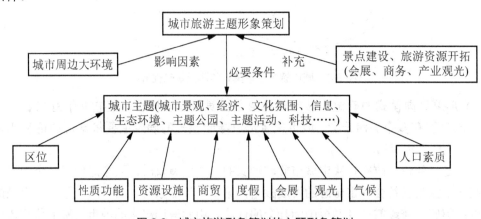

图6.9　城市旅游形象策划的主题形象策划

4. 城市旅游形象中的微观形象研究

微观形象是由区位、资源、环境、设施和项目、服务、客源、经营管理等要素组成的结构系统，其研究应从城市旅游支持系统形象、城市旅游服务系统形象、城市旅游空间结构系统形象、城市旅游游憩康乐系统形象等方面进行。通过综合分析、评价并优化城市旅游微观形象系统结构可调控旅游形象系统的运行,以达成旅游形象系统的最佳功能(如图 6.10 所示)。

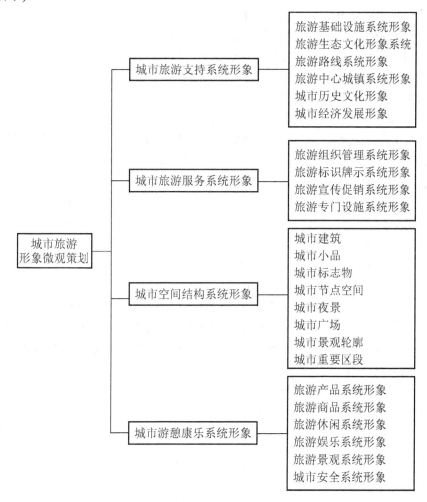

图 6.10 城市旅游形象策划的微观形象策划

5．城市旅游形象空间配置与协调研究

(1) 城市旅游形象空间配置的内容。城市旅游形象策划的成果最终要在空间上落实,在城市的各个旅游功能区中体现。城市旅游形象空间主要指城市中的外部空间,它们是由建筑物的实体所围合并在建筑物实体之外的空间形式,大体可分为点状景观要素(或节点空间)、线状景观要素(或线状空间)和面状景观要素(或面状空间)。

点状景观要素最典型的就是以不同街道相互交叉而成的"十"字形、"丁"字形、"X"字形、"Y"字形等路口为代表的节点空间。线状空间是通过形体的排列所限定的空间形式,具有立体的形态美感。与点状要素相比,线状要素的尺度和规模更大,涉及的景观元素也更多,具体主要包括街道和边界线(天际线和城市轮廓线)。面状空间是指多样而复杂的立面空间,它由平面空间和曲面空间所构成。城市中最主要的面状空间就是广场。

城市景观各要素不是孤立的，而是受到其他因素的影响。如城市中人的活动、汽车穿梭、时间改变、季节转换、云彩、植物叶色的变化等都会影响到景观要素。在进行旅游形象空间配置时必须综合考虑这些影响因素。

(2) 城市旅游形象空间配置的协调研究。它主要包括以下五个方面。

第一，协调研究要重视与城市软硬件建设的一体化。硬件建设要求城市规划、设计和市政建设融入旅游和园林意识，努力营造城市旅游环境。软件建设要致力于培育城市文化，造就一个社会安定、经济规范、市民文明的旅游发展软环境。

第二，协调研究要重视与城市整体风格的一致性。城市旅游空间的美感是蕴藏在整体之中的，即使一些片段也会激发起人们对城市旅游整体风格的记忆。城市旅游形象配置应超越对传统旅游空间物质形态片段的修补，而在整体旅游环境进化的意义上，探究自然环境、文化传统和技术美学的结合。

第三，协调研究要重视与城市传统空间的统一性。城市旅游空间特色的探寻，从城市生活的角度上，应促成现代社会生活与旅游空间实体形成相对固定的对应关系；从心理和行为角度上，应塑造有识别性的旅游形象，满足受众的审美要求、文化要求和认知要求；从经济角度上，应塑造有个性的旅游形象，寻求城市传统旅游空间文化特征的时代认同，同时减少商业牟利行为对城市旅游空间正常演进的影响和干扰。

第四，协调研究要重视与城市文化形态的延续性。历史的轨迹对于今天的城市旅游空间往往具有强烈的感染力。对传统旅游空间的更新不仅是城市旅游物质形态的延续，同时也是旅游空间生活内容的发展。为此，现代的城市旅游形象空间设计要想超越历史，就不应去模仿、掩盖或复制，而应挖掘那些传统旅游空间的文化内涵，真实地反映旅游空间的时代功能，表现出尊重过去、重视现在、展望未来的形象设计理念，使传统空间在时间发展轴上留下真实遗迹，在空间形态的演进中整合地域风貌。

第五，协调研究要重视与城市社会经济发展的适应性。城市社会经济的发展是城市旅游空间得以延续的前提，将经济的恢复发展和城市旅游空间形态的更新结合起来有利于促进传统空间功能的现代拓展。在城市旅游形象的实际设计过程中宜跳出既定的空间形态框架，充分利用市场机制，注重引导空间持续发展的对策，借助于优化城市旅游结构、恢复社会活力和提高空间效率等措施来改善城市传统空间的旅游质量，实现其持续发展和繁荣进步的目标。

6．城市旅游形象的推广与传播

城市旅游形象塑造出来之后还必须经过相应的形象传播，才能让目标客源市场全面了解和接受，并最终形成强烈的共鸣，引发出游动机。就推广组织而言，广义上说，城市旅游形象的推广主体是目的地的全部成员；但从操作层面上看，政府和企业联合参与目的地形象推广将是未来旅游推广的思路之一。第二条思路是建立选择性激励机制，实现机构创新。第三条思路是"借力"组建"联合舰队"：当本地推广资金、人力不足时，联合其他地区力量进行整体推广，形成资金合力、资源合力和经验合力，进而形成竞争力。旅游目的地形象推广之前要进行形象测量。旅游目的地形象测量是针对公众(潜在和现实旅游者)对目的地现状、特征等的主观看法和态度倾向所开展的量化研究和调查，是城市旅游形象推广的依据。形象测量方法基本可分为两类,即"结构法"和"非结构法":前者的基本思路是选取一系列不同的评价因子,运用标准工具,构建评价模型,之后通过采集和处理被访者的评价,得到一地的形象资料;后者则使用自由问卷记录被访者对目的地形象的描述。在推广策略上可具体采用形象广告策略、旅游节事促销策略、旅游公共关系策略及互联网宣传等手段。

7. 城市旅游形象的评价与管理

在城市旅游形象的研究中,对城市旅游形象评价管理的研究显得尤为薄弱,形象评价和形象管理上的弱势已经成为制约城市旅游形象发展的主要因素。

(1) 城市旅游形象的评价。城市旅游形象评价主要指对城市旅游形象现状进行调查分析和评估,检测城市旅游实际形象存在的问题,为进一步更好地定位和改善城市旅游形象提供依据。城市旅游形象的评价可从实力形象、服务形象和外观形象3方面展开,如图6.11所示。评价的关键在于构建合理的评价指标体系。

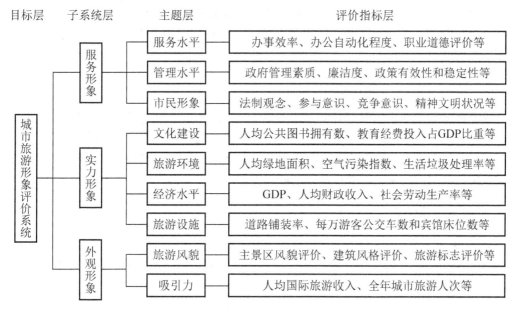

图 6.11 城市旅游形象策划的形象评价系统

(2) 城市旅游形象的管理。城市旅游形象的管理部门应充分认识到城市旅游形象的动态性、循环性特征,主动及时获取、分析城市旅游形象的最新信息,预测可能出现的形象问题。对已出现的形象问题与形象危机,城市旅游形象管理部门要预备纠正措施方案,根据实际情况实施纠正措施,并制定出符合形象实际的科学的形象管理标准。

知识要点提醒

完整的城市旅游形象策划实践一般应包括如下七个步骤和内容:形象调查分析与诊断、形象定位模式与竞争分析、主题形象策划、微观形象策划、形象要素空间配置与协调、形象塑造推广与传播、形象评价与管理。

6.4.4 城市旅游形象策划的主要模式

近20年来，我国旅游发展的理念大体经历了四个阶段，即资源导向→市场导向→产品导向→形象驱动。在当今激烈的旅游市场竞争中，形象塑造已成为旅游地占领市场控制点的关键。城市旅游形象策划备受重视，已经形成了较为成熟的策划模式。从经济学角度看，旅游目的地形象属于公共产品，政府是理所当然的提供者。但在城市旅游形象策划实践中存在着不同的策划主体，根据目前城市旅游形象策划主体的不同，城市旅游形象策划模式主要有以下五种。

1．专业机构策划+社会参与模式

这种模式不但有专业机构的专业策划，还极大地发挥了居民的积极性、主动性与创造性，属于最佳的模式。例如，成都市政府聘请国家旅游局、中国社会科学院、北京大学等权威机构的领导和学者对成都市的旅游形象进行重新策划，推出"成功之都，美食之都，多彩之都"形象，同时在全市举行"我为成都寻找城市名片"的公众活动，根据已经形成的有一定影响的三类21个形象口号供市民选择，最后确定为"休闲之都、美食之都、锦绣成都、天府之都、人居天府"。

2．专业机构策划+政府采纳模式

这种模式请专业机构策划好城市旅游形象后，经政府主管部门认可，然后向外宣传推出。典型的为各城市在旅游规划中的旅游形象策划。经过旅游规划部门的评审后旅游形象即被通过。如内蒙古包头市的旅游形象为"草原消夏之都"。此种旅游形象策划得到的旅游形象能够很快被政府采纳，并伴随着政府的旅游宣传促销推广传播。

3．社会征集模式

越来越多的城市旅游形象设计已经越来越重视社会与居民的参与，公开向社会征集旅游标徽、征集旅游形象口号。如经过广泛征集，上海选择了"上海：精彩每一天"。

4．学者研究策划

在城市旅游形象策划中，学界的力量是不容忽视的力量之一。从旅游形象在中国得到认识和研究的初始，学界就一直很重视城市旅游形象的策划，尤其以纯粹的个案研究、城市旅游形象的定位研究为主流。如聂献忠对香港和上海、郑胜华等对杭州、谷明对大连、李飞等对于重庆等城市旅游形象的定位研究。这类模式有理论依据为策划基础，学者深入浅出分析透彻，形象策划切实可行，科学性、可操作性都非常强。然而由于种种限制性因素的作用，从学术研究成果转化为实践成果的却不多，策划被束之高阁、成为一纸空文的情况屡见不鲜。

5．企业连带策划

企业出于追求利润、拓展市场的目的而有意或无意策划与传播旅游形象，既有旅游企业行为又有非旅游企业行为。如喜来登饭店集团联合航空公司促销夏威夷时的花费不少于夏威夷旅游局；内蒙古伊利集团、蒙牛集团在推销奶产品时策划的企业广告词和图片在宣传促销公司产品时，同时也策划传播了旅游形象。这种模式目前急需得到促进并与政府的形象策划、宣传促销结合起来，形成政企联合的局面，获得双赢。

案例分析 6.2

杭州——爱情之都

杭州秀丽、温馨的景观氛围孕育了众多优美动人的爱情故事，杭州天生就有爱情的"种子"。中国四大民间爱情故事中，就有《白蛇传》、《梁山伯与祝英台》这两个家喻户晓的传说诞生在杭州，其中梁山伯与祝英台被周总理称为"中国的罗密欧与朱丽叶"。尽管只是传说，但人们宁可信其有，真假倒是次要的了，重要的是它给人们留下了宝贵的精神资源，也反映了人们对杭州温馨、优雅的景观价值的认同，说明自古以来杭州就被认为是爱情故事的理想发源地。当然，历代真实的爱情故事则更具有说服力。宋代大文豪苏东坡，在杭州两任地方官时不仅给杭州留下"欲把西湖比西子，淡妆浓抹总相宜"的千古绝唱，而且留下了他的丰富情感，苏轼与琴操共同演绎了一曲古典爱情。南齐钱塘名妓苏小小，美丽而有才华，是中国古代受侮辱的女子追求幸福爱情的代表。冯小青，封建社会的弱女子，在杭州演绎了一出最凄凉的爱情故事。杨乃武与小白菜写就了中国"第一大爱情冤案"。虽说流传下来的大部分是爱情悲剧，但是悲剧最能打动人，尤其是爱情悲剧，更有一种震撼人心的美。在爱情的悲剧面前，人们可以学到很多东西：当你追求美好爱情而不得的时候，想想梁山伯、祝英台，还有什么困难不能克服？当你正在享受美好爱情的时候，也来看看断桥、雷峰塔、万松书院，更会珍惜、呵护这来之不易的爱情。

杭州还具有丰富的爱情旅游资源，一是有与爱情故事有关的历史古迹。如与《白蛇传》有关的断桥、雷峰塔；与《梁山伯与祝英台》有关的长桥、万松书院、凤凰山，还有苏堤、苏小小墓(慕才亭)等。二是有与爱情、婚姻有关的古迹与景点。杭州有多处"月老寺"，历来是人们追求爱情的心理寄托之所；太子湾公园曾是杭州新婚夫妇必到之地等。三是有丰富的以吟咏爱情为主题的各种文学作品。历代文人墨客以西湖为背景，通过各种文学形式，如诗词、戏曲、散曲、竹枝词、楹联、民间故事、小说等，留下大量以爱情为主题的作品。如唐代诗人张祜的《题苏小小墓》，明代戏曲家周朝俊的《红梅记》，"五四"以来著名文学家郁达夫的《登杭州南高峰》等。因此"杭州——爱情之都"的旅游形象定位赢得了广泛的市场认可。

6.5 企业旅游形象策划

6.5.1 企业旅游形象策划的缘起

西方国家早在 20 世纪 70 年代就将企业形象理念引入到旅游企业和旅游产品当中，但只是停留在浅层次的对旅游产品进行统一包装方面。我国旅游企业形象的导入始于 20 世纪

80年代，当时几个优秀饭店企业运用了非常有特色的商标、标志、标准色等视觉识别形象。例如，白天鹅宾馆，以白天鹅作为标志，白色为标准色，在宾馆用具上一律印用宾馆标志，突出自己的企业文化和特色。

进入20世纪90年代，我国旅游业经过开发和建设，饭店、旅行社、风景名胜区、旅游景点和旅游线路大幅度增加，旅游进入卖方市场，竞争日益激烈。在这种情况下，企业旅游形象的策划开始受到重视。通常情况下，旅游企业进行形象策划的理由可以归纳如下：①知名度过低；②缺少统一标志；③形象不好，员工士气低落；④形象受损，设法挽回良好形象；⑤旧形象成为打入新市场的障碍；⑥旧形象产生陈腐化倾向，赶不上形象潮流；⑦市场竞争激烈，须突出旅游企业之间的差异。

6.5.2 企业旅游形象策划的目的

1．提高企业的知名度

一个企业的名字在社会大众、消费者心目中有多大份额，它的产品的使用率有多高，很大程度上取决于该企业的知名度。一个企业知名度高，它的产品就易被认可，就有可能在市场竞争中取胜。旅游企业形象战略的实施，正是为了提高企业的知名度。它通过一系列同一化、整体化、全方位的理念识别、行为识别、视觉识别的运用，反复植入，在社会公众中造成强烈印象。

2．塑造鲜明、良好的企业形象

企业形象是潜在性的销售额，是无形的资产，良好的旅游企业形象会给企业带来不可估量的社会效益和经济效益。而旅游企业形象策划的目的正是在于透过内外部综合性的经营努力和视觉系统的整合，以使社会和顾客对企业产生良好的印象和意识。

3．培养员工的集体精神，强化企业的存在价值，增进内部团结和凝聚力

企业员工是企业构成的基本要素之一。企业应导入更加成熟的经营方针和经营理论、思想，经由经营信条、精神标语、座右铭、企业性格、经营策略传达出去，着重塑造企业员工的理念意识。这样，旅游企业的员工就能明确意识到自己是这个集体中的一员，在心理上会形成一种对群体的"认同感"和"归属感"，员工间形成密不可分的群体，强化企业的存在价值。

4．达到使社会公众明确企业的主体个性和同一性的目的

旅游企业形象策划通过物质环境、时空环境、信息环境及视觉识别的同一性、独特个性传达给公众，使社会公众能了解、识别，从而接受企业及企业的产品。旅游企业形象策划的最终目的是统一的，又是最简单明了的，就是实现企业的利润最大化。企业的生存和发展，不管采取何种竞争手段，其最终目的都是为了获取最佳的经济效益和社会效益。旅游企业形象策划作为一种经营管理方法，最终的目的也是为了实现企业的利润最大化的目标。

6.5.3 企业旅游形象策划的内容

1. 旅游企业理念识别系统(Mind Identity System)

旅游企业理念识别是旅游企业形象策划的基石,它不仅直接影响到旅游企业未来的正常运转,而且直接制约着企业其他形象系统的策划水平与策划质量。

(1) 旅游企业理念识别的定义与作用。旅游企业理念是旅游企业在独立经营和长期发展过程中继承了旅游企业优良传统,在适应时代精神的要求下,在实践中形成的代表旅游企业信念、激发旅游企业活力、推进旅游企业管理与服务的团体精神和行为规程。旅游企业理念识别是旅游企业识别系统的基本精神所在,是旅游企业实施旅游形象战略的最高决策层次。它的确立直接决定着旅游企业的视觉识别系统和行为识别系统,对于旅游企业品牌的培育、推广和管理都具有重要的意义。因此,旅游企业理念识别系统在旅游企业形象策划中处于核心地位。旅游企业理念识别策划也成为旅游企业形象策划的灵魂、旅游企业经营管理工作的核心。

旅游企业理念识别对整个旅游企业的经营发展具有如下作用:导向作用、激励作用、规范作用、凝聚作用、辐射作用和稳定作用。

(2) 旅游企业理念识别策划的内容。旅游企业理念识别策划的内容主要包括以下八个方面。

① 旅游企业愿景、目标策划。愿景的构成包括两个部分,一部分是核心理念。它是企业存在的根本原因,是企业的灵魂,包括核心价值观和核心目标。如迪斯尼的核心价值观是崇尚想象力和乐趣,福特公司的目标为:拥有汽车,理所当然。另一部分是对未来的展望,展望可以是具体数字的,也可以是生动描述的。如万豪酒店集团的愿景是成为世界接待服务业的领导企业;华侨城集团的愿景是成为中国最具创想文化和影响力的企业。目标则是对公司意图实现的一种未来状态的简要的和可衡量的描述,是为了完成使命和愿景必须确实做到的具体工作。好的目标要具有 4 个特点,即简明和定量、切中要害(仅限关键和重要领域)、既有挑战性又具现实性以及时限性。按照科学发展观,旅游业发展要综合考虑经济目标(创汇、创收、创利)、社会目标(就业、扶贫、提高居民生活质量)、文化目标(弘扬传统文化、培育创造文化)和环境目标(保护环境、改善环境、促进环境)。如平遥古城根据世界文化遗产保护的内在规律,从实际出发,并充分借鉴国内外先进经验和成功模式,顺应时代潮流,提出"五个一"的施政新目标。即:"一城、一县、一地、一样板、一窗口"。"一城"指建设一流国际型旅游城市;"一县"指建设旅游经济强县和富县;"一地"指建设最佳世界遗产保护地;"一样板"指实现建设和谐社会的样板;"一窗口"指实现魅力中国的展示窗口。

② 旅游企业经营使命策划。使命具有"业务性质"。旅游企业使命是指旅游企业开展经营活动所依托的社会使命。旅游企业使命反映了社会的要求,也体现了旅游企业不同的社会价值观,是旅游企业理念最根本的出发点。例如,作为世界文化遗产地,平遥县无比荣耀,但与一般的县相比,也肩负了更多的使命、责任与挑战。作为世界文化遗产,平遥肩负保护遗产的历史使命;作为县域经济发展的重要支柱,平遥肩负拉动全县经济社会和

提高百姓生活质量的现实使命；作为世界一流的旅游资源，平遥肩负打造成一流国际性旅游城市，让世界分享中国文化魅力的旅游使命和文化使命；作为晋中旅游龙头和山西旅游的重要支撑点，平遥肩负拉动省市旅游全面发展的区域使命；作为著名的古城、中部的典型地区，平遥的古城保护和旅游发展，还应在中部崛起战略、古城保护与旅游发展中探索模式，在保护和发展中为世界创造出新的文化遗产，肩负示范使命。

旅游企业的经营使命是企业为其经营活动所确立的价值观、信念和行为准则。旅游企业经营使命的陈述包括九要素：用户、产品和服务、市场、技术、对生存和增长的观念、对盈利的观念、自我认知、对公众形象的关注、对雇员的关心。松下幸之助认为：经营使命是指满足人们希望保持和提供更丰富更舒适的物质和精神需要。费尔蒙特饭店和度假村公司的使命是：在独一无二的氛围下，通过提供客人预想的、温暖的和个性化的服务，赢得顾客忠诚。

"使命"和"宗旨"是旅游企业经营的最高目标。旅游企业一般以使命书形象表达自己的使命(包括旅游企业的事业领域、目标和达到目标的必要条件)。旅游企业可仿照国际跨国公司的运作方法策划使命书，使用简练恰当的语言，对使命和宗旨的设定和表达，尽可能表现出社会责任感和道德感，以此增强感染力并获得游客的认同感。如华侨城集团的使命为：通过独特的创想文化，致力提升中国人生活品质。

③ 旅游企业经营思想策划。"经营思想"也称"经营战略"，是旅游企业理念的重要内容和经营活动时必须统一遵守的最高准则和战略方针。经营战略是指旅游企业在对内对外周围环境分析的基础上为了谋求旅游企业长远的发展，对旅游企业的发展目标、发展方向等带有全局性、长远性、重大性的问题所做出的决策和措施。经营战略是目标和手段的统一，它为企业经营指明了方向。经营思想反映旅游企业的价值观和思想水平，它具体体现在最高管理者的经营方针、服务理念和指导思想上。经营思想具体内容主要包括企业精神、质量意识、职业道德、组织的凝聚力。例如云南省旅游进入21世纪以来就进入新的发展阶段，提出了"提质增效"的经营战略。所谓提质，是指提升整个旅游产业的综合素质，增效是指增加综合经济效益，说明云南省旅游不是单纯追求数量型增长，而是把数量增长和质量增长、效益增长结合在一起。

④ 旅游企业价值观策划。价值观应当说明管理层和雇员应如何行动，应当怎样开展业务，应当建立怎样的组织来帮助组织实现使命以及企业组织文化。

如太平洋饭店的组织文化如下。为了为我们高贵的顾客提供卓越热情的服务和独一无二的住宿产品，我们将致力于通过我们核心的价值观来实现我们的愿景：第一，诚实。我们将维护我们所从事业务的最高质量。第二，团队精神。我们将齐心协力，通力合作以达到我们的目标。第三，个人价值。我们认可并尊重团队成员以及他们的贡献。第四，一贯的卓越标准。我们将一如既往地为顾客提供高质量产品，日复一日地努力，比我们的竞争对手做得更好。第五，个性化的顾客服务。我们全体员工将始终如一地以专业、友好、迅捷、礼貌而热情的态度满足每位顾客的特殊要求。

⑤ 旅游企业行为规范。行为规范是旅游企业在制定员工行为规范时所应遵循的原则要求，是在正确的经营观念指导下，对旅游企业员工的言行提出具体的规定与标准。如员工手册、岗位职责说明书、岗位操作规范、质量标准、劳动纪律等员工行为规范的原则性要求。

⑥ 旅游企业活动领域。旅游企业活动领域指旅游企业开展接待服务活动的设施水平，向游客提供的产品类型和服务标准范围。

⑦ 旅游企业服务理念。旅游是一项以服务为主的综合性产业，旅游企业的服务水平常常直接影响旅游者的旅游满意效果。游客满意所带来的效应不仅仅是体现在个体游客满意而由此产生的个体直线效应上，更重要的是体现在个体游客满意而产生的群体网络效应上。如果游客不满意，他会向其他现实游客或者潜在游客说旅游企业的坏话。加上媒体的炒作，这种群体网络效应会呈几何级数地增加。因此旅游企业应该提高服务质量，树立起游客至上的服务观念，加大情感方面的投入，树立"游客满意"、"游客总是对的"等人性化服务的亲情观念。

⑧ 发展目标——近期、中期、远期发展目标和经营方针。旅游企业发展目标是指在一定时期内，按照经营战略的指导方针，考虑旅游企业的内外条件和可能性，所要达到的预期的理想效果，它主要以数量的方式来体现。

影响旅游企业理念识别的因素主要有时代特征、竞争因素、旅游资源(产品)因素、地理文化因素等。

(3) 旅游企业理念识别设计原则。旅游企业理念识别设计原则主要有以下五点。

① 个性化原则。个性化原则是指旅游企业所设计的理念必须拥有自己的特色，以区别于其他的旅游企业。在市场经济条件下，由于旅游者所可以选择的旅游企业越来越多，在激烈的竞争中，旅游企业只有树立起个性化的旅游发展理念，才能在旅游市场上树立起自己独特的旅游形象，从而对旅游者产生吸引。

② 社会化原则。旅游理念确立的最终目的是被社会所认同。因而旅游理念的开发与设计必须考虑到旅游者的价值观、道德观和审美观的等因素，制定出可以得到广大旅游者认同的旅游理念，从而获取较高的知名度和美誉度。

③ 简洁性原则。旅游企业理念是旅游企业价值观的高度概括，其字面必须简明，内涵必须丰富，并易于记忆和理解。简洁、清晰、新颖的旅游企业理念将更会深入人心。

④ 以人为本原则。旅游企业必须将理念当作一种管理工具来应用。开发和树立旅游企业理念的根本目的在于激发旅游企业从业人员的积极性和创造性。科学的旅游企业理念及其有效的实施将会使所有的旅游企业从业人员得到尊重和信任；同时以人为本的旅游企业理念能够有效满足游客的需求，从而给旅游企业带来一种良好的旅游氛围和环境。

⑤ 市场原则。旅游企业理念必须体现旅游者需求和适应竞争的需要。对于旅游企业来说，理念是指导其进行旅游经营活动的工具，而旅游企业活动既是满足旅游者需求的过程，也是与同业者进行竞争的过程。因而旅游企业理念必须有助于这一过程的顺利进行。

(4) 旅游企业理念识别的设计程序。一是撰写旅游企业形象调研报告，对旅游企业形象进行评价和综述；二是广泛动员企业内外相关人员激发理念创意；三是对各种创意进行比较筛选，选择科学有效的旅游企业理念；四是对已定为旅游企业理念的创意，构筑丰富的内涵，使其成为能与其他旅游企业相区别而又易于识别的内容。

2. 旅游企业视觉识别(Visual Identity)

视觉识别是整个旅游企业形象策划中最直观、最有冲击力的部分。旅游企业视觉识别以旅游视觉识别符号为载体，反映旅游企业独特的自然景观与文化。旅游企业视觉识别由旅游企业的基本标识及应用标识、形象外观包装、品牌形象等构成。

(1) 旅游企业视觉识别的定义与作用。旅游企业视觉识别是旅游企业形象的视觉传递形式，它是由体现旅游企业理念的旅游标志、标准字体、标准色彩等为核心展开的完整、系统的视觉传达体系，用以将旅游企业理念、文化特质、服务内容等抽象语意转化成具体符号的概念，塑造出独特的旅游企业形象。具体有代表品牌形象的 Logo、宣传海报、展板、宣传片、宣传册等。VI 设计应围绕品牌的主题定位进行，将品牌内涵的视觉化形象以造型、颜色、字体变形等手法表现出来。它是旅游企业理念和行为识别在视觉上的具体化、形象化。旅游企业通过建立自己独特的视觉识别符号将各种信息直接传达给旅游者，从而为树立良好的旅游企业形象打下坚实的基础。

旅游企业视觉识别的作用如下。第一，它是区分不同旅游产品的重要依据；第二，它是宣传旅游产品的强有力手段；第三，它是体现旅游企业理念的重要载体与途径。

影响旅游企业视觉识别的重要因素主要有旅游企业理念、旅游企业旅游产品特色以及旅游企业氛围(体现地域性特征)等。

(2) 旅游企业视觉识别的设计内容。旅游企业视觉识别的基本内容分为基本要素系统和应用要素系统两方面，基本要素是表达旅游企业理念的统一性基本设计要素，是应用性要素设计的基础。

基本要素系统包括旅游企业名称、标准字、旅游企业专用印刷书体、标准色彩、旅游企业象征造型、旅游企业标语口号及旅游企业品牌标志等。这些基本要素不仅单一地予以应用，而且通过标准组合整体地构成旅游企业识别标志应用于旅游企业活动过程中，从语义名称、形象感染、色彩冲击三方面传播旅游企业视觉识别形象。

应用要素系统包括工作设施和各种器具如旅游企业建筑物、环境规划、陈列、展示、交通工具、办公用品、旗帜、招牌、衣着、服饰等，以及市场营销中的产品、包装、广告、公共关系等。应用要素首先被广泛应用于旅游企业中的各种工作设施和器具上。由于工作设施和工作器具在旅游企业经营过程中到处可见，因而能对旅游企业形象进行高度的塑造、渲染和传播。

(3) 旅游企业视觉识别策划原则。旅游企业视觉识别策划要遵循以下五项原则。

① 以理念识别为核心的原则。旅游企业理念是旅游企业的神经中枢，旅游企业视觉识别需要为体现旅游企业理念服务。视觉识别的设计构思都要符合并充分表达旅游企业理念的精神内涵。

② 人性化原则。旅游企业视觉识别设计要十分注重人性化的表现，满足人们心理情感需求，以情动人。游客只有在情感上得到满足，才能在心灵深处认同旅游企业的形象。

③ 独特性和地域性原则。旅游企业要充分吸收地方的地理文化因素的精华，设计出张扬个性的、独一无二的、与众不同的视觉识别系统。若忽视这一因素，也就失去了视觉识别生存的土壤，不能够维持长久的效力。

④ 艺术性原则。旅游企业的视觉识别设计是一种具有美学价值的审美设计，是一种独特的艺术创造。它既要体现旅游企业美的内容，还要展现旅游企业美的形式，是内容与形式的统一。

⑤ 应用性原则。旅游企业的视觉识别是用来跟游客交流对话的，它强调实际应用性。大红鹰的V，表现的是胜利的精神、胜利的信念、胜利的激情。麦当劳的M，开启的是快乐之门、欢笑之门。其存在价值是应用于跟消费者进行有效的情感沟通与心理交流的。

3．旅游企业行为识别(Behavior Identity)

旅游企业行为识别是由旅游企业组织及其成员在内部和对外的生产经营管理及非生产经营活动中所表现出来的员工素质、旅游企业制度、行为规范等因素构成的旅游企业形象子系统。旅游企业行为形象是旅游企业形象策划的动态设别形式，有别于旅游企业名称、标志等静态识别形式。

(1) 旅游企业行为识别的作用。旅游企业行为识别是旅游企业理念识别系统的外化和表现。旅游企业行为识别是一种动态的识别形式，它通过各种行为或活动贯彻、执行、实施旅游企业理念。它可以有效地突出旅游企业的个性，得到游客的认同，加强旅游企业的形象识别，也可以加强旅游企业从业人员的认同感，起到激励从业人员的作用。

(2) 旅游企业行为识别的内容。"人人都是旅游形象，处处都是旅游环境。"旅游企业的行为包括的范围很广，主要有旅游企业内部行为、旅游企业居民行为和旅游企业市场传播行为3个方面。内部行为有员工选聘行为、员工考评行为、员工培训行为、员工激励行为、员工岗位行为、领导行为、决策行为、沟通行为等。旅游企业居民行为主要是指旅游企业居民的态度行为、治安行为、精神面貌等。旅游企业市场行为包括旅游企业创新行为、交易行为、谈判行为、履约行为、竞争行为、服务行为、广告行为、推销行为、公关行为、文化活动行为等。上述各种行为只有在旅游企业理念的指导下规范、统一并有特色，才能被公众识别认知、接受认可。

(3) 旅游企业行为识别策划的原则。旅游企业行为识别策划需要遵循以下四项原则。

① 理念导向原则。旅游企业理念对旅游企业政策的制定、旅游企业活动的开展和旅游企业形象的传达具有统摄作用，它规定了旅游企业行为的价值取向。企业行为识别必须以企业理念为第一导向。

② 市场导向原则。旅游企业在建立行为识别系统时，必须贯彻以市场为导向的原则，以使自己的行为围绕着市场这一中心来展开，形成竞争优势。

③ 统一性原则。统一性首先表现为旅游企业形象策划内部系统的统一，旅游企业行为、视觉形象要与旅游企业理念相统一。其次表现为从领导者行为到一般员工行为，从对内工作到对外工作，按照统一的行为模式开展工作。麦当劳、肯德基在全世界的连锁店为我们提供了学习的榜样。

④ 独特性原则。旅游企业的行为识别要具有鲜明的独特性，最好能形成其他企业不易复制的行为个性，这样才能真正达到"识别"的功能与效果。

(4) 旅游企业行为识策划的程序

建立旅游企业行为识别系统主要包括建立旅游企业理念、制定行为准则、行为准则传递、行为准则贯彻和规范性行为的习俗化五个步骤与阶段。

① 建立旅游企业理念。旅游企业理念的开发与建立是建立行为识别系统的基础阶段，有关方面的内容已于前面阐述，在此不再赘言。

② 制定行为准则。制定行为准则就是根据旅游企业所在的行业及其业务性质和要求，结合企业员工素质基础，将旅游企业理念条例化为一系列的行为准则。从人际行为、语言规范到个人仪表、穿着，从上班时间到下班以后，都需要做统一的规定。

③ 行为准则的传递。旅游企业要通过各种渠道对既定行为准则进行传递、解释和说教，通过说明它的目的、意义和含义，让员工接收、理解和接受，并能在各自的岗位上照此行事。

④ 行为准则的贯彻。准则本身要具有可实施性，还要有必要的奖惩制度和激励机制与之配合。同时要对员工进行必要的培训，并在执行中具体加以指导。要随时进行监督检查，发现问题及时处理，通过营造环境、培育典型等各种手段推动准则的贯彻实施。

⑤ 规范性行为的习俗化。规范性行为的习俗化要求旅游企业所有员工能够自觉地执行各种行为准则，按照行为准则要求行事，并成为一种自然而然的自己本身所拥有的习俗行为。这是行为识别系统实施的最佳状态，需要企业管理者和一般员工为之做出不懈的努力，推动企业从人员管理走向制度管理，并从制度管理最终走向自我管理。

本章小结

旅游形象是指旅游地或旅游企业的内外部公众对旅游外在景观特征和内在、历史、文化底蕴体验所形成的总体的、抽象的、概括的认识与评价，是对旅游地或旅游企业的历史印象、现实感知和未来信念的一种理性综合。它具有客观性和主观性、稳定性与动态性、独特性与创新性、整体性与局部性、传播性与指向性等特征。

旅游形象策划是旅游地或旅游企业为树立统一独特的旅游形象而进行的设计、实施、完善的行动过程。它具有综合性、应用性、稳定发展性、统一性、独特性、战略性等特征。旅游形象策划需遵从个性化、统一性、易识别性的原则。旅游形象定位策划是旅游形象策划的前提，形象定位为形象策划指明方向。旅游形象定位策划的最终表述往往体现在主题口号上。旅游形象主题口号要有很强的地域性、排他性和易传播性。

区域旅游形象策划的内容一般包括前期的基础性研究和后期的显示性研究。前期的基础性研究包括地方性研究、受众调查和形象替代性分析等；后期的显示性研究主要讨论、创建旅游形象的具体表达，如理念核心、界面意象、传播口号和视觉符号等。区域旅游形象的影响因素主要有地方文脉、旅游资源特色和旅游市场感应等方面。

城市旅游形象策划受五大因素的影响与制约，主要是地脉与文脉、旅游发展整体水平、区域内外其他城市旅游形象、形象赋予主体与形象管理主体的决策行为。完整的城市旅游形象策划实践应包括七个步骤：形象调查分析与诊断、形象定位模式与竞争分析、主题形象策划、微观形象策划、形象要素空间配置与协调、形象塑造推广与传播、形象评价与管理。

企业旅游形象策划包括企业理念识别系统、企业视觉识别系统和企业行为识别系统三方面。企业理念识别包括企业愿景目标策划、经营使命策划、经营思想策划、价值观策划等内容。企业视觉识别包括基本要素系统和应用要素系统两方面，基本要素是应用性要素设计的基础。企业行为识别包括旅游企业内部行为、企业居民行为和旅游企业市场传播行为等内容。

关键术语

旅游形象；旅游形象策划；区域旅游形象策划；城市旅游形象策划；企业旅游形象策划；

参考文献

[1] Hunt J. D. Image as a Factor in Tourism Development [J]. Journal of Travel Research，1975，13(3)：1-7.

[2] Baloglu S，McCleary K W.A Model of Destination Image Formation[J]. Annals of Tourism Research，1999，26(4)：868-897.

[3] Bigné J. E，Sánchez M I，Sánchez J. Tourism Image，Evaluation Variables and after Purchase Behaviour：Inter-relationship[J]. Tourism Management，2001，22(6)：607-616.

[4] 乌铁红．国内旅游形象研究述评[J]．内蒙古大学学报(人文社会科学版)，2006，38(2)．

[5] 乌铁红．城市旅游形象设计新探[J]．内蒙古师范大学学报(哲学社会科学版)，2007，36(3)．

[6] 王克坚．旅游辞典[M]．西安：陕西旅游出版社．1992．

[7] 张建忠．旅游区形象建设的初步研究[J]．泰安师专学报，1997，14(2)．

[8] 邓祝仁．知识经济对旅游促销的新要求[J]．旅游学刊，1988，3(2)．

[9] 廖卫华．旅游地形象构成与测量方法[J]．江苏商论，2005，11(1)．

[10] 杨永德，白丽明．旅游目的地形象概念体系辨析[J]．人文地理，2007，22(5)．

[11] 李蕾蕾．旅游地形象策划：理论与实务[M]．广州：广东旅游出版社．1999．

[12] 程金龙．城市旅游形象感知研究[D]．河南大学博士学位论文，2011．

[13] 程金龙．基于系统论的城市旅游形象理论研究[D]．上海师范大学硕士学位论文，2006．

[14] 赵煌庚．城市旅游形象定位探讨[J]．云梦学刊，2001，22(6)．

[15] 赵煌庚．论城市旅游形象定位条件及模式选择——以岳阳市为例[J]．云梦学刊，2004，25(1)．

[16] 吴必虎．区域旅游规划原理[M]．北京：中国旅游出版社．2001．

[17] 吴必虎，宋治清．一种区域旅游形象分析的技术程序[J]．经济地理，2001，21(4)．

[18] 程金龙，吴国清．我国旅游形象研究的回顾与展望[J]．旅游学刊，2004，19(2)．

[19] 程金龙．城市旅游形象的监控与管理研究[J]．旅游科学，2006，20(5)．

[20] 罗治英．DIS：地区形象论[M]．北京：中央编译出版社．1997．

[21] 程金龙．城市旅游形象策划的操作模式[J]．旅游科学，2007，21(5)．

[22] 程金龙，王发曾．旅游形象的影响因素与塑造策略[J]．经济地理，2009，29(10)．

[23] 程金龙．城市旅游形象的内在机理研究[J]．华东经济管理，2009，23(2)．

[24] 程金龙．城市旅游形象感知的机理[J]．人文地理，2011，26(3)．

习题

一、单选题

1. 21世纪是形象时代，(　　)的竞争将成为市场竞争的主导形式之一。
   A. 资源力　　　　B. 市场力　　　　C. 形象力　　　　D. 人力资源
2. 下列哪一项不是旅游形象策划的特征(　　)。
   A. 综合性　　　　B. 应用性　　　　C. 历史性　　　　D. 统一性
3. (　　)是中国旅游业的图形标志。
   A. 马踏飞燕　　　B. 熊猫　　　　　C. 长城　　　　　D. 龙
4. (　　)不是旅游形象定位主题口号应遵循的原则。
   A. 新颖　　　　　B. 简洁　　　　　C. 响亮　　　　　D. 原始
5. (　　)不是城市旅游形象策划中应处理好的关系。
   A. 主客体关系　　B. 区际关系　　　C. 人际关系　　　D. 代际关系

二、简答题

1. 旅游形象的特点有哪些？
2. 简述旅游形象定位策划的方法和原则。
3. 简述区域旅游形象策划的基本内容。
4. 城市旅游形象策划的模式有哪些？
5. 简述企业旅游形象策划的内容。

三、思考题

1. 城市旅游形象策划如何避免雷同，体现差异？
2. 为什么城市旅游形象策划在实践中受关注度较高？

四、案例分析

"宜春，一座叫春的城市"

2010年3月4日，有网友在国内某论坛曝光，江西省宜春市旅游政务网上，该市广告语竟为"宜春，一座叫春的城市"，引发网友的讨论。部分网友认为政务网以如此"雷人"口号作为广告语，有欠斟酌。当地旅游部门则认为，要的就是这个效果。

3月4日下午，荆楚网记者登录宜春市旅游政务网发现，网站首页横幅广告上，"宜春，一座叫春的城市"文字滚动出现，而在搜索引擎上，以"宜春，一座叫春的城市"为词条进行搜索，出现的信息达1700多条。

大部分网友对此表示了异议，认为该口号"有欠斟酌、太雷人了"；但是也有网民认为，"虽然有些不妥，但是宣传效果达到了"；甚至有网民套用今年春晚的台词，"你们心里阳光一点好不好"，认为这本来一个正常的广告语，网民自己想歪了。

第6章 旅游形象策划

记者联系了宜春市旅游局，接电话的工作人员告诉记者，口号是国内一位知名的旅游专家在宜春调研时提出来的，该口号寓意宜春的温暖，是一座四季如春的城市，他同时也坦诚，当初制定口号的时候也有些疑虑，但为了让更多的人记住宜春，就采取了专家的建议，现在看来，的确达到了预期的宣传效果。

【思考与分析】

1. 为什么网友抨击宜春的城市旅游形象宣传口号？
2. 一个城市的出名就在于它打出了很雷人的广告，这种剑走偏锋式的城市宣传，对城市旅游到底有多少实质性的效益？
3. 请根据本案例并结合本章内容分析城市旅游形象策划应注意哪些问题。

第7章 旅游营销策划

📖 本章教学要点

知识要点	掌握程度	相关知识
旅游营销策划的概念	了解	营销、服务营销、营销策划的定义
旅游营销策划的要素	掌握	策划者、创意、营销目标、主题、表现方式
旅游营销策划的原则	掌握	战略性、"三本主义"、竞争性
旅游目的地营销策划	重点掌握	联合营销、产品营销、价格营销、细分营销、绿色营销
旅游企业营销策划	重点掌握	产品差异化营销、整合营销、品牌营销、概念营销、数字营销、特许经营等营销策略的内涵及其特点
中国旅游营销发展趋势	了解	营销理念娱乐化、营销战略社会化、营销策略故事化、营销活动事件化

📖 本章技能要点

技能要点	掌握程度	应用方向
旅游营销策划的程序	掌握	掌握旅游营销策划的基本步骤,学会用"SWOT"和"STEP"方法做好企业内外部环境分析
旅游营销策划的策略	掌握	学会运用 CIS 系统来提升企业形象、掌握产品策划、定价和分销等策略
旅游营销策划的方法	重点掌握	运用服务营销、节事营销、整合营销、关系营销、概念营销等营销理念实施旅游营销策划
旅游营销策划技巧	掌握	掌握旅游目的地、景区、旅行社等营销策划的一般及特殊技巧

📖 导入案例

旅程中收获爱情 万人相亲走进皇城相府

  晋城皇城相府景区和郑州雅旅网等单位联合策划了万人相亲活动。参加相亲大会的受邀者往返免车费,中餐、晚餐全包,实现了真正的零费用。2009年4月18日,来自河南的上万名单身男女集体从郑州出发,来到皇城相府生态旅游景区,共同参加万人相亲大会。相亲大会上有一系列趣味活动,盛大的"迎圣驾"开城仪式表演结束后,万人相亲活动开始,由河南电视台《梨园春》栏目著名主持人庞小戈主持。10时30分,第一个游戏"抛绣球招亲"在相府御书楼前正式开始。谁来抛出第一个绣球?由于参与者太多,主持人不得不"以100元"起价,采取竞拍方式现场决定。令人意想不到的是,竟然是一位外籍年轻女士胜出。最终主持人选取包括她在内的15位女士上台抛绣球。15位女士被选中一一上台抛绣球,台下未婚男子都跃跃欲试,摩拳擦掌,来自郑州一所高校的外籍女教师,经过竞拍花了 1000 元获得首抛，现场气氛一下热闹起来，来自河南的一位小伙被绣球砸中，激动地对主持人说："我会好好珍惜这份缘。"抛绣球结束后 15 对有缘相识的男女进行了"一吻定情"游戏，其中 11 对礼节性地亲吻了手背，3 对亲吻了对方脸颊，河南郑州的小谢和小杨热吻时间最长，获得了皇城相府奖励的一对价值 2000 元的钻戒和荣誉员工证书。

娱乐趣味性的互动让前来相亲的男女渐渐熟悉起来。景区的南书院成了相亲人员交流的好地方。据了解，景区当日接待量创新高，共接待游客 3.5 万余人次，该景区举办的此次万人跨省旅游相亲大会，无论是从规模上或相亲方式上在全国都属首例。据了解，游客参加这样一次相亲活动的费用是 198 元，除了可以参加相亲活动，游览皇城相府景区、珏山景区之外，还可带一名亲友参加。

(资料来源：http://ly.jcnews.com.cn/news/fun/2009/819/
098191848573gg188a7ja0ddkgk3434.html，已作整理)

思考：皇城相府景区为何邀请河南人作为相亲大会的主要参与者？承办这次活动的景区方除了看重当日接待量之外，更看重什么？

21 世纪旅游市场将呈现出流行化与大众化、品牌化与感性化、质量化与享受化、多层化与差异化、普及化与社会化等趋势。面对这种变化，我国旅游业必须塑造并强化自己的竞争优势，以适应未来世界旅游市场需求发展趋势。旅游营销策划在开发新的旅游市场、深度满足旅游消费者需求、持续获得市场优势过程中的重要作用日益凸显。

现代旅游开发的主要导向是以市场定位而不是以资源定位。旅游策划应该树立正确的市场营销理念，将营销看作是一种经营哲学，而不仅仅是一种经营手段。现代市场营销理念的核心是"以顾客需求为中心，最大化地实现顾客价值"。因此，旅游策划、旅游开发和旅游经营首先必须解决以下问题：谁是目标顾客，这些顾客的需求特点在哪里，如何提供优势产品，采用有效策略吸引这些游客，如何能够留住顾客并最大化地实现顾客的价值。无论是市场调研、市场细分、市场定位还是竞争战略的实施、营销组合策略的运用，都必须围绕实现和增加顾客价值这一核心思想来进行。而要提高旅游营销的质量与水平，必须从总体策划、系统策划的视野对旅游营销活动进行全流程的设计与谋划。本章将对旅游营销策划的内容、原则、程序、方法以及旅游目的地营销策划方法等内容进行讲解。

7.1 旅游营销策划概述

7.1.1 营销与营销策划

1．营销

市场营销学发展经历了生产观念、推销观念、市场营销观念、社会营销观念和生态学市场观念等阶段。在这个发展过程中，人们对于营销(即市场营销)的认识也在不断地改变和深化。虽然时至今日学术界尚未对什么是营销形成一个统一的定义，但在各种对营销的描述中却大体都包含了一些相同的基本内容，在此采用其中比较全面的一个概念来进行说明。

美国市场营销协会(American Marketing Association，AMA)对营销的定义是：营销是策划、实施关于产品(包括主张、商品和服务)的构思、定价、促销和分销的过程，其目的在于创造出既能使用户满意，又可以实现组织目标的交换。简而言之，市场营销强调的是在适当的时间与地点以最合适的方式与价格，将最合适的产品和服务提供给最合适的顾客。

知识链接 7.1

一则小故事的启示：唐古拉山的两块石头

唐古拉山有两块石头往山下面滚，有一块石头滚到山中间就不动了，另一块石头却滚到了大海里，大海里的激流把它一推一推，就推到了海滩边上，于是就被发现美的眼光发现了它：呵，原来是一块宝石。于是这块石头就价值连城，很多人设法来争购这块宝石，抢购这块宝石，这块宝石便身价百倍，价格不断地往上翻，大家都以拥有这块宝石而自豪。其实，在山中间那块石头才是真正的宝石，它远远比我们在海滩边上发现的那块宝石好得多。但是因为没有激流把它推到海滩边上，推到我们的视线以内，推到我们的市场当中，所以，它现在还是一块石头，在山上被野兽所践踏，没有被人们所发现。这股激流就是我们所讲的营销。营销就是激流，它的作用是无比巨大的，营销可以点石成金。

2．营销策划

策划渗透到市场营销领域后大显神威。在现代商战中，企业家需要策划来帮助他们打赢这场没有硝烟的战争。被誉为"美国企业界巨子"的亚科卡，曾成功地策划推出"野马"越野车，创下当年销售的最高纪录。日本的"西铁城"手表广告策划，不仅成功地将该手表打入美国市场，而且还逐步将瑞士手表挤出美国市场。海尔集团创始人张瑞敏"怒砸冰箱"的策划，使得海尔声誉鹊起，现在海尔已成为我国最有品牌价值的大型企业集团之一。可见在市场竞争日趋激烈的今天，谁能成功地运用策划，谁就可能抓住机会，保持竞争优势。

营销策划(Marketing Planning)是指企业对将要发生的营销行为和开展的营销活动而进行的超前谋划、设计与决策。具体来说，市场营销策划是指企业在市场营销活动中为达到预期的目标，根据企业现有的资源状况，在充分调查、分析市场营销环境的基础上，运用科学、系统的方法激发创意，对一定时间内企业某项营销活动制定出目标、可能实现的、解决问题的一套策略规划和行动方案。简而言之，它是在市场营销中为某一企业、某一商品或某一活动所做出的策略谋划与计划安排。它强调以下几点。第一，营销策划的对象可以是某一个企业整体，也可以是某一种商品或某一项服务，还可以是一次活动。第二，营销策划需要设计和运用一系列计谋，这是营销策划的核心和关键。第三，营销策划需要制订周密的计划和做出精心的安排，以保证一系列计谋运用成功。

第7章　旅游营销策划

案例分析 7.1

驼鹿与防毒面具

有一个推销员，他以能够卖出任何东西而出名。他已经卖给牙医一把牙刷，卖给过面包师一个面包，卖给瞎子一台电视机。但他的朋友对他说："只有卖给驼鹿一个防毒面具，你才算是一个优秀的推销员。"

于是，这位推销员不远千里来到北方，那里是一片只有驼鹿居住的森林。"您好！"他对遇到的第一位驼鹿说，"您一定需要一个防毒面具。"

驼鹿说："这里的空气这样新鲜，我要它干什么！"

"现在每一个人都需要一个防毒面具。"

"真遗憾，可我并不需要。"

"您稍候，"推销员说，"您已经需要一个了。"说着他开始在驼鹿居住的地方建造了一座工厂。"您真是发疯了！"他的朋友说。推销员说："不然。我只是想卖给驼鹿一个防毒面具。"

当工厂建成后，许多有毒的气体从大烟囱中滚滚而出，不久，驼鹿就来到推销员面前并对他说："现在我需要一个防毒面具了。"

"这正是我想的。"推销员说着便卖给了驼鹿一个。"真是好东西啊！"推销员兴奋地说。

驼鹿说："别的驼鹿也需要防毒面具，你有好多吗？"

"您真走运，我还有很多。"

"可是，您的工厂里生产什么呢？"驼鹿好奇地问。

"防毒面具。"推销员兴奋而又简洁地回答。

思考：从上述"驼鹿与防毒面具"一例中可以得到哪些营销启示？

(资料来源：《旅游市场营销与策划》案例集，已作整理)

7.1.2　旅游营销与旅游营销策划

1．旅游营销

旅游营销不仅包含对旅游产品的营销，也包括对各种旅游产品所依托存在的目的地形象的营销。旅游营销是营销中具有特殊性的一类，这种特殊性是由它所营销的产品决定的。由于旅游产品具有综合性、无形性、生产与消费同步性等特点，旅游营销在主体、方式等方面都表现出不同于其他产品营销的某些属性。具体地说，旅游营销的主体是各类旅游组织，营销方式主要有包括大众传媒在内的各种手段，终极营销对象是旅游消费者，营销的目的是成功销售出旅游产品。

旅游市场营销专家熊元斌教授和品牌营销专家何志毅教授等认为，旅游市场营销工作者应把握以下要义和基本理念。

旅游营销具备市场营销的一般内涵，是市场营销学、服务营销学等相关学科在旅游业中的具体应用。结合旅游业的基本特点，可以将旅游营销理解为旅游营销是营销主体对旅游产品进行包装设计、定价、展示、分销以及促销的计划和实施的过程，它通过满足旅游者的需求和提升旅游者的满意度来实现企业经营的目标。

旅游营销其实就是通过旅游供给方与旅游需求方的价值交换为游客创造真正的价值，通过不断满足旅游消费者的需求开发出新的旅游市场。因此，在现代旅游市场营销理念中，需要将营销看作是一种经营哲学，而不仅仅是一种经营手段。

2．旅游营销策划

旅游营销策划是指将市场营销策划的原理与方法运用于旅游市场经营活动的专项营销策划活动。它是旅游营销策划人员根据旅游地和旅游企业现有的资源状况，在分析和研究旅游市场环境的基础上，对旅游营销活动或某一个方面的旅游营销项目、产品、促销等进行创意构思、设计规划并制定营销行动方案的行为。

7.1.3 旅游营销策划的特点与作用

1．旅游营销策划的特点

旅游营销策划具有目的性、超前性、综合性、复杂性等特点，这些特点的形成与旅游业的特殊性、旅游消费心理的复杂性和旅游市场的多变性有关。

(1) 目的性。旅游营销策划是一种理性的思维活动，它是为了制定旅游营销战略和策略，或者进行旅游产品开发、客源市场开发，以及进行某个旅游项目或节事活动，或者以解决旅游营销过程中某一特殊问题而进行的谋划，因而针对性强，目标比较明确。

(2) 超前性。旅游营销策划是对旅游营销环境的判断和对未来营销行动的计划安排，是一种超前性的谋划行为。

(3) 复杂性。旅游营销策划涉及旅游学、营销学、资源学、文化学、地理学、信息学、心理学、传播学、社会学、工程学等许多学科的知识和理论，它需要引入大量的间接经验和直接经验，需要对庞杂的信息进行处理，需要高智慧的脑力操作，如创意、设计等，因而它是一项非常复杂的智力操作工程。

(4) 系统性。旅游营销策划是一项系统工程，它不仅表现在时间的前后呼应上，还表现在空间的立体组合上。同时为了保证旅游营销策划方案的合理性与成功率，它一般要按照策划的程序来进行，这种程序性将各方面的活动有机地结合起来，使各个子系统之间相互协调，最终形成一个合理的、系统的整体性策划。

(5) 调适性。旅游营销策划的调适性表现在以下两方面。一是在旅游营销策划开始时，策划者要充分设想未来旅游业发展形势和旅游营销环境的变化，使旅游营销策划方案具有相应的灵活性，能适应环境的变化；二是在旅游营销策划方案的执行过程中，策划者可根据市场的反馈信息及时修正、调整方案，让方案充分贴近市场，取得预期的效果。

(6) 可选择性。在旅游营销策划过程中，针对同一目标能够做出多个不同的策划方案，这时就需要从多个策划方案中进行权衡和比较，从中选出合理的或最佳的方案，并用于旅游市场营销实践。

第7章 旅游营销策划

知识链接7.2

田婴为齐威王选妻

有一年,齐威王的夫人死了,王后的选立迫在眉睫。但是,齐威王共有7位妃嫔,田婴不知道齐威王宠爱哪个。他怕一旦推荐错了,齐威王心中不高兴,影响了自己的权势地位。到底怎么才能探出威王的心意呢?这着实让田婴感到头疼。

这时,正巧有位富商为了巴结田相国,送来了一对耳环。那对耳环天然水晶琢成,晶莹剔透,玲珑可爱。田婴盯着那对耳环,突然眼睛一亮,计上心来。他命人从市井(齐国都城临淄中的一个大市场)买来六对同样的耳环,但那水晶成色和做工都差远了,让人一眼可看出不是什么好货色。田婴又让工匠造了七只同样的豪华木匣,连富商送来的那对,一只匣子装上一对,准备第二天进宫去献给齐威王。第二天一大早,田婴便让手下人捧着木匣随自己进宫,对齐威王说有商人从昆仑贩来水晶耳环7对,献给大王,并特别拿出那对精美的耳环,炫耀一番。齐威王一见正是7对,心想自己的姬妃可每人一对,省去了她们的争吵,心中十分高兴。但又一细想:如这样均分,又亏待了自己宠爱的隗姬。因此,齐威王一一检视田婴送来的耳环,突然发现有对耳环特别漂亮,这才放下心来。当日退朝,田婴便从7位王妃的耳朵上戴的耳环上看出了威王的心思。于是他奏明齐威王,说臣子们都希望立隗妃为王后。威王一听正合自己心意,十分高兴,册立王后完毕,便加封给田婴不少土地。田婴运用"人私己所爱"的常理,有意制造不平衡的礼物,赠送威王,从而探明威王心意,加固了自己的恩宠,可谓是用心良苦。

思考:从田婴探出齐威王的心意过程中我们能得到何种启示?

2.旅游营销策划的作用

(1)强化旅游营销目标。从管理心理学的角度看,目标对行为有牵引力,而行为则有朝向目标的趋近力。两种力的综合作用不仅可以加速旅游地或旅游企业的营销由现实状态向目标状态靠近,而且可以减少许多迂回寻找目标造成的无效劳动。旅游地或旅游企业可以通过精心的策划使营销目标更清晰,更具有牵引力,从而强化旅游地或旅游企业对营销目标达成的愿望和努力。

(2)加强旅游营销工作的针对性。旅游营销策划的一个基本任务就是要找到市场的空当,为旅游地或旅游企业进行市场定位,即根据竞争者的市场地位和旅游消费者对旅游产品的某种特征或属性的需求程度,强有力地为旅游地或旅游企业塑造与众不同、个性鲜明的旅游形象,并把这种形象生动地传递给旅游者,从而使该旅游地或旅游企业在市场上确定适当的位置。一旦位置确立,旅游地或旅游企业就可以围绕其开展定向营销。

(3)提高旅游营销活动的计划性。旅游营销策划就是要确立未来营销的行动方案。方案一经确定,就成了未来营销的行动计划,未来的各项营销操作都可以依照此计划执行,从而使旅游地或旅游企业的营销工作有章可循，有条不紊。

(4) 降低旅游营销活动的费用。经过精心策划的旅游营销活动可以用较少的费用支出取得较好的效果。因为旅游营销策划要对未来的营销活动进行周密的费用预算，并对费用支出进行最优组合安排，这样能有效避免在旅游营销过程中由于盲目行动所造成的巨大浪费。据美国布朗市场调查事务所统计，有系统营销策划的企业比无系统营销策划的企业在营销费用上要节省 2/5～1/2。

7.1.4 旅游营销策划的分类

旅游营销策划的分类有多种。依据不同的标准，划分出不同的类型如下。

(1) 根据对象划分，可分为旅游地或旅游区域营销策划、旅游企业营销策划。前者是把一个旅游目的地或一个旅游区域作为对象来进行的策划，后者则是把一个旅游企业作为对象来进行的策划。它们都是整体性的营销策划，如中国三峡旅游区营销策划、武汉市旅游营销策划和武汉大学旅游营销策划等。

(2) 根据业务划分，可分为旅游景区(景点)营销策划、旅行社营销策划、旅游饭店营销策划、旅游交通营销策划、旅游娱乐营销策划、旅游购物营销策划等。

(3) 根据类别划分，可分为生态旅游营销策划、文化旅游营销策划、休闲度假旅游营销策划、体育旅游营销策划、城市旅游营销策划、乡村旅游营销策划等。

(4) 根据内容划分，可分为旅游线路策划、旅游项目策划等。

7.2 旅游营销策划的要素、原则与程序

7.2.1 旅游营销策划的要素及其特征

旅游市场营销策划的要素及特征见表 7-1。

表 7-1 旅游市场营销策划的要素及特征

旅游市场营销策划的要素	特 征
策划者	策划活动的主体要素，策划活动承担者，实际操作者
旅游创意	营销策划的关键、核心和第一要素；一靠创新，二靠经验
营销目标	讲求方向性和目的性；一定高度与可行性兼备
营销主题	应鲜明突出又明确具体
表现方式	应独特新颖；方式多种多样

1. 策划者

策划者是旅游营销策划活动的主体要素，是营销策划活动任务的承担者和策划工作的实际操作者。策划者既可以是策划公司的策划人员，也可以是企业或组织内部的商业策划人员；既可以以策划团队(智囊团)的形式出现，也可以以个体的职业策划人员的形式出现。

2. 旅游创意

旅游营销策划的关键是旅游创意。旅游创意是与众不同、新奇而富有魅力的旅游构思和设想。它是旅游策划的核心和第一要素。独特而成功的旅游创意往往能令人眼前一亮，从而吸引受众的眼球，并有利地为旅游目的地或旅游企业实现旅游目标，带来丰厚的旅游收益。

案例分析 7.2

彩色水稻描绘"湘家荡"画卷

图 7.1 "湘家荡"画卷

2012年8月7日，在浙江省嘉兴市湘家荡省级现代农业综合区和粮食生产功能区内，一片用彩色水稻绘就的"湘家荡"图景(见图 7.1)分外亮眼，最近吸引了不少游客前来观赏。该"画卷"整体呈梯形，占地面积约 60 亩，常规绿色水稻平铺打底，紫色水稻勾勒出"湘家荡" 3 个大字，黄色水稻则构成大小不等、错落有致的 7 颗星，点缀在"湘家荡"字形的上方。整个画面看起来立体感强烈，如同在一幅巨大的绿色宣纸上绘就一般。

湘家荡农业园区依据现代观光型都市农业的总体定位，全面布局"一心五区三网"格局，在积极招引农业龙头项目、推动精品生态农业发展的同时，也致力于探索农业产业和现代服务业的有机结合，培育和打造休闲观光农业，此前推出的千亩油菜花就吸引了不少游客。彩色水稻在养护上并不复杂，基本上和普通水稻是一样的，预计 11 月中下旬可以收割。除了能观赏外，彩色水稻产出的稻米也是可以食用的。嘉兴市其他地方也在倾力打造创意农业，在嘉善县大云镇的另一种创意农业还可以让人大饱口福，该地种植的 "水果玉米"在青苞棒阶段皮薄汁多，质脆而甜，可像水果一样生吃。

创意农业的最大亮点是通过创意把地方特色文化、农业科技和旅游市场有机结合，文化展现魅力、科技展现绚丽、农业展现唯美。

(资料来源：http://www.cnjxol.com/xwzx/jxxw/jxshxw/content/2012-08/07/content_2124180.htm，已作整理)

3. 营销目标

旅游营销策划是为了在旅游市场营销活动中实现预定的营销目标而开展的一系列旅游营销活动。因此旅游营销策划必须具有明确的方向性和目的性。一切旅游营销活动都为实现这个旅游目标而设计、执行，并及时反馈和修正。旅游目标首先要具有一定的高度，能产生激励作用。同时旅游目标须切实可行，具有可操作性，不能是不可企及的。

4. 旅游营销主题

旅游营销策划的主题要鲜明而突出，才能给受众留下深刻印象。在旅游消费活动中，由于旅游消费个体的年龄、性别、经济状况、文化程度、背景等的不同，旅游消费需求呈现多元化、复杂化的趋势，因此旅游企业在进行营销策划时如果仍然使用传统意义上的规范化和标准化策略，将不能适应旅游者多元化、复杂化的消费需求。营销主题必须明确具体、鲜明突出，切忌多主题。多主题即无主题，这是品牌传播的一大忌，对于消费者来说，旅游目的地或企业如果诉求点太多太杂，没有确立唯一性、权威性、排他性之处，没有可以牵一发而带动全身的龙头，就好像散落的珍珠，没有一根主线把它们串起来，就很难形成聚焦和更大的增值效应。

案例分析 7.3

乐岛是谁？

"乐岛海洋公园是一座投资3个多亿，以海底观光、潜水、水上娱乐、大型海洋哺乳动物展示和文化演出等为主，集观赏、娱乐、休闲、动态刺激、运动参与及海洋科普教育为一体的一个环保生态型、高档次新一代海洋主题公园。"当北京光华卓策旅游营销策划机构项目组成员问公园的工作人员"乐岛海洋公园是什么"的时候，从乐岛的董事长到下面的普通员工都会以这个将近100字左右的文字回答，听完以后，除了让项目组人员佩服董事长和员工的记忆力以外，还是让人一头雾水。

图 7.2　乐岛海洋公园主题

在为乐岛找魂(即寻找主题)的过程中，策划机构就首要面临着"欢乐文化"和"海洋文化"两种文化的冲突问题，乐岛企业内部也分成两派，一派以项目小组为代表认可"海洋文化"，另一派则以董事长为代表认可"欢乐文化"。在这种原则问题上，项目组成员没有向董事长妥协，而是坚持自己的观点，最后双方争执不下，就从"秦皇岛城市、消费者和旅行社"3个角度进行了一个专题调研，让答案从市场中来，并在市场中的得到验证。

"我们不会代替消费者思考，也不会让消费者代替我们思考"，其实策划就是思想反复斗争、验证、推翻然后再反复的过程。

洞察秦皇岛城市：秦皇岛市政府将秦皇岛市定位成"长城海滨公园"，突出长城和海滨两个要素。

洞察消费者：在外部消费者访谈的过程中，85%以上的消费者都是到秦皇岛看海来的。

洞察山西旅行社：山西的消费者去海边度假的人特别多。

经过市场验证，"乐岛复合旅游模式"和"海洋文化"的确立明确了乐岛的战略发展方向，并为下一步的整合品牌营销起到关键性的指导意义。秦皇岛乐岛海洋公园2004年7月22日开业，经过专业的旅游营销策划后，游客接待量以100%的速度突飞猛进，并创下秦皇岛景区日接待量突破3.5万人次的最高纪录，合作的核心旅行社由200多家增长到800多家。乐岛以挑战者的身份，用3年时间完成了行业一流景区需要数年时间才能达到的业绩，进入了秦皇岛品牌景区的第一阵营。"乐岛旅游营销的创新模式"开创了秦皇岛旅游的新格局，并为中国主题公园的整体突围创造了一个成功样板。乐岛案例入选2006年10大旅游营销案例。

(资料来源：http://www.superpku.com/index.php3，已作整理)

旅游开发就相当于一部交响曲，它必须要有一个主题和灵魂。围绕这个主题分成很多乐章，每一个乐章都有不同的内容，就像贝多芬的命运交响曲一样，最后浑然天成，形成一部壮怀激烈、大气磅礴的乐章。

5．表现方式

有了旅游创意、目标和鲜明而突出的主题后，策划者还要通过独特新颖的方式将它们表现出来，这样才能达到旅游营销策划的效果。旅游企业可以采取多种多样的营销策划表现方式，可以采用印刷、电子、影视等作为表现载体；也可以借助写实、夸张、比较、示范等表现技巧；或者选择产品、服务或形象作为表现重点。

7.2.2　旅游营销策划的原则

1．战略性原则

旅游营销策划实质上是旅游营销中的一种战略性决策。首先，策划一旦完成，就成为旅游地或旅游企业在相当长一段时间内的工作方针和行动指南，必须严格贯彻执行；其次，一个系统完整的旅游营销方案应保持其相对稳定性，不能随意变动；最后，一个成功的旅游营销策划方案是站在战略的高度为旅游地或旅游企业所做的谋划，其作用至关重要，它是旅游地、旅游企业未来进行营销决策的依据。

旅游市场营销策划应该具有全面性、长期性和稳定性。旅游营销策划必须从旅游企业的全局利益和长远目标考虑，从旅游企业的战略高度着手。在进行旅游企业营销策划时，如果旅游企业的眼前利益与长远利益发生矛盾，不能为了眼前利益而牺牲长远利益，应当把企业的长远利益放在首位。

2. "三本主义"原则

首先是"以人为本"原则。旅游市场营销策划必须以公众为核心。能否为公众着想，充分体现公众利益，是旅游营销策划能否成功的关键。因此旅游地域旅游企业要以满足公众需求为中心作旅游营销决策、制定旅游营销方案。其次是"以生态为本"原则。旅游营销的一个重要特点就是要保持人与自然的和谐，将生态本身作为一种旅游资源，通过保护性开发来为人类的发展服务。最后是"以社会为本"原则。旅游经营者总是在一定的社会环境中生存和发展的，它们所赖以运作的资源、要素及客源等都来源于一定的社区。来源于社会。因此，旅游经营者必须回报社会，承担相应的社会责任，如提供高质量的产品与服务，保护环境和文化，照章纳税，支持公益事业等。旅游经营者应将以上三者有机地结合起来，并使之趋向统一和协调。

3. 竞争性原则

旅游地或旅游企业能否在市场上获得成功，关键在于它的竞争性及在市场环境中的地位。差异性是竞争性的典型特征，只有具有鲜明特色和个性的营销策划，才能使其具有独一无二的优势，才可能在旅游市场的竞争中赢得优势。

7.2.3 旅游营销策划的程序

1. 拟订旅游营销策划计划

旅游营销策划是一项非常复杂的工作，在进行正式的策划之前必须拟订相应的计划。一般而言，旅游营销策划的计划要根据委托方的要求去制订，主要内容应包括策划的目的、策划的进程、策划的分工、策划费用的确定等。

一是明确策划目的。旅游营销策划涉及旅游企业或旅游经营单位的人、财、物等诸多要素的投入，关乎其综合效益性。因而拟订计划时必须具有十分明确的目的性。旅游营销策划计划主要包括经济目的、市场目的、公众形象目的和发展目的。

二是拟定策划进程。在拟订旅游营销计划书时应明确旅游营销策划工作的具体进程，并列出其进展时序表。旅游营销策划进程大致分为如下几个阶段。第一，准备阶段，包括明确策划问题，确定策划主题，做好策划的物资、人员、知识和舆论准备等。第二，调研阶段，此为旅游营销策划收集资料、获取信息的阶段。第三，创意设计阶段。这是旅游营销策划的核心阶段。旅游营销策划创意与方案设计是基于大量的旅游市场调研材料和旅游市场信息，并借助于营销策划理论与实践经验所进行的智力操作活动。第四，实施阶段，旅游营销方案实施阶段的时间长短需由旅游营销方案的性质来定。旅游营销战略方案具有长期性、战略性的特点，因此其实施只有起点而无终点。旅游营销策略方案的实施则有起点也有终点，但起于何时、终于何时，则由活动的目的和性质而定。

三是策划经费预算。旅游营销策划工作需要一定的资金投入，而投入多少资金，什么时候投入，投入哪些方面等问题，均牵涉策划经费的预算。因此在拟定旅游营销策划书时，必须认真匡算用于策划的具体费用，使经费预算合理、科学。经费的预算要遵循效益性原则、经济性原则、充足性原则、弹性原则。经费预算中包括的项目主要有旅游市场调研费、旅游信息收集费、旅游策划人员投入费和旅游营销策划报酬等。

四是预测策划结果。在拟写旅游营销策划书时，必须对策划方案实施后的可能效果进行初步预测，并将其提供给旅游企业或旅游经营单位有关方面的决策者定夺。策划结果主要包括经济效果预测和形象效果预测两个部分。

2. 界定问题，确定策划主题

在策划之前，旅游地或旅游企业需要考虑下列问题：策划到底要解决什么问题？哪个更重要，界定问题还是解决问题？界定问题有助于问题的解决吗？所谓界定问题就是要把策划的问题或策划的主题搞清楚。通过界定问题把问题简单化、明确化、重要化，然后明确策划的主题。

界定问题的方法应根据实际情况予以选择，一般有专注重要的问题、细分问题、改变原来的问题、用"为什么"来界定问题等实用方法。

旅游营销策划主题的确定大致可分为旅游经营单位或企业领导决定的主题、旅游地政府决定的主题以及旅游策划人员凭自己的判断选出的主题三类。无论是哪种方式确定的策划主题，在进入作业之前都要明确以下内容：该策划对象为什么会被选为策划主题；如果针对该主题提出策划案，可能会产生什么效果；策划主题越细化、越明确越好。

3. 收集利用信息，打好策划基础

俗话说："巧妇难为无米之炊。"如果没有充分的信息资料，策划人员是难以做出优秀的旅游营销策划方案来的。因此，信息收集与处理工作是成功策划的关键一环。

首先要训练信息意识。策划的要领是迅速收集和处理最新的信息，信息意识能促使人们发现有用的信息。例如，曾有报道说"尼斯湖有水怪出现"，这本是一则似是而非的报道，然而当地人却抓住这一信息，充分利用人们的好奇心，精心策划了"到尼斯湖，看神秘水怪"的旅游开发方案，并通过媒体大肆渲染，结果吸引了世界各地不少游客前来观看，使尼斯湖一跃成为旅游热点。

其次要搜寻有价值的信息。有价值的信息主要包括以前不曾有过的新现象、新信息，与以前不一样的现象或信息。有价值的信息主要有两种来源：一是收集现成的信息资料；二是通过询问、观察、会议等方法进行市场调研。培养强烈的好奇心、养成做记录的习惯、建立广泛的人际关系、经常浏览书籍杂志、把握传播有价值信息的各种媒体等都有助于收集高质量信息。

在整理信息资料的过程中要掌握好资料的客观性、公正性、时效性和可靠性的原则，

通过去粗取精、去伪存真的过程提炼有用的信息。只有这样，策划人员所收集的信息资料才能为旅游营销策划方案的设计提供科学的依据，否则会给策划带来误导。

4. 形成创意，确定策划方案

策划创意阶段是整个旅游营销策划过程的核心部分。一个好的旅游营销策划方案必须要有创意性。没有创意，策划也就没有生命力。

创意通常是由创意的灵感产生的。复旦大学的沈祖祥教授认为："好的策划创意往往来自于创意的灵感，也就是创意暗示、创意联想、模糊印象、灵机闪现等。将灵感经过整理、变形、加工和组合，就形成创意。"在旅游营销策划中往往会出现几个创意、几种思考。选择时应比较哪一种方案更符合实际。如果一种策划方案设计得很好，创意很特别，但需要巨额投资，且涉及面广，实施难度大，这种方案的采用就要慎重考虑。因此在确定策划方案时，策划人员要综合考虑多方面的因素，比较各种创意方案的优劣，最终选择有创意、风险不大、实施难度较小、预期结果较理想的策划方案。

5. 撰写策划报告书并组织实施

一项旅游营销策划方案的结果是形成策划报告书。策划报告书是策划的文字化，也是载体。在策划报告中要详细阐述策划的思想、实施方案和步骤。策划报告书完成的好坏，影响整个策划方案的质量。策划报告书按策划对象不同，一般由文字、图表、照片、示意图等组成。报告应一式几份，交相关部门验收和实施使用。

策划报告书完成后，策划人员要向委托方或有关部门领导汇报、答辩和征求意见。汇报的内容包括策划的背景资料、策划的主题思想、市场分析、策划方案、实施计划、步骤与预期结果等。在听取了各方面专家、领导的意见或建议后，策划人员需认真对策划报告书进行修改完善。在完善、确定之后组织实施。

总体来说，旅游营销策划可以分为明确策划问题、开展调查与分析、营销战略策划、营销战术策划、营销策划书提交、企业营销策划实施六大环节。

知识链接 7.3

旅游营销策划书的基本要素

1. 必备项目

旅游营销策划书的撰写，要具有下列必备项目。

(1) 策划名称(即策划主题，可加副标题)。

(2) 策划者名称(小组名称、成员名称)。

(3) 策划制作年、月、日。

(4) 策划的目的以及策划内容的简要说明。

(5) 策划经过的说明。

(6) 策划内容的详细说明(正文部分，包括文字、图片等)。

(7) 策划实施时的步骤说明及计划书(时间、表)。

(8) 策划的预期效果分析。
(9) 对本策划问题症结的想法。
(10) 可供参考的策划案、文献、案例等。
(11) 如果有第二、第三备选方案，列出其概要。
(12) 策划实施过程中应注意的事项。

2. 旅游营销策划书的内容

旅游营销策划书没有一成不变的格式，它依据所要策划的内容不同而在编制格式上也有变化。例如武当山风景区客源市场开发策划书与东湖风景区门票价格调整方案友编制格式上肯定会有一定差异。但从旅游营销策划书的内容与格式的一般规律来看，其中有一些要素是共同的。旅游营销策划书的结构一般情况下要与旅游营销策划的构成要素成内容保持一致，这样可以提高旅游营销策划书的制作效率。

(1) 封面。封面是旅游营销策划书的"脸"，它能产生强烈的视觉效果，给人留下深刻的第一印象，从而对策划内容的形象定位起到辅助作用。封面的设计原则是醒目、整洁，切忌花哨，至于字体、字号、颜色则应根据视觉效果具体考虑。策划书的封面可提供以下信息：策划书的名称、被策划的客户、策划机构或策划人的名称、策划完成日期及本策划适用时间段。

(2) 前言。前言一方面是对策划内容的高度概括性表述；另一方面在于引起阅读者的注意和兴趣。策划人员要做到使阅读者看过前言后，产生急于看下文的强烈愿望。前言的文字以不超过一页为宜，字数可控制在1000字以内。

(3) 目录。目录是为了方便阅读者对策划书的阅读而设置的，它使旅游营销策划书的结构一目了然，阅读者可以方便查找旅游营销策划书的内容。目录在策划书中必不可少，但要注意目录中所标页码应与实际页码相一致。

(4) 策划摘要(或概要)。摘要是对旅游营销策划书内容的概述或浓缩。它能使阅读者对策划内容有一个非常清晰的概念，理解策划者的意图与观点。摘要的撰写要求简明扼要，一般控制在2~3页，篇幅不宜过长。摘要一般在策划书正文完成后确定，这样只需把策划内容进行归纳和提炼就行了。

(5) 策划背景与动机。这一部分主要介绍策划委托单位的基本情况及要求进行策划的目的。如果是旅行社委托进行营销策划，就要介绍该旅行社的历史沿革、经营状况、主要产品(服务)、销售渠道、主要客源、财务状况、竞争实力、管理能力、营销能力、组织结构、旅行社负责人情况等企业内的环境状况并说明进行策划的相关动机。

(6) 策划目标。策划目标是委托策划单位在一定时间内奋斗的方向和要达到的标准。策划人要根据委托单位的资源情况、市场实力、竞争优势等来确定。因此策划目标是策划书的重要内容，在策划书中需要明示策划所要实现的目标和改善的重点。如新景点的销售目标是今年游客达50万人次，销售收入达2000万元，同比增长10%。策划目标的确定必须满足"SMART"的要求，即重要性(Significance)、可度量性(Measurablity)、可实现性(Achievement)、相关性(Relevant)以及时效性(Time)。

(7) 环境与机会分析。环境分析是旅游营销策划书的出发点、依据和基础。环境分析包括外部环境和内部环境两个方面。环境分析经常用"SWOT"方法。即优势(Strength)、劣势(Weakness)、机会(Opportunity)、威胁(Threats)。在行业内部应对国内市场、全球市场、行业内部的竞争情况等进行全面了解。在外部环境方面应做好"STEP"分析，即社会因素(Society)、技术进步(Technology)、经济状况(Economy)、政治法规(Politics)等方面的分析，在环境的分析中发现机会、把握机会。旅游营销策划是对市场机会的把握和策略的运用，因此分析市场机会就成了旅游营销策划的关键。只要找准了市场机会，策划就成功了一半。

(8) 战略及行动方案。这是策划书最主要的部分。在撰写这部分内容时，策划人员必须非常清楚地提出旅游营销战略与具体的行动方案，包括旅游营销战略目标、战略原则、旅游主题形象、客源市场细分与目标市场定位、旅游产品组合策略、旅游产品定价策略、旅游分销渠道策略、旅游竞争战略等。在确定旅游营销战略的基础上根据策划期内各时间段的特点，推出各项具体行动方案。行动方案要细致、周密，操作性强又不乏灵活性，还要考虑费用支出，尤其要注意不同旅游产品淡、旺季营销的侧重点，抓住旺季营销优势。

(9) 使用资源、预期收益反风险评估。在旅游营销策划书中，策划人员应对行动方案执行过程中所需人力、物力、财力及可能产生的有形、无形成本负担进行评估，对方案何时产生收益、产生多少收益以及方案有效收益的长短等也要进行评价。另外，内外部环境的变化不可避免地会给方案的执行带来一些不确定性(风险)，因此当环境变化时是否有应变措施，失败的概率有多少，造成的损失是否会危及旅游经营单位的生存和发展等，也要在策划书中加以说明。

(10) 方案实施计划。对旅游营销策划方案的各工作项目按照实施时间的先后顺序排列、标示，形成实施的时间表，这样有利于在策划方案实施中的检查。人员的组织配备、相应的权责也应在这部分中给予加以明确。另外，执行中的应变程序也应该在这部分中给予通盘考虑。

(11) 结束语。结束语要与前言呼应，并突出要点。

(12) 附录。附录是策划案的附件。附录的内容对策划案起着补充说明作用，便于策划案的实施者了解有关问题的来龙去脉，附录为旅游营销策划提供有力的佐证。在突出重点的基础上，凡是有助于阅读者理解旅游营销策划内容和增强阅读者对旅游营销策划信任的资料都可以考虑列入附录，如引用的权威数据资料、游客问卷的样本、游客深度访谈等。

旅游营销策划书的编制一般由以上几项内容构成。旅游营销单位性质不同，旅游产品不同，旅游营销目标不同，所侧重点的各项内容在编制上也可有详略取舍。

(资料来源：熊元斌，等.《旅游营销策划理论与实务》. 武汉：武汉大学出版社，2005年)

7.2.4 旅游市场营销策划的策略

1. 形象策略

企业形象识别系统(Coporate Identity System，CIS)是形象策划系统有力的方法，包括理念识别系统(Mind Identity，MI)、行为识别系统(Behavior Identity，BI)和视觉识别系统(Visual Idertity，VI)。CIS 能提升企业形象、快速传递企业的信息并增强公众对企业的信赖。在运用 CIS 的过程中，旅游企业需要注意选择时机对内对外发表 CIS 计划，表现形式力求生动，注重视觉识别系统的应用。

案例分析 7.4

海南喊出个"呀诺达"

图 7.3　海南呀诺达雨林文化旅游区

在三亚呀诺达雨林文化旅游区(见图 7.3)，无论你走到哪里，无论遇到谁，都会向你伸出"V"形手势，对你喊"呀—诺—达"，你也会不由自主地沉浸在"呀诺达"呼唤的声浪中。

"呀诺达"是海南语中"123"的发音。"123"从数字本身的含义来说，是从头开始，从新开始。用海南语"呀诺达"作为一种新的文化旅游园区的名称，给人一个全新的文化旅游园区的概念。景区赋予它新的内涵，"呀"表示创新，"诺"表示承诺，"达"表示践行，同时"呀诺达"又被意为欢迎、你好，表示友好和祝福。

一开始，"呀诺达"雨林文化旅游区的定位与园区性质就立足于保护生态环境，保证自然资源可持续利用。在这里，你会看到目前在海南发现的最大的桄榔林，看到有着上亿年历史的活化石树蕨，看到你一生罕见的巨大仙草灵芝。

"呀诺达"以雨林为核心区域。在核心区和周边生态恢复保护区内，生长着大片的原始森林和次生林，其中有 1400 多种乔木、140 多种南药、80 多种热带观赏花卉和几十种热带瓜果。参天巨榕、海南油杉、野生桄榔随处可见，油棕、松类和大叶类植物比比皆是，绞杀现象、空中花篮、老茎生花、高板根、藤本攀附、根抱石等海南热带雨林中的 6 大奇观风情万种。

2008 年 2 月试营业时，知道"呀诺达"雨林文化旅游区的人寥寥无几。甚至在"呀诺达"试运营的 10 多天里，连三亚市的出租汽车司机都不知道离他们只有 30 多公里的"呀诺达"在哪里。但是到 2012 年 1 月，不到 5 年，"呀诺达"就荣膺国家 5A 级旅游区，在 2012 年春节长假中就接待海内外游客 6.8 万人。

海南呀诺达雨林文化旅游区是中国唯一地处北纬 18 度的真正热带雨林，是海南岛 5 大热带雨林精品的浓缩，是最具观赏价值的热带雨林资源博览馆，堪称中国钻石级雨林景区，是一个集观光度假、参与体验、休闲娱乐为一体、可持续发展的文化中心，是具有国际水准的综合性、复合型生态文化休闲度假主题景区。同时，"呀诺达"也是海南省第一个充分展示和表现海南热带雨林"绿色生态文化"的综合性精品景区，与海南的蓝色旅游恰好形成资源互补、互惠互利的格局，填补了海南旅游多年来"没有绿色，只有蓝色"的缺憾。景区位于海南省保亭黎族苗族自治县三道农场，距三亚市仅35公里，距凤凰机场52公里，是名副其实的三亚后花园。

(资料来源：中国青年报和http://news.xinmin.cn/rollnews/2011/11/26/12810337.html，综合整理)

旅游形象标识的确定有利于区域形象的塑造。此外，用一个浓缩地域文化色彩的标识来为旅游做代言已经成为国际的流行趋势。比如夏威夷的"Aloha"，用的就是当地居民一句代表问候"你好"的方言，既表达了夏威夷的热情好客，也很容易被世界各地的游客迅速接受。综观国际大型旅游会展，很多国家和地区都挂出自己醒目的形象标识，给人以强烈的视觉冲击。

2. 产品策略

旅游企业的产品策划直接决定着价格策划、销售渠道策划和促销策划等企业的一系列营销活动的成败。产品的策划包括旅游产品组合策划、旅游产品寿命周期策划、产品品牌策划和产品包装策划。产品组合策划是对旅游企业经营产品的长度、广度、深度和密度进行调整的策划。产品的生命周期包括投入期、成长期、成熟期和衰退期。旅游产品的生命周期策划就是针对旅游产品所处的不同阶段运用不同的营销手段，达到延长旅游产品生命周期的目的。旅游产品品牌策划包括使用同一品牌和使用个别品牌。旅游企业可以将旅游产品分成不同类型，而每种类型采用统一品牌；或者旅游企业使用统一品牌，而每种产品采用个别品牌。

3. 定价策略

价格策划要运用各种有关的定价方法和定价策略。定价方法有成本定价法、需求定价法、竞争定价法等。定价策略有声誉定价法、习惯定价法、奇数定价法、撇脂定价法和渗透定价法等。究竟使用何种方法或策略需要进行综合判断。旅游产品价格制定是否合理及策略运用是否恰当，直接关系到旅游企业市场营销组合的科学性、合理性，进而影响到旅游企业市场营销活动能否成功。

4. 分销策略

分销渠道的策划就是对分销渠道的设计及管理，包括对中间商和营销渠道形式的选择、管理、调整等的策划。旅游企业应该不断开辟新的销售渠道，多种渠道并用，注重关系渠道和网络化渠道的建设，明确分销渠道成员的权责，并对分销商进行激励。

5. 促销策略

旅游促销策划需要在旅游产品设计、定价、分销等策划的基础上进行，是旅游企业营销必不可少的策划。它是旅游市场营销策划中最富有活力和创意的领域。最常用的促销策略可归纳为广告、营业推广、公共关系、人员推销、直接营销和印刷品营销等。

熊元斌教授等从另外的角度提出旅游市场营销的九大策略，在做旅游市场营销策划时也可以积极借鉴。一是概念性营销策略，二是节事营销策略，三是名人营销策略，四是联合营销策略，五是关系营销策略，六是艺术(娱乐)营销策略，七是价值链营销策略，八是网络营销策略，九是深度营销策略。

7.3 旅游目的地营销策划

关于旅游目的地的定义有很多种。总的来说，旅游目的地就是能够使旅游者产生出游动机，并追求动机实现的各类空间要素的总和。旅游目的地大到一个国家、一个省、一个城市，小到一个旅游功能区域。英国学者 D. 布哈利斯将旅游目的地定义为，一个被旅游者视为具有独特性质的、空间统一的、具有明确界限的，由统一管理机构行使行政与执法权进行旅游市场营销与管理规划的地理区域。

如果把旅游目的地比喻为一艘船，那么旅游目的地营销就是帆。策划学对旅游目的地营销最核心的指导是创造目的地的概念、卖点、亮点和兴奋点。在当前激烈的旅游市场竞争中，市场营销和形象塑造已成为占领市场制高点的关键，成为撬动旅游目的地发展的杠杆。景区要发展就必须重视景区营销策划，解决好卖到哪、卖给谁、卖什么、怎么卖的问题。

在中国旅游市场经济趋于成熟、旅游产品走向激烈竞争的环境下，旅游目的地营销的成败越来越成为决定旅游发展的生命线。为此，众多旅游目的地不惜花巨资建设营销部门，高薪聘请营销高手，采取各种手段提升营销部门的策划能力、执行能力以及销售能力。可是不少景区的经营状况仍不尽如人意，质效不明显，客源组织乏力。这种现象的背后实质上隐藏着某些景区战略思维的误区。

7.3.1 旅游目的地产品营销策划

旅游目的地首先要对自己的旅游产品有所认识，根据旅游目的地所提供旅游产品的主要内容和特征组成完备的营销组合，然后再来考虑其营销策略的制定。

旅游目的地的产品不能仅仅理解为旅游地的风景名胜，它还应该包括必要的旅游设施、旅游环境、游客观赏和参与的活动项目、景区(点)的管理和各类服务等。旅游目的地产品的实质是服务，而不是风景名胜等旅游有形产品本身。旅游目的地产品(主要指景区)营销策划最为重要的4个营销组合因素如下。

1. 旅游景区(点)吸引物

旅游景区(点)吸引物就是景区内标志性的观赏物。它是景区旅游产品中最突出、最具有特色的景观部分。旅游从某种角度讲也可称作"眼球经济"，游客正是为了观赏旅游景区(点)某一特定物才不远千里、不怕车马劳顿赶来旅游的。吸引物是旅游景区(点)赖以生存的依附对象,是旅游景区(点)经营招徕游客的招牌,是景区旅游产品的主要特色显示。没有这个吸引物,游客就不可能来景区旅游消费,尤其在今天旅游市场竞争日益激烈的情况下。

案例分析 7.5

"四季旅游"营销显力 嘉兴旅游半年收入近 200 亿

春季"赏花、休闲",夏季"民俗、童玩、亲水",2012年上半年,嘉兴市推出了"四季嘉兴"的整体旅游形象。2012年4月1日,浙江省嘉兴市旅游局首次发布"踏青赏花、共享欢乐·嘉兴春季旅游",拉开了"春游嘉兴"的大幕。6月22日,"夏游嘉兴"发布活动在湘家荡旅游度假区月亮湾沙滩举行,标志着嘉兴"四季旅游"正式进入"第二篇章"。另外,嘉兴旅游景区还充分利用了品牌节庆活动平台展开"深度营销",精心打造具有"四季"特色的旅游产品。在6月21日至24日中国·嘉兴端午民俗文化节期间,嘉兴举办了以"嘉兴端午中国味道"为主题的端午自驾游活动。1~6月,嘉兴旅游市场共接待国内外游客1988.11万人次,实现旅游总收入198.11亿元,同比分别增长5.78%和18.32%。

"四季旅游"品牌充分挖掘大嘉兴旅游的内涵,寻找出每一个时节嘉兴市旅游的最大亮点,为来此的游客作指导。为推广"四季旅游"品牌,努力打造"江南水乡,休闲嘉兴"旅游形象,扩大嘉兴旅游知名度,嘉兴市旅游局积极利用交易会、推介会等平台扎实做好旅游市场推广工作。在2012年上半年,嘉兴市成功举办了2012中国长三角旅游集散中心高峰论坛,组织旅游景区参加浙江省(南京)旅交会、山东(济南)杭嘉湖绍旅游推介会、中国(青岛)国内旅交会,进一步打响了嘉兴市的"四季旅游"品牌。嘉兴旅游营销凸显实力,"四季旅游"品牌不仅丰富了旅游市场内容,而且还提升了文化档次。

(资料来源:中国经济网. http://travel.ce.cn/jjzg/201208/01/t20120801_23545659.shtml,已作修改)

吸引物不仅靠自身独有的特质来吸引游客,还需要有一个良好的形象塑造和宣传才能起到应有的吸引效果。所谓旅游景区(点)吸引物的塑造实际就是给景区旅游产品定位,把景区最吸引人的、最突出的特色表现出来。这个特色经过进一步打造还可以形成景区的品牌,进而形成旅游市场的名牌。世界上著名的旅游胜地都是以其独特的地貌景观、建筑景物、历史遗迹、风俗民情等吸引四面八方的游客前往游览的。如埃及的金字塔、纽约的自由女神、北京的长城和故宫、西安的秦兵马俑、长江三峡的神女峰、云南少数民族风情等。

2. 旅游景区(点)活动项目

旅游景区(点)活动项目是指结合景区特色举办的常规性或供游客欣赏,或供游客参与的大、中、小型群众性盛事和游乐项目。景区活动的内容是非常丰富的,如文艺、体育表演、比赛,民间习俗再现,各种绝活演艺,游客参与节目,寻宝抽奖等。这些活动不仅是景区旅游产品的一部分,而且还可作为促销活动的内容。旅游景区(点)活动能使游客的旅游感受更有趣味性,使旅游服务的主题更加鲜明和更有吸引力。例如,近几年才落成的河南省博物院除了在造型古朴别致的建筑内展示中原 5000 年以来的出土文物外,每天进行两场古乐器演奏会,一下使中原古文化以丰满的姿态展现出来,大受中外游客的欢迎。

3. 旅游景区(点)管理与服务

旅游景区(点)产品表达形式尽管呈多样化,但其核心内容仍是服务。服务的特点就是它的提供与消费常常处于同一时间段,每一次服务失误就是一个不可"回炉"修复的遗憾的废品产出。在服务过程中的管理尤显重要。实际上管理的核心就是服务。旅游景区(点)管理包含两个层面,一是对员工的管理,二是对景区的管理。对前者的管理要靠各项制度做保证。

4. 旅游景区(点)可进入性

可进入性指的是旅游景区(点)交通的通达性。由于很多景区处在交通不方便的偏僻地区,游客进出旅游景区(点)大受限制,交通甚至成为营销瓶颈。旅游景区(点)的产品销售过程与有形商品销售不同,是景定人动,顾客必须来到景区享受服务,经营要靠大量的客流。目前,在国家交通条件改善的情况下,影响旅游景区(点)可进入性的不是主干交通,往往是旅游景区(点)门前的最后"10 公里",必须引起重视。

案例分析 7.6

世界地质公园——兴文石海整合营销传播

兴文石海景区是世界地质公园,国家重点风景名胜区,国家 4A 级景区,总面积 121 平方公里,是大型岩溶地貌自然风景名胜区。这里汇集了"中国最大的石海"、"世界级规模的天坑"和"中国最长的游览洞穴",三绝共生,世所罕见。兴文石海营销发展总体思路是以打入国内外市场为切入点,充分利用利益杠杆机制,建立全方位多层次的立体营销网络,全面深入旅游 6 要素建设,以期达到景区人气、收入、效益的爆发式提升。景区以事件行销作为兴文旅游营销的市场引爆点,在全世界范围树立兴文石海的旅游品牌形象,提升兴文旅游精品旅游品牌形象和旅游品牌的知名度、美誉度和影响力;通过打造主题洞穴酒店、大型古战场重现的体验式演出等规划和策划项目,完成兴文旅游从"单一观光型旅游产品"向"休闲度假的深度旅游产业"的转型,实现兴文旅游产业跨越式发展。具体工作如下。

(1) 全面放开川、滇、黔、渝 4 省市的游人招徕。
(2) 迅速组建覆盖 27 个省区的营销网络。
(3) 抓紧推进欧美和东南亚市场。
(4) 重新组合旅游线路,形成符合现代旅游需求的线路产品组合。
(5) 开展全民打造旅游要素活动。
(6) 通过集团机制运作友情联合宜宾旅游项目。
(7) 营造浓郁的僰苗文化旅游氛围。

(8) 开展系列主题活动，丰富景区旅游内涵。
(9) 精心炒作景区人气。
(10) 通过优惠政策与旅行商进一步合作。

(资料来源：光华卓策案例．http://www.17u.com/blog/article/136526.html，已作修改)

7.3.2 旅游目的地空间竞争战略策划

尽管不同的旅游目的地怎样分类还没有一个统一的标准，但可以按照旅游目的地的开发程度简单地把它们分为已开发旅游目的地和未开发旅游目的地两类，然后分别探讨两种类型的旅游目的地应当怎样确定自身的竞争战略并制定发展战略计划。

1．已开发旅游目的地竞争战略策划的一般技巧

这一类旅游目的地占据我国旅游市场的大部分份额，它们大多拥有比较优越的旅游资源(自然旅游资源或人文旅游资源)，已经经过一段时间的开发建设，积累了一些旅游开发及管理的经验，且占据各自稳定的市场份额。但其中除了少数经营较好的旅游目的地之外，大多数旅游目的地存在着粗放经营的问题，如旅游资源开发不合理，旅游管理人才奇缺，旅游投资匮乏并且投向不合理等。更为严重的是，很多旅游地不注意对生态环境和历史文化遗产的保护，不重视旅游地的可持续发展，为旅游地的发展带来了诸多隐患，这已经成为我国旅游业持续发展的一大障碍。

在策划提升已开发旅游目的地竞争力的方案时，一般要着重考虑以下问题。

(1) 现有竞争力的评价。现有竞争力的评价即根据区位论和波特竞争力理论运用SWOT的分析方法对旅游目的地的发展阶段、产品与市场、资源禀赋等要素做出评价，对相关产业和与之竞争的旅游目的地发展情况进行评估，确定其竞争力的大小。

(2) 在确定竞争力大小的基础之上，对旅游地的发展更新定位。对以往的成功之处要继续保持，失败之处要积极改进。在重新定位时应坚持市场导向原则，进行市场调查和市场预测，准确掌握旅游市场的需求及其变化规律，结合旅游资源的特色和发展现状，确定主题、规模和层次。

(3) 根据重新定位的结果制定总体发展目标和阶段性目标、按照需求培养或引进旅游管理人才，筹集新发展战略所需要的资金投入和相关的技术支持等。

(4) 对旅游地重新定位之后的发展战略进行绩效分析，并根据市场需求不断进行修正，调整旅游地的经营管理和发展方向。这是一个需要长期进行的动态性工作。

2．未开发旅游目的地竞争战略策划

对未开发旅游目的地进行竞争战略策划一般应着重考虑以下内容。

一是评价未开发旅游目的地的旅游资源禀赋状况及其特色；二是根据旅游业发展环境以及竞争者的发展状况，评估未开发旅游目的地旅游开发的优劣势；三是编制未开发旅游地的竞争战略方案。方案的重点内容包括旅游产品的特色开发、旅游品牌塑造、旅游主题形象确定、旅游主题口号设计以及竞争促销战术选择等；四是未开发旅游目的地竞争战略方案的实施绩效分析。成功的旅游目的地开发不仅要具备独特竞争优势的旅游资源"亮点",而且还要依赖于匠心独运的营销策划。

7.3.3 旅游目的地促销策划

1. 联合促销策划

联合促销策略是指一个旅游区与其他利益共同体联合行动,共同促销的行为策略。若干个距离接近、产品互补、线路相连并具有共同的客源市场的目的地最为适合此种联合促销。如鄂西与渝东、宜昌与重庆的区域旅游合作与联合促销。这种促销策略既能够不断满足和丰富市场的需要,又能够提高区域旅游知名度,增强地方的旅游竞争力。

整体大于部分之和,这是系统学的基本原理。规模也是品牌力,规模也是竞争力,这已是不争的事实。举目四望,形形色色的联合营销正在激烈竞争的旅游市场大舞台上威武雄壮地上演。从川藏滇联合投资 800 亿元打造香格里拉旅游品牌到长三角旅游圈的逐步形成,尤其是"五岳联盟,天下称雄"的"中国第一旅游品牌"的横空出世之后,全国的旅游营销联合之势早已是星火燎原。目前知名度较低、影响较小的旅游目的地,其联合营销旅游的要求更为迫切。

2. 产品策划

旅游产品策划是指在对旅游资源的区域分布、可进入性、旅游者对旅游资源的感觉、认识以及市场(需求市场与供给市场)情况进行调查研究,掌握第一手数据后,充分把握旅游资源的自身所具备的价值(历史价值、艺术价值、文化价值、科学价值)、品质和特色,设计出满足客源市场需要并具有独特竞争力的旅游产品的过程。其核心是旅游资源特色和旅游资源本我特质的释放与爆发,有创意地设计出能吸引游客的旅游产品。其中关键的问题在于如何通过精心调研,动态把握旅游产品的价值,灵活调整旅游产品价值的实现方式。

3. 价格策划

价格是旅游产品与消费者之间的沟通桥梁,价格策划是旅游营销策划中最难以控制的一环,因为影响价格的因素有很多。在价格的影响因素中消费者的心理行为尤为重要,而消费者的行为却可以事前预测。这就需要在制定促销价格时对影响因素进行一个动态的、综合的考虑。一般说来,对于价格需求弹性系数大的产品,即需求受价格因素影响明显的产品(如一般观光产品)更易灵活采取低价格策略吸引客源;反之,可适当采取高价格以提高产品品位,提高目的地经营收入,如特种旅游、度假旅游、探险旅游、文化旅游、科考旅游、新婚旅游等专项旅游目的地。

总之在进行市场营销时,价格策划是最重要的策略,所以旅游企业应该结合多种策略来进行运用,以达到最佳的效果。旅游企业在制定价格时在考虑自身营销战略的基础上,采用适当的定价策略加上定价技巧,结合企业自身和市场情况以适应市场竞争,才能立于不败之地。

4. 细分营销策划

随着各地旅游产品开发的不断加快和旅游市场竞争的不断加剧，游客的选择越来越多，消费观念也变得越来越成熟，旅游需求逐渐从大众化的观光旅游向多样化的专项旅游方面发展。因此在旅游产品的营销中，旅游企业要树立营销不是卖"最好"、而是卖"不同"的营销观念。旅游市场营销应在市场上不断寻求差异，如细分产品、细分市场、细分口号等，采用细分营销策略来最大可能的满足游客需求，增强旅游产品在市场上的竞争力。

5. 绿色营销策划

绿色营销是企业以环境保护观念作为经营哲学思想，以绿色文化为价值观念，以绿色消费为中心和出发点，力求满足绿色消费需求的营销观念。从1993年起，国际标准化组织制定了一系列环境管理国际标准，如ISO14000等，这些标准的推广极大地推动了绿色营销的发展。旅游目的地促销要顺应绿色消费潮流，从环境保护、充分利用资源的角度出发，通过产品开发，采取利用自然、变平常为珍贵等措施满足旅游者的绿色消费需求，实现营销目标。

旅游目的地的促销方式主要有人员促销、公共关系(关系促销)、政府营销(政治促销)、事件促销、网络营销、概念营销、情感营销、数字营销等，无论利用哪种方式或者策略，都需要因地制宜地结合当地实际来进行，从而达到事半功倍的实质性效果。

案例分析 7.7

"五岳联盟"欲"称雄天下"

2003年9月27日(世界旅游日)，以致力于打造"中国旅游第一品牌"为宗旨的"五岳联盟"在南岳衡山正式成立，在惊世大作《笑傲江湖》中首次提出"五岳联盟"的香港著名武侠作家金庸亲临论坛作精彩演讲并出任了荣誉盟主。

据了解，五岳联盟今后将主要在五岳整体形象的设计与推广、大型主题活动策划与实施、国际性和全国性专业旅游促销活动整体联动及其他重大旅游营销战略等方面寻求合作和互惠互利。如以"五岳联盟"整体形象参与中国国际旅游交易会和中国国内旅游交易会，轮流举办中华五岳旅游节，联合举办五岳论坛，联合制作五岳旅游宣传品，在中心景区互换广告位，在北京、上海、广州、重庆联合设立五岳旅游产品专卖店，联合开展五岳征文和风光摄影大赛等。有关权威专家称，横空出世的"五岳联盟"通过概念整合营销、品牌共享互赢、灵活自由合作，刷新了旅游品牌营销新理念，创造了旅游品牌联合新模式。通过精心策划、精诚合作，"五岳联盟"必将在竞争日益激烈的旅游市场"笑傲江湖""称雄天下"。

(资料来源：何建平、赵云鹰. http://www.keyunzhan.com/knews-22064)

知识链接 7.4

微电影,旅游营销新渠道

顾名思义,微电影是在电影基础上衍生出来的小型影片,时长一般为3分钟到5分钟左右,但是具有完整的故事情节和可观赏性,非常适合于多媒体及现代化网络、手机视频、电梯广告等多种平台展出播放。与其他营销手段相比,微电影具有成本低、周期短、媒体适用度高、互动性强、目的性强、贴近大众生活等优势,同时更具有娱乐性、创意性和广告价值。

2012年2月7日,一部在宽窄巷子、锦里古街等地取景,展示四川小吃、火锅等美食和川剧变脸文化等元素的微电影《爱在四川——美食篇》在网络上映。截至2月10日14点,这部时长7分46秒的微电影在优酷网上的点击量已经突破489万次。据了解,目前国内众多旅游企业都热衷于微博营销。旅游营销必须求新求快,谁能满足潜在消费需求,谁就能赢得旅游消费者的心,也就能抢占市场先机。当下正在流行的微电影大可成为旅游营销的有效载体。

一部微电影带火一个酒店

被动只是另一种主动的巨蟹座、怪叔叔都爱闷着骚的天蝎座、气氛营造大师双鱼座……近日,集中展示12星座男士性格特质的12部微电影短片在网络掀起了一股收视狂潮,赚足了人气。这部微电影是桔子酒店集团这一传统旅游企业为市场推广而弄出的新花样。凭借这12部微电影,运营还不到4年的桔子酒店也日渐红火起来,客房入住率直逼100%,旺季时甚至出现了一房难求的局面。

"随着互联网的快速发展,网络上聚集了大量的人气,适合利用视频这种方式来为企业做立体的传播,企业也可以利用网络的互动性同消费者进行良好的情感沟通,微电影对于企业来说确实是一种不错的传播媒介。"桔子酒店市场总监陈中说,与传统的推广方式相比,微电影营销具有渠道新、分享快、成本低、自由度高等优势。正是基于对"微时代"的准确把握和对微电影这一新的传播形式的准确判断,桔子酒店集团于2011年初开始筹备桔子水晶星座男微电影。1月拍摄了4部,随后的8部在5月中旬前全部拍摄完成,于5月31日开始推广,每周一部,在微博、门户和视频网站同时播出。微电影上线至今,12部微电影累计播放量超过5000万次,微博转发次数超过100万次。搜索引擎指数暴涨,从当初很少的搜索量涨至每天几千的搜索量。

超高的人气也增加了消费者对桔子酒店品牌的认知度。陈中告诉记者,这已经大大超出了桔子酒店的初衷——"让不知道(桔子)的知道,让知道的人自豪。"小试牛刀却取得如此轰动的效应,这让桔子酒店尝到了甜头。陈中表示,集团还将继续加大对微电影营销的推广力度。

微电影成旅游营销新手段

12星座微电影的热播和桔子酒店品牌营销的成功并不是孤例,这种成功主要源自微电影强大的传播功能。赢道顾问总策划邓超明表示,微电影当属微视频中比较受欢迎的一种。

微电影将品牌宣传融入引人入胜的故事之中，既满足了网友的娱乐新需求，又满足了品牌推广需求，因此受到网友热捧。例如，张家界盛美达(张家界)度假酒店拍摄的《超人音乐急诊室》等都起到了很好的品牌推广效果。参与《超人音乐急诊室》专辑策划的盛美达(张家界)度假酒店营销总监陈先生接受采访时表示，相比传统的酒店市场营销，微电影成本低、周期短、媒体适用度高，同时还具有一定娱乐性和广告价值，颇受市场青睐。

微时代是个大命题

如果说微博的出现改变了大家对图文的阅读习惯，那么微电影的出现将改变大家对视频的观赏习惯。正如业界专家魏小安所说，以微博的迅速兴起和普及化为代表，一个微时代已经来临。

《爱在四川》、《12星座》、《樱为爱情》等一批旅游微电影的出现，让我们看到了业界在运用新兴传播手段扩大旅游影响力上的积极作为。但与此同时，如何准确把握微电影传播规律、发挥它的最大功效，还需我们认真思考和创新。

一要认识到微电影不等于广告宣传片。微电影吸引观众的地方在于动人的情节、新颖的拍摄手法和贴近现实的内容选择，如果我们把微电影拍成了宣传片，就很难吸引到观众的注意力。

二是要有先进的理念和新颖的创意。微电影的本质是电影，电影就需要曲折精彩、吸引眼球的故事。如何在最短的时间内讲好这个故事才是微电影营销的关键。

三是商业化不能太明显。微时代观众需求也会变得更加挑剔，任何消费者都不愿意被营销。如何在讲故事的同时，巧妙地将营销诉求融入电影之中，就显得至关重要了。

最后，套用一句烂俗的话，"成功？我只是在路上！"虽然旅游界已经意识到了微时代的到来，并自觉得运用起了微电影这一新的营销手段，但是旅游界的运用还是远远不够的，运用的娴熟度也是有欠缺的。

(资料来源：http://www.lxsnews.com/2012/0323/1139.html，已作整理并修改)

7.4 旅游企业营销策划

7.4.1 旅游景区营销策划

旅游景区营销策划首先要考虑三个核心因素。一是景区旅游资源的特色与品位。旅游企业需要对景区旅游资源特色与品位进行准确定位。二是景区客源市场的范围。这需要景区前期对市场进行一番细致的调查分析，中期再在景区内调查，后期要有一个游览景区后的反馈调查，从中测算出游客满意度，找出差别。不管用加权累计法还是拓扑统计法，千万不要走进专家"数字的迷宫"。对于一个景区来说，最本质的效果就是要增加客源。三是旅游产品的特殊性。游客不是购了票才是真正"买商品"，其实好多游客从知道这个景区开始就已经从心里偷偷开始购买了。任何一个环节，包括乘车、食宿等原因都可导致他(她)不购买景区"商品"。

其次，旅游景区要持续提高营销策略实战运用能力。一是对内提高员工素质和服务质量，实施"口碑"营销。二是活动促销。活动促销因其游客参与性强，正成为越来越多景区采用的市场营销方式之一。深圳华侨城、美国迪斯尼乐园等均是采取推陈出新、频繁举办的精彩活动来吸引人。三是设计开发旅游特色纪念品，延伸游客的旅游记忆。四是组织"大篷车"，举办旅游说明会。举办类似说明会应该在依赖当地政府的同时与当地媒体沟通，在主要广场和人流集中地举办，形式要活泼，文艺节目和赠送的小纪念品要体现景区特色和新意。五是网上促销。景区在网上促销，除了一些基本资料的介绍和有关网站链接外，最起码要与网上游客互动，实现有问必答，而且回答要让网友满意，最后还要实现网上订票和购票功能，这样才实现了网上促销的目的。最后，景区可以实行特许(专营)旅行社经营。知名度高、外地组团客源多的景区可以尝试这一策略。

知识链接 7.5

景区整合营销"八个一"工程

- 一句好的旅游宣传口号。
- 一张好的导游图。
- 一套好的解说系统(解说牌、门票、游客中心等)。
- 一本好的旅游手册。
- 一盘好的旅游风光片。
- 一首好的旅游歌曲。
- 一个好的旅游徽标。
- 一个好的旅游节庆活动。

7.4.2 旅行社营销策划

旅行社和所有的其他企业一样，存在着企业经营共同要面对的问题：企业是否已确定自己的目标顾客，企业如何提供目标顾客所需要的产品和服务，企业如何让目标顾客认识、了解、接受、喜爱自己，如何管理好客户关系，企业最终要在消费者心目中建立的形象是什么，企业的推广策略怎样，企业自身有怎样的销售渠道。目前由于我国旅行社行业竞争尤其激烈，旅行社更需要在营销策划上下大工夫、大做文章。

1. 旅游线路产品的差异化营销

如果按深度聚焦原理来看，旅行社的产品开发和改造过程就是对内找差异，对外讲整合。所谓差异化营销就是企业凭借自身的技术优势和管理优势，生产出性能、质量优于市场上现有水平的产品，或是在销售方面通过有特色的宣传活动、灵活的推销手段、周到的售后服务在消费者心目中树立起不同一般的好形象。

有差异才能有市场。因此从某种意义上说，创造差异就是创造顾客。旅游企业首先要准确地把握"顾客需要什么"；其次是用创新去适应顾客需要的变化，用创新去战胜对手的"跟进"；最后要使差异化策略形成一个系统，进而全面实施。差异化策略分为产品差异化、形象差异化、市场差异化(价格差异、分销差异、售后服务差异)三大方面。

旅行社产品大多千篇一律,同质性强,迫切需要差异化策略使旅行社与消费者的沟通实现信息对称。因为在消费者的印象里,没有差异化的旅游产品除了价格以外别无选择。需要注意的是别把差异化搞成"怪异化"。其次,差异化不能不考虑成本,差异化还要考虑消费者的可信度。

案例分析 7.8

"魅丽云南"独创人文活态旅游

旅行社真的懂得云南的精髓吗?游客花费大量金钱去到梦中的丽江、大理,真的能感受到他们心目中的云南吗?见多识广的业内人士都知道,昆明、大理、丽江的景色在全国是毋庸置疑的,特点也是非常明显的。如果游客对昆明、大理、丽江不满意,只能说明一个原因,那就是旅行社没有将云南真正的精华做出来。

引入问题:云南产品泛滥,这个牌子是不是已经没得做了?

云南永和旅行社是云南地接社中专注做品牌的代表。而他们的"魅丽云南"在市场上本身也具有一定的知名度。为了保有"魅丽云南"带来的品牌效应和市场告知作用,深度旅游策划人决定在延续"魅丽云南"这张品牌的同时,进行"质"上的再升级,打造全新的昆明、大理、丽江品牌和产品。

项目小组首先仔细考察了永和旅行社和"魅丽云南"的现状。在现有基础上得出了它对于同行和消费者来说的品牌定位与形象。

(1) 对同行定位:云南品质游典范。永和是云南综合实力最强的品质游产品供应商,是组团社的优质诚信合作伙伴。它有专业的深度旅游营销机构作为后盾,将为国内旅游市场创造出层出不穷的品质游创新产品,力争成为云南地接的第一品牌。

(2) 对消费者定位:值得信赖的云南品质游专家。永和是最懂云南的旅游专家,品质保证,值得信赖;注重细节,产品于细节之处带给消费者纯正的旅游体验,使游客感受云南的原汁原味、万般惊艳;秉承"细微见美"的服务理念,服务于细节之处,从消费者的需求出发,带给消费者有品质、最精髓的云南体验。

魅丽云南的核心价值——体验纯正云南 感受无限惊艳。

标志解读:追根溯源,记忆里那只孔雀。

孔雀!从孔雀公主的传说,再到杨丽萍震惊世界的孔雀舞蹈,云南就这样飞入了全国人的视野,飞进了全世界的心。"魅丽云南"就像一只披着祥云羽衣的神鸟,飞向那神奇的彩云之南,它将引领我们去发现云南这个惊艳的世界……

独创"人文活态旅游"模式:天天有惊艳,夜夜泡古城。

独创"人文活态旅游"模式,将鲜活的民族、民俗融入到产品中,不再按照传统走马观花的形式,而是让游客和当地艺人互动。

首创"白天跟团+晚上自助"双倍体验,天天有惊艳,白天以跟团模式尽情感受丰富惊艳的民族主题体验;夜夜泡古城,夜晚以自助模式根据攻略尽情感受6个古城的风情。一天一个民族,一天一个古城,在7天的旅行中体验时空转换,缤纷多彩的惊艳旅程。

第7章　旅游营销策划

图 7.4 "魅丽云南"标志

以鲜活的民族、民俗人文体验为主线，让每天一款民族服装的明星级导游成为游客身边最亮丽的风景线。他们才艺出众，与游客全情互动，一路上精心设计的民族体验活动精彩纷呈，就像移动的《印象·丽江》表演！

一天一个民族，一天一个古城，一天一个世界，魅丽云南，十族惊艳！

(资料来源：http://www.deeptour.cc/Article-687.html，已作修改整理)

2．旅游线路产品的整合营销

除了要与对手有差异，旅行社的每一个旅游产品必须要有一个整合点，这是提升营销效率的关键。整合营销传播的核心思想是将与企业进行市场营销有关的一切传播活动一元化。整合营销一方面把广告、促销、公关、直销、CI、包装、新闻媒体等一切传播活动都涵盖到营销活动的范围之内；另一方面则使企业能够将统一的传播资讯传达给消费者。所以整合营销传播也被称为"Speak with one voice"，即一元化策略。整合点要注重战术的连续性和战略的导向性。战术的连续性指所有通过不同营销传播工具在不同媒体传播的信息都应彼此关联呼应。战略的导向性强调在一个营销战术中所有包括物理和心理的要素都应保持一贯性。

知识链接 7.6

行业聚焦——旅行社品牌营销的现状

很多旅行社不知道营销、品牌为何物。有的旅行社刚刚从国有的茧子里破出来，对品牌和营销方面的认识还非常稚嫩，观念上转不过来就只会落在不可能的盲点上；有的旅行社一直在家族经营的怪圈里挣扎，品牌、营销方面也处于一片空白，很多是拍脑瓜的即兴之作；有的旅行社勉强糊口或享受于刚够温饱的自留地，对品牌、营销根本没概念，以为做旅游就是坑蒙拐骗拉关系，做广告纯粹浪费钱……

从一个点就可以看到旅行社业的底子有多薄。只要打开各个地方报纸的旅游版，你就会看到密密麻麻蝇头小字的旅游广告，看到简单的"线路＋价格"的告知广告，看到处处杀价黔驴技穷的竞争端倪，看到毫无新意的广告在拼命烧钱，看到粗俗标题与把关人的素质，实在叫人不想再看。

旅行社自身的市场部这块板的高度决定了这个桶的吃水深度。品牌和营销的高低取决于两点：领导者的意识和执行者的素质。旅行社市场部担负着产品部分设计和推广宣传的工作，他们大多很难与专业公司的文案和策划相比，而且很多人在部门里逆来顺受惯了，已经没有了自己的思想，只是一台挤牙膏式的软文机器或填字缩放的排版工具。其实他们也想做得更好一点，但由于观念束缚、多方干扰、能力限制，麻木地认为只能这样并心安理得地工作着。

没有奶酪的一天会来临吗？旅行社业的竞争正在一天比一天激烈，品牌营销的较量也是一天比一天厉害，以前靠一两个产品活得滋润的旅行社，很可能被身边的旅行社大鳄抢夺走客户资源，或是被强势低价策略逼到死角，窒息而死。消费者也是见异思迁的，哪家社赢得消费者更多的信任和忠诚，哪家社就是未来的赢家。未来的竞争格局将由巨无霸、中精专、代理末梢来组成，所以没有奶酪的一天迟早会来临，即便你已经变换成以上 3 种类型中的一种，你仍然有被更强大的对手一夜之间淘汰的可能。

案例分析 7.9

新景界的品牌营销战略

深圳国旅经过对市场的周密调查和分析，针对行业自身的特点和存在的问题，决定推出"新景界"品牌战略，在激烈、低层次且无序的竞争环境下，导入品牌战略，走出一条自己的路来。

新景界标志(见图 7.5)由鲜亮的红色和热烈的橘黄色组成，从整体上看简洁大气，具有强烈的现代感，与其他同业旅行社标志相比具有鲜明的识别性。视觉印象令人记忆最深的是"眼睛"，它紧紧地吸引

图 7.5 "新景界"标志

了人的注意力。其实旅行就是要用眼睛和心去体验最真的美景和境界，新标志锐利灵动地表现了人们对新景界的美好憧憬和热切向往。

深圳国旅实施的新景界品牌战略针对日渐成熟的旅游市场，根据目标客户的需求，走"价值旅游"路线，倡导"人性化"、"个性化"旅游，企业理念清晰，方向明确。在市场上，新景界通过各种宣传推广建立广泛的营销网络，直接面对消费者，走直客销售路线。同时由于注重品质的形象建立，也赢得了看重质量的同行的信任。

(资料来源：深度旅游. http://www.deeptour.cc/Article-148.html，已作修改)

7.4.3 旅游企业营销策划的一般技巧

在进行旅游企业竞争营销策划时，首先要分析旅游企业将进入的产业竞争环境，然后对竞争对手进行分析，最后是营销战略的确定及其动态调整。

1. 旅游企业的产业竞争环境分析

制定竞争战略的实质是把旅游企业与其所处的竞争环境紧密联系起来。尽管旅游市场的竞争环境内容非常广泛,但最关键的部分是旅游企业投入竞争的产业环境。迈克尔·波特的"5种竞争力"分析方法是被广泛应用的产业竞争环境分析方法。"五种竞争力"是入侵威胁、替代威胁、买方议价能力、供方议价能力和现有竞争对手的竞争,它们构成了产业竞争环境,反映出一个产业的竞争大大超过了现有竞争对手的范围。在实行旅游企业营销策划时,需要充分借鉴各种有效方法,提高旅游企业对旅游产业运行竞争环境进行准确分析的能力。

2. 旅游企业竞争对手分析

《孙子兵法》中说:"知己知彼,百战不殆"。在竞争战略制定之前、对竞争对手进行分析是极其重要的。但出于对竞争对手进行定量分析所需的数据收集比较困难,有些涉及商业机密的数据无法获取,因此可采用"四要素"分析法对竞争对手进行定性分析。"四要素"包括竞争对手的长期目标、假设、潜在能力和现行战略。

3. 旅游企业竞争战略的确定

旅游企业在对产业竞争环境和竞争对手进行分析的基础上,应结合企业内部条件和外部条件对备选的竞争战略方案作出评估,最终选出一种适宜的竞争战略。

SWOT分析是一种常用的战略选择方法。企业内部的优、劣势是相对竞争对手而言的,企业外部的机会和威胁是相对所有企业而言的,有利条件可能对所有企业都有利,不利条件也不仅仅对本企业不利。因此来自企业外部的机会和威胁应与竞争对手相比较才能确定。SWOT分析法包含许多内容,旅游企业应根据实际情况进行具体分析。

4. 旅游企业竞争战略的调整

在旅游企业竞争战略规划的执行过程中,市场竞争情况瞬息万变,因此旅游企业应加强对竞争战略策划的控制管理,适时调整、修订企业的竞争战略。

案例分析 7.10

刺激团队——与诸旅行社建立"长远邦交"

拥有大量旅行团体业务的旅行社与众饭店的关系一直非常微妙,确切地说来,有点像恋爱中的男女,爱恨交加,形同"冤家"。

天旺大酒店在当地只能算是一家中上档次的酒店,酒店一开始就决定走自己独特的营销路子即盯准旅游团体,与各旅行社建立"长远邦交",而不是过去那种"朝三暮四"的传统做法。

为实现这样的思路,酒店采取了很多措施。

(1) "奖励积分制度"——旅行社每在酒店预订一个会议或一间客房,都将获得相应的奖励积分，积分达到一定的标准后，酒店就会按事先的承诺予以正常折扣以外的返利或是其他形式的奖励。

(2) "优先安排制度"——为了获得旅行社的长期合作，酒店部分地牺牲了在商务散客市场上的利益。每当酒店业和旅游业的旺季同时到来时，其他酒店纷纷拒绝接待利润偏低的团体，而天旺酒店却放弃了唾手可得的利润，成为了众旅行社最后的"靠山"，而且淡季的价格、返利等优惠政策照样有效，这种"肝胆相照"的义举无形中交下了许多旅游界的朋友。

(3) "非正式走访制度"——每年从年初到年尾，酒店销售人员都始终坚持不懈地带些像松饼、饼干之类的小礼物走访各旅行社的计划部门，这些非正式的频繁访问使得销售人员与旅行社之间建立了一种真正亲密无间的朋友式关系，增加了彼此之间的信任度。

成为专业的旅游接待酒店之后，天旺的利润率虽然有些下降，但业务总量却直线上升，尤其是到了全行业的淡季来临时，天旺门前的热闹场景又令其他酒店羡慕不已。

(资料来源：《旅游市场营销与策划》案例集，已作整理)

7.5 中国旅游营销策划的发展趋势

7.5.1 我国旅游营销策划现阶段存在的问题

"营销"一词在我国其他行业已经盛行多年，"旅游营销"一词在我国旅游行业中则是刚崭露头角。中国作为世界旅游资源第一国，又拥有着世界最大的国内旅游市场，并且 2020 年将成为世界最大目的地国。在这种供需双向互动下，中国的旅游业前景辉煌。但是目前中国旅游整个行业的营销策划意识普遍不强，营销能力不高，甚至有些地方还没有旅游营销意识。虽然一部分旅游企业已认识到营销的重要性，但在具体操作方面还存在一些问题。

1. 缺少营销规划

总体来看，目前旅游企业营销还比较浮躁，缺少必要的营销规划和策划，也缺乏对市场深入的把握。凭感觉营销、凭经验营销等现象还很普遍。营销策划是各类旅游企业营销的统领，它是从长远的、全局的角度对其未来几年营销工作的战略性把握，对旅游企业营销实践具有非常强的指导性。

2. 迷信短期促销，缺乏市场营销观念指导

营销与促销的区别非常明显：营销的目的是为了满足消费者的需求，促销的目的是为了把产品销售出去；促销是营销的手段；促销是短期的，营销是长期的；营销是一个系统工程，而促销注重短期效果。目前国内大多数旅游企业仍然还停留在促销的层面，只是想着如何把产品卖出去，而没有认真考虑旅游者真正需要的是什么。由此导致不少产品定位错位或雷同，或是名不副实、过度夸张，或是味同嚼蜡、乏善可陈。

3．盲目追求短期目标，缺乏对营销的整体控制

旅游目的地和各类旅游企业营销的所有工作都是为了实现自身一定的目标而开展的，可能是市场份额目标，也可能是长远发展目标。短期目标是在短期内需要解决的，长期目标一般是为了实现目的地和企业的长期生存和发展。

7.5.2 中国旅游营销策划发展趋势

1．营销理念娱乐化

伴随全球体验经济、休闲经济、娱乐经济时代的到来，旅游营销将成为欢乐的营销和娱乐的营销。旅游营销娱乐化趋势一方面表现为内容和形式的娱乐化，如大型文化娱乐活动、娱乐元素的大量运用。《印象·刘三姐》、《印象·丽江》和《禅宗少林·音乐大典》持续走红，类似节目不断推出。另一方面表现为政府与有关机构的强力推进。如海口市以海南岛欢乐节继续传播"娱乐之都"品牌形象，长沙举办首届中国国际娱乐旅游节，力求高起点大手笔打造"快乐之都"城市品牌。以策划运作"超女"一炮打红的上海天娱传媒有限公司，高调亮出"天娱传媒，娱乐天下"的旗号，借助其强大的品牌效应和人才团体、媒体传播优势，强力介入大型旅游主题活动的策划与运作，从而使旅游营销娱乐化理念变成现实。

2．营销战略社会化

旅游产业作为综合型动力产业，是构建和谐社会和全面建设小康社会的重要支柱产业。这一观点已越来越成为各级党政领导的共识。各地政府也将以前所未有的政府主导力度和社会营销战略全力推进旅游业发展，如召开大规模的旅游产业发展大会，成立高规格的旅游产业发展领导小组，继续举办各类大型主题活动等。营销战略社会化最显著的特征和标志就是，各级政府对旅游营销的力度将全面加大，营销旅游成为营销一个地区整体品牌、总体形象和综合发展水平的重大战略举措。"营销政府、政府营销"是其最形象的描述，即对于旅游营销，政府将全程、全面、全力介入，从而切实有效地落实政府主导战略，包括策划指导、组织领导、资金主导、舆论引导和全面督导等各个环节，真正推行"政府主导、市场运作"的旅游营销社会化战略。

3．营销策略故事化

当今社会既是一个娱乐经济时代，又是一个信息社会和注意力经济时代。在这样一种大背景下，营销的竞争从某种意义上讲也就成了故事高手的过招，旅游营销的竞争就是故事营销的较量，营销效果的好坏在较大程度上取决于营销者编故事、卖故事的水平。有策划专家认为定位就是找故事、策划就是编故事、营销就是卖故事、品牌就是吃故事。其实，做旅游策划就是编故事，旅游营销就是卖故事，已经有越来越多的人认识到了这一点，但是要想做到却很难。做旅游就要先做策划，没有策划就不要去做旅游。策划很重要，营销同样也很重要。

4. 营销活动事件化

生命在于运动，旅游在于活动，这是旅游行业理论的总结，也是实践的证明。当各种各样、五花八门的信息铺天盖地砸向公众眼球的时候，注意力成为当今社会最稀缺的资源。旅游业是典型的形象力产业和注意力经济，知名度就是生产力，注意力就是"印钞机"。旅游资源不可移动的独特经济特征注定在这样一个全新的时代背景下，零打碎敲的传统促销活动已无法成功地打开旅游市场，只有极具爆炸性的大型活动才能打开旅游市场。大型主题旅游活动成为旅游市场竞争的利器、成功的王牌和胜利的杀手锏。大型旅游活动的竞争将成为旅游营销争夺注意力之战、争夺形象力之战和争夺竞争力之战。旅游活动大型化的结果，伴随而来的就是营销活动的事件化，事件营销再度走红。

案例分析 7.11

跨界营销，绿色"点亮"全球

2010年8月30日，广东省旅游局联手网易旅游频道共同推出了"绿动全球"大型网络生态游戏，这是一款操作门槛低、参与度广泛的互动网页游戏。网友可以通过给世界各国的"生态之树"浇水、参与生态考场闯关答题、网易邮箱积分兑换、邀请好友参与等方式给全球各国进行"绿化工程"，同时不断累积个人绿叶数，最终实现"绿动全球"的梦想。

在游戏中，网友不仅可以体验绿化全球的网络全过程，还可以提交自己的绿色旅游和低碳生活微博，为地球的健康发展送出祝福。为吸引更多网友加入这一环保接力，该游戏设置了总价值高达百万的旅游奖品作为奖励，包括日本东京双人游、广州到马尔代夫往返机票等。8月29日正式上线后，网易还推出一个价值10万的巨奖，获奖者可以挑选世界任一目的地的双人往返机票+3晚五星级酒店的旅游套票。"绿动全球"旨在唤起全球网友对地球环境保护的危机感，只有留住了地球之美，才会有美好的旅游体验。该游戏推出不到4个月的时间，全球参与人数便超过257万，总点击次数更是达到3000多万次。网易旅游每天都会接到来自全球各地无数网友的邮件和热线电话。

"绿动全球"以游戏的形式向数百万网民巧妙地推介了广东旅游，第一次通过在线互动游戏将旅游形象和产品的宣传拓展到更广阔的领域。绿动全球把网易庞大的网络游戏用户群与广东省的旅游资源结合起来，线上线下联动，向网民有力地推介了广东旅游，是国内旅游业"跨界营销"的一次成功的尝试。跨界营销将两个看似不相干的领域紧密联系在了一起，不仅是突破传统推广模式的一种新尝试，更将为中国地方旅游业的宣传推广树立新的标杆。

国内外旅游业发展实践已经充分证明，旅游营销策划能力的高低、旅游营销策划强度的大小直接决定旅游目的地或旅游企业的活力与持久生命力。政府旅游管理部门、旅游企业管理者、旅游行业从业人员以及旅游教育机构等都需要进一步深化对旅游营销策划工作、旅游营销策划人才培养工作的认识，切实为我国旅游行业营销策划水平的提高做出实实在在的推动与贡献。

本章小结

旅游营销策划是指将市场营销策划的原理与方法运用于旅游经营活动的专项营销策划活动。它是旅游营销策划人员根据旅游区和旅游企业现有的资源状况在分析和研究旅游市场环境的基础上、对旅游营销活动或某一方面的旅游营销项目、产品、促销等进行创意构思、设计规划并制定营销行动方案的行为。旅游营销策划具有强化营销目标、加强营销工作的针对性、提高营销活动的计划性和降低营销成本等作用。

旅游营销策划是一个系统的工程,是一个动态的过程。它需要从调查相关市场信息入手,再将收集到的信息进行加工和整理,通过分析这些信息进行创意、谋划、决策,然后把决策用于旅游营销实践中,并不断反馈,及时修正,方能取得好的效果。旅游营销策划一般要遵循战略性原则、"三本主义"原则和竞争性原则。

旅游营销策划的主体是旅游目的地及各类旅游企业。旅游目的地营销策划主要包括目的地产品营销策划、目的地空间竞争战略策划和目的地促销策划;旅游企业营销策划则主要包括旅游景区营销策划和旅行社营销策划。旅游营销策划应着重把握旅游形象策划、旅游产品策划的内涵及技巧,同时应全面、准确掌握旅游产品差异化营销、旅游整合营销、旅游品牌营销、旅游概念营销、旅游数字营销、绿色旅游营销等营销策略的内涵、特点与技巧。

关键术语

营销;营销策划;旅游营销策划;旅游目的地营销;服务营销;整合营销;概念营销;情感营销;数字营销

Key words

marketing; marketing planning; tourism marketing planning; tourism destination marketing; service marketing; integrated marketing; concept marketing; emotional marketing; digital marketing

参考文献

[1] 王衍用、曹诗图. 旅游策划理论与实务[M]. 北京:中国林业出版社,北京大学出版社,2008.

[2] 熊元斌. 旅游策划理论与实务[M]. 武汉:武汉大学出版社,2005.

[3] 傅建祥. 旅游策划实录[M]. 北京:中国旅游出版社,2010.

[4] 沈祖祥. 旅游策划:理论、方法与定制化原创样本[M]. 上海:复旦大学出版社,2010.

[5] 林绍贵. 旅游游市场营销实务[M]. 西安:西北工业大学出版社,2010.

习题

一、名词解释

1. 旅游营销
2. 旅游营销策划
3. 服务营销
4. 服务营销策划

二、多选题

1. 旅游营销策划的要素主要有（　　）。
   A. 策划者　　　B. 创意　　　　　　C. 营销目标
   D. 旅游主题　　E. 表现方式
2. 旅游目的地产品营销策划需考虑的因素（　　）
   A. 吸引物　　　B. 旅游活动项目　　C. 管理与服务　　　D. 可进入性

三、简答题

1. 旅游营销的作用有哪些？
2. 旅游营销策划的基本程序是什么？
3. 进行旅游营销策划时应遵循哪些原则？
4. 说明"酒香也怕巷子深"这句话在旅游营销中的含义。
5. 如何确定旅游营销策划主题？

四、实训题

1. 试以小组的形式搜集本地的旅游营销策划方案并加以评析。
2. 试选取一个自己熟悉的旅游景区，根据所学知识为该景区制作旅游营销策划报告书。

五、案例分析

"千名长者温馨结伴游港澳"策划背景及文案赏析

策划背景

2001年初，广东省公安厅决定在广东4个地市进行暂住人员赴港澳地区旅游的试点，其中一项政策就是子女户口在这4个地市的，其父母便可在其子女户口所在地办理赴港澳旅游的手续，深圳市就是其中之一。

深圳国旅早在2000年就看准老年人这个潜力巨大的旅游消费群体，成立了"温馨结伴行"长者旅游俱乐部，专门为深圳的离退休人士提供量身定做的与同龄人结伴同行的旅游服务。俱乐部以会员制方式"人性化"地为老年人营造温馨的活动空间，使每一次旅游都成为老年人一生难忘的经历。

深圳是一个移民城市，市民大多来自四面八方。经过多年打拼，有些人已在深圳成家立业，他们常定期或不定期地将父母接到深圳来居住，而他们本人却工作繁忙没时间陪父母。"如何让老年人在深圳安心、充实地生活"一直是深圳子女苦恼的问题。如果能让辛苦了一辈子的老人去香港、澳门旅游一趟，这可是在离香港最近的深圳工作的儿女给父母最好的孝礼。但老人旅游子女如果不陪又放心不下，那怎么办？公司充分考虑上述因素，成功地策划了"千名长者温馨结伴游港澳"的旅游产品策划方案。

首先，深圳国旅完全站在顾客的角度人性化地设计行程。此次行程一改传统的从罗湖口岸出境，乘火车赴香港的交通方式，变为乘直通巴士过港，避免了在罗湖边检排队苦等几个小时，乘火车又可能走失及无座位保障的情况。其次，深圳国旅不仅改变传统的香港游不派领队的惯例，专门安排专业领队带团，而且每团有一名医生随行，行程中也充分考虑到老年人的特点，不安排无意义的购物，松紧适度，饭菜的安排也尽量对老人的胃口，当月过生日的老人还幸运地得到一份惊喜礼物。

该广告策划对深圳子女孝敬父母的脉把得很准，真正做到了以情动人。另外，旅行社还成功地说服了香港地接针对性地调整价格，并共同致力于开发老年人这一新的细分市场。半年时间，仅深圳一地旅行社就成功组团近2000人次。广告临门一脚的作用也在这个策划案体现了传神的魅力，尤其是广告语真正说到了读者的心里，真正激发了他(或她)对父母的孝心，让每一个深圳人看了都有一种说不出的牵挂感。

文案赏析

给爸妈一个惊喜

上次爸妈来深圳，想去香港看看，

就因为办手续很难，所以很遗憾地回家了。

我很不是滋味，父母来深圳一趟不容易，

说不准真会是一辈子的遗憾。

现在好了，

"千名长者温馨结伴港澳游"，

让爸妈和我不再有遗憾了！

【思考与分析】

(1) 分析"千名长者温馨结伴游港澳"营销策划成功的原因，写出简单分析报告，不超过300字。

(2) 结合深圳国旅成功的经验，请思考当你尝试开发一个新旅游产品(线路)时，如何处理价格导向和价值导向的关系？

第8章 旅游演艺策划

本章教学要点

知识要点	掌握程度	相关知识
旅游演艺的含义	了解	狭义概念、广义概念
旅游演艺的意义	了解	提升旅游目的地的吸引力、促进旅游目的地文化的深入挖掘、塑造良好的旅游目的地形象、满足了游客体验消费的需求、为当地居民提供了更多的就业机会
旅游演艺的特征	掌握	创新性强；投资高、规模大；主题内容丰富；体验性和参与性强
旅游演艺项目的类型	掌握	民族风情展示型、山水实景演出型、文化遗产演绎型
旅游演艺项目策划原则	重点掌握	文化依托原则、主题差异原则、常变常新原则、市场化原则
旅游演艺项目案例解析	了解	以《印象·刘三姐》实景演出为例进行分析

本章技能要点

技能要点	掌握程度	应用方向
旅游演艺的特征、类型	重点掌握	能正确理解旅游演艺的基本特征和类型
旅游演艺项目的策划原则与技巧	重点掌握	运用这些原则与技巧进行旅游演艺项目的实际策划

导入案例

宋城千古情

《宋城千古情》是杭州宋城旅游发展股份有限公司倾力打造的一台立体全景式大型歌舞，2009年获得国家五个一工程奖、舞蹈最高奖荷花奖。该剧源自杭州的历史文化传说，分为"良渚之光"，"宋宫宴舞"，"金戈铁马"，"美丽的西子、美丽的传说"和"世界在这里相聚"5部分，融世界歌舞、杂技艺术于一体，运用了现代高科技手段营造如梦似幻的意境，给人以强烈的视觉震撼。《宋城千古情》于1998年10月1日正式推出，从原来的每天一场增加到现在的每天3场，累计演出13000余场，接待观众3000万人次，每年300万游客争相观看，并呈现逐年增长趋势。目前，《宋城千古情》的观众人数仍保持持续高增长的势头，仅2010年上半年观众人数就比去年同期增长了30%，成为目前世界上年演出场次最多和观众接待量最大的剧场演出剧目，被海外媒体誉为与拉斯维加斯"O"秀、法国"红磨坊"比肩的"世界三大名秀"之一。其每年的票房收入达到2亿多元，更可观的是它直接带动宋城景区及周边旅游消费达几十亿元。《宋城千古情》已成为旅游与文化相结合的典范，树立了国内发展旅游演艺产业的新标杆。

第8章 旅游演艺策划

《宋城千古情》这一迅猛发展的势头很快就改变了杭州原来单一的观光旅游格局。杭州市文化体制改革工作领导小组在调查中发现，依托杭州每年3200万人次国内游客和150万人次境外游客的旅游市场规模，《宋城千古情》彻底改变了杭州旅游市场的格局，带动了50万游客量的杭州旅游市场消费，还促进了相关服务行业的产生。

如今《宋城千古情》已不仅仅是一场演出，它已经成为杭州的城市标志和文化符号，既是文化精品，也是一个全新的旅游产品，又是对杭州这个千年古都的悠久历史和深厚文化的全面而生动的总结。透过《宋城千古情》，人们可以触摸到杭州这座城市的灵魂。

(案例根据作者搜集的相关资料整理)

演艺是指通过人的演唱、演奏或肢体动作、面部表情等来塑造形象、传达情感从而表现生活的一门艺术。将演艺融入旅游，仿佛为旅游市场注入了催化剂，促进了旅游市场的快速发展与繁荣。演艺如同旅游市场中跳动的音符，拨动市场的琴弦便会奏出优美的音乐。旅游演艺作为旅游地产品的重要组成部分，是旅游策划的重要内容之一。旅游演艺从旅游者的角度出发，依托著名旅游景区景点，表现地域文化背景，注重游客体验性和参与性，主题、内容、形式多样。对旅游目的地而言，旅游演艺项目具有提高旅游目的地的吸引力，促进旅游目的地文化的深入挖掘，塑造良好的旅游目的地形象，满足游客体验消费的需求，为当地居民提供更多的就业机会等重要意义，具有创新性强、投资高规模大、主题内容丰富、体验性和参与性强等特征。本章从旅游演艺项目的定义、特征及旅游演艺项目开发原则、要素等角度出发，阐述了旅游演艺项目开发策划的技巧和方法。

8.1 旅游演艺概述

8.1.1 旅游演艺的含义

我国旅游业经过多年发展已逐渐走向成熟，各著名旅游景区也逐步踏入稳定时期。那些具有较高知名度的景区，对于远程游客来说具有一定的文化感召力，但这些景区只是一次性经济。据巴特勒旅游地生命周期理论分析，旅游目的地在达到稳定阶段后必将出现停滞或衰退趋势。如何抑制住这种衰退趋势，实现旅游景区的复苏，并恢复空前繁荣是各方不断探讨的问题，旅游演艺正是在这种趋势下诞生的一种新的旅游方式。旅游景区成为"超级秀场"，山水实景剧也好，郊野剧也好，都是旅游景区"秀场"运作的一次重大突破。

旅游+演艺，融合了旅游风景的柔美与歌艺表演的刺激、兴奋，形成一种如梦似幻的唯美画面，给人无限遐想，被称为新时代的精神桑拿。目前"旅游演出，阳光娱乐"已成为我国群众文化生活的重要内容之一，国内旅游演艺消费需求日益旺盛，但有限的旅游接待能力无法满足巨大的市场需求，旅游演艺发展空间巨大。旅游演艺的快速发展是伴随着居民旅游需求水平的不断提高和国内旅游市场的不断扩大而出现的，是在旅游和演艺的共同推动作用下迅速发展起来的。演艺拓展了旅游空间，是旅游发展的助推器，而旅游又为演艺发展创造了条件和环境，是演艺市场繁荣的重要动力。旅游与演艺携手带来的旅游演艺市场的蓬勃发展已成为国内文化产业引人瞩目的新景观。旅游演艺的诞生,拓展了旅游发展的新天地,有利于旅游业的健康可持续发展。

要给旅游演艺下一个具体、确切的定义是一件复杂又困难的事情,这不仅在于旅游的概念、演艺的定义本身就成百上千、众说纷纭、莫衷一是,更因为旅游演艺形态各异、种类繁多。国内对旅游演艺的研究最早是从对主题公园的演艺活动研究开始的。当时比较普遍使用的名称是"主题公园文娱表演"。近两年,随着旅游演艺的发展,它在旅游业中的地位越来越高,体现在名称上就是"演艺"与"旅游"的结合更加紧密,出现了"旅游演出"、"旅游表演"、"旅游演艺"等称法。近一年来,"旅游演艺"的用法比较普遍,渐渐成了学者们约定的用法。

正如目前学术界对"旅游演艺"的概念名称没有统一的说法一样,对于"旅游演艺"的概念内涵,研究者们也从各自的角度给出了不同的解释。主要有以下几种。

张永安、苏黎(2003)认为:"主题公园文艺表演是指在主题公园内开展的一系列由专业演员参与演出的,围绕一定主题的艺术表演形式。其中文艺表演传递了景区的主题,使游客在艺术享受中对景区文化有进一步认识,提高自己的体验质量。"这一定义研究的范围局限于主题公园的演艺活动,且将表演者限定为专业演员。

诸葛艺婷、崔凤军(2005)认为:"旅游演出对于旅游业来说是一种旅游产品,是依托当地旅游资源,运用表演艺术的形式来表现目的地形象的精神服务产品。对于演出业来说,它是在演出产业整体体制改革的大环境下走入旅游市场的一种形式,是演出策划人组织演员在演出场所将节目表演给观众(主要是游客)欣赏的过程。"在这一定义中,作者把旅游演出认为是旅游业与演出业相互渗透的结果。

陈铭杰认为:"旅游景区的演艺活动是指从游客利益出发,反映景区主题和定位、注重体验和参与的形式多样的具有商业性质的表演和活动。"这一定义研究的范围局限于旅游景区的演艺活动。李蕾蕾等学者(2005)认为:"以吸引游客观看和参与为意图、在主题公园和旅游景区现场上演的各种表演、节目、仪式、观赏性活动等统称为旅游表演。"这一定义基本涵盖了旅游表演的内容,但忽略了另外一些虽然不是在主题公园和旅游景区现场上演,但以表现该地区历史文化或民俗风情为主要内容,且以旅游者为主要欣赏者的表演、演出活动。如在旅游城市的剧院、剧场、戏院、酒店、茶馆等内进行的主要针对旅游者的娱乐表演活动。李幼常(2007)认为:"在旅游景区现场进行的各种表演活动,以及在旅游地其他演出场所内进行的,以表现该地区历史文化或民俗风情为主要内容,且以旅游者为主要欣赏者的表演、演出活动统称为旅游演艺。"这一定义,将演出观赏对象锁定为旅游者的同时,它拓宽了旅游演艺的外延。

综上所述,学者们对于旅游演艺的认识正在逐步从单一化走向多元化,从特殊性走向大众性,旅游演艺的外延正在不断扩大。但以上定义也都存在着不同程度的局限性。通过对以上相关概念的整理和更深理解,笔者得出了如下定义。狭义地说,旅游演艺就是针对旅游市场所开展的、不同于通常的文艺表演形式。它体现了旅游目的地的特色文化,凸显了文化在旅游中的"核心竞争力"。广义地说,从产品角度来讲旅游演艺应包括以下六部分:第一,地域性的文艺演出;第二,相匹配的多功能综合型娱乐剧场(剧院);第三,以演出为核心产品之一的主题公园;第四,项目周边的旅游休闲综合配套区;第五,围绕演艺项目构建历史文明的话语体系；第六，产权质押和股权交易。如无特别说明，下文所研究的仅指狭义的旅游演艺。

8.1.2 旅游演艺的意义

《印象·刘三姐》、《印象·丽江》、《宋城千古情》等旅游演艺项目已经成为吸引旅游者前往桂林阳朔、云南丽江、杭州宋城的重要旅游吸引物，许多游客是专为看这些规模宏大、匠心独具的演出而来，它们为旅游目的地的发展做出了重要贡献。旅游演艺项目对旅游目的地而言具有提升旅游目的地的吸引力、促进旅游目的地文化的深入挖掘、塑造良好的旅游目的地形象、满足了游客体验消费的需求、为当地居民提供更多的就业机会等重要意义。

1．提升旅游目的地的吸引力

具有独特的、强大的吸引力，具备对旅游者需求的高度满足，是成为一个旅游目的地的必需。在旅游活动过程食、住、行、游、购、娱6要素中，娱作为一个重要的要素往往在旅游目的地的快速发展中被忽略。从旅游业发达国家和地区发展旅游业的成功经验来看，凡是旅游业发达地区，"娱"的活动和内容一定很丰富，能够让游客娱在其中，乐在其中，留在当地，全面提升旅游目的地的吸引力，促进旅游者的间接相关性消费，带动旅游目的地经济的发展。

2．促进旅游目的地文化的深入挖掘

文化是一个旅游目的地的特色所在，是旅游之魂。深入挖掘文化资源并加以全面整合，是旅游目的地建设中首要考虑的大问题。在旅游目的地的发展要素体系中，文化首当其冲。旅游者对于旅游目的地文化的了解需要一种解读，而这种解读的方式各不相同。但通过一个富有地域特色、具有鲜明个性的演艺项目来体现一个旅游目的地的文化无疑是最容易取得成功的。旅游演艺项目在彰显地域文化特色的同时，以相对较低的运营成本增加了旅游目的地的人文厚度。

3．塑造良好的旅游目的地形象

旅游演艺项目凝聚和展示了独特的地域文化，能提高旅游目的地的知名度和综合竞争力。随着信息、人员等的流动，旅游演艺项目将产生经济的聚集效应，促进就业，带动相关产业的发展，对社会、文化环境等产生促进作用。旅游演艺项目以艺术手法高度概括和浓缩地域特色，可以充分展示和体现复合多样的旅游形象，成为旅游目的地的名片、引擎产业、社会凝聚剂、文化升华剂。

4．满足了游客体验消费的需求

目前的消费已经进入体验经济时代，旅游者花费了精力、时间、金钱，购买的就是一个体验过程，最后达到丰富知识、拓展视野、增长阅历的目的。因此旅游经济在某种程度上就是体验经济，旅游产业就是阅历产业。从这个意义上来说，旅游演艺项目首先是卖演

出产品，提供一个观看表演的地方；进一步是卖劳务产品；再进一步是卖文化，凸显文化的差异；最终是创造欢乐、提供参与性和享受性体验。因此，旅游演艺可以说是旅游目的地为旅游者提供新鲜体验和丰富阅历的重要载体。

5．为当地居民提供了更多的就业机会

旅游演艺项目不仅需要较高的投入，同时需要众多的演职人员，除少数专业演员外，大多的演职人员由当地社区居民兼职组成，这为当地居民提供了更多的就业机会。同时，旅游演艺项目发展也带动了周边地区食、住、行、购等的快速发展，拓展了当地居民的就业空间。以《印象·刘三姐》为例，景区位于阳朔县田家河畔，演出需要的750多名演员中有400多人为周边农民，演出地所在的管家、木山、下莫、木山榨、田家河、白沙湾、猫仔山7个自然村，其中有200多人在演出中担当拉红绸、点渔火、举旗、水上救护等任务。据初步统计，当地农民通过演出、开办餐饮、出租房屋等，每年直接或间接从《印象·刘三姐》获得的收益约为600多万元。

8.1.3 旅游演艺的类型

从演出时间角度来看，旅游演艺一般可以分为日常例行的主题表演、自由性的街头表演和丰富性的节庆表演三个类别。

从旅游演艺产品的内容上分，旅游演艺的类型可以分为民族风情展示型、山水实景演出型、文化遗产演绎型。

1．民族风情展示型

这类演艺产品的创作生产与市场开拓必须具备三大条件：本地区多民族旅游资源丰富、旅游业发展稳定并呈现客源日益扩大的趋势、文化原生态特别是非物质文化资源保存完好。这类演艺产品生产比较发达的区域多集中在我国西南、西北地区，如云南、贵州、广西、新疆等省区。丽江的大型古典管弦音乐《纳西古乐》可以称为云南最早的旅游演艺节目。《木府古宴秀》以现代辉煌的表现形式，重现了古代纳西族天王木土司以宫廷大宴款待徐霞客的盛况，成为丽江旅游保持可持续发展竞争力的拳头产品。贵州展示苗、侗、瑶、土家等民族文化原生态的大型歌舞《多彩贵州风》，是贵州省倾力打造的旅游演艺拳头产品。广西精心组织并推出了以《大地飞歌》为品牌的广西国际民歌节，也是一个独具特色的旅游演艺产品。

2．山水实景演出型

以古代王朝宫殿大遗址或自然山水为真实背景的大型演出，可以统称为山水实景演出。前者早有先例，如国外有著名歌剧《阿依达》以埃及金字塔为背景的演出，国内也有以明、清故宫太庙为背景的世界著名歌剧《图兰朵》。但把美丽的自然山水作为背景的艺术演出，却是张艺谋优秀导演团队的杰作《印象·刘三姐》。自那时起，全国旅游界、演艺界，不断掀起一波又一波的"印象"演艺系列产品的观赏热潮。

3．文化遗产演绎型

文化遗产演绎型的旅游演艺产品由于依托于积淀丰厚的物质与非物质文化遗产，资源开发潜力极大，各地都创作出了一批适合旅游开发的演艺产品。这其中以文物资源大省陕西、四川、河南、浙江为代表。四川以拥有古代巴蜀文化的辉煌历史物质遗存和非物质文化遗产而享誉国内外。都江堰、三星堆和金沙遗址，以及凭特色演唱与艺术绝活流行于大西南各省区的川剧艺术成为四川打造文化遗产演绎型旅游演艺产业大省的基础性文化资源。四川省成功开发了《芙蓉国粹》、《蜀风雅韵》、《锦城云乐》、《金沙》、《大唐华章》等一批以展示川剧绝活、蜀宫伎乐、茶艺表演为内容的旅游演出活动。陕西是旅游演艺产业开发的先驱者。著名的《仿唐乐舞》在 20 世纪 80 年代中期由陕西省歌舞剧院古典艺术团原创推出，由此打开了汉唐历史文化资源的舞台演出复活之路，开创了让历史人文与现实的"联动"再现的旅游演艺产品的新探索。

8.1.4 旅游演艺的特征

旅游演艺具有创新性强、投资高规模大、主题内容丰富、体验性和参与性强等特征。

1．创新性强

创新是成功的关键，旅游演艺项目要想取得成功，必须与其他旅游演艺项目在主题、内容、形式等各方面创意出新，在发展中常变常新、动态发展，避免重复竞争。只有如此，旅游演艺项目才能持续地吸引旅游客源，避免游客的审美疲劳。否则，注定是"昙花一现"，待游客短暂的认知期热情褪去之后，旅游演艺项目将会迅速陷入衰落状态。

2．投资高、规模大

从国内旅游演艺市场的发展来看，旅游演艺项目大多场面宏大、制作精美、参演人员众多，需要大手笔、高投资，以实现高投入、高回报。如广州长隆的《森林密码》，综合投资 3 亿元，仅灯光一项就投入 2000 多万元；《禅宗少林·音乐大典》项目总投资 3.5 亿元。据不完全统计，2006 年在全国各重点旅游城市和旅游景区定时定点上演的、投资在百万元以上的旅游文化演出有 153 台，资金投入达 17.9 亿元，参加的专业和业余演职人员 1.76 万人，其投资及规模可见一斑。

3．主题内容丰富

我国拥有悠久丰富的历史文化和民族文化资源，取之不尽，用之不竭。传统的音乐、舞蹈、戏剧、曲艺、杂技、马戏、武术等文化艺术具有各自独特而丰富的内涵和表现形式，旅游演艺创作策划人员在准确把握旅游目的地的文化脉络后，通过设计理念上的创新、编排组合上的创新、高科技演艺手段的采用以及经营管理机制的变革等，能够塑造出主题内容丰富、形式各样的旅游演艺项目。

4．体验性和参与性强

体验经济时代已经来临，传统的观光、度假旅游产品和项目已经不能适应日益成熟的旅游消费需求，追求新奇、刺激、参与性强的旅游活动已经成为旅游消费的大趋势。旅游演艺以其强调旅游者观赏与参与体验结合的优势日益得到旅游者的青睐。旅游目的地文化的灵活表现、高科技声光电效果的强烈刺激、规模宏大的场景带来的巨大震撼，给广大旅游者带来了一场场饕餮盛宴。

8.2　我国旅游演艺的发展历程与趋势

8.2.1　中国旅游演艺的起步

应该说，旅游演艺项目最早的雏形是古已有之的集市杂耍，即通过音乐、舞蹈、魔术及博彩游戏等手段来营造气氛、吸引顾客。把旅游景区作为秀场由来已久，皇帝泰山祭天封禅就是一场最壮观的"山水实景剧"。只不过皇帝们是在极度严肃的气氛中表演给天下看的，是"政治秀"，不是"文艺秀"，更不是"商业秀"。

那究竟谁才是真正意义上的中国第一个旅游演艺项目呢？大多数人倾向于认为，是深圳华侨城集团创造性地将艺术演出与旅游文化完美地结合了起来，开创了旅游演艺的新模式，即中国民俗文化村1995年7月推出的"中华百艺盛会"和世界之窗1995年12月推出的"欧洲之夜"。

笔者认为，中国的第一个旅游演艺项目应该是陕西省歌舞剧院古典艺术团于1982年9月在西安推出的《仿唐乐舞》，理由有以下几点。第一，符合中国旅游发展的脉络。中国旅游于20世纪七八十年代发轫，而旅游演艺从属于旅游六大要素中的"娱"，理应应运而生，《仿唐乐舞》于1982年推出，在时间上吻合。第二，陕西旅游资源丰富，文化内涵深厚，是我国旅游业起步较早的省份之一，对于旅游演艺项目的需求也必然更早更迫切。第三，"乐"这种表演艺术形式古已有之，它融音乐、舞蹈、诗歌于一体，其特色就是载歌载舞、声情并茂，既可抒情，又可叙事，表现手段自由灵活，题材选择比较广泛，有较为强烈的审美感染效果，向来深受我国人民群众的欢迎。在此基础上创作的《仿唐乐舞》具备了旅游演艺项目的特征。近年来，我国旅游演艺市场发展如火如荼，涌现了众多优秀的旅游演艺项目，我国旅游演艺项目发展大事记表如下表8-1所示。

表8-1　我国旅游演艺项目发展大事记表

时间	项目名称	地位意义
1982年9月	西安《仿唐乐舞》	中国第一个旅游演艺项目，开始了让历史文化"动起来"的探索。《仿唐乐舞》在满足了旅游者心理需求的同时，也产生了一定的经济效益，初步树立了旅游业经营"文化"的理念
1993年11月	吴桥杂技大世界旅游景区	一个植根于本土文化，以旅游演艺项目为旅游资源与核心吸引物的景区横空出世，并且形成了旅游(杂技大世界景区)、教育(杂技学校)、村镇建设(杂技民俗村)的黄金产业链，打造了一块旅游演艺精品品牌
1995年7月/12月	深圳华侨城集团《中华百艺盛会》、《欧洲之夜》	成功运作旅游演艺的典范。资本雄厚的旅游集团通过延揽优秀艺术人才组建自己的特色演艺团队，创作自己的旅游演艺品牌节目，使之成为旅游者完成日间游览后的另一精神享受与文化观摩，增加了旅游产品的人文内涵与吸引力，是演艺业与旅游业有效合作的典型模式

续表

时间	项目名称	地位意义
2003年10月	桂林《印象·刘三姐》	《印象·刘三姐》实景演出是中国著名导演张艺谋和王潮歌、樊跃执导的全世界第一部全新概念的"山水实景演出",是迄今世界上最大的山水剧场。它以方圆两公里的漓江水域、十二座背景山峰、广袤无际的天穹为舞台,以漓江渔民的生活为素材,以当地数百名群众为演员,大写意地将刘三姐的经典山歌、民族风情、漓江渔火等元素创新组合,被称为"与上帝合作之杰作",一问世就引起全球轰动
2005年9月	上海《ERA——时空之旅》	如果说上述旅游演艺项目都或多或少的依附于旅游景区、古城村镇这些旅游目的地的话,那么《ERA——时空之旅》的出现,则使旅游演艺项目完全独立的成为一个旅游吸引物,更由它衍生出了无数的主题活动与产品,其目标直指纽约的百老汇、伦敦西区的音乐剧、巴黎的红磨坊,要成为上海的"城市文化名片","秀一个上海给世界看"

(资料来源:笔者搜集整理)

应该说,旅游演艺项目在中国的出现一开始是"无意而为之"的。《仿唐乐舞》推出伊始主要是为了接待来访的国家首脑和政府要员,还没有真正实现从行政"接待型"向旅游"市场型"的转变,也即《仿唐乐舞》并没有完全真正地从旅游者的角度出发,并不是完全针对旅游市场的商业行为。之后,一些旅游景区、旅游城市意识到了旅游者只能"白天观光,晚上睡觉",夜里无处可玩、无处可看的状况,为了弥补这一空白点,他们从旅游市场出发,主动打造了一系列的旅游演艺项目,形成了"白天观光,晚上赏秀"的全新旅游生活方式,"娱"在旅游中的重要作用日渐凸显。此时,旅游演艺项目只是依附于其他旅游吸引物而存在的,只是为了弥补旅游市场的空白才出现的。因此这些旅游演艺项目一般都出现在知名的景区(点)和旅游城市,并且都于傍晚至夜间时段上演。再后来,旅游演艺项目成为一个独立的旅游吸引物,完全可以"独当一面"。旅游演艺项目不仅本身就是一景、一旅游点,它还能衍生出无数的主题活动与产品,更能代言其所在地,成为地域名片,成为旅游者趋之若鹜的"目的"所在。

随着国内旅游业的快速发展和居民休闲娱乐意识的增强,旅游演艺需求迅速增长,加之中央政府高度重视文化事业、文化产业发展,把文化产业发展作为新世纪、新阶段一个重大举措来进行决策和部署,推动了文化产业的发展。各地政府也纷纷打造文化精品项目,目前我国旅游演艺市场发展如火如荼,涌现出了众多品牌演艺节目,增加了旅游吸引力,极大地拓展了旅游发展空间。国家的产业政策中突出强调了加强文化建设、提高国家文化软实力的重要性。在这样的大背景下,旅游演艺必将以更积极的态势驶入发展的快车道,带领中国旅游业向着更健康的方向发展。

8.2.2 中国旅游演艺项目的现状

我国旅游演艺经历了从常规演艺到演艺成为独立景点或旅游吸引物的发展历程。目前我国旅游演艺的类型多样,基本涵盖了其发展过程中的几个阶段和方向,每个阶段和每种类型对文化阐释的程度和方式以及旅游市场的广度和深度都有所不同。目前我国旅游演艺项目主要有以下四种类型。其一是节目式的演艺,一般是景区的文化展演项目。这种类型主要是对文化的一般诠释，如三国城。其二是依附于其他旅游吸引物而存在、为了弥补旅游市场的空白出现的旅游演艺项目，这些旅游演艺项目一般都出现在知名的景区(点)和旅游城市，并且大都于傍晚至夜间时段上演。它们是对文化诠释的一种补充，能为游客提供更多夜间休闲和放松。这类演艺主要是白天观光和夜晚休闲相结合的模式，比如大多数旅游城市的剧场演艺项目以及景区的夜间表演等。其三是景区式的实景演艺。实景演出形成的景区不仅是看表演的地方，也是参观的地方，整个演艺包括演出场所形成一个独立的旅游景点，而且对文化有较为深度的挖掘和体现，最有代表性的就是《印象·刘三姐》。其四是结合餐饮、节庆等文化要素形成的演艺项目。随着旅游演艺业的不断成熟，这类演艺已经成为独立的旅游吸引物，它们不仅本身就是一旅游景点，还能衍生出多个主题活动与产品，更能代言其所在地，成为地域名片，这是文化旅游演艺发展的高级阶段。如演艺与餐饮结合的代表《仿唐乐舞》、《吉鑫宴舞》等。

除了这些影响力较大的旅游演艺项目之外，许多景区也都有自己独具特色的旅游演艺项目，如平遥古城的原生态纯地方小戏《晋商乡音》、无锡影视城的大型影视特技表演《铁血丹心》、周庄的大型水上实景演出《梦萦周庄》等。

8.2.3 旅游演艺项目发展趋势

旅游演艺项目正在逐渐改变旅游目的地的旅游业态，形成区域旅游新的吸引亮点。各地的旅游演艺项目如火如荼运作的同时，也在积极探索各种新的发展方向。

1. 从"知名旅游地的实景山水背景"到"荒凉的峡谷变剧场"

从《印象·刘三姐》到之后的《印象·丽江》、《印象·西湖》、《印象·大红袍》，都是以知名的旅游地山水实景为依托打造的实景类演艺项目。阳朔、西湖、丽江、武夷山本身就已经是知名的旅游地了，旅游演艺项目的出现更多的是"锦上添花"。及至《禅宗少林·音乐大典》问世，其演出场地设在了距嵩山少林寺7公里的少室山待仙沟。这原本只是一个荒凉、险峻的峡谷，但随着《禅宗少林·音乐大典》的出现，它变成了禅乐回荡、中国山水画般的天然剧场。

2. 从"去景区"到"去看表演"

以著名的旅游中心区为依托打造旅游"特色演出"精品的模式已成功运行多年，资本雄厚的旅游集团通过延揽"高、精、尖"艺术人才组建自己的特色演艺团队，创作自己的旅游演艺品牌节目，使之成为旅游消费者完成日间游览后的另一种精神享受和文化观摩，以增加旅游产品的人文内涵和吸引力。这种模式是多年来演艺业与旅游业有效合作的典型模式。但现在主题公园也开始定位为"表演公司"，首先是景区内的各种演艺项目层出不穷，所占比例越来越大，越发受旅游者的青睐；二是景区员工不仅是服务人员，更是"演员"(actor)，他们提供服务的过程也是表演的过程。

3. 从"旅游演艺产品"到"演艺产业链"

从一个演艺项目到项目演出和项目延伸有机结合，旅游演艺产业链正在逐步形成。在产业开发上以表演项目为龙头，建设文化休闲娱乐景观设施，完善餐饮、住宿、购物等配套服务，积极开发衍生产品，拓展经营范围，延伸产业链条，引领产业发展。

旅游演艺项目的成功举办具有极大的轰动效应和持久的社会影响力，能快速提升城市的知名度和综合竞争力，从而迅速发展成为城市代言的新名片。将演艺融入旅游，盘活了旅游市场，拓展了旅游发展空间，也为演艺业提供了新的展示舞台。两者相辅相成，共同促进了旅游演艺的快速发展，使其成为新时期城市的形象代言。

8.3 旅游演艺项目策划原则与技巧

8.3.1 旅游演艺项目策划原则

旅游演艺项目在策划时需要遵循一些共同的原则，如文化依托原则、主题差异原则、常变常新原则、市场化原则等。

1．文化依托原则

文化是旅游的灵魂，是演艺与旅游的联结点和根基。旅游与演艺的结合不仅增强了旅游的文化内涵，也增强了旅游目的地的魅力和吸引力，成为其文化名片。国际旅游发展的经验也证明，旅游与文化结合程度越高，旅游文化因素越多，旅游经济越发达。演艺、旅游相结合创造的并不仅仅是文化消费本身，还有旅游目的地的文化形象和文化品位。它创造的是一个旅游目的地的品牌、魅力和恒久的吸引力。

2．主题差异原则

树立鲜明的主题，深入挖掘文化特色，创造独特主题项目内容，是旅游演艺追求的目标。目前的旅游演艺市场发展红火，但同时也面临着激烈的竞争。在旅游市场日趋白热化的竞争态势下，旅游演艺项目必须依托本土文化，深入挖掘文化主题，开发特色旅游项目，形成差异竞争，形成新的旅游吸引物。

3．常变常新原则

随着高科技的发展和人们生活理念的提升，旅游者的消费需求不断发生变化，对娱乐体验的要求越来越高。面对日益激烈的旅游竞争市场及人们不断提高的欣赏水平，如何有效延续旅游演艺的生命使其长盛不衰，是旅游经营者不断追求和探索的目标。创新能够创造奇迹，任何旅游产品要想永久性占据市场，就必须以大众需求为出发点，保持常变常新，保持持续的吸引力。

4．市场化原则

能否适应市场的需求是检验旅游演艺项目成功与否的关键。旅游演艺项目作为精神产品是特殊的商品，不仅要关注演艺项目的"娱乐性"，更要找到艺术规律与市场规律的联结点。在市场经济条件下，运用市场机制筹措经费并面向市场取得良好的经济效益和社会效益,是旅游演艺发展的根本途径。旅游演艺项目要紧紧把握现代旅游的理念和规律,完全靠市场化机制进行成功操作和运行。

8.3.2 旅游演艺项目策划策略与技巧

景区的演艺项目策划应深挖当地文化特色,策划好景区内的例行表演,注重街头表演,增添景区娱乐气氛,丰富节庆表演形式,从视觉、嗅觉、触觉、听觉四种感觉诉求上满足游客新奇、愉快的需求。旅游演艺项目策划要在功能上满足游客多样化的需求,在服务、技术、文化上提升旅游演艺产品的附加价值,让整个演艺产品体系形成共鸣。

1. 差异化(Variation)策略

在现代激烈竞争的市场上,要将自己的产品与竞争对手的区分开来有两种途径,一方面是创造不同的顾客群体,另一方面是要形成自己的特色。旅游景区也同样需要差异化的旅游演艺产品。

创造顾客就是创造差异。因此景区演艺产品的策划首先要根据景区的游客群体需求,针对不同年龄层次、不同旅游动机的游客策划不同的演艺产品。例如,桂林乐满地主题公园的主要客源是20～35岁的青年群体。针对这部分群体,公园推出了动感、刺激的《好莱坞特技影视秀》、《摩登时代》等现代演艺产品。

形成特色也是创造差异。旅游演艺产品必须有独树一帜的特色。这种特色包括民族特色、地域特色、人文特色、品牌特色等。这些特色必须是其他地方难以简单抄袭或复制的。此外,同一个地方的多台演艺节目也要各具特色。成功的旅游演艺产品都十分重视对地方文化资源与内涵的挖掘,力图将文化资源与演艺手段有机融合,展示地方文化,形成自己的特色,让游客感到耳目一新,享受到美好的体验,同时还能让游客回味无穷,口口相传。只有深入挖掘当地主题文化,形成特色,旅游演艺项目才能创造差异,形成自己的竞争力。例如,九寨沟的歌舞宴《藏王宴舞》以吐蕃藏王松赞干布迎娶唐朝文成公主、藏汉联姻为故事背景,融入了男女声独唱、舞蹈、民族弹唱等具有典型藏族特色的表演,在讲述历史的同时向游客们展现了地方民族文化的精髓。

2. 功能多样化(Versatility)策略

演艺作为一种文化产业,承担的最基本功能是思想教育和艺术欣赏。而旅游演艺产品除了体现演艺的教育、欣赏功能和旅游的娱乐、猎奇等功能外,还应该根据游客的追求满足其个性化、多样化的需求。因此在旅游演艺产品策划中,要在形式上、技术上、环境上不断创新,提升演艺产品的功能性质。

在形式上,旅游演艺产品要突破传统的演艺模式,灵活机动,富于变化,综合运用多种艺术表现手法,如舞蹈、杂技、武术、魔术等,使演出欢快、热闹、幽默,雅俗共赏,使观众喜闻乐见。如杭州金海岸娱乐公司打造的"西湖之夜",节目汇集了杂技、武术、舞蹈、民间绝活以及江南擎竹、越剧,将古都杭州"东南形胜,三吴都会"的繁华胜景再现在观众面前。

在技术上,旅游演艺产品要在充分利用声光电等现代高科技手段强化视听效果的基础上，将现代演艺中的环幕立体投影系统、CAVE 沉浸式投影系统、操纵杆、触觉、头盔显示器、立体投影设备或者虚拟行走系统(Cyber walk 或 Virtusphere)等技术融入到旅游演艺产品中，让游客在感受震撼场面的同时成为其中的一个角色，全然体验旅游演艺所带来的视觉、触觉的盛情飨宴。

在环境上，旅游演艺产品除了要对硬性环境，如舞台环境、观众席环境以及周边环境的色彩、气氛进行营造外，还要注重软性环境的营造，就是演员、观众、服务人员的互动。例如在乐满地主题公园的《好莱坞特技影视秀》节目中，公园对所处的美国西部小镇的背景营造，从环境的色彩到道具的运用都展现得非常真实。在表演过程中强盗会冲向观众座位席、警察会藏身在观众中等互动表演，以及服务人员对枪声、马蹄声、惊恐声的反应带动现场气氛，让游客体验别样的感情经历。

3．附加价值(Value)策略

一般的产品价值由基本价值和附加价值组成。从当代的发展趋势来看，基本价值所占的比重会越来越低，而由高科技附加的品牌、文化等价值会越来越高，旅游演艺产品也存在着同样的情况。因此在旅游演艺的策划中，我们更应该注重演艺产品的附加价值，让游客在观看或参与旅游演艺的过程中体验到更多的额外价值与感受，这样也才能保持旅游演艺产品的生命力和延续力。

在提高旅游演艺产品的附加价值方面，高科技的运用是首要的一个方面，旅游演艺产品要通过技术创新达到价值的创新。同时也可以通过趣味性较强的风格设计、符合景区主题和定位的特色设计、细节性的布景元素如灯光、景观、气味、音乐、颜色、招牌等设计，创新旅游演艺产品的品牌、文化、服务内涵，形成景区独特的演艺品牌形象，从而让游客获得更多的附加价值。

4．共鸣(Vibration)策略

一项好的产品追求的目标是达到"价值的最大化"和"利润的最大化"，让供求双方在达成交易的时候产生共鸣，实现产品的全部价值。同样，一台好的旅游演艺节目追求的是旅游者与演艺方之间达成的共鸣。成功的景区表演从游客购买产品开始，就让游客有"遭遇感"，表演内容的设计源于历史和现实，但非简单的模仿，不仅将静态的文化价值用动态的方式进行展示，而且注重结合现代的技术与游客关注的着眼点进行创新，以此来达到彼此之间的共鸣。例如，《宋城千古情》以杭州的历史典故、神话传说为基点，用世界最先进的舞台表现手法来表述千年的文化，让游客感到震撼，产生共鸣，如同身临其境。

8.4 旅游演艺项目案例解析——以《印象·刘三姐》为例

《印象·刘三姐》是一个艺术首创的文化精品，它开创了中国山水实景演出的先河。演出以桂林山水为剧场，突破了"一面舞台三面墙"的传统剧场结构，将壮族歌仙刘三姐的山歌、广西少数民族风情、漓江渔火、现代声光电技术等多种元素进行创新组合，整个演出如梦如诗、气势恢宏，赋予观众全新的视听感受。

桂林阳朔"印象·刘三姐"文化景区是全球第一个全新概念山水实景剧场，也是一个全新概念的两栖景区——白天完全就是一个民俗文化实景主题园，晚上则是以实景演出为主的民俗文化演出大剧场。这是一个全新概念的民俗文化旅游开发模式，其开发利用的诸多方面都是中国人自己摸索创造出来的，在创新等方面具有很多成功经验，并且它也是我国民俗文化旅游在创新方面取得轰动性成功的案例，在诸多方面属于全国乃至世界首创。因此对这个著名案例进行深入解析对于把握旅游演艺策划的精髓具有重要意义。

8.4.1 《印象·刘三姐》的效益分析

1. 社会效益

传统的农民的形象往往是日出而作，日落而息，生活闲散，靠着自己的一点体力维持日常生活。而《印象·刘三姐》出现以后，演出地所在的木山、管家、下莫、田家河、木山榨、白沙湾、猫仔山7个自然村的2700多人中，有200多人在演出中担任拉红绸、点渔火、举旗、水上救护等任务。《印象·刘三姐》与参加演出的农民签订了劳动用工合同，向他们支付工资，为他们买保险，依法规范管理，对农民演职员的工作质量、劳动纪律进行考核，农民的组织纪律性和团队意识明显增强。这台大型山水实景演出在改变村民个体的同时，也从整体上改变了周边农村的村容村貌，从根本上改变了村民们的生活。这一带过去很穷，赌博、偷盗、斗殴现象不少，现在大部分青壮年白天干农活，晚上去演出，收入增多，生活充实。《印象·刘三姐》的横空出世也使他们能从一家一户的分散经营中解脱出来，获得了现代文化产业的生产和管理经验。

2. 经济效益

创新为《印象·刘三姐》带来了显著的经济效益。从2004年3月在阳朔公演至今，这台演出一直保持着"全国演出业中观众最多、影响最大、年营业额最高"的地位，被称为"中国演出业成功闯市场"的范本。据官方统计，《印象·刘三姐》的推出已将游客在桂林停留的时间延长了0.34天。从统计上看，桂林阳朔《印象·刘三姐》从正式公演到现在已累计演出达450多场，观看人数100多万人，单门票收入就达2.5亿元。这组统计数字说明阳朔的旅游经济有了新的增长。同时，凭借《印象·刘三姐》景区强大的人气，阳朔县的房地产、酒店业、度假、农业、渔业等相关产业得到迅速发展，阳朔的旅游业有了质的飞跃。

阳朔是一个以农业为支柱产业的县，文化产业的发展推动了全县产业的升级，《印象·刘三姐》在很大程度上改变了来阳朔的人的旅游习惯，使过去一到晚上便车疏人少的阳朔如今热闹非凡。随着游客逗留时间的增长，2004年阳朔被重新定位为休闲度假城市，还开发了民居旅游、农家旅游和乡村旅游等多元化旅游形式，阳朔真正成为旅游目的地。2004年阳朔的旅游收入为4.06亿元，2005年增至5.51亿元。在《印象·刘三姐》公演期间，演出景区的商业价值和人文价值快速提高，景区周边的土地平均增值达到5倍以上，该演出项目给阳朔带来了1∶5以上的经济拉动效益。

过去一般游客游览完漓江上岸，往往只在阳朔西街短暂停留后即返回桂林市，如今，大多数游客会选择欣赏《印象·刘三姐》实景演出，然后在阳朔住宿。阳朔旅游因此出现了空前的火爆，以旅游床位计，2003 年仅为 6102 张，而 2004 年猛增到 10078 张，到了 2005 年增加到了 12016 张，呈成倍增长趋势。

3. 文化效益

《印象·刘三姐》是对壮族刘三姐及山歌文化的继承、发展和创新。阳朔有汉、壮、瑶、苗等 11 个民族，其中壮族有 4 万人，广西著名的刘三姐传说和山歌在阳朔流传广泛，深入人心，在民众心中有强烈的认同意识。《印象·刘三姐》的演出场地漓江山水剧院位于桂林阳朔县，处于漓江水域下游地段，舞台在山水间天然形成了一处平静的水域，也是曾风靡一时的电影《刘三姐》的拍摄场地之一。《印象·刘三姐》整合了广西民族文化资源，赋予其时代的内涵并以现代的形式进行包装，在原生态的环境下展现，使更多年轻人了解到广西民族的文化，对广西民族传统文化的传播、创新产生了重要影响。《印象·刘三姐》强化了广西少数民族的认同心理。《印象·刘三姐》使表演主体对民族民间文化元素产生了深层次的认同感。

8.4.2 《印象·刘三姐》的示范效应

《印象·刘三姐》带来的巨大效益使"印象系列"开始在全国蔓延，实景演出成为时尚新潮。在云南，2006 年 7 月正式公演的《印象·丽江》以茶马古道和当地农民生活习俗为脉络，呈现出一幕幕充满神奇色彩的艺术盛宴。在河南，《印象·少林》已经在河南郑州少林嵩山启动。在浙江，《印象·西湖》在杭州西湖上演。在海南，《印象·海南岛》演出已于 2009 年 3 月 16 日隆重上演，其演出地是目前世界上最大的海胆仿生型剧场。2010 年，《印象·大红袍》在福建上演，这是张艺谋、王潮歌和樊跃创作的第五个印象作品，同时也是目前全世界唯一在世界双文化遗产胜地创作的"印象"作品，它以茶戏说山水、演绎文化，借茶说山、说文化、说生活，突出一个和谐生活的理念。武夷山借助张艺谋、王潮歌和樊跃的高水平创意策划，把悠远厚重的茶文化内涵用艺术形式予以再现，使之成为可触摸、可感受的文化旅游项目，和美丽的自然山水浓缩成一场高水准的艺术盛宴。印象系列大型实景演出之六——《印象·普陀》也于 2010 年 12 月 30 日以辞旧迎新的祈福仪式揭开全球首演的帷幕，整场演出以佛教文化中的大爱、善意、美德与自悟为主题元素，表达了所有时代人类社会中的共同情感，通过不同角度的思考与发现，体验生命之美。

至此，我们可以深刻地感受到印象系列的魅力。"印象"系列演出在保有实景的前提下，以继承和发扬传统民族文化为核心，借助现代科技的力量，把一幅幅生动的景象展示在世人面前。

8.4.3 《印象·刘三姐》的成功因素分析

《印象·刘三姐》是一个多赢的项目，政府部门满意、艺术家自豪、投资方获利、当地群众得实惠，同时它也为边疆和少数民族地区发展文化产业提供了值得借鉴的新鲜经验。《印象·刘三姐》的产业成功经验在于它采用了"四结合"的模式：政府在文化产业发展中必须起到组织和引导作用，发现、培育、批准项目，营造一个符合国际惯例的市场机制，建立完善的资信评估体系，把该由市场解决的问题交给市场，政府起牵引、协调、中介的作用。《印象·刘三姐》既有原生态的创新，比如以全景式自然山水作舞台，是迄今国内外尚无纪录的原创成果；也有集成型的创新，比如整个产业运作模式中良好的投资机制、精细的管理运行、有效的营销机制、严格的环境保护、出色的市场推广等；还有借鉴后的创新，比如它采用的环保型的水雾设备、灯光设备、浮岛式水上舞台，这些都是项目运作公司在消化了国内外先进技术的基础上进行的大胆创造。当然，最关键的创新是产业运作模式的创新，将演艺与发展旅游相结合，注重传统文化资源的利用，激活山水静态景观文化，选择产业的最佳结合点，都是这一项目创新的精彩之处。

《印象·刘三姐》有效地拉动了地区经济、社会和文化等多方面效益的全面发展，考察项目特点，可以发现其成功的因素至少有以下四点。

1. 重视创意的激活

桂林每年都吸引来上千万的中外游客，这为演出提供了很好的客源基础。当时桂林虽然在一些酒店也有一些供游客观看的演出，但规模小、水平不高，节目内容多为民族歌舞或风俗表演，很难吸引游客的注意力。游客在桂林的晚间消费有酒吧消夜、桑拿洗脚，与其他城市一样，没有什么差异化的消费项目。如果有一台高水准、大手笔的演出制作，面对上千万新鲜的客源，市场机会已足够了。

《印象·刘三姐》的演出地点适合大多数旅游线路的安排，而且演出的时间安排在晚间，这个时间通常是旅游者们在日程安排紧密的一天之后的自由活动时间。在欣赏了阳朔的优美自然风光之后，再顺便去欣赏一场充满当地风情的精彩演出，这样的机会大多数旅游者都不会错过。此外，如今的旅游者对旅游项目的要求越来越高。以桂林而言，他们不仅仅希望欣赏到优美的自然山水，更希望能够挖掘到更为深层次的内容，就是说，可能从前的游客来到桂林只是为了获得单纯的视觉享受；而现在的游客却希望自己除了视觉享受之外，还能得到多方面的内容，比如听觉、触觉等各种感官享受，以至于获得精神层面的愉悦，而《印象·刘三姐》正为他们提供了这样一个多层次审美的空间。

2. 发挥强强联合的优势

在《印象·刘三姐》的官方说明当中，它被描述为"世界上最大的山水实景剧场，全球最具魅力的导演，传唱最久远的民族山歌，史无前例的桂林漓江风情巨献"，其每一个元素都抓住了人们的兴奋点。这个有67位中外著名艺术家加盟创作，600多人的强大演出阵容，经109次修改的方案，投资近1亿元人民币，以12座著名山峰为背景，1.654平方公里水域为舞台，历经5年多而成就的文艺精品，立足于源远流长的广西刘三姐民歌和世界级旅游名胜的漓江山水景观，把著名艺术家的创意与现代企业的管理模式结合起来，充分体现出"强强联合"的巨大优势。

3. 政府扶持

《印象·刘三姐》整个项目除文化厅为投资方申请获得了广西区委和政府的 20 万元前期工作启动经费外，全部投资都是产业化、市场化运作。广维集团作为控股方与广西文华艺术有限责任公司共同组建桂林广维文华旅游文化产业有限公司，投入了 9000 万元资金，并把一整套企业管理的模式引入了《印象·刘三姐》的运作中，使艺术构思落地在企业管理的坚实平台上。

政府为项目环境和条件营造方面做了很多工作，有关部门积极组织专家和协调部门对该项目进行评估，确保质量过关。桂林市旅游局将此项目纳入自治区重点旅游项目，列为来桂旅游团队必选的重要旅游活动项目。在产业运作上，《印象·刘三姐》现已形成了政府引导协调、专家指导管理、市场运作资本、企业开发经营、旅游部门监督的旅游项目投资开发模式。

4. 注重社区的参与，坚持可持续发展

旅游地所在的社区是旅游开发时的重要利益群，强调社区参与就在于塑造旅游氛围的真实性，减少旅游与社区之间的矛盾，增加社会效益，充分考虑当地群众的利益，采用多种形式吸纳当地居民就业，为当地居民提供开发土特产、旅游纪念品等商业机会，使得旅游开发，为当地居民所接受，并与当地居民的利益融为一体。

《印象·刘三姐》因为有了社区居民的参与演出，才能带给游客一个真实的文化印象。《印象·刘三姐》参与演出的演员中有 200 多人是沿江田家河村、兴坪村、木山村、木山榨村、猫仔山村 5 个村的渔民，他们在演出中把竹筏使唤得服服帖帖，再现了漓江两岸百姓拉网捕鱼，日出而作、沐浴婚嫁、繁衍生息的民生民俗。社区居民只有在旅游发展过程中得到切实的合理的利益分割，才能积极参与旅游发展，而只有社区居民积极参与旅游发展才能保证地区旅游的持续发展。

8.4.4 借鉴与启发

《印象·刘三姐》的运作成功，不仅带动了桂林经济的发展，同时引发的示范效应对其他地区的民族文化开发也起着重要的作用。

1. 创新性与差异性的统一

创新就是自身的发展体现时代性。创新同时要进行现代艺术形式和技术的引进、革新，如网络的运用、媒体的传播。差异性是变异性存在的现实，各地、各个时期有其各自的内容和形式上的差别，同中有异，反而新鲜、新奇。游客出游带着的就是一种求新、求异的心理，如若各地区的开发形式都如出一辙，势必会减弱游客的停留观赏欲望。对于继《印象·刘三姐》之后涌现出的印象系列，很多人都进行质疑：是否下一个印象作品就是复制前面的做法，只是一种换汤不换药的形式，抑或是由于利益的驱使，促使张艺谋等导演大量创造这些印象系列的作品？这些疑问我们无从回答，只有从印象系列作

品日后的发展前景中去寻求答案。但是不可否认的是，这些创意对传承和发扬民族文化具有着深远的作用。文化本身就是一种无形的资产，或写于书上，供人阅读，或由人们口口相传，这样久了也就淡了。而印象系列的作品则是利用当地固有的资源，把民族文化镶嵌其中，以表演的形式展示给众人，糅合进现代先进技术，制造出美轮美奂的效果，让人们从视觉、听觉上都享受到一场文化的盛宴，使民族文化更能深入人心。当然，在创造过程中要尊重民族文化的原创，不可牵强附会，更不能无中生有，胡编乱造，否则效果会适得其反。

2. 民族文化与旅游开发相结合

随着时代的发展，旅游业在经济生活中的作用越来越明显，而深入发掘民族文化的内涵又是充分发挥地区旅游资源的重要保证。借旅游事业来提高地区文化、促进经济的发展，借文化来促进地区旅游事业的发展，两者相得益彰，从而实现更好地满足人民的物质需要与精神需要的目标。"创新是民族进步的灵魂，是国家兴旺发达的不竭动力。"创新与文化有着密切的联系，在现代经济社会，文化产业与传统经济之间不仅发生着全新的互渗关系，而且成为产生巨大经济效益的重要资源。例如对刘三姐文化进行开发利用时，如果观念落后，没有创新意识，那只能是白白浪费资源，也就没有今天《印象·刘三姐》骄人的成绩。

3. 加强政府主导作用

对于民族文化资源的开发，政府起着最重要的引导和保障作用。首先，一个国家的文化发展方向是由政府部门来确定的，文化产业政策和实施也要依靠政府来推动。其次，政府依然控制着文化资源的主导权。即使在今天的市场经济条件下，任何一种文化艺术形式，或者说文化产品的生产，都是在一定的政府制度、经济制度和文化制度条件下完成的，都离不开政府的作用。政府有足够的力量和手段来调动各种资源，比如政府可以组织相关部门搜集和整理民间优秀民族艺术资源开展文化遗产保护工作、举办各种科学知识讲座等。可见政府在文化发展上发挥了宏观的管理作用，这对开发、保护当地的民族文化资源将起到重要作用。同时，政府应对民族文化的发展政策进行扶持，比如对一些濒危的民族文化资源，政府通过实施免税或者拨款等政策予以扶持；对于一些仍然具有勃勃生机的民族文化艺术形式，政府投入一定资金和人力进行开发利用，使民族文化在当代社会焕发出新的艺术魅力。

当地政府应注重挖掘地区的资源优势进行整合，从而引导文化产业的发展。除此之外，政府还应规范文化资源的开发制度，立足实际，积极做好招商引资工作，注重对民族文化的形象进行宣传，以吸引大众的目光，让更多人参与到这个创意当中。同时，政府要加强人才的培养。文化产品也有其生命周期，总要经过投入期、成长期、成熟期、衰退期4个阶段，这就需要人们发挥其才能，在原有基础上有所创新，保持文化产品的活力，从而更大程度发挥其带动经济发展的作用，造福当地人民。

4．建立文化品牌，完善营销策略

文化产业是开发和利用文化的市场价值，将具有经济内涵的文化产品引入生产、交换、消费和服务等领域。随着市场经济和现代都市生活的发展，文化产业在国家产业发展格局中的作用越来越大。随着我国经济的发展、人民生活水平不断地提高和居民闲暇时间的增加，我国文化产品的市场需求增长迅速，潜力巨大，因此文化产业的市场营销也将成为推进文化产业发展的重要手段。

民族文化品牌的运营是将民族文化品牌作为独立的资源和资本，以此为主导带动和组合其他经济资源和资本，从而取得经济效益和社会效益。民族文化品牌具有鲜明的民族文化特色，又具有经济运作的效益价值。建立文化品牌要在深入了解市场信息和社会需求的前提下，着重考察具有民族特色又有经济价值的文化成分，以此为核心组合相关文化部分，构成一种个性鲜明的文化结构，确定好市场目标，然后加以运作。旅游地同时还要做好将品牌推向市场的策略，使公众认识品牌，提高品牌的知名度和美誉度，可以运用广告推广、营销推广、公关推广等手段，把民族文化品牌的文化特色、文化形象等展示给公众。旅游地更要学会用各种营销手段和法律手段来保护品牌的形象及自身利益。

本章小结

演艺是指通过人的演唱、演奏或肢体动作、面部表情等来塑造形象、传达情感从而表现生活的一门艺术。旅游演艺作为旅游地产品的重要组成部分，是旅游策划的重要内容之一。狭义地说，旅游演艺就是针对旅游市场所开展的、不同于通常的文艺表演形式。它体现了旅游目的地的特色文化，凸显了文化在旅游中的"核心竞争力"。对旅游目的地而言，旅游演艺项目具有提高旅游目的地的吸引力、促进旅游目的地文化的深入挖掘、塑造良好的旅游目的地形象、满足游客体验消费的需求、为当地居民提供更多的就业机会等重要意义。

从旅游演艺产品的内容上分，旅游演艺的类型可以分为民族风情展示型、山水实景演出型、文化遗产演绎型。旅游演艺具有创新性强、投资高规模大、主题内容丰富、体验性和参与性强等特征。

我国旅游演艺经历了以下的发展历程：一是节目式的演艺，一般是在景区的文化展演项目；二是依附于其他旅游吸引物而存在的，为了弥补旅游市场的空白出现的旅游演艺项目；三是景区式的实景演艺，实景演出形成了景区，整个演艺包括演出场所形成一个独立的旅游景点，而且对文化有较为深度的挖掘和体现；四是结合餐饮、节庆等文化要素形成的演艺项目，这类演艺已经成为独立的旅游吸引物，不仅本身就是一旅游景点，还能衍生出多个主题活动与产品，更能代言其所在地，成为地域名片，这是文化旅游演艺发展的高级阶段。

旅游演艺项目在策划时需要遵循一些共同的原则，如文化依托原则、主题差异原则、常变常新原则、市场化原则等。旅游演艺项目在策划中要运用差异化(Variation)策略、功能多样化(Versatility)策略、附加价值(Value)策略、共鸣(Vibration)策略等多种策略。

关键术语

旅游演艺；旅游演艺的特征；旅游演艺项目的类型；旅游演艺项目策划原则；旅游演艺项目策划策略与技巧；效益分析

Key words

tourism performance；the characteristics of tourism performance；the type of tourism performance project；the planning principles of tourism performance project；the planning strategies and skills of tourism performance project；benefit analysis

参考文献

[1] 张永安，苏黎. 主题公园文艺表演产品层次探究：以深圳华侨城主题公园为例[J]. 江苏论坛，2003，14(12).

[2] 诸葛艺婷，崔凤军. 我国旅游演出产品精品化策略探讨[J]. 社会科学家，2005，22(5).

[3] 陈铭杰. 景区演艺活动品牌化探讨题[N]. 中国旅游报，2005-5-11.

[4] 李蕾蕾，张晗，卢嘉杰，等. 旅游表演的文化产业生产模式深圳华侨城主题公园个案研究[J]. 旅游科学，2005，19(6).

[5] 李幼常. 浅谈旅游演艺兴旺的原因[N]. 中国旅游报，2007-4-2.

[6] 张婷婷. 壮族文化旅游产业运作模式比较研究[D]. 广西师范大学硕士学位论文，2007.

习题

一、多选题

1. 以下哪些是旅游演艺的特征？（ ）
   A. 创新性强　　　　　　　　　　B. 投资高、规模大
   C. 主题内容丰富　　　　　　　　D. 体验性和参与性强
2. 旅游演艺项目的类型有哪些？（ ）
   A. 民族风情展示型　　　　　　　B. 山水实景演出型
   C. 文化遗产演绎型　　　　　　　D. 主题公园型
3. 旅游演艺项目的策划原则有哪些？（ ）
   A. 文化依托　　　B. 主题差异　　　C. 常变常新　　　D. 市场化

二、判断题

1. 旅游演艺项目投资小、回收快、风险低。　　　　　　　　　　　　（　）
2. 旅游演艺项目不需要太多的创新性，复制项目也可以成功。　　　（　）
3. 旅游演艺项目必须注重体验性和参与性。　　　　　　　　　　　　（　）

三、简答题

1. 简述旅游演艺的含义。
2. 论述旅游演艺的特征。
3. 旅游演艺策划的要素有哪些？

四、思考题

1. 简述旅游演艺在当地旅游业发展中的作用。
2. 你认为一个旅游演艺项目要取得成功，需要在哪些方面进行努力？
3. 结合你的家乡，谈谈你认为可以策划何类主题的旅游演艺项目。

五、案例分析

《印象·海南岛》路在何方

2006年8月，海口投入巨资，请来导演张艺谋，策划并推出了《印象·海南岛》实景演出，欲通过打造一台世界水准的演艺项目来激活海口旅游。2009年3月16日，《印象·海南岛》大型实景演出试演，一时好评如潮。一个月后，节目正式公演。开演之际，有关方面信誓旦旦、信心满满地说《印象·海南岛》将横空出世，除了本身巨大的经济效益外，还将极大带动海口，甚至是盘活琼北旅游圈。那么，《印象·海南岛》实际的运营如何呢？

据报道，《印象·海南岛》总投资约为1.8亿。在演出敲定之初，海口气候宜人，《印象·海南岛》全年演出天数可达70%，远远超过其他"印象"系列的可演出天数，即便按70%的上座率估算，可容纳1600人的印象剧场仅门票收入也将产生巨大的经济效益。但如今《印象·海南岛》的观众始终维持在500人左右，每天票房收入在8万左右。除去印象剧场每天的巨大开支不算，剧组300名演职人员的工资就需要4万元，加上印象场馆的其他费用，票房收入所剩无几。"印象"奇迹在海南并未上演，《印象·海南岛》未能延续《印象·刘三姐》的辉煌。2010年7月28日，《印象·海南岛》55%国有股权在海南产权交易所正式挂牌出让，天利公司最终按原值2750万元竞买成功。剧场、配套设施、舞台等价值1.3亿元固定资产仍为海旅集团所有。按当初协议，它们将以租赁的形式继续提供给天利公司用于《印象·海南岛》的演出和经营。

《印象·海南岛》的失败不仅仅是个经济问题，更是一个发展理念的问题、文化的问题。"印象"系列是一个文化创意品牌，一味地重复，不花点心思创新，产生新点子新创意，恐怕只能坐以待毙。

【思考与分析】

1. 你认为《印象·海南岛》的未来会怎样？是持续的低迷亏损还是暂时的低谷？为什么？
2. 《印象·海南岛》为什么没有像《印象·刘三姐》那样实现经济利益的大丰收？
3. 你认为张艺谋的"印象"系列是否可以在旅游业中无限地复制？为什么？

第9章　旅游节庆策划

📖 本章教学要点

知识要点	掌握程度	相关知识点
旅游节庆的概念、性质、特点及功能	了解	事件、节事、节庆、旅游节庆、主题性、地方性、参与性、综合性、变异性、经济活动、文化活动、旅游活动
旅游节庆策划原则	掌握	体验化、大众性、参与性、地方性、国际化、确定性、国际化、市场化、产业化运作、品牌化
节庆运作模式和运作趋势	了解	旅游节庆的四种运作模式、六大运作趋势
节庆策划的主要内容	重点掌握	确定主题、开展前期调研、进行定位、选择运作模式、制定运作计划、节后绩效评估
旅游节庆品牌策划	重点掌握	旅游节庆品牌建设策划、旅游节庆品牌发展策划

📖 本章技能要点

技能要点	掌握程度	应用方向
节庆策划的主要内容	重点掌握	用于旅游节庆项目策划实践
节庆品牌策划要点	重点掌握	用于旅游节庆品牌建设策划和旅游节庆品牌发展策划

📖 导入案例

"水土不服"的"番茄大战"

每年8月最后一个星期三，在西班牙巴伦西亚地区的布尼奥尔小镇都举行一年一度的民间传统节日番茄节——"番茄大战"(Tomatina-Tomato Fight)。"参战"和"观战"的人数达4万多人。"番茄大战"起源于20世纪40年代，至今已演变成西班牙最吸引国内外旅游者的传统节日之一。当地市民及来自世界各地的游客用番茄作武器展开激战，使整个市中心变成"番茄的海洋"。

广东省东莞市于2007年、2008年相继举办了两届"番茄节"（见图9.1），但效果却差强人意。因为西班牙一年一度的"番茄节"已深入人心。此外，西班牙的番茄节有着深厚的历史渊源和文化内涵，而东莞只是机械地照搬外在的活动形式而忽略了我国国情和传统文化思维，从而引发了巨大的争议。"这时看到很多正在农田里手拿着锄头的老农心在痛，泪在流！""粮食是用来吃的，而不是玩的，正如汽车是用来开的，不是用来砸的，房子是用来住人的，不是用来养猪的。我是农民的儿子，每当看见这样的事情我都很心痛。"一项网络调查结果显示，87.3%的网友痛批东莞的"番茄节"太浪费，并有网友认为这样的活动毫无特色，有"东施效颦"之嫌。

图9.1　东莞"番茄节"

(图片来源：新华网，案例改编自凤凰网)

旅游业对城市的发展起着重要的作用，而旅游节庆活动作为旅游业的重要组成部分在促进城市旅游发展，提升城市形象和城市知名度，进而带动整个城市的发展方面扮演着越来越重要的角色。旅游节庆活动正在成为旅游目的地争夺形象力、注意力和竞争力之战的有效手段。形形色色的旅游节庆活动此起彼伏、高潮迭起。

从1983年河南洛阳创办中国最早旅游节庆——洛阳牡丹花会以来，我国的旅游节庆迅速发展，呈现出遍地开花之势。据不完全统计，到2010年初，我国大大小小旅游节庆活动有6000多个。然而节庆品牌与节庆效益却良莠不齐。因而旅游节庆策划就显得尤为重要。无题巧作，无中生有，小题大做，以小搏大，古题今作，借题发挥，好题快作，抢占先机成为旅游节庆策划的主要思路。本章将对旅游节庆策划的原则、内容、发展等进行讲解。

9.1　旅游节庆概述

9.1.1　旅游节庆概念

关于旅游节庆的概念，国内外专家有着不同的看法，归纳起来有三种观点：旅游节庆是一种旅游资源；旅游节庆是节日庆典和文化活动；旅游节庆既是旅游资源，又是旅游产品。

笔者认为，旅游节庆是指依托某一项或一系列旅游资源，经过一定的旅游开发而形成的一种特殊、现代、新型的旅游产品，通过内容丰富、开放性、参与性强的各种活动项目吸引大量受众参与，表现为在特定日期举办的一系列富含文化内涵的庆祝活动。它跟相关概念的区别如下。

1. 事件、节事、节庆与旅游节庆

事件是短时发生的一系列活动项目的总和，同时也是其发生时间内环境设施、管理和人员的独特组合。西方学者在事件及事件旅游的研究中，常常把节日和特殊事件合在一起并作为一个整体进行探讨，其英文简称为FSE(Festival & Special Event)，中文译为"节日和特殊事件"，简称"节事"。节事活动包括的内容广泛，除了通常所说的节庆活动外，还包括文艺娱乐、商贸及会展、体育赛事、教育科学事件、休闲事件、政治/政府事件、私人事件等特殊事件。从广义上来看，节庆的形式具体分为三类：一是传统节日，如春节、中秋节等；二是国家法定节日、庆典、历史事件的纪念日，如国庆、"八一"建军节等；三是各城市和地区根据各自的资源和实际情况，人为策划举办的带有浓郁地方民族文化氛围的节庆活动，如大连国际服装节、青岛国际啤酒节等。而旅游节庆的形式主要是指节庆中的第三类。

2．旅游节庆与传统节庆

旅游节庆属于人造节日，它同传统节日既有联系又有区别。联系表现为二者都是一系列活动的总和、都有广大的群众参与、都有其特殊的意义等三个方面。区别主要表现为历史性、认可性、地域性、利益性、发展前景等五个方面。

9.1.2 旅游节庆的分类

旅游节庆活动种类繁多，范围广泛，形式多样，可按旅游节庆产生的时间、运作管理模式、主题进行分类。

1．按旅游节庆产生的时间分类

旅游节庆按其产生的时间可分为两类。

一是传统民俗旅游节庆。传统民俗旅游节庆主要是指在人类文明发展史中积淀形成，具有深厚文化底蕴的传统节庆活动。对传统节庆资源进行合理与适度的策划和开发不仅能给旅游者展现当地独特的文化魅力，而且能给当地带来显著的经济效益。如彝族的火把节、傣族的泼水节等。

二是现代节庆活动。现代节庆活动是一种创造性主题活动，通过利用当地资源、特产或文化包装策划而成。它是经济社会发展的产物，特别是市场经济的产物，是当今旅游节庆的主体。如山东的潍坊风筝节、昆明国际旅游节等。

2．按旅游节庆运作管理的模式分类

旅游节庆按运作管理的模式可分为三类。

一是政府包办的节庆。政府包办模式曾经是节庆活动普遍采用的运作模式。当地政府在节庆活动举办过程中，担任策划、导演、演员等众多角色，企业被动接受政府的摊派。在这种模式下，低效率、资源浪费、资源配置不合理现象较为严重，也给政府带来较大财力和人力资源负担。同时，这种节庆缺乏专业性，难以满足市场化的发展要求。

二是政府引导、市场运作的节庆。政府引导、市场运作模式是一种比较适合目前中国国情的旅游节庆运作模式。其优越性及带来的效益已被各方所认同。其显著特点是以政府名义进行召集和对外宣传，进行科学决策，协调各方面的关系。而市场运作是指把旅游节庆的举办交给市场，比如冠名权、赞助、广告宣传等方面都采用市场竞争的方式运作。

三是完全市场化运作的节庆。完全市场化运作模式是旅游节庆走向市场化的终极模式。在旅游节庆举办的过程中，时间、地点、类型等方面按照市场的需求来运作，政府的职能发生了根本性转变，旅游节庆完全由企业主导，企业由被动参与转变为主动参与，既可以节约成本，又可以提高效益。然而由于市场资源有限，节庆涉及的面较广，单独依靠企业协调的难度较大，在短期内形成纯粹的市场运作机制还存在很大难度。

3. 按旅游节庆的主题分类

旅游节庆按主题可分为七类。

一是自然景观类旅游节庆。它以当地典型的地理风貌、植物花卉等为依托，综合展示地区旅游资源、风土人情、社会风貌等的旅游节庆。如哈尔滨国际冰雪节(见图9.2)、钱塘江观潮节等。

二是民俗文化类旅游节庆。它以举办地的民俗风情为主题，包括书法、民歌艺术、风土人情、民族习俗等内容，体现当地独特的传统民俗文化或现存的具有典型性的地域文化的旅游节庆。如宁波中国梁祝婚俗节、广西南宁国际民歌节(见图9.3)等。

图9.2　哈尔滨国际冰雪节

图9.3　南宁国际民歌节

三是宗教文化类旅游节庆。它与宗教祭祀等内容相关，突出举办地悠久的历史和灿烂的宗教文化的旅游节庆，其诉求在于旅游者的宗教信仰或宗教对于旅游者的吸引力、心理安抚力。如五台山国际旅游月、福建湄州妈祖文化旅游节(见图9.4)、浙江国际黄大仙旅游节等。

图9.4　湄洲妈祖文化旅游节

四是历史文化类旅游节庆。它主要以举办地的历史事件、历史人物、历史文化等作为旅游节庆的内容。如山东曲阜国际文化节(图9.5)、平遥古城文化节等。

图9.5　山东曲阜国际文化节

五是科技体育类旅游节庆。它是以科技产品制作与科技成果展演、竞技性体育活动表演及竞赛为主要内容的旅游节庆。其中竞技性体育活动具有较高的观赏性和高度的对抗性，能引起体育爱好者的兴趣。如岳阳国际龙舟节、郑州少林国际武术节等。

六是地方物产类旅游节庆。它是以当地的土特产、特色商品和工业产品为主要卖点，辅以参观、表演、经贸、洽谈等活动的旅游节庆。其主要特点是展示地方资源优势、物产文化，可带来的经济和文化效应。如绍兴黄酒节等。

七是现代娱乐文化类旅游节庆。它主要是为了满足当地居民的精神需求和旅游需求，为参与者和旅游者带来欢乐而开发策划的大型节庆活动。其主要特点是欢愉性强、持续时间较长、规模较大等。如广州美食节(见图9.6)、海南岛欢乐节、上海旅游节等。

图9.6　广州美食节

9.1.3 旅游节庆的性质

1．经济活动

节庆活动需要有经济的投入。随着经济规律影响的扩大，节庆活动的举办也越来越多地引入经济手段来操作。同时，节庆活动所造成的广泛影响以及所带来的大量人流为经贸活动的成功举办提供了良好的舞台和环境。另外，节庆对经济活动的影响还体现在节日消费方面。人们在节庆中形成了大大超越日常生活的消费水平，因此节日经济异常火爆。

2．文化活动

对于传统节庆而言，节庆活动是当地风俗的重要组成部分，在其传承和延续的过程中具有良好的群众基础和广泛的社会参与，是当地文化不可分割的一部分。对于现代创设的旅游节庆，无论举办的时间长短、主题如何，都是对本地文化进行挖掘、整理、提炼和表现的载体。缺乏文化底蕴的节庆活动对内没有内聚力，对外没有吸引力，进而也就没有生命力。旅游节庆中，旅游者追求文化体验的真实，社区居民追求文化心理的认同以及对外文化的展示和交流。因而文化体现和传承是旅游节庆策划必须做到与做足的。

3．旅游活动

节庆和旅游有着天然的契合。节庆所表现的文化和形成的节日氛围正是旅游者所追求的旅游体验要求；节庆活动具有的参与性、娱乐性以及文化性的特点成为旅游者追求文化真实性的具体目标；节庆所提供的活动内容和形式使得旅游者参与其中。所以，节庆旅游是一种体验旅游。

9.1.4 旅游节庆的特点

旅游节庆属于特殊的旅游产品，它不仅具有一般旅游产品的特征，同时还具有自身的独特性。

1．时间性和周期性

节庆的时间性和周期性打破了人们固有的生活秩序，因而给游客带来新鲜和刺激，这是旅游节庆最突出的特征。时间和周期是由其主题和载体决定的，一些节庆依赖于农时，如牡丹节、冰雪节以及油菜花节等；一些节庆与特定时间的纪念活动有关，如龙舟节；还有的节庆与特定的时间效果和安排难易程度等有关。

2．主题性

旅游节庆源于地域文化、地理风貌、历史文化、宗教艺术、地方物产等自然资源与人文资源，它们都具有主题性强的特点，能让人产生旅游联想，激发旅游动机。旅游节庆所要表达的主题是组织节庆活动的中心线索，是产生吸引力的关键。没有主题的旅游节庆是缺乏灵魂的节庆，必然不能长久。只有主题明确的旅游节庆，才能主旨突出，形象鲜明，甚至标新立异，独树一帜，进而具有市场号召力。因此明确主题是旅游节庆策划的核心，主题选择的优劣直接决定着节庆活动的成败。

3．综合性

综合性表现在很多方面，首先是内容的综合性。旅游节庆尤其是大型旅游节庆能够集中体现当地的自然、民俗、饮食、文化、历史等特色。其次是节庆组织活动部门的综合性。旅游节庆尤其是大型旅游节庆涉及众多部门，需要各部门的协调和通力配合。其三，节庆活动具有功能的综合性，如旅游功能、经济功能、营销功能等。

4．地方性

旅游节庆作为旅游产品，表现出强烈的地域特色。地方性是构成旅游节庆产品差异性和垄断性的基础。旅游节庆如果没有地方性，就难以产生魅力，也就失去了吸引力。

5．参与性

参与性是旅游节庆的重要特征。旅游者融入到各项活动中能增强旅游体验。节庆中的游行、狂欢等活动需要参与者来营造节庆气氛，各种比赛和展览也需要相关人员和商家的参与，否则这些活动就无法开展。参与节庆的社区居民、旅游者等既给节庆带来了活力，也给举办地带来了经济收入。同时，参与性是旅游节庆吸引游客的拉力之一，游客能通过参与节庆的各种活动满足自己的兴趣爱好，展示自己的特长，还能通过参与节庆活动学会当地特有技艺。

6．娱乐性

旅游节庆要满足现代人的旅游需求，即提供轻松、快乐的活动，与"节"和"庆"的环境一致，老一套的程序和陈旧的内容很难激起旅游者的兴趣。当然，节庆活动的设计要契合大众旅游者消费诉求，推陈出新，娱乐性强，时代感浓厚。

7．变异性

节庆是随着社会、经济、文化、科技、政治等的变化而发展变化的。其内容、方式、规模、影响、目的、模式等都在发生变化，不会一成不变，否则就会落伍，难以满足消费者对旅游节庆的需求，因此，旅游节庆必须与时俱进。

9.1.5 旅游节庆的功能

旅游节庆活动作为非严格意义上的旅游产品能给旅游目的地带来社会、经济、文化和环境等效益。

1．塑造城市形象，提升城市知名度

良好的城市形象是一个城市的巨大无形资产，是巨大的生产力和城市发展的推动力。通过举办节庆活动可以在一定时间内调集资源于某一主题活动，吸引大量媒体的集中报道，助推城市知名度、美誉度的迅速提升和扩散。节庆甚至会成为城市的代名词，如潍坊与风筝节、青岛与啤酒节、大连与服装节等。同时节庆是挽救城市形象、巩固城市形象、提升城市形象，甚至是更新城市形象的一个有效手段。通过节庆活动的举办推进旅游目的地的品牌化建设是城市节庆及节庆旅游发展战略的基本目标之一。

2．促进地区经济发展

节庆活动举办期间，大量的人流、物流涌入举办地，最直接和直观的影响在于经济影响，大量游客所带来的门票、餐饮、住宿、购物、娱乐、交通等消费收入十分可观。另外，一般的旅游节庆活动都伴随着商贸活动的举行，对拉动地方经济发展的效果显著。

案例分析9.1

第28届洛阳牡丹花会落幕 旅游总收入达80亿元

河南省第28届洛阳牡丹花会(见图9.7)历时35天，全市共接待游客总人数1622.31万人次，旅游总收入80.06亿元，同比分别增长8.01%、8.43%。花会从4月1日开始，至5月5日结束，历经5个双休日(含清明、五一两个小长假)，形成了5个旅游高峰。花会期间单日接待游客数量超过70万人次的共有7天，5月2日超过80万人次，旅游峰期创历史纪录。花会期间，洛阳市签约项目55个，投资总额137.9亿元。其中市外资金134.2亿元，项目涉及农产品加工、先进制造业、机械电子、建材、化工、高新技术产业、硅产业，纺织玩具、商贸服务、基础设施、旅游等领域。

图9.7 洛阳牡丹花会

(图片来源：河南日报，资料来源：河南日报．2010-05-06，有删改)

3．促进城市基础设施建设

节庆活动作为提升旅游吸引物和旅游目的地地位的催化剂，可以促进城市相关产业的发展，拉动城市交通、通讯、城建、绿化等基础设施建设的步伐。剩余效益是节庆的效应之一，它是指节庆结束后留下的永久设施，一般可分为现场和非现场两种。其中，现场剩余是指遗留下的可重新利用的设备和修整过的场地。例如，许多节庆的大展厅往往可以改造为商业中心、会议中心和购物中心。非现场剩余表现为改造后的城市基础设施和改善后的交通状况。节庆往往会加速城市改造的步伐，这些改造为今后的经济发展打下了稳固的基础。

4．增加旺季客流量，弥补淡季需求不足

节庆活动的举办调整了旅游产品结构，为旅游发展提供了新机会，延长了旅游旺季，解决了淡季需求不足和产品供给过剩等问题。对于一些旅游目的地来说，与其在淡季降低门票价格，不如举办契合自己文化的旅游节庆活动。

5．弘扬地方传统文化，推进城市文明建设

旅游节庆的吸引点是它具有浓郁的地方特色文化，文化也是节庆的养分和生长点。节庆的策划和举办都要努力挖掘地方自然、历史、民俗、经济等各类文化，一方面使得旅游节庆具有吸引力，另一方面使得地方文化得到重视、恢复、振兴、传承和发扬。同时，节庆活动有助于推进城市文明建设。如河南省开封市于 2008 年 10 月承办了第十届亚洲艺术节，此类活动既能向外来旅游者推介开封璀璨的文化，又能开阔本地居民的眼界，提高其艺术欣赏水平，也使居民的文明礼貌、人文素质等得以提升。

9.2　我国旅游节庆存在的问题

截至 2010 年，我国旅游节庆数量已达到了 6000 多个，有些是较成功的，在主题形象定位、时间地点的选取、活动内容的安排、市场营销推广等趋于稳定，效果较好，已经进入了品牌扩张阶段。但多数旅游节庆是虎头蛇尾，效果不尽人意，具体来说，存在以下问题。

1．数量多、名头大、规模小、寿命短

在我国举办的旅游节庆中，一大批规模大、档次高、影响深、品位好的旅游节庆品牌正在逐步形成，但也有不少节庆缺乏科学长远规划，在举办时请一些名人扛大旗，开幕式就是闭幕式，本地人自娱自乐，不可持续。与德国慕尼黑啤酒节 171 届、西班牙斗牛节 300 多年历史相比，我国 85%的节庆不超过 10 届。这既与我国旅游节庆大多来源于现代节庆的策划而非传统节庆演化而来有关，又与很多节庆文化底蕴不够深厚、文化内涵不够丰富有关。

2．载体类型多样化，活动主题雷同化

我国举办旅游节庆活动的载体可分为自然景观、植物花卉、文化艺术、民族民俗、体育科技、餐饮物产等多种类型，对应了我国自然资源多样、历史文化悠久、民俗风情浓郁、物产特产富饶、饮食文化源远流长等特点，且随着旅游和当地经济文化的发展，节庆的载体还将更加多样化。然而，我国旅游节庆主题雷同化现象严重，其中啤酒节 37 个、桃花节

46个、茶文化节48个、美食节100多个,近年来又出现油菜花节。因历史、文化、地理等方面的近似性,临近城市在确定节庆活动的选题时重复,由此带来节庆影响小、号召力不够、创新难等问题,同时必然降低了对旅游者的吸引力,造成经济损失。

3. 旅游节庆商业气息过浓,遮蔽了其文化内涵

旅游节庆具有经济和文化的双重功能,虽然节庆可以带来经济效益,但独特文化是其延续的保证和源泉。当前,一些旅游节庆活动过多地掺杂了产品推介、招商引资等商业活动,大大地稀释了旅游节庆的文化主题。这种做法可能带来初期的可观经济效益,但却是杀鸡取卵。还有一种不正确的节庆评价标准值得注意,即把节庆活动中签约了多少项目与资金作为节庆成功与否的标准,这是一种短视的表现行为。旅游节庆的生命力取决于对地域传统文化和现代文化的挖掘、表现和推广,取决于节庆对旅游者的迎合度。至于经济效益,应是节庆的衍生效益。

4. 政府干预旅游节庆过多,市场化程度不够

旅游节庆的合理运作模式是"政府协调引导、社会参与、市场化运作",但由于当前没有形成一套完善的规制来规范和约束市场化运作,政府仍然是各项工作的主体,许多工作是依赖行政命令完成的,政府干预过多。政府举办的旅游节庆多数是出于政绩目的,经济意识不强,根本没有市场调研、市场分析和营销推广的概念,忽视旅游节庆自身规律和特点,不考虑参与大众真正需求,市场化程度有待提高。

5. 旅游节庆活动多、精品少,缺乏有力的宣传组织策略

旅游节庆是综合性旅游产品,各种子活动都是旅游节庆主题统领下的有机组成部分,因此要注意旅游节庆的整体性,进行品牌化营销。目前,我国存在重节庆的组织和安排,轻整体活动的编排、管理和推广营销的问题。突出的表现在每次旅游节庆都有一个隆重的开幕式和开幕式大型晚会,随后是几个展览会、洽谈会和签约会。虽然安排了很多活动,但真正和旅游者相关的活动不多。事实上,成功的旅游节庆从活动的筹备、项目的策划、活动的管理、活动的促销等都有一套成熟的规程和理念,活动的每个细节都应趋于紧密衔接和完善,而我国多数旅游节庆活动显得杂乱无序、东拼西凑,活动程序和内容大同小异。

6. 群众参与不够

从节庆活动的起源来看,它是一种大众化、社会化、公益化、自发性的群众活动,是没有功利性的。大众化和群众性是成功举办旅游节庆的关键。大凡成功的旅游节庆都形成了普天同庆、万民同乐的热闹、欢庆气氛,有民众与游客的广泛参与。而有些地方举办节庆,其品牌大而空,老百姓一头雾水,不知政府在干什么,自然谈不上参与。没有群众的参与,吸引不了眼球,积聚不了人气,推广旅游产品的目的自然难于实现。

7. 旅游节庆发展的地域差异大

由于旅游节庆的发展在很大程度上受限于旅游资源的禀赋、旅游业的发展水平以及地

区经济的发展状况，所以旅游节庆在地域上的差异性显著。对此，梁丹与马广钦在《中国旅游节庆发展区域差异分析》一文中进行了阐述。首先是各省区旅游节庆在数量上差异很大，四川、浙江、广东、江苏、山东等省份的旅游节庆数量都在 200 个以上，而天津和宁夏的旅游节庆数量还不足四川省数量的 1/7；其次是各省区旅游节庆的质量参差不齐，浙江省的旅游节庆举办水平和经营状况都比较优秀，而天津、重庆等地区却相对较差。

9.3　旅游节庆策划的原则

旅游节庆策划的基本原则是以特色资源为卖点，以市场需求为导向，以营销品牌为抓手。要使旅游节庆具有独特的魅力，产生吸引力，满足游客心理感知的需求，就必须遵循一定的策划原则。

1. 体验化原则

体验就是通过感知或意识而获得对一客体的认知或情感。体验实际为消费过程，当它结束时，记忆将永久保存。消费者愿意为这种每一瞬间都是唯一的"美好、难得、非我莫属、不可复制、不可转让、转瞬即逝"的体验付费。为此，旅游节庆策划应从以下几个方面着手。

(1) 挖掘真实的节庆景观主题。节庆主题的诱惑力是迈入通往体验之旅的第一步。成功的主题应体现最令人瞩目的地域和项目特色，或整合最动人心魄的体验。景观文脉是节庆主题确定的基础，偏离文脉的主题设计使游客体验不到真实可靠的景观场景。所谓"真实"并不等同于原始、原型或原汁原味的景观，"真实"可以创造，也可以不断地有所变化，推陈出新。

(2) 设计节庆景观的真实情景。节庆有丰富的内涵，如何将其内涵通过真实情景的设计让当地居民和游客参与其中，投入"演出"是设计的关键。

案例分析 9.2

大连国际服装节是我国举办时间最长、群众参与最广泛的集经贸、文化、旅游为一体的综合性交流平台和盛大城市节日之一。巡游狂欢活动是其主体活动之一，深受当地居民和游客欢迎。表演队伍以展示现代服饰、卡通人物及我国少数民族服饰为主。巡游狂欢突出了"知识性、趣味性、国际性"，既保留了传统民族特色，又具有国际色彩。这项活动从最初具有浓郁地方特色的扭秧歌、划旱船等民间表演，到融入了西方狂欢节表演特色的彩车，都体现了情景设计细腻、环环紧扣、演员与市民同乐的设计理念。与此同时，活动还融入了景观新的文化内涵，增强了景观的吸引力。

(3) 策划节庆景观的互动。体验是由节庆产品提供给社区居民和游客的一种互动、独特的感受过程，游客可以从体验中获得人性化的体验价值。这种互动过程既有节庆各项情景的互动，又有地域间节庆的互动。

(4) 提供节庆个性化服务。服务质量的个性化是吸引游客体验的前提，旅游节庆策划应建立以游客体验为核心的服务理念。这里的服务除包含旅游六大要素中的一般服务项目外，还包括为当地居民和游客提供的"场景"和"剧情"。没有个性化的服务就满足不了基本的体验，也就难以给游客留下深刻的回忆。

(5) 开发节庆旅游商品。节庆活动创造的体验过程是一种持续留在社区居民和游客脑海中的回忆过程，而旅游商品具有延续体验过程的美学功能。有内涵和个性的纪念品能延长审美体验过程，并升华体验价值，还有助于景观体验式旅游的宣传。因此，策划时应注重对产生经久性回忆的节庆旅游商品进行美学效应设计和特色设计。

(6) 开发标志性活动。所谓标志性活动就是最能反映节庆精神和主题的、每年必举办的活动，如西班牙斗牛节中的奔牛活动、番茄狂欢节中的番茄大战等。标志性活动是节庆中的高潮点与特殊点，整个节庆活动应贯穿于一个或若干个高潮点与特殊点中，并配套一系列辅助性的活动，做到节庆期间活动不断，高潮迭起，引人入胜。

(7) 集中活动时空。为避免节庆与日常生活相隔离的本质属性，节庆必须限定在特定的时间和空间内进行，过于分散将不利于聚集人气和营造热闹的节庆氛围。标志性活动的举办场地应与配套完善的中心商业街区相结合，与最具地方代表性旅游景点、景区相结合。

2．大众性与参与性原则

大众性是节庆活动营销的前提，广泛的参与性是节庆活动得以成功的关键所在。影响大众参与节庆旅游的主要因素为：旅游节庆的本体因素，包括节庆的主题内容、知名度、举办时间、节日氛围、旅游节庆民俗文化的丰富度和独特性、节庆旅游商品、节庆活动的观赏性和可参与性、旅游节庆入场券的价格；举办者的因素，包括节庆会场的空间布局、宣传促销的力度、专业化运作水平和相关服务；外围环境因素，包括节庆会场秩序的监督保障系统、举办地的旅游形象、交通状况、举办地的生态环境和举办旅游节庆所依托的旅游景观。

3．地方性与国际化原则

根据当地实际选择鲜明特色的主题定位是成功举办节庆活动的支撑点，也是节庆活动成长发展的必要条件。而节庆活动本身所具有的民众性、广泛性、开放性是其走向国际化的内在要求，也是保持其旺盛活力和持续发展的需要。

4．确定性与规范性原则

节庆活动虽然是一种动态的吸引物，但它又必须在动态中寻求某种确定性和规范性。严谨周密的管理和确定性、规范性是节庆活动产品化的基本条件。

5．市场化与产业化运作原则

节庆活动作为一项独立的产品进入市场就必须遵循市场规律，具备"成本与利润"、"投入与产出"的理念,建立投资回报机制,形成"以节庆养节庆"的良性循环发展模式。产业化运作要求围绕节庆活动,以招标投标、合同契约的有序竞争方式进行,并逐步形成新兴的"节庆经济"和"节庆产业"。

6. 品牌化原则

具有品牌价值的旅游节庆活动才能成为新的地方特质文化沉淀下来,形成并拥有长久的市场生命力。地方旅游节庆品牌的创立要注意以下四点。首先,要使节庆旅游发展趋势与旅游业的发展目标相适应,使之成为旅游产品的重要组成部分。其次,要以节庆旅游的资源优势和发展前景为依托,策划节庆旅游产品的特色和形象,从而创造独具特色的旅游节庆品牌。再次,要加大节庆品牌的宣传力度。最后,要注意节庆品牌的独特性和品牌知识产权的保护。

9.4 旅游节庆运作模式和运作趋势

9.4.1 旅游节庆运作模式

节庆可持续发展的实质是不同利益主体的协调问题。可持续发展的基础有三个层面:在政府层面,实现节庆规划设计情景化、主题化及节庆区域联合互动化;在企业层面,节庆活动产业化才是可持续发展的动力;在游客和社区层面,节庆活动的深层次体验才是基础。协调三者之间的利益是影响节庆可持续发展的基本动因。

我国旅游节庆活动的运作已呈现出多样化、市场化的趋势,市场规律正在发挥着越来越强的作用。目前节庆运作模式主要有如下四种。

1. 政府主办模式

政府主办模式的特点是节庆活动由政府运作,主要内容由政府决定,活动场地、时间由政府选定,参加单位由政府指定。由于举办主体的特殊性,组织机构可以充分利用行政资源来协调各种关系,处理各职能部门的利益分歧并保证旅游节庆的运作效率,这也是政府举办型旅游节庆的最大优势。同时,这类节庆由于统筹能力较强,可以有效处理突发事件。但节庆的组织安排、宣传促销、所需资金等都是政府承担,没有发挥企业的积极性和群众的广泛参与,整个节庆呈现出很浓的"官气",效益不高。

2. 部门主办模式

这是目前许多城市专题节庆活动采用的模式,它具有政府主办模式的一些特点,但也在不断地加入市场化运作的成分。

3. 企业举办模式

企业举办旅游节庆是市场化选择的一种结果,该模式完全把节庆当作旅游商品来对待,活动围绕着效益目标进行。但是缺乏政府引导的完全市场化的企业型旅游节庆组织是行不通的。旅游节庆并非仅是一种旅游商品、文化产品，还是举办地旅游形象的体现和传播。因此政府必须发挥相应职能并承担相应责任。

4．政府引导、企业主办、市场运作模式

旅游节庆的功能多样性决定了完全政府行为或完全市场化的企业行为都是行不通的。当前，政府引导、企业主办、市场运作模式成为旅游节庆举办的新思路，它可以避免政府指令型和市场失灵状态下的弊端。由于旅游节庆涉及的环节多、组织工作复杂，政府仍将发挥主导作用。但政府应将工作重点放在主题策划、市场号召、政策扶持、组织协同方面，着力整合各方力量，扶持并培育企业成为节庆举办的主体。企业承办是由企业负责节庆活动的具体组织与服务，更好地发挥市场机制在配置节庆组织资源方面的作用，逐步形成稳定的市场化运作机制，实现政府搭台、企业唱戏、社会参与、多方受益的目的。准确定位政府、企业、民众在旅游节庆过程中的地位和作用，构建以共同利益为基础的良好合作关系，形成举办节庆的合力，对节庆成功举办至关重要。

旅游节庆的发起者往往是各级地方政府，其目的是打造地方名片、树立城市形象，从而吸引人气、招商引资，全面拉动地方经济的发展。政府所掌握的公共资源及其动员、协调能力恰是举办节庆所必需的，也是企业所不具备的。企业参与旅游节庆的积极性来自于旅游节庆带来的商机。成功的节庆品牌往往能积聚起巨大的人气，为企业带来经济效益和外部效应。节庆期间的交易会、商品展销会、经贸洽谈会、群众游行、庆祝联欢等能够吸引大量的参展商以及慕名而来的游客。与政府相比，企业的优势在于直接接触市场，有自己的营销网络和营销手段，能通过市场机制为节庆招徕客源、动员参展商并提供专业化的服务。民众则可以在节日举办中增加就业机会、展示地方文化，增强节庆的特色化吸引力。

案例分析 9.3

新疆节庆试水"官转民"，企业唱主角政府退居幕后

2011 年 8 月 18 日举办的第 20 届中国丝绸之路吐鲁番葡萄节(见图 9.8)引人关注。不同的是，大家关注的焦点不是节庆本身，而是这场节庆的举办模式：吐鲁番地区首次为葡萄节引入了商业化运作模式，而做了 19 年主角的吐鲁番地区政府部门则退居幕后。

图 9.8　新疆吐鲁番葡萄节(图片来源：中央政府门户网站)

2011年1月26日，吐鲁番地区第20届"中国丝绸之路吐鲁番葡萄节"组委会办公室正式向全国发出了招商公告，并很快吸引了包括北京两家公司在内的诸多企业参与。在这届葡萄节上由政府部门承办的只有9项，比如与河南省合作的文物展等活动，占活动的1/4。吐鲁番地区的统计数据显示，该节共吸引了10多万人次参与，设置了600个展位吸引各路商家参展，签约金额达59亿元，是历年规模最大、参与人数最多、规格最高、活动最多的一届葡萄节。尤其是政府由于退居幕后，节庆花费也大幅下降。吐鲁番地区旅游局副局长徐树林透露，今年的葡萄节政府总计花费100万元，而在以前，一届葡萄节花费都在300万～500万元。相比之下，政府支出减少了至少2/3，算是个不小的收获。"不仅如此，通过实际运作，我们还积累了举办商业节庆的经验，拓宽了眼界，更新了观念，为今后节庆举办打下了基础"。

(资料来源：亚心网．2011-09-21，有删改)

9.4.2 旅游节庆的运作趋势

1. 策划过程面向市场

策划是旅游节庆活动成功的前提，是制定旅游节庆活动的个性活动形式、内容、活动范围等一系列基本要素的谋划行为。市场化是指在活动的实施过程中引入市场机制，完全考虑投入产出的因素。旅游节庆有着很强的利益性，这就决定了旅游节庆是面向市场，因而节庆的成功不仅需要合理、精心的策划，更需要市场化。市场化进程是旅游节庆的必由之路，也是其发展和延续的首要条件。

策划过程中考虑市场化主要体现在以下方面。第一，产品的策划要考虑市场化运作。策划者要充分考虑所在地区受众的年龄构成、文化层次、经济状况、风俗习惯等一系列因素，以便所推出的系列节庆活动吸引尽可能多的受众，达到节庆活动的预期目的。第二，产品品牌的创立。大型旅游节庆活动的举办必须考虑其品牌效应。活动组织者除了要考虑市场化运作和大力宣传外，还要考虑节庆的"三定"，即定时间、定地点、定主要内容。这样可以使受众更好地认识和参与旅游节庆，树立良好的品牌效应。第三，活动组织过程中的市场化运作。由于人造活动起初的参与性不高，达不到预期的效果，因而旅游节庆活动最初普遍由政府引导，体现在由政府出资、组织、协调等。但其弊端明显，存在的问题主要体现在资金短缺、企业被动参与以及违背市场规律，不利于旅游节庆的长期发展。因此，旅游节庆必须施行市场化运作。

2. 管理由政府主导逐渐向政府引导转型

旅游节庆的发展从开始的纯政府行为到后来的市场化运作，其运作模式转化经历了三个阶段。第一阶段为政府主导，企业被动参与。在节庆发展初期，政府完全筹备，邀请企业参与，以期朝着市场化的方向发展。在这个时期，企业缺乏主动性与创造性，而活动组织者的直接目的就在于扩大旅游节庆的影响力和为将来的市场化发展做准备。第二阶段为政府主导，企业主动参与。节庆发展到一定时期，市场机制初见成效，受众对节庆的关注度日益增强。企业在利益的驱使下，由开始的被动参与到主动参与，积极配合活动组织者

的各项活动，以期通过节庆的举办获得利益。第三阶段为企业主导阶段。此时政府的职能转变为引导，发生了根本性的变化。

3．企业由被动参与到企业主动参与

政府淡出旅游节庆活动的主导，由部分市场化到完全市场化运作。企业由被动参与到企业主导，由指令参与变为竞争参与、主动参与。活动组织者从企业中筛选出适合旅游节庆发展的节庆产品，进一步提高节庆产品的质量，形成良性循环。

4．节庆的组织和管理模式逐渐发生转变

政府主导的节庆一方面给政府带来了相当大的经费负担以及职能部门人力资源负担，另一方面不能很好地满足市场化的发展要求。因此节庆的组织和管理模式将逐渐发生转变，直至完全市场化运作后，政府职能发生变化，从起初的主导变成协调、控制等宏观调控，具体的策划和操作完全由市场来完成。这样既给政府减轻了负担，又有利于旅游节庆活动的长期发展。

5．受众参与度提高

旅游节庆活动实现利益的唯一途径是提高受众的参与度。节庆活动受众的参与表明活动被认可，这样才有可能成为人民大众的节日。而受众参与形成了旅游节庆市场，这样势必提高企业参与节庆的积极性与主动性，使旅游节庆活动的市场化进程加快。

6．志愿者队伍进一步壮大

壮大志愿者队伍是由志愿者队伍对节庆的作用决定的，其作用有二：其一，志愿者队伍的壮大是一个地区甚至一个国家文明进步的标志之一。而旅游节庆活动在很大程度上所展示的是一个地区(国家)的文明程度，且本身就是旅游节庆活动的有机组成部分；其二，大量志愿者的参加给旅游节庆的组织和协调带来了便利，使得节庆活动获得更好的发展。

9.5 旅游节庆策划的主要内容

旅游节庆策划是一项系统的综合性工作。首先，策划要有明确的目标。其次，策划要掌握足够的信息，包括内外的环境信息和条件因素。最后，以策划创意作为核心来展开活动。旅游节庆成功与否，节庆的创意和设计是特别关键的因素。因此要保证旅游节庆活动达到所期望的要求，就必须组织具有一定经验和实力的各方面专家进行策划。另外，节庆的设计要充分吸纳当地居民和社区的意见和建议，使当地居民乐意参与到节庆活动中来，形成节庆活动所要求的氛围。

9.5.1 确定旅游节庆的主题

节庆活动应该体现举办地传统的独特魅力、文化意境或当代发展的特色和优势。确定节庆主题是旅游节庆策划的核心，分为以下两大类。

1. 存在性主题

存在性主题类节庆活动多为历史文化和社会民俗中延续、沉淀下来的传统节庆活动，主题与传统历史文化风俗密切相关。我国的这类节庆活动可分为三个亚类：与农历节庆相结合的庆祝性节庆活动、与民族传统相结合的纪念性节庆活动、与历史文化相结合的祭祀性节庆活动。其中第一个亚类最为普遍，如元宵节灯会、端午节赛龙舟、中秋节赏月等；第二个亚类有著名的傣族泼水节、彝族火把节和蒙古族的那达慕大会等；第三个亚类有炎黄帝祭祖大典等各类祭祖文化庆典。这些存在性主题类节庆活动往往具有浓郁的东方文化风韵，既符合中国旅游者传统欣赏心理，又符合国外旅游者对东方古老文化的猎奇心理，能够吸引国内外游客的广泛参与，具有良好的群众性和娱乐性。

2. 创造性主题

创造性主题类节庆活动是依托本地资源，发挥地方文化优势，根据地方经济社会发展的需要设计出具有特色的旅游节庆活动。创造性主题类节庆活动可分为文化类、社会类、经济类等。我国许多城市和地区已经策划出一批有影响力的创造性主题类节庆，形成了各具特色的节庆活动旅游品牌。如文化类的有"曲阜孔子文化节"、"长春国际电影节"等；社会类的有"哈尔滨冰雪节"、"海南岛欢乐节"等；经济类的有"大连国际服装节"等。在国际上，创造性主题类节庆活动也是节庆活动的主流，如"维也纳音乐节"等都是利用本地资源与策划创意相结合开发出的旅游节庆活动，很好地满足了世界游客不断增长的休闲需求。

9.5.2 开展前期调研

为使节庆活动有好的创意和顺利举办，在节庆策划之前要了解目的地的地脉、文脉、旅游资源、人力资源、旅游市场、旅游者特征、旅游地设施状况、国内外类似节庆经验和教训等。

1. 把握地格

地格是一个地方长期积累形成的自然与人文本质特征，这种本质特征决定了该地的发展倾向与当地人的世界观。地格是地脉与文脉的有机合成。

旅游节庆活动举办的目的多是强化旅游形象、丰富旅游产品、扩大旅游市场规模。因此举办节庆活动一定要符合本地文化和整体旅游形象的要求，保证旅游节庆活动的独特性和差异性，取得旅游市场和本地社区居民的认同。这就要求策划者进行全面而深入的研究，准确把握旅游节庆举办地的地格。本章开篇案例中广东东莞的番茄节策划的失败，就是没有考虑到当地的文化和居民的认同，生搬硬套地引入了西班牙的民俗风格，结果导致效果不佳。

2. 调查旅游资源

节庆活动的举办是为了促进当地旅游业发展，因而要和当地的旅游资源、旅游景区或者旅游产品有机结合，营造出独特的节庆氛围。尤其值得提出的是，节庆活动多数具有一定的规模，许多活动都在室外进行。为此要充分考虑气候气象资源条件，以便活动的开展及满足旅游者和当地社区居民参与的需要。

3. 调查旅游市场

节庆活动的目的决定了其传播和影响对象是旅游市场及旅游投资者。为了保证活动的效果，策划者必须深入了解市场，包括旅游市场规模、结构、行为特征等。

4. 调查旅游者和社区居民特征

旅游节庆活动在设计上要符合旅游者的消费诉求，为此需要对旅游者进行充分深入的了解，包括人口统计特征、社会特征、消费行为特征等。此外，衡量节庆是否成功举办的标准之一是社区居民参与的意愿和规模，所以要保证节庆活动的举办符合和方便居民参与，提高居民参与的积极性和自豪感，还需要进行社区居民节庆需求特征调查。

5. 调查旅游地场地条件和服务设施

旅游节庆的举办必然带来人流、物流、资金流、信息流的短期急剧增加，给当地的基础设施和环境带来巨大压力。因此举办旅游节庆首先要具有完善的基础设施条件和宜人的旅游环境。举办节庆的基础条件包括完善的城市公共服务设施，如充足的水电供应、发达的信息技术、便捷的公交体系等；举办节庆的场所和设施，如广场、会议中心、展馆、不同等级的酒店等；丰富的文化资源和众多的旅游景点；专业的策划、管理人才及各类高素质的服务人才；社会团体和相关组织的支持。而良好的旅游环境如安定团结的政治局面、鼓励旅游的政策法规、良好的社会治安和交通秩序、文明的城市居民行为、安全轻松的氛围等可以使游客获得更舒适的旅行体验。所有这些都应该调查清楚，使节庆策划达到高水平、高质量、高目标。

6. 调研国内外的类似节庆

节庆举办成功与否，一项重要的衡量标准就是是否在符合自身文化的前提下具有差异化，包括时间、主题、规模、活动形式和运作模式等。为此，在吸取和借鉴其他地区成功举办节庆经验的基础上，策划者需调研国内外的类似节庆，对周围地域环境的节庆进行调查，避免空间和时间上的重叠以及形式、主题的雷同等。当然，对同一主题，如果本地有丰富和独特的文化形态及内涵，也可以举办同类的节庆活动。如啤酒节，比较著名的有哈尔滨啤酒节、青岛啤酒节、慕尼黑啤酒节、斯德哥尔摩啤酒节。这些节庆名字类似，时间接近，但结合了当地的文化和地域特征，在活动内容等方面形成了自己独特的个性。

9.5.3 进行节庆定位

节庆定位就是为节庆在市场上树立一个明确的、有别于竞争对手的、符合消费者需求的形象，以较高的知名度、美誉度和忠诚度使产品受到消费者的青睐。节庆定位应适位，避免失位、越位和错位。具体而言，旅游节庆的市场定位有五种可供选择的策略。

1. 根据旅游节庆产品的特色进行定位

根据旅游节庆产品特色定位就是根据产品的某种或某些优点，也就是根据顾客所看中的某种或某些利益进行定位，这是最为常用的一种定位策略，也是最有效的一种策略。

2．根据价格与质量之间的联系进行定位

根据价格与质量之间的联系进行定位即以产品的质价比来定位。采用这种策略进行定位的企业将其产品的价格作为反映质量的标志。

3．根据节庆产品使用者进行定位

旅游节庆的使用者除了纯粹的节庆旅游者之外,还包括政府机构、民间行业管理组织和营利性组织等,在定位时要根据使用者的特点和需求进行定位。

4．根据节庆产品的类别进行定位

根据节庆产品的类别进行定位是指企业通过变换自己产品类别的归属进行定位,又称为产品种类分离定位。这种定位策略可以使其产品吸引不同层次的消费者市场,从而使产品的市场规模有效地得以扩大。

5．借助竞争者进行定位

借助竞争者进行定位是指企业通过将自己同市场声望较高的某一企业进行比较,借助竞争者的知名度来实现自己的形象定位。例如在青岛啤酒节期间,参展的除了青岛啤酒之外,还有百威、蓝带、喜力、贝克等多个国内外啤酒品牌。和这些国际知名的啤酒品牌同台展示,大大提高了产品的知名度和消费者的关注度。

9.5.4 选定节庆的商业运作模式

节庆的主办者应根据节事的规模选定商业运作模式。节庆的商业运作模式分为两类,一是对于规模较小的旅游节事,一般采用主办者直接委托管理公司组织承办的模式(见图 9.9)。对于规模较大的旅游节事,可采用承办公司专门负责竞标,然后委托多个管理公司提供相关活动的模式(见图 9.10)。

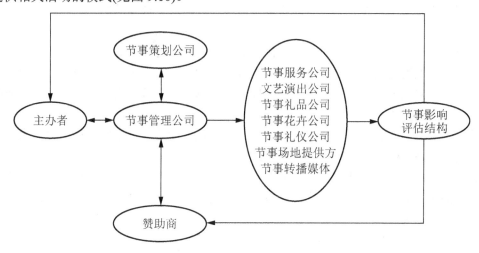

图 9.9　旅游节事的市场化组织模式一

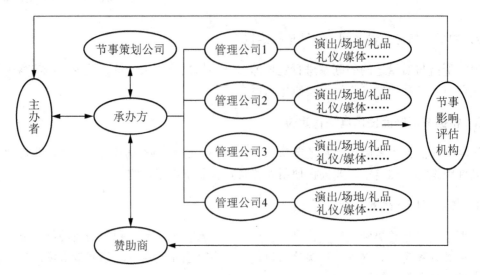

图 9.10　旅游节事的市场化组织模式二

为了更好地了解上述节庆的商业运作模式，有必要对其中的利益相关者作一说明。

第一，旅游节事的主办者往往也是旅游节事的发起者，如地方政府、协会、社区等。

第二，旅游节事承办者主要是指旅游节事承办权的竞争者，这类公司不仅通过竞标参与所在地自创的旅游节事，还竞标国内、国际大型节事到本地承办，可以被看做是旅游节事的承包商。竞标获承办权的节事可以自己承办，或者委托旅游节事管理公司具体管理。就国外的经验来看，这类管理公司往往具有强大的政府背景。

第三，旅游节事管理公司是我国目前非常缺乏的专业企业，它主要提供旅游节事的专业化管理服务，如旅游节事的资金预算、商业计划书的制订、物流管理、风险管理、人员管理、节事组织等工作。

第四，旅游节事策划公司主要提供节事的主题、形式、内容的策划等工作，我国目前这一类公司正在迅速崛起。

第五，旅游节事合作者主要指同旅游节事管理公司通过合同的约定，为旅游节事提供专项服务或单项资源使用权的公司，如礼仪公司、礼品公司、转播媒体、场地提供方等。旅游节事的策划公司、管理公司和合作公司都是旅游节事的具体提供者。

第六，赞助商主要看中旅游节事的宣传效应，如对企业形象的提升作用、对企业品牌的增值效应、对企业新产品与新市场的拓展效应，以达到宣传作用为目的，为旅游节事提供实物或资金的投入。

第七，旅游节事的评估方是独立于企业和政府之外的第三方中立机构，它提供旅游节事的影响力评估报告，为赞助商和主办者提供参考。

在我国旅游节事的实践中，主办方往往以地方政府、部门、行业协会、社区等为主，旅游节事的承办方通常可以分为四类：以部门为主，特别是以文化部门、旅游部门、广电部门等为主；以区县为主；以景区等风景名胜地为主，例如民俗旅游地、少数民族聚集地、名山大川等；以政府的专门机构或公司为主。就目前来看，绝大多数旅游节事尚未形成独立的承办方和专业化的管理公司。随着外来节事的增多和各地举办节事意识的增强，市场竞争将日趋激烈，分工也必将细化。在运作方式上，大多数旅游节事通过组委会设立多个部门，各司其职，在具体的举办环节上也引入了合作者参与，例如礼品公司、广告公司等。在赞助商方面，绝大多数节事赞助商依然来自本地，是本地知名的大型企业。在办节方式上带有行政干预的痕迹，并非完全市场化的平等交易和自主参与。在节事策划上，目前国内策划公司层出不穷，在某种程度上替代了管理公司的一部分职能。在节事评估上，目前国内尚缺乏权威的独立评估机构，对旅游节事结果和影响的评估多是学者个人兴趣研究和主办者的工作总结和汇报。

9.5.5 制订节庆运作计划

要保证策划活动的有序开展，必须制订详细的执行计划，为策划活动提供具体可操作的指导性方案。

1. 要明确策划活动的意义和市场目标

节庆目标可能是多元的，各目标之间相互关联，构成一个总体目标体系。要明确战略性目标和战术性目标，在各阶段、各层次区别对待。

2. 要合理搭建组织结构并进行合理的人员分工

按照旅游节庆活动的内容和目标，整个节庆活动的组织应该包括调研组、策划组、协调组、后勤保障组、媒体管理组。各分组织之间应加强沟通，并且要对各分组人员进行培训和教育，使他们明确自己在整个活动中的地位和作用，制定每个组织工作的具体时间表和措施。

此外，节庆活动计划中还应包括成本预算、融资渠道、活动组织、节目邀请、运作前的造势、开闭幕式设计、环境布置、宣传印刷品设计与制作、展览、会议安排、配套接待服务安排、活动期间工作执行安排、安全保卫及紧急事件处理安排、活动期间新闻发布与报道、节后新闻传播等内容。

9.5.6 进行节后绩效评估

每次节庆举办后，主办方应组织专家进行绩效评估，跟踪研究节庆对当地经济、社会、文化、政治等方面带来的影响。开展面向游客、市民、企业等的市场调查，深入了解各相关参与者的利益诉求，为日后的活动设计、服务改善、科学研究做好数据积累工作，以便制定节庆发展规划，确定近、中、远期的办节思路和形式。为此，节后绩效评估应围绕所呈现的以下规律进行。

1. 影响范围规律

节庆活动的影响范围由其性质、规模、知名度等多种因素共同决定。节庆活动的地域影响符合距离递减规律，即随着距举办地距离的增加其影响力变小。节庆活动的档次、规模对其影响力有决定性作用，国际性节庆活动影响力明显大于地区性节庆活动的影响力；综合性节庆活动的影响力呈面状延展，专项节庆活动的影响力呈点状分散。

2. 时间效果规律

一般而言，节庆活动举办的历史越长，其知名度越大。然而，节庆活动的影响效果并非随着举办历史的延长而均匀增加，它符合指数函数规律，即前几届增长速度较快，后来呈缓慢增长趋势。

3. 内容吸引力规律

一般来说，每一活动项目的吸引效应是随时间递减的。因此节庆活动在围绕活动主题的前提下，各种活动项目应稳中有变，既要有保持其特色的传统项目，又要紧跟时代潮流。

4. 经济效益规律

节庆活动的经济效益、投入产出比随着节庆活动的生命周期不同而不同。处于成长期的节庆活动需要的投入多一些；成熟期的节庆活动经济产出远远大于经济投入；随着衰退期的到来，经济产出与经济投入间的差额会越来越大。

9.6 旅游节庆品牌策划

旅游节庆品牌是举办地向社会传递的用来帮助目标大众识别某一旅游节庆产品的名词、词句、符号、设计，或是它们的组合。完整的旅游节庆品牌应该包括名称、标志和商标三部分。旅游节庆品牌是旅游节庆的标志，成功的节庆品牌已成为一个城市的名片，使举办地取得更大的溢出效益。打造旅游节庆品牌已经成为旅游节庆举办者的重要战略。

9.6.1 旅游节庆品牌的特征

旅游节庆品牌特征符合品牌的共性特征，具体表现如下。

1. 排他性

旅游节庆品牌的排他性表现在三个方面。首先，品牌一旦注册就具有法律上的排他性，其他的旅游节庆不能使用此类标志品牌和类似的品牌名称从事任何商业活动。其次，某项旅游节庆活动在公众中形成了很好的知名度和美誉度，会使旅游者产生一种定向思维模式，即使别的地方再举办此类活动也难以产生大的影响。最后，文化上的排他性。节庆品牌的树立依赖于鲜明的地域文化特征和丰富内涵，而地域文化是长期以来诸多因素综合作用所形成的，是本地区所独有的。因此，一个以地域文化为特征形成的旅游节庆品牌具有强烈的排他性，如彝族的火把节、傣族的泼水节等。

2. 增值性

旅游节庆品牌具有一定的价值，随着节庆活动的影响力逐步扩大，节庆品牌价值也在逐步升值。如珠海航展，随着规模、活动形式、参展单位、经济效益的增加，其品牌价值也在逐步地升值。

3. 情感性

旅游节庆品牌的情感性体现在许多方面，首先是社区居民的自豪感。随着节庆活动影响力的扩大，区域形象得以传播和提升，每次节庆活动的举办都会吸引大量的参观游览者和参与者，极大地增强了当地居民的自豪感和主人翁意识。其次，巨大的人流会给节庆经济链条中的每个环节带来相对于平时更大的收益，举办的各方及居民会以更积极的行为参与到节庆服务中来。最后，对于旅游者来说，节庆的氛围、丰富多彩的活动、高质量的服务以及便利性等都会带来不同的个性化体验。

9.6.2 旅游节庆品牌的作用

1. 有利于树立旅游节庆的差异性

节庆品牌的首要作用是使自己在竞争激烈的节庆市场中与别的节庆形成差异，从而树立鲜明的个性形象。独特的节庆品牌意味着为旅游者提供不同的经历体验，同时，通过独特的活动形式使旅游节庆品牌具有强烈的排他性。如"郑州国际少林武术节"是全国知名的旅游节庆品牌，提到武术节，人们首先就会联想到它，从而与其他节庆形成了巨大差异。

2. 有助于旅游者识别旅游节庆产品

旅游节庆品牌由文字、符号、设计等一系列要素组成，其表现形式十分简单，但蕴含着节庆的内容、特色、文化、规模、档次等内容。当旅游者面对目不暇接的旅游节庆品牌时，知名的品牌有助于旅游者在芜杂的节庆中区别和挑选旅游节庆产品。

3. 有助于提升城市品牌或区域品牌

旅游节庆能够提高目的地的知名度，它也是进行目的地营销的活动。随着旅游节庆品牌的形成和价值的提升，旅游目的地的知名度也随之攀升到新的高度。最典型的如江苏小城盱眙，原来名不见经传，许多人都没有听说过甚至都不认识"盱眙"二字，盱眙通过举办"中国(盱眙)龙虾节"，迅速提升了知名度。因此，节庆的品牌价值不仅体现在节庆本身，更重要的是节庆的举办对旅游目的地经济发展、文化品牌的提升起到很大的促进作用。

4. 有助于节庆的市场营销

一定价值的节庆品牌代表着节庆的独特性和给旅游者带来的个性化旅游体验，从而会形成旅游者独特的认知和偏好。旅游节庆品牌可以帮助旅游地进行节庆营销，旅游者对节庆品牌的良好印象可以提高品牌在节庆市场上的竞争力。

5. 有助于旅游者建立消费偏好

在节庆市场上，不同的节庆活动所提供的产品是存在差异的，旅游者对不同的节庆也存在认知的差异，即喜好度是不同的。旅游节庆品牌可以逐步培养旅游者的消费认知、消费偏好和一定的品牌忠诚度。旅游者消费偏好的建立有助于旅游节庆举办地认识和发现旅游市场机会和旅游消费热点，指导开发有针对性的旅游产品，为消费者的消费偏好服务。

6. 有助于自我促进功能的加强

良好的旅游节庆品牌并非一朝一夕之功，而是在优秀的策划创意引导下，通过多方面努力经久形成的。品牌价值的保值和增值需要比以前付出更多的努力，因此为了保持节庆的质量和档次，旅游节庆举办地需要加强管理、强化内涵、提高质量、多元营销。

9.6.3 旅游节庆品牌建设策划

旅游节庆品牌建设是一个复杂的系统工程，旅游节庆品牌建设策划已成为旅游节庆参与市场竞争的有效手段之一。旅游节庆品牌建设策划的主要内容包括品牌命名、设计、品牌质量管理、品牌广告推广、品牌销售推广和品牌公关推广等。

1．旅游节庆品牌命名策划

旅游节庆品牌有异于一般商品品牌，其命名一般包括三个部分：一是旅游节庆举办地名称(国家、城市或地区)，二是特色产品类别(区域自然、人文、历史等方面的突出特色)，三是旅游节庆类别(旅游节、文化节、艺术节、电影节、狂欢节等)。在命名的过程中，首先应坚持以下五项原则。

一是突出特色。旅游节庆品牌命名应将当地经济、文化、社会等方面的特色明确地加以突出，最好具有唯一性，如南岳衡山寿文化节(见图9.11)就突出了寿字，河南少林武术文化节就是突出少林武术文化。二是差异性。旅游节庆命名应避免与他地节庆的名称雷同，使之产生独特的魅力。目前许多地方举办的旅游节庆效果差强人意，究其原因，多为节庆品牌名称差异性不足。三是通俗易懂，不落俗套。旅游节庆名称的确定首先要注意语言艺术，简单易记，让人产生愉悦的心理，读起来朗朗上口。中文或外文要容易发音，拼写简洁，在用词上要考虑与消费者的现代需求契合，富有时代感。四是慎用"国际"。目前许多节庆喜欢冠以"国际"，盲目夸大攀比，误导消费者。有些旅游节庆的目标市场是当地旅游者，就应有一个当地人最熟悉、突出当地特色、最易使人产生联想的名称，因而必须正确地进行品牌定位。五是体现当地文化内涵。越是民族的、地方的，越是世界的。名称体现当地文化内涵，便不可复制，这不仅可以使当地文化为世人所知，而且能增强品牌的核心竞争力。

图9.11 南岳衡山寿文化节(图片来源：中国南岳衡山旅游网)

同时，旅游节庆品牌的命名要注重强调旅游节庆产品的主题和功能，强调举办地地名，充分反映地域文化的内涵和特色。

2. 旅游节庆品牌标识设计策划

旅游节庆品牌既要有好的名称，又要有好的标识和色彩与旅游节庆自身相互衔接和配合，而品牌标识设计是实现上述一切的基础，为此，对品牌标识设计策划时，应注重以下要点。

一是简单明了，富有个性。品牌是旅游节庆的标记，应该具有显著特征。不论是文字、图案，还是色彩运用，都要能够与其他同类节庆相区别，富有鲜明的个性和色彩。旅游节庆品牌设计应该做到文字简洁、符号明了、色彩醒目、图案清晰、富有美感以及高度的概括性。图9.12所示为中国哈尔滨国际冰雪节标识。

图9.12 中国哈尔滨国际冰雪节标识

二是便于记忆，能够启迪联想。旅游节庆品牌标识应包含丰富的信息，使人容易记忆，避免艰涩、难懂、模糊。同时，标识还应该能够唤起旅游者与相关旅游节庆的联想。

三是生动形象、美观大方。旅游节庆品牌标识不仅是节庆产品的标记，而且是旅游节庆产品的形象和举办地、举办者的代表物。因此，设计策划时应该保证品牌标识生动形象、美观大方，只有这样才能对旅游者具有感染力并产生吸引力。

四要便于传播。在进行品牌标识设计时，必须知晓旅游节庆品牌是市场营销的重要手段，因此应该考虑日后市场传播的主要载体，注重品牌传播时的通用性，不应过于复杂，要适合当前各种媒体进行广告传播。

3. 旅游节庆品牌质量管理策划

影响旅游节庆品牌初始质量管理策划的因素主要有以下四个方面，策划者应围绕这四个方面提高节庆品牌质量管理策划的质量。

一是契合旅游节庆目标市场特征。旅游节庆作为旅游产品，应该有自己的目标市场。节庆的举办者应该根据自己的目标市场特征来开发旅游节庆品牌，并决定旅游节庆品牌的初始化质量，同时与时俱进地契合目标市场特征。

二是合理确定旅游节庆品牌定位。旅游节庆品牌定位是为某个特定的节庆品牌确定一个适当的市场位置，使旅游节庆产品在游客和潜在游客心目中占领一个有利的位置。

三是旅游节庆的运营水平。旅游节庆的运营水平是指举办者对旅游节庆项目的运作和管理的能力，它直接关系到旅游者对旅游节庆产品的看法和态度。

四是旅游节庆的专业服务水平。专业服务水平是指举办者在旅游节庆的举办过程中给旅游者提供的相关服务的总和。在旅游节庆的举办过程中，除了必需的服务，餐饮、票务、向导等服务也是非常关键的，这些都构成了旅游节庆服务的整体。

4. 旅游节庆品牌广告推广策划

第一，旅游节庆品牌广告推广目标。旅游节庆品牌广告推广目标可以分为三类：一是

向节庆旅游者提供相关信息；二是对节庆旅游者进行说服；三是对节庆旅游者进行提醒。

第二，旅游节庆品牌广告推广策略选择。品牌广告推广的策略很多，可以从两个角度来进行选择：一是选择适当的广告媒体，二是选择恰当的媒体使用时机。

5．旅游节庆品牌销售推广策划

旅游节庆品牌广告推广是用来建立自身品牌，而销售推广则是用来打破其他品牌，尤其是对于其他旅游节庆的忠诚支持者，旅游节庆举办者应该通过销售广告的方式改变他们的旅游消费习惯，进而使其接受自己的节庆产品。旅游节庆品牌销售推广的策略主要有三种：一是旅游节庆旅游者推广策略，可以采用票价折扣、团购优惠、赠品、旅游节庆服务质量保证等方式进行；二是旅游节庆的交易推广策略，主要有佣金回扣、价格折让两种方式；三是旅游节庆营业推广策略，可以通过举办旅游节庆介绍会、抽奖等活动进行。

6．旅游节庆品牌公关推广策划

旅游节庆品牌公关推广的目的主要有三种：提高旅游节庆品牌的知晓度、树立旅游节庆品牌的形象、激励工作人员和代理商。旅游节庆品牌公关推广主要有五个方面：一是制作关于旅游节庆的相关新闻报道；二是创造一些事件；三是散发书面材料；四是进行电话服务和营销；五是编辑高质量的视听材料等。

9.6.4 旅游节庆品牌发展策划

旅游节庆品牌发展是指旅游节庆举办者根据市场的需求和竞争状况对旅游节庆的品牌采取的一种品牌延伸和多重品牌发展策略。

1．旅游节庆品牌发展的作用

一是使新的旅游节庆产品获得识别，并节约广告费。一般来说，一个旅游节庆都包括若干个子活动项目。旅游节庆旅游者对于母品牌比较熟悉，而对于其旗下的子品牌的知晓度则要低些。若宣传母品牌，旅游者可以迅速地对新的旅游节庆产品进行识别，且能够大幅减少广告费用，节约旅游节庆的运作成本。二是成功的旅游节庆品牌发展能为现有的旅游节庆品牌带来新鲜感，并增添其活力，为旅游节庆旅游者增加更多的选择。三是旅游节庆品牌发展能够增强核心品牌的形象。旅游节庆品牌的发展能够提高品牌家族的整体效益，也就是其核心品牌和子品牌因为品牌的发展而受益。成功的旅游节庆产品往往包含多个子活动项目，这些项目总是根据市场的变化进行不断地创新和发展，有效地吸引旅游者。这些子品牌的纵向延伸不仅有利于增强核心品牌的形象，而且能够促进旅游节庆的整体发展。

2．旅游节庆品牌发展策划策略

旅游节庆的品牌发展策略主要有两种。一是品牌延伸策略。可以分为品牌纵向延伸策略和品牌横向延伸策略。旅游节庆是纵向和横向延伸的联合体，纵向延伸是同一品牌始终用于有所变化的同一产品，满足不同顾客的需要，提高市场占有率。横向延伸是将成功的旅游节庆品牌用于新开发的不同旅游节庆产品，以实现增强旅游节庆品牌新鲜感的目的，进而获得更大的市场份额。二是多重品牌策略。多重品牌策略是指在同一节庆产品中设立两个或两个以上相互竞争的品牌。采用多重品牌策略能更好地满足各类旅游节庆旅游者的差别需求，进而确立竞争优势。但是多重品牌策略存在时间与金钱消耗多，品牌管理难度大等问题，因此该策略一般适于资金实力雄厚、产品市场规模大且管理能力较强的节庆企业。

本章小结

本章从旅游节庆的概念入手，分析了旅游节庆与节事、事件、传统节庆的区别，随后，对旅游节庆进行了分类，探讨了旅游节庆的性质、特征和功能，提出了旅游节庆策划的原则、运作的模式和运作趋势，重点对旅游节庆策划的主要内容进行了阐述，并着重对旅游节庆品牌建设策划和品牌发展策划进行了系统的讲解。同时，在理论知识讲解中，引入了生动的案例，以帮助学习者掌握旅游节庆的策划规律与技巧。

关键术语

旅游节庆；旅游节庆策划；旅游节庆策划模式；旅游节庆品牌策划

Key words

tourism festivals; tourism festivals planning; the modes of tourism festivals planning; brand of tourism festivals planning

参考文献

[1] 吴必虎．区域旅游规划原理[M]．北京：中国旅游出版社，2001．

[2] 沈祖祥，张帆．旅游策划学[M]．福州：福建人民出版社，2000．

[3] 王子新，樊中红．河北旅游节庆发展浅析[J]．河北大学学报(哲学社会科学版)，2003，(3)．

[4] 黄翔．旅游区管理[M]．武汉：武汉大学出版社，2004．

[5] 梁丹，马广钦．中国旅游节庆发展区域差异分析[J]．许昌学院学报，2010，(2)．

[6] 郭胜．旅游节庆的策划和市场化运作[J]．北京第二外国语学院学报，2005，(3)．

[7] 吕镇，王艳红，李天恒．旅游节庆日产品的设计研究[J]．青岛大学学报，1995，(1)

[8] Ritchie, J.R.B. Assessing the Impact of Hallmark Events: Conceptual and Research Issues[J]. Journal of Travel Research. 1984, 23.

[9] 陈文君．节庆旅游与文化旅游商品开发[J]．广州大学学报(社会科学版)，2002，(4)．

[10] 王院成，马信强．论旅游节庆的原旨及其回归——以洛阳牡丹花会为例[J]．三峡论坛．2011，(2)．

[11] 黄翔．旅游节庆策划与营销研究[M]．天津：南开大学出版社，2008．

[12] 黄翔，连建功，等．旅游节庆与品牌建设[M]．天津：南开大学出版社，2007．

[13] 姚海琴．大众参与旅游节庆的影响因素研究[J]．浙江旅游职业学院学报．2006，12，(4)．

[14] 韩国光．品牌策划[M]．北京：经济管理出版社，1997．

[15] 张昊民．营销策划[M]．北京：电子工业出版社，2005．

[16] 马聪玲．中国节事旅游研究——理论分析与案例解读[M]．北京：中国旅游出版社，2009．

[17] 吉文桥．关于"节庆经济"的思考——以盱眙中国龙虾节个案为例[J]．学海．2003，(2)．

[18] 余青，吴必虎，廉华，等．中国节事活动开发与管理研究综述[J]．人文地理．2005，(6)

习题

一、单选题

1．旅游节庆活动是指依托某一项或一系列旅游资源，经过一定的旅游开发形成的一种特殊、现代、新型的(　　)。
   A．旅游活动　　　　B．旅游项目　　　　C．旅游节目　　　　D．旅游现象

2．根据旅游节庆产生的时间，旅游节庆可以分为传统民俗旅游节庆和(　　)。
   A．民间旅游节庆　　　　　　　　B．现代旅游节庆
   C．政府主导的节庆　　　　　　　D．文化旅游节庆

3．旅游节庆策划工作主要内容不包括(　　)。
   A．主题的确定　　　　　　　　　B．品牌管理
   C．节庆运作计划　　　　　　　　D．节庆的定位

4．旅游节庆品牌的特征不包括(　　)。
   A．排他性　　　　B．增值性　　　　C．情感性　　　　D．有效性

二、多选题

1．根据运作管理模式，可将旅游节庆活动划分为(　　)。
   A．政府包办的节庆　　　　　　　B．政府引导、市场运作的节庆
   C．完全市场化运作的节庆　　　　D．完全市场主导的节庆

2．属于以宗教文化为主题的旅游节庆有(　　)。
   A．五台山国际旅游月　　　　　　B．福建湄洲妈祖文化旅游节
   C．平遥古城文化节　　　　　　　D．浙江国际黄大仙旅游节

3．旅游节庆的性质包括(　　)。
   A．经济活动　　　　B．社会活动　　　　C．文化活动　　　　D．旅游活动

4．旅游节庆策划的原则包括(　　)。

A．体验化原则 B．大众性与参与性原则
C．地方性与国际化原则 D．确定性与规范性原则

三、简答题

1．旅游节庆的特点有哪些？
2．简述旅游节庆的运作模式。
3．旅游节庆的前期调研工作包含哪些方面？
4．简述旅游节庆品牌的作用。
5．旅游节庆品牌发展的策略有哪些？

四、思考题

请结合具体的案例阐述旅游节庆策划需要从哪些方面着手。

五、案例分析

2010年10月30—31日，第6届中国节庆产业年会在上海隆重举行。这次年会由亚洲会展节事财富论坛和中国城市经济学会、新华网等十几家权威机构联合主办。杭州、宁波、青岛、哈尔滨、长春、南昌、呼和浩特、拉萨、南京、南阳等20余个市人民政府支持协办。中国盱眙国际龙虾节荣获本年度中国节庆最高层次荣誉称号——"2010年中国节庆产业10大品牌节庆"，中共盱眙县委书记蔡敦成被评为"2010年中国节庆产业10大新闻人物"。这是中国盱眙国际龙虾节继近年获"IFEA中国最具发展潜力10大节庆"之后，连续6年获"中国10大节庆"称号。盱眙县因盱眙龙虾节的巨大影响而同时获得"2010年中国节庆产业最具潜力目的地"荣誉。与盱眙龙虾节同时获得"2010年度中国节庆产业10大品牌节庆"称号的还有中国2010年上海世博会、宁波国际服装节、北京国际旅游文化节、中国吴桥国际杂技艺术节、南宁国际民歌节等经过长期打造提炼享誉中外的中国著名品牌节庆。

(案例来源：盱眙人民政府网)

思考与分析：

1．在节庆活动层出不穷、鱼龙混杂及竞争愈演愈烈的情况下，盱眙这个名不见经传的小城市如何成功地策划了如此具有影响力的节庆活动的？

2．请查阅相关资料，并结合本章所学知识，分析盱眙县成功策划、举办中国盱眙国际龙虾节的秘诀。

第10章 旅游广告策划

本章教学要点

知识要点	掌握程度	相关知识
旅游广告的概念	了解	旅游广告的要素、分类、作用
旅游广告策划的内涵	掌握	旅游广告策划的要素、特征、原则
旅游广告策划的程序与步骤	掌握	目标确定、广告预算、媒体选择、广告定位等
旅游广告创意	重点掌握	旅游广告创意的概念、创意方法、创意要求

本章技能要点

技能要点	掌握程度	应用方向
旅游广告策划的程序	掌握	掌握旅游广告策划的程序及要求
旅游广告创意	掌握	熟悉经典案例中广告创意的运用，能够运用旅游广告创意的要求分析现实案例，并且为熟悉的旅游目的地设计创意广告

导入案例

颇具争议的旅游广告策划

争议广告一：我靠重庆。

"我靠！重庆。这是近十年我看到的最牛的车身广告，你们看到没有？" 2012年7月1日，实名认证的网友"李元胜"在微博上发帖，并附上公交车车身广告的图片(见图10.1)，立即引起网友关注。"李元胜"介绍，这辆公交车属于重庆市第三公交公司。

图10.1 "我靠重庆"公交车身广告

重庆媒体伯乐公交广告有限公司证实此广告是湖北省利川市旅游局委托其发布的旅游公交广告，此次广告共投放21辆公交车，涵盖了618、362等多条公交线路，广告主题包括"重庆 42℃，利川 24℃"、"我靠重庆，凉城利川"、"热！到利川凉快去！"三方面内容。

该公司工作人员解释说，广告中出现的"我靠重庆"字样，"靠"字本意为"依靠"，并非网友所理解的网络语"靠"，"我们所有的广告内容都是通过正规程序审批的，广告语是否有歧义现在还不能评判。"

利川市旅游局局长孙福民称，之所以采用"我靠"两字打广告，主要出于四方面考虑，一是利川与重庆地理位置相近，"紧靠"重庆；二是利川主要的经济流向在重庆，依托重庆、融入重庆、发展利川是利川市域经济发展的战略选择；三是重庆是利川旅游的重要客源地，利川旅游发展需要依靠重庆客源；四是利川与重庆有着紧密合作关系，先后与重庆市的奉节等周边县市达成联合宣传推介意向协议，与云阳签订了旅游区域合作协议，并与石柱联合在重庆举办了"清爽黄水、凉城利川"2012渝鄂民俗生态主题旅游推介活动。因此这两个字绝没有骂意，也不是用来炒作。

利川距重庆仅200多公里，素有"重庆后花园"之称，与重庆山同脉，水同源，人同根，因生态良好、气候宜人，年平均气温13.2℃，而享有"天然氧吧"、"清凉之城"的美誉，甚至曾有国内知名旅游专家评价说："利川是90万人共用一个空调，90万人共住一个森林公园。"此次广告投放的目的便是为宣传利川旅游。自"李元胜"微博发布之后，广告受到了众多网友关注讨论，大家众说纷纭，意见不一。

无论如何，利川是被记住了。

日前，重庆市工商局鉴于广告在网络上造成的强烈影响，要求重庆媒体伯乐公交广告有限公司迅速撤换该广告，而利川则坚持认为该广告没有恶意，是经过了一系列正规程序审批的，如果强行撤换，利川旅游局将起诉重庆媒体伯乐公交广告有限公司。利川旅游局表示，重庆是我们的重要客源市场，维护重庆和利川既往以来的良好睦邻关系，是我们的首要考量。如果重庆方认为广告不妥提出修改，利川方将进行修改。

(来源：重庆晨网. 2012-7-2.)

争议广告二：恩施凉民。

2012年7月，武汉市民刘先生向媒体投诉："景区号称要为市民颁发'凉民证'，创意居然是谐音于日军侵略时所发的'良民证'，很伤感情！"随后，记者来到刘先生所指的京汉大道武商路公汽站，几处关于恩施旅游的广告牌上写有这样的标语："纳凉是一种福利。恩施凉民证，万人享清凉！10000本凉民证武汉市场限时发放。"（见图10.2）对此，候车市民纷纷表示：良民证是日军侵略时期对统治区老百姓进行殖民统治用的证件，"凉民证"谐音"良民证"，伤害民族感情。

关于恩施旅游发放"凉民证"的报道引起网友的关注和热议。记者从恩施土家族自治州旅游委了解到，该"凉民证"宣传广告系武汉某文化推广公司在未经恩施土家族自治州旅游委授权许可的情况下，擅自在武汉市市区公交站台发布的。由于该广告经媒体报道和转载后对恩施旅游形象造成了恶劣影响，恩施土家族自治州旅游委于11日向该公司去函，要求公司在两日内撤下所发广告，并在相关报纸公开登报致歉，挽回影响。恩施土家族自治州旅游委将保留继续索赔和追究法律责任的权利。

图 10.2 "恩施凉民证"广告牌

(资料来源:新浪新闻中心. 2012-7-13.)

旅游目的地向游客提供的产品多为看不见、摸不到、拿不走的无形产品,对游客而言主要是一种经历、一种体验,同时游客对这种体验的评价有很浓的主观色彩。如何有效地向游客传递旅游目的地信息,并使其产生购买行为,难度较普通商品要大得多。因此旅游业的发展与繁荣在很大程度上离不开旅游广告的支持,而旅游发展的实践也充分证明了旅游广告是向旅游者展示旅游目的地形象魅力的重要途径。本章将对旅游广告及其策划的相关内容进行讲解,以充实旅游广告策划相关理论知识,旨在为广大旅游从业人员提供基础性、理论性知识帮助,以期提高旅游广告策划的整体水平,为旅游发展策划更多优秀的旅游广告。

10.1 旅游广告概述

旅游产品的无形性、生产效用的不可储存性和整体不可转移性使潜在的旅游者相对更多地依赖于旅游广告,因此旅游广告毋庸置疑地成为旅游促销最基本、最主要的手段之一。

10.1.1 广告

简而言之,广告就是借助各种媒体工具有意识地影响目标人群的观念,从而达到有效营销的目的。一般来说,广告可以分为销售广告和公关广告。前者主要介绍产品的特点和优点,以吸引消费者的注意和购买,具有很强的商业性;后者主要介绍和宣传整个组织,以提高组织的知名度和美誉度,具有很强的形象意义。对于旅游广告来说,产品的独特性决定了旅游广告具有两者的综合性特点。

英语"广告"一词来源于拉丁语 Adverture,意思是"引人注意"或"诱导"。后演变为英语中的广告 Advertise,其含义是"使某人注意到某件事",后来又演变为"引起别人注意,通知别人某件事"。广告有狭义和广义之分,狭义的广告就是指盈利性的经济广告,亦称商业广告。而广义的广告泛指一切广而告之的活动。本书所阐述的广告一般是狭义的广告。

美国广告学家克劳德·霍普金斯(Claude Hopkins)将广告定义为:"广告是将各种高度

凝练的信息，采用艺术手法，通过各种媒介传播给大众，以加强或改变人们的观念，最终引导人们行动的事物或活动。"在营销沟通中，美国市场营销协会(AMA)对广告的定义被普遍接受和认可，认为广告是由特定的主办人发起的(针对目标受众)，以公开支付费用的做法，以任何形式对构思、商品或服务所做的非个人展示和促销。

10.1.2 旅游广告

旅游广告是以旅游目的地国家或地区、旅游组织或旅游企业作为广告主体，用付费的方式选择和制作有关旅游方面的信息，并通过一定的媒介向社会发布，从而扩大影响和知名度，树立旅游目的地国家、地区和旅游企业的形象，以达到吸引消费者前来消费旅游产品的一种广告形式。具体而言，我们可以从以下几方面来理解。

(1) 首先，旅游广告的制作是对旅游产品信息进行艺术加工的过程，广告投放之前有许多基础性工作要做，这些都要保证有一定的经济支持；其次，旅游广告作为经济活动，它的投放必须要付出一定的经济成本，广告选择合适的媒体或媒体组合，广告主体需要向广告媒体支付一定的费用。

(2) 旅游广告的主体一定要明确，因为旅游广告的主要目的就是为了树立旅游目的地的鲜明形象，如成都，一个来了就不想离开的城市；台北好精彩，邀您来赏游；激情重庆；锦绣潇湘，快乐湖南等。当然，旅游广告的终极目的是经济效益，所以旅游广告的信息应带上更多的附加值；同时，旅游广告主应对自己提供的信息负责，即要对受众对象负责，要约束自己的行为，避免夸大和不实宣传。

(3) 旅游广告传递的信息并不是简单的信息堆砌，而要经过艺术化的处理。只有如此才能使旅游广告具有影响力、诱导力和感染力。旅游广告要处理好抽象和具体、艺术与技术的关系，因为旅游产品满足的是精神愉悦需求，但旅游业具有经济特征，旅游者对旅游产品的价值评判是期望和经历的对比。

(4) 旅游广告借助大众传播媒体对非固定的模糊公众进行传播，区别于有形产品的促销，这是旅游广告的最突出特征。

(5) 旅游广告是一种定位传播，即要对旅游市场进行定位，同时根据旅游市场和自身特征，对旅游传播信息进行凝练概括，选择符合目标市场心理诉求和潜在需要的针对性信息。在旅游广告中，起到核心和枢纽作用的部分无疑是旅游广告语(Slogan)，它是旅游广告的重要组成部分，是多数影视、印刷、网络、户外、流体、特殊旅游广告在结尾处单独使用或与旅游经营机构名称、标志一起使用的重要标志性构成部分。语言文字是旅游信息资源的主要载体，因此富有创意的旅游广告语能直接而迅速地诱发旅游者做出瞬时性的旅游决定，有效地帮助潜在旅游者实施旅游行为。在旅游市场竞争激烈的今天，旅游广告正成为各旅游企业加强竞争力的一个重要手段。

(6) 旅游广告传播的信息范围比较广泛。这里的广泛有两层意思，一层是旅游广告的信息含量是综合系统的，包括了产品的多方面特质信息，这些信息在一个主题的统领之下；另一层含义是旅游广告传播的地理范围和市场层面范围较广，因为旅游目的地市场是多元的，有多级划分，同时同一级别中的旅游者又有一定的社会或自然差异。

(7) 旅游广告的效力更多的是通过感染力而不是说服力来吸引旅游者的，这一点和有形产品广告存在巨大差异。旅游者在旅游决策或旅游活动过程中，对目的地旅游消费的综合性和体验性需求，关注的多是一些氛围、安全和价值的因素。因此旅游广告不会像有形产品广告那样突出某一独特的亮点，而是通过综合的表现突出一个主题所具有的氛围和价值，形成正面的旅游前感知形象，达到感染旅游者继而影响旅游者决策的目的。

10.1.3 旅游广告要素

一般来说，一则完整的广告需要具备以下几个基本要素。

1. 广告主

广告主即发布广告的组织或个人，也即广告活动的法律责任承担者。旅游广告的广告主包括旅行社、酒店、旅游景点等旅游经营企业；旅游商品公司、旅游服务公司等支撑部门；旅游局、旅游研究机构等非盈利性组织及机构。

2. 广告信息

广告信息包括产品信息、服务信息、消费观念信息、社会活动信息等。因旅游产品的特殊性，旅游广告主要旨在向市场传递一种综合的旅游信息，较其他产品广告具有极强的综合性，因此旅游广告在某种程度上主要是起到树立形象的作用。

3. 广告媒体

广告必须通过一定的物质技术手段才能得以广泛传播。旅游广告可选择的中介媒体包括网络、电视、广播、杂志、报纸、墙体、户外广告等，详见表10-1。

表10-1 旅游广告媒体一览表

媒体大类	细分项目	媒体大类	细分项目
电子媒体	影视	户外媒体	单立柱广告牌
	广播		霓虹灯广告牌
	投影		灯箱广告牌
	液晶显示墙		机场车站
网络	电子邮件		公交车车体
	电子公告牌(BBS)		网点式户外媒体
	网幅广告(banner)	特殊媒体	焦点广告(POP)
	在线分类广告		电梯广告
	插入广告		通讯广告
	关键字广告		礼品广告
平面媒体	报刊、夹报		比价搜索
	直邮		行为广告
	黄页		实物赠送
	优惠券		

4．广告费用

广告费用主要包括调查费用，制作、设计费用以及中介收取的费用。

5．广告对象

广告对象也称广告受众，是广告设计的出发点，也是产生广告效应的基础。不同的旅游广告针对的广告对象有所区别，但是总体来说旅游广告的受众均较广泛。

10.1.4 旅游广告的分类

根据不同标准，旅游广告分类可以有如下几种方向，即介质、覆盖面、周期、获取成本、专业性、受众构成等。目前主要的广告媒体有：报纸、杂志、电视、广播、因特网、户外广告等。

1．旅游地形象概念广告

旅游地形象的概念性宣传主要是针对某一旅游目的地而进行的，是从宏观的、规划的角度体现旅游目的地的历史、文化、自然景观概念，塑造旅游地的品牌。此类宣传应主要采取电视广告的形式，渲染旅游目的地的美感与文化价值，再配以网络广告、大型户外广告等形式，通过多方面的广告宣传向受众传达统一的品牌信息、内涵和口号。旅游地形象概念广告往往是靠旅游地的行政管理单位牵头，大规模、有计划、有步骤地进行。其广告投资额度大，发布时效较长，多以系列广告为主，配合当地旅游主题等活动所进行的长效宣传和推广。

2．旅游企业的品牌广告

旅游企业的品牌广告主要是展现企业的服务形象，通过不同形式的视觉表现向消费者展示旅游企业的服务定位和服务水平，塑造企业的品牌形象。旅游企业的品牌广告在宣传时应选择信息容量大、双向沟通功能强、广告劝服性隐蔽、广告投资额度不大的媒体，如网络广告。它不仅能对企业的品牌和形象进行宣传，同时也提供双向沟通渠道，如开设网上论坛、网上预订，建立网络投诉机制等，能够体现旅游企业服务周到、人性化的特点。

3．旅游产品的营销广告

旅游企业对此类广告的投资额度相对较小，发布频率较高，更新快，个性化不强，多见诸报纸、杂志以及宣传单张等经济性较强的宣传媒介。但旅游产品营销广告应加强信息的完备性，易于使旅游者接受和理解。

10.1.5 旅游广告的作用

调查显示，有62.3%的被调查者通过旅游广告获取旅游信息。尤其是对一些新兴旅游目的地，公众往往是通过媒体广告渠道知晓的，如山东荣成、江西三清山等。这说明旅游广告已成为传递旅游信息的重要途径之一。旅游广告的作用表现在以下几个方面。

1. 吸引游客注意

"酒香不怕巷子深"在信息爆炸时代已成为历史，纷繁的信息铺天盖地，旅游广告可使旅游目的地在泛滥的各类信息中脱颖而出，引起旅游者的注意和关注，并传达有效的旅游信息，从而达到旅游广告目的。

2. 激发旅游动机

旅游产品属于精神消费内容，合理有度的旅游广告形式可以拉近与旅游者的距离，树立有丰富情感内容的旅游形象，在心理上有助于与游客达成共鸣，从而激发旅游动机。

3. 传递产品信息

旅游产品的异地性可以满足游客求奇求异的心理，是旅游动机发生的基础。但研究显示适量信息的掌握有助于旅游者旅游决策的制定，原因在于旅游者消费决策过程中对旅游地信息的了解可以增强旅游者的心理安全感。

4. 树立旅游形象

旅游广告一般是传递综合的旅游信息，但是为了树立鲜明的旅游形象，旅游目的地或其他旅游产品的某些较为突出的特征被重点塑造就显得很有必要。如大连——浪漫之都，时尚大连；香港——购物天堂；南通——追江赶海到南通；山东——走近孔子，扬帆青岛！

知识链接 10.1

世界旅游广告语

新加坡：Live it up！尽情享受新加坡！
马来西亚：亚洲魅力所在！
泰国：Amazing Thailand 神奇的泰国
曼谷：天使之城！
香港：魅力香港、万象之都。动感之都！
日本：发现日本！
印度：探索圣雄甘地的生平！
韩国：开心胜地，好客邻邦！
土耳其：不是欧罗巴，胜似欧罗巴！
英格兰：潮流、典礼、历史之乡！
苏格兰：花格子呢和威士忌之乡！
伦敦：儿童的胜地！
魁北克：It feels so different 感觉如此不同！
西班牙：阳光普照西班牙！
葡萄牙：古今交汇的异国他乡！

意大利：一座露天博物馆。
瑞士：上月球之前先来瑞士一游！
捷克：金色的布拉格！
德国：别在沙滩垒古堡玩，请到德国来看看真的吧！
瑞典：瑞典是奇妙的，即使在冬天！
澳大利亚：最真一面，在澳大利亚见！
新西兰：这里本来就是一个世界！
加拿大：越往北，越使你感到温暖！
美国：友好的美国人民赢得美国的朋友！
夏威夷：夏威夷是微笑的群岛，这里阳光灿烂！
阿拉斯加：阿拉斯加，一见倾心！
宾夕法尼亚州：美国从这里开始！
底特律：再生的城市！
波士顿：两百年的城市！
佛罗里达州：佛罗里达，与众不同！
南非：到南非来，你可以得到意料之外的享受！
突尼斯：空气、阳光、海水浴！
埃及：历史的金库！
阿鲁巴：我们唯一的事情就是为您服务！

10.2 旅游广告策划的内涵、要素、特征及原则

旅游广告策划是旅游广告的先导和核心，也是旅游营销组合中的一个部分。旅游广告策划是为了做好旅游广告使之达到预期的目的，在旅游广告投放市场之前事先进行的谋划。旅游广告应该和旅游产品、价格、分销、渠道等要素保持一致，服务于总的目标。旅游广告应该生动、形象、精准和适时地体现旅游形象。

旅游广告是旅游竞争的有力工具，但旅游广告的投入不菲，而旅游广告策划是旅游广告活动成败的关键。衡量旅游广告的成功与否主要看旅游者对目的地认知的变化、旅游地接待量的变化。衡量旅游广告策划质量的高低就要看旅游策划广告是否具有以下几个方面的特征：首先是否有利于整体目标的实现；其次是否具有针对性，针对旅游细分市场，符合和满足他们的信息诉求，引起旅游者的兴趣，激发旅游者动机；最后是实现单一和整体的统一，以及与其他旅游广告内容、形式、时间、成本、形象等保持一致和连续。

10.2.1 旅游广告策划的内涵

广告策划实践已有一个世纪，但是广告策划这一概念提出至今不足 50 年，广告策划理论本身尚处于一个发展和完善的阶段。因而到目前为止，广告策划的定义众说纷纭。美国哈佛企业管理理论认为"策划是一种程序，在本质上是一种运用脑力的理性行为。基本上

所有的策划都是关于未来的事物,也就是说,策划是针对未来要发生的事情做当前的决策。"基于这一概念,学术界和广告界提出了几种主要的广告策划的概念。

在港台地区,广告策划被称为广告企划,比较通行的定义是广告企划是执行广告运动必要的准备动作。在实务上,广告主和广告代理商处理企划有着很大的差异,但理想的过程可以是下列行动的组合：产品市场分析、竞争状况评估、客户简介、目标设定、预算、目标对象设定、建立创意及媒体策略、创意的执行、媒体的购买及排期、媒体执行、与其他行销组合机构的配合、执行完成和效果评价。

也有人认为,广告策划是根据广告主的营销策略,按照一定的程序对广告运动或者广告活动的总体进行前瞻性规划的活动。它以科学、客观的市场调查为基础,以富于创造性和效益型的定位策略、诉求策略、表现策略、媒介策略为核心内容,以具有可操作性的广告策划文本为直接结果,以广告活动的效果调查为终结,求得广告活动进程的合理化和广告效果的最大化。广告策划是广告公司内部业务运作的一个重要环节,是现代广告运作科学化、规范化的重要标志之一。

笔者认为,旅游广告策划是根据广告主的旅游营销战略和策略以及旅游市场、旅游产品、游客、竞争者的状况和旅游广告环境,遵循系统性、可行性、针对性、创造性、效益性的原则,为广告主的整体经营提供规范和科学的广告活动规划方案的决策活动过程。

旅游广告策划有宏观和微观之分。宏观旅游广告策划又叫整体旅游广告策划,它是对在同一旅游广告目标统摄下的一系列广告活动的系统性预测和决策,即对包括旅游市场调查、广告目标确定、广告定位、战略战术确定、经费预算、效果评估在内的所有运作环节进行总体决策。微观旅游广告策划又叫单项旅游广告策划,即单独地对一个或几个旅游广告的运作全过程进行的策划。

10.2.2 旅游广告策划的要素

一项完整的旅游广告策划包括五个基本要素,分别是旅游广告策划者、策划对象、策划依据、策划方案和策划效果评估。

1. 旅游广告策划者

旅游广告策划者是广告策划的主体,是广告策划活动的中枢和神经。它一般包括广告公司和广告主,同时旅游规划公司在编制某项旅游规划的时候也会设计相应的旅游广告。旅游广告策划的主体往往是一个综合体,在具体策划活动过程中的收集信息、拟订方案等各方面需要综合政府部门、旅游规划公司、旅游专家等各方意见。

2. 旅游广告策划对象

广告策划对象是指所要宣传推广的产品、服务或广告主本身。如前所述,策划对象决定着广告策划的类型,以广告主为对象的广告策划属于企业形象广告策划,以某一商品或服务为对象的广告策划为商品销售广告策划。旅游广告多以广告主为策划对象,包括旅游目的地国家(区域、城市、景区)、饭店、旅游商品、旅行社、旅游服务公司等。

3. 旅游广告策划依据

旅游广告策划的依据来源于两个方面。主观方面是广告策划者的眼光、知识结构、经验积累、营销战略思想，这是进行科学策划的基本依据，它直接决定着旅游广告的创意及品质。客观方面是信息与事实，比如经济环境、政治环境、文化环境、企业信息、市场信息、竞争对手信息、产品特性、广告预算及效果测评等。

4. 旅游广告策划方案

旅游广告策划方案是策划者为实现策划目标，基于主客观条件针对策划对象而设计创意的一套策略、方法、步骤。策划方案必须具有指导性、创造性、可行性、操作性和针对性。

5. 旅游广告策划效果评估

所谓旅游广告策划效果评估是指广告策划活动实施以后，通过对广告活动过程的分析、评价及效果反馈以检验广告活动是否取得了预期效果的行为。因此其评估不仅包括对广告后期效果的评估，还应包括对广告调查、广告策划、广告实施发布的评估。在策划决策的这一环节，旅游广告策划评估的基本评估内容有如下几项。(1)看广告计划是否与广告目标相一致，其内在逻辑联系紧密与否，广告成功的可能性是否最大限度地得到了利用。(2)评估广告决策是否正确，广告策略是否运用恰当。(3)广告主题是否正确，广告创意是否独特新颖，广告诉求是否明确，目标消费者是否认准。(4)广告预算与实际费用如何，它们与广告效益的关系如何，是否随广告投资增加而效益也成正比例地增加等。

10.2.3 旅游广告策划的特征

1. 目的性

旅游广告面对不同的市场、产品、消费者、竞争者，在不同的时期其策划目的是不同的，比如促进产品的销售、提高产品知名度、树立旅游形象、公关危机、协调与公众及各方的关系。总之，广告策划旨在通过广告的形式帮助广告主解决其所面临的市场问题及其他各方面的问题以实现广告主的目标，取得所期望的广告效果和广告效益。

案例分析 10.1

在5·12大地震中，巴蜀大地上诸多沉积千年的人文历史古迹、自然景区都遭遇了一场大劫难。一直被称为中国旅游天堂的四川省面临着一场严峻的考验。5·12地震当天，国家旅游局就下发停止组团前往和途经四川地震灾区旅游的紧急通知。此次地震对四川旅游业造成的直接损失据统计已超过500亿元。汶川地震使四川旅游安全形象受损，境内外旅游业界和游客对四川旅游的信心遭受打击。震后几个月，到四川旅游的需求量同比下降了90%。震后的形象重塑及游客消费信心的恢复重建是一个长期的过程。尽快启动全省旅游市场恢复项目，消除到四川旅游的安全顾虑，恢复中外游客的信心，增强灾区人民恢复重建的信心，增强旅游企业恢复生产的信心，增强投资商对四川旅游的投资信心，充分利用全世界对汶川地震的关注提升四川旅游形象，是灾后重建的一项重要内容。恢复重建之初，为消除潜在旅游者疑虑、增强来川旅游信心，四川大力开展"四川人游四川"活动，策划大型公益广告活动"四川依然美丽"(见图10.3)，全面恢复性启动非灾区旅游，树立起"汶川地震百年不遇，四川旅游依然美丽"的安全旅游形象。

图10.3 "四川依然美丽"公益广告活动现场

2. 系统性

广告策划涉及策划主体、策划对象、策划依据、策划方法和策划结果等几大要素。这几个要素之间彼此相互依存、存在紧密的内在有机联系，只有各个要素之间协调、高效、统一、稳健的配合才能促进整个广告活动的正常运行，取得相应的广告效果。同时广告策划具有很多环节和内容，且各个环节和各部分不是彼此孤立存在的，而是具有高度的内部一致性，环环相扣，共同构成一个协调统一的整体。如广告目标的统一性、广告策略的统一性、广告媒体和表现形式统一性、各子广告之间及与广告系统的内部统一性，个别广告或部分内容的策划或执行出现问题均会影响到整个广告系统的运作。如上面案例中提到的"四川依然美丽"，整个广告行动中包括各个区域或景区开展的广告促销活动、熊猫金银卡的全国性发放、大型公益性活动的策划等。

3. 适应性

瞬息万变的市场环境要求广告策划在具备稳定性的同时兼具适应性、灵活性，抑或一定的弹性。正如《孙子兵法》所言"兵无常势，水无常形，能因敌变化而取胜者，谓之神。"由此可见，一个成功的广告策划必然是与市场紧密联系的，或者说是接地气的。依据市场的变化顺势而为进行有效的广告策划才是永恒不变的追求。如前例所述，汶川地震发生前四川对外宣传的广告语是"天下四川，熊猫故乡"，震后为了消除地震对游客旅游信心的影响，恢复旅游形象，其广告语改为"天下四川有爱，熊猫故乡更美"、"四川依然美丽"等。

4. 动态性

旅游环境、游客状况、旅游产品状况和竞争情况均处于不断变化之中，为了能够适应这种变化，旅游广告策划必须具有非常强烈的灵活性和弹性，也就是广告策划的适应性。为了达到良好的适应性，就必须做到动态性。旅游广告计划并非以不变应万变的死板条文，如果广告计划出现与实际情况有偏离或失误的问题，就应该针对具体问题进行调整或重新决策，修订原有的广告计划，乃至推倒重来，比如调整广告对象、修正广告创意、调整广告媒体或投放方式、时机等。

5．操作性

可操作性是指广告策划方案可被实施并能取得科学有效的效果。可操作性旅游广告策划方案必须要与现实情况相结合，任何脱离实际的主观臆断、猜想不管如何新颖独特、充满新意，都只能是异想天开的胡思乱想。这样的策划只能停留在理论意义上，不具备现实可行的条件，毫无实用价值。

为了使广告具有可操作性，策划人员首先需要对市场环境、法律环境、道德环境等各种因素进行全面考量，比如广告策略必须真实。《广告管理条例》第三条明文规定："广告内容必须真实、健康、清晰、明白，不得以任何形式欺骗用户和消费者。"不真实的广告不仅不能持久，达不到应有的效益反而还要承担法律和道义上的责任，损害企业和产品的形象。另外还要考虑广告主自身的实际情况，比如经济能力、广告媒体的选择等；考虑策划方案是否能够以最小的经济投入取得最优效果。

案例分析10.2

模糊旅游广告词暗藏"陷阱"

为让游客获得准确、真实的信息，有关部门将对旅游广告的发布加强监管，要求广告内容必须真实，符合《广告法》要求和行业道德规范。例如，不得在住宿饭店标准方面出现"准×星"、"相当于×星"等模糊表述，"豪华团"、"当地最好的××"以及"全包"、"半包"等字眼不能在广告语中出现，必须载明提供的服务内容。目前常见的"送旅行社责任保险"等邀宠游客的不当提法也不准再使用。

据了解，目前国家规定的星级饭店的等级中根本不存在"准"或"超"的概念，旅行社的这种模糊提法其实是对消费者的误导。一些所谓"全包团"仍然会在旅途中再次收费，游客必须在签订旅游合同时要求注明自选、自费项目及价格、购物次数等。而旅行社责任险是旅行社为自己购买的保险，游客如果因自身原因出险，并不能得到该项赔付。游客报名时还是应该主动购买一份旅游意外险。而"豪华"、"最好"等并无明确标准，更容易对消费者造成误导。

4类应当被"封杀"的旅游广告如下。

(1)"准×星、相当于×星"：住宿标准大多不合格。

据统计，在近两年黄金周的旅游投诉中，有40%以上的消费者反映旅行社安排的住宿没有达到广告中所承诺的标准，投诉尤其集中在所谓"准二星"、"准三星"这类中低档酒店中。而旅行社在媒体、门店打出的广告中，"准×星"的字眼则铺天盖地。到目前为止，国家规定的星级饭店的等级中根本不存在"准"或"超"的概念，旅行社的这种模糊提法其实是对消费者的误导，使游客产生可以享受三星级酒店待遇的错觉。

(2) "全包价、半包价"：出游价格不够明确。

在一些旅行社的广告单上，常常可以看见"全包价"3个字，不少消费者对这3个字的理解就是，既然是"全包"，那么在整个旅行过程中，旅行社就不应该再向游客收取其他费用了。然而事实上，有的全包价团到了目的地后，导游也会要求游客加付一些自费项目，旅行社则会以"我们是以合同内容为准"来搪塞游客对收取多余费用的不满。既然最后的活动内容都以合同上签订的为准，就不应该在广告中使用"全包"、"半包"之类的用语。"怎样才叫全包、半包？这些概念其实非常模糊。旅行社应该规范地在旅游合同上明示自选旅游的项目及价格、明示旅游购物次数。"

(3) "送保险、含保险"：其实没为游客上保险。

自从东南亚海啸之后，游客的旅游安全意识也明显增强，现在至少有八成以上的市民到旅行社门店报名时会主动询问有无保险。因此，不少旅行社利用游客的这一心理玩起了虚招：一般来说，旅行社赠送的所谓保险，是本来就该由旅行社自己"埋单"的责任险，而不是为游客买的人身意外险，与游客的赔偿毫无关系。因此游客出游前，最好花上几十元，为自己买个意外险。

(4) "豪华游"：标准不明确。

如今，旅游界的"豪华之风"愈吹愈烈。几乎每家旅行社的报价单上，都有"豪华游"的身影，而最常见的就是海南、昆明、东南亚等较为成熟的线路。但仔细对比一下不难发现，每家旅行社为"豪华"两字下的定义却大相径庭，有的豪华游是入住五星级酒店、乘飞机坐商务舱、吃贵族大餐，有的豪华游却只能住进四星级酒店，其他方面和非豪华游也没啥差别。据悉，"豪华游"目前只是用来刺激消费者的噱头罢了，消费者实际享受到的待遇往往与"豪华"两字不符。目前"豪华"的界定标准不明确，也没有业内公认的标准，旅游企业擅自将产品冠以"豪华"之名，易对游客造成误导。

(资料来源：南京日报，经整理)

6. 创造性

广告策划活动是一项创造性思维活动，策划的内容及手段必须新颖、奇特、扣人心弦，使人观后印象深刻，打动受众的心。旅游广告策划由于旅游产品的无形性、综合性等原因更需要独特的创意给广大受众留下深刻的印象。创造性是广告策划的关键和保证，创造性的策划具有从别人所有的特点中找出空隙的能力，具有找出别人所没有提及的事情的功能，它具体表现在广告定位、广告语言、广告表现、广告媒体各个方面。比如，新西兰——百分百纯净的新西兰；宋城——给我一天，还你千年。

10.2.4 旅游广告策划的原则

在旅游业高速发展的今天，旅游产品的广告宣传愈来愈受到人们的重视。要使旅游产品的广告宣传获得满意的效果，达到吸引旅游者、完成旅游产品促销的任务，取得良好的社会效益和经济效益，必须遵守以下原则。

1. 主题性原则

旅游广告必须要有一个明确的主题,一切都围绕着主题来进行。唯有如此,才能形成统一的信息安排和集中鲜明的信息传递,受众的感受才会最强烈。比如,荣成成山头广告《梦境篇》——我在梦中找到一个地方,遥远缠绵,让我消逝的记忆缓缓流出,去等待第一缕曙光。

2. 真实性原则

广告通过一定的传播媒介向目标市场介绍产品,广告的生命在于真实,既要引人入胜,又要传达真实信息。旅游产品要得到旅游者的认可,除了广告宣传效果以外,更重要的是获得游客良好的口碑宣传。因此,广告宣传既要有绘声绘色的现场描述,又要实事求是,语言中肯,符合事实。真实性是旅游广告宣传的生命线。

3. 针对性原则

由于旅游者的文化背景不一,年龄不同,成分复杂,喜好各异,要吸引到更多的旅游者,广告宣传只有研究游客心理,研究客源市场的组成层次、需求内容。有计划、有目标地进行旅游产品广告宣传的策划才能对潜在的旅游客源市场产生较好的影响,切实引起旅游者注意,提供游客感兴趣的内容,形成较强的吸引力。旅游消费心理需求极为复杂,内容非常丰富,表现在对商品的需求上主要求新奇、求廉价、求质量、求名牌、求便利等心理,由于受各种因素的影响,这些消费心理也会因人而异。广告策划要注意联系旅游者的各种心理因素需求,激发其好奇心、投其所好,确定广告的信息点,才能使消费者接受广告,从而产生购买行为。

例如,在北极冬天会出现极夜现象,一般情况下这是开展旅游的不利因素,而荷兰一家旅行社针对新婚夫妇旅游市场进行了市场开发,打出了"请到北极来度蜜月吧,因为这里的夜长达24个小时"的宣传口号,变不利为有利,市场效果良好。

4. 文化性原则

现代旅游市场竞争已由单纯的商品竞争、经营竞争发展到品牌、形象的竞争,广告成为塑造旅游品牌和形象的重要手段,而文化无疑是最具有形象塑造力的一种表现因素。因为区域文化赋予旅游品牌和形象的不仅是外在的表现形式,更是一种内在本质和特殊的风格。如1992年中国友好观光主题年提出的"好客的人民,古老的文化,神奇的土地"、"欢乐、友谊、祥和"等广告诉求都反映出了中国的文化特色,塑造出中国作为旅游目的地的良好形象。其实,世界古典文化和民族本土古典文化的强大生命力是旅游策划人努力发掘、创新与追求真善美的源泉。

案例分析 10.3

2004年9月份的《国际广告》杂志第48页刊登了一则名叫"龙篇"的立邦漆广告作

品(见图 10.4),画面上有一个中国古典式的亭子,亭子的两根立柱各盘着一条龙,左立柱色彩黯淡,但龙紧紧攀附在柱子上;右立柱色彩光鲜,龙却跌落到地上。画面旁附有对作品的介绍,大致内容是右立柱因为涂抹了立邦漆,把盘龙都滑了下来。评价称:"创意非常棒,戏剧化地表现了产品的特点……结合周围环境进行贴切的广告创意,这个例子非常完美。" 就是这样一则广告,却在网上掀起了轩然大波,成为各主要 BBS 上的热门话题。该广告不仅未达到该产品预期的广告效果,反而深深地伤害了中国人民的民族感情,是广告史上一个典型的失败案例。

图 10.4 立邦漆"龙篇"广告作品

5. 形象性原则

要满足人们的旅游需要,旅游地首先要激发、调动人们的旅游产品购买动机。旅游广告宣传通过通俗易懂、生动的语言描述,引人入胜的场景画面和一系列创意构思激发人们丰富的想象力,使旅游产品的形象油然而生,并深深印在游客的脑海中,促使游客在确认购买旅游产品的过程中由旅游动机转化为购买行为。旅游广告需要借助语言修辞的艺术手法感染消费者,展开美感上的心理攻势。广告语言力求精确,生动、优美、富有表现力。词语凝练、声音和美、句式表达巧妙的广告语言,使听者、阅者明了、信服,最终感动接受。如杭州"中国杭州,平静似湖,柔滑似纱",形象地展示了江南的柔美、温婉特色。

6. 及时性原则

旅游行业是非常敏感和脆弱的行业,它的发展受到政治、经济、自然等因素的影响。人们的旅游活动只有在相对稳定的社会环境中才能进行,而社会环境的千变万化会对旅游经济产生决定性的影响,因而旅游广告宣传必须抓住有利时机进行,一旦时机错过,便会丧失旅游产品的促销机会。根据旅游产品的广告宣传原则,在旅游产品的促销活动中应该真实、生动、灵活地利用各种广告形式和宣传途径,进行立体的、全方位的广告宣传,激发旅游客源潜在市场的旅游动机,从而对旅游产品的促销活动产生巨大的作用,扩大旅游产品的知名度,占据旅游市场更多的客源份额。

10.3 旅游广告策划的程序与步骤

旅游广告策划是一项群体性的工作，是一项复杂的系统工程，必须遵照一定的步骤和程序。在这个过程中，不同阶段有不同的任务、侧重点和中心内容，把握广告策划的程序有助于策划人员明确策划各个阶段的特性和任务，保证广告策划按照预定的路线顺利进行。

旅游广告策划是一个复杂的系统工程，涉及许多方面和环节。旅游广告成本高昂并且意义重大，为了保证广告的成功，必须制定详细的旅游广告策划计划方案，以保证旅游策划的科学性。从系统论的角度出发，旅游广告策划需要完成一系列决策，旅游策划活动大致有如下几个步骤：制定旅游广告计划、确定策划主体、进行环境调研和分析、旅游广告定位、广告创意构思、广告媒体策划、广告发布、效果测定等。

1．确定目标

这是旅游广告计划的第一步。广告目标是在某个特定时期内需要完成的与目标受众对象进行的一项沟通工作。广告目标应该以旅游目的地的目标市场、市场定位和营销组合等有关信息为基础加以确定。根据广告的目的，可以将广告目标分为3类：宣传性广告、劝说性广告、提示性广告。一般来说，宣传性广告在旅游产品刚刚进入市场，为使旅游者了解和吸引旅游者而使用得多一些；劝说性广告在旅游市场竞争比较激烈的时候使用比较多；提示性广告在旅游产品进入成熟期时使用的比较多，用以提醒市场注意，以免被公众遗忘。

2．编制广告预算

广告目标确定后，旅游目的地应该为每一种产品编制广告预算。广告的费用取决于预计要达到的销售量。编制广告预算的方法主要有竞争对抗法、销售百分比法、能力支付法、目标任务法等。同时，在编制预算时还要考虑旅游产品所处的生命周期、市场竞争状况。

3．选定广告策划者

旅游广告策划者可以是内部人员，也可以选取外部人员策划。内部策划多是营销部门，外部策划可以采用招投标方式或者选择实力较强的策划单位。旅游广告策划主体可以是广告公司，也可以是内部专门的广告策划人员。策划主体根据广告的目标列出策划意见，从而保证能够通过具体的行动来实现设定的总目标。

旅游广告的策划是一个集体性的工作，通常要根据工作内容的情况成立一个大小不等的策划班底。策划组成人员大致要包括业务主管、策划人员、市场调查人员、美编人员、公关人员等。

4．进行调研

为了保证广告的效果，旅游目的地必须对内外环境进行深入全面的调研，这是旅游广告策划的前提和基础。调研的具体内容包括以下六项。

首先是媒体调研。媒体调研包括广告代理调研、广告主体调研、广告媒体调研四个方面。(1)广告代理调研。旅游目的地通过调研选择合适的广告经营者。根据我国的广告法，广告经营者是受委托提供广告设计、制作、代理服务的法人、其他经济组织和个人。广告代理调研一般要了解广告代理的历史和现状、业务水平和能力、特点、特长，以及与其他同行的合作情况。(2)广告主体的调研。由于旅游广告的主体不同，调查的内容也存在很大的区别。广告的主体可能是目的地或景区、旅游企业、旅游线路等。如目的地就包括旅游地位置、特色、规模、发展现状、生命周期、发展目标等情况，以便选取宣传的亮点。(3)广告媒体调研。对广告媒体调研的目的是选择适合的媒体投资方式，以最小的投入获取最大的效果。它主要调查媒体功能、特点、收费标准、广告效果、媒体的性质、地位、作用、覆盖面、传媒对象、技术水平、与公众关系、公众对媒体的看法等。

其次是旅游目标市场调查。它包括对旅游者类型(经济型、冲动型、想象型、不定型)的调查和对旅游者心理(求新、求廉、求实、求变、求荣、求速、求名)的调查。

第三是对目标市场的购买动机、购买习惯、购买力和旅游者人口因素等进行调查。

第四是旅游环境调研。旅游环境调研就是对广告主体的可控和不可控环境进行调研分析。环境分析的主要内容有区位环境、经济技术环境、社会政治环境、竞争环境、法律环境等，区位环境主要包括地理位置、气候、资源等自然条件和交通运输状况。经济技术环境主要包括一个地区的经济发展程度以及当前技术发展现状和趋势。社会文化环境指一个地区的教育水平、文化水平、居民素质、风俗习惯等，这些对旅游文化氛围对旅游形象有很大的影响。

第五是旅游竞争环境调研。它主要调研竞争者的市场地位、形象、质量、数量、价格、位置、销售渠道及游客评价等要素。

第六是广告效果调查。广告效果调查包括事前、事中、事后。事前调查是指广告设计实施之前，对旅游广告的创意、广告作品和媒体进行全面的综合评价，即事前推测一下广告可能产生的各种效果。事中调查是指广告活动过程中调查了解各类旅游者、旅行商、旅行社等对旅游广告的反映，分析广告作品和媒体是否得当。如果发现问题，要根据情况及时修正。事后调查指广告活动告一段落之后全面回顾和检查广告效果。但广告效果调查不能仅仅看旅游者的变化量，因为旅游广告有滞后效应。效果调查要看总体效果，要了解消费者和公众对广告的反应。

5．旅游广告定位

旅游广告定位是根据旅游产品的特点和旅游市场的诉求来确定的，即根据消费者的心理确定本旅游地或旅游产品在旅游者心目中的地位和独特形象。因此准确的定位一是要突出产品的独特亮点，另一方面要满足旅游者的独特心理诉求，只有两者的吻合才能保证广告目标的实现。

6．实施策划活动

在前面工作的基础上，旅游广告策划人员通过创造性思维表达旅游广告主题，以给人视觉或感情的冲击，达到引起旅游者的认同和接受的效果。策划人员要将广告策划内容(目标、调查结果、创意、表现、市场定位、媒体选择、监测评估等)编制成广告策划书。广告策划书是广告策划活动的书面总结,是广告活动的行动大纲。广告策划书的撰写应力求简洁明了,思路清晰,应多些实施的措施,少些华而不实的辞藻。

7. 广告策划书的审定、执行

广告策划书编制完毕后要召开提案会,由广告公司向广告主递交旅游广告策划书,说明旅游广告策划的内容及其深层次理念,广告主对广告策划书提出疑问及修改意见。经过反复磋商与修改最后由广告主敲定并通过广告策划书。广告主拿到广告策划书后经由设计制作部门将广告创意转化为可视、可听的广告作品及各种宣传工具,并由媒体部门按照广告策划书的要求购买媒体的时间及空间,同时公关部门按照广告策划书的要求配合广告实施公关活动。旅游广告力求制作精良,富有特色和创意,单纯以景制胜的广告已很难打动消费者。

8. 旅游广告策略选择

旅游广告的主题与创意确定以后,如果要付诸实施,广告主必须对旅游广告媒体选择、表现形式、发布时间和地区等方面进行研究。

一是旅游广告的媒体安排。广告决策最终需要把广告投放到市场,这就需要充分了解各媒体的特点、规律以及各媒体和旅游细分市场的契合程度,选择传递广告信息的载体。选择媒体时首先需要考虑旅游目的地的目标市场在哪里,从而确定广告的覆盖面和影响力。其次,主要的广告媒体(如报纸、电视、杂志、户外广告等)都有各自的优势和局限,因此需要了解每一种广告媒体的覆盖面、频率和广告效应的大小。随着技术的发展,新媒体以及广告表达形式逐渐多元化,媒体选择面和表达形式也日益多元。在选择上要考虑经费、效果、多种媒体组合等方面。当然,采用新型的广告发布形式会取得意想不到的效果。再次,在确定了某种广告媒体后,就需要选择具体的媒体工具来作为宣传的载体。如果选择了报纸作为广告媒体,就需要在众多的报纸媒体中选择合适自己的宣传报纸来进行广告宣传。最后,由于旅游的季节性和很大的波动性,广告主需要对广告的媒体投放时间进行一个系统周密的安排。

二是广告表现形式。根据媒体的不同和要传达的内容及目的的不同,广告可以采用不同的表现形式,如说明型、公益型、名人推荐型、展示型等。对于旅游广告来说,软广告的力量是最能使人增加信任感的。

三是旅游广告时间选择。由于旅游活动的季节性特征,旅游广告强调及时性和有效性,选择合适的时间进行广告宣传十分重要。对于节庆类旅游产品来说,广告时间的选取显得更为重要。

9. 旅游广告的发布

广告制作完成后,就要在相应的媒体投放,并对媒体的传播质量和时间安排进行监督。旅游企业在发布广告时应充分考虑不同媒体在广告宣传上的优劣势,并应注重各种媒体的组合应用,以尽可能向受众提供立体化、多元化的信息。如在经济条件允许的情况下,旅游地应尽量借助电视媒体平台，有针对性地选择频道；以散客、商务或政务游客为目标市场的旅游企业应高度重视网络这一新媒体；而对于目标市场明确、时效性较强的旅游产品，如旅游线路、旅游节庆活动等，则可利用地方性报纸发布旅游信息。广告主应针对旅游推广的目的和内容，策略性规划广告发布的时间和频度。对于新开发的旅游产品、旅游线路、节庆活动以及季节性明显的旅游产品(如温泉、漂流)，可采取在旺季到来前的一段时间集中投放策略；而城市或地区形象广告，则可采用间歇式投放策略。但在广告形式上应力求变化，使受众保留新鲜感。由于公众对新闻类栏目关注度高，广告主应充分利用事件、新闻报道等多种形式传播旅游信息，有意制造"事件"，或在创意及表现手段方面赋予广告新闻价值，以达到媒体主动关注和自觉传播的效果。

10. 检验旅游广告效果

广告发布后，广告主要对广告效果进行评估，目的是对广告策划中的不足进行调整，为以后的改进积累经验，同时为以后广告的策划和投放提供参考依据。广告评估主要可以通过其市场传播效果和销售效果来进行评价。前者主要是从广告的市场知名度方面进行考虑，而后者主要是从旅游目的地的经营业绩来评价。

10.4 旅游广告创意的概念与要求

10.4.1 旅游广告创意概念

创意是广告的灵魂，也是广告成功与否的关键所在。在评价一个广告优劣的时候，人们常常把创意的好坏作为评价标准，认为广告创意是广告活动中最引人注意的部分。在英文中创意一词以"creative，creativity，ideas"表示，意为创作、创制。根据英国韦氏大辞典的解释，"创意"的意思是"赋予存在(to bring into existence)"，具有"无中生有"、"原创"的意思。广告教皇大卫·奥格威指出："要吸引消费者的注意力，同时让他们来买你的产品，非要有很好的特点不可，除非你的广告有很好的点子，不然它就像很快被黑夜吞噬的船只。"其中的"点子"就是创意的意思。另一位美国著名广告人詹姆士·韦伯·杨在《产生创意的方法》一书中认为"创意是各种要素的组合。广告中的创意常是有着生活与事件'一般知识'的人士，对来自产品的'特定知识'加以新组合的结果"。

以上观点归纳了广告创意的构成原理，有人把广告创意定义为"伟大的构思"、"创造性的思维劳动"，认为广告创意是为了传达广告策略，表现广告主题，将抽象的广告概念转换成具象的艺术表现形式所进行的创造性思维活动。也有人认为广告创意是通过大胆新奇的手法来制造与众不同的视听效果，最大限度地吸引消费者，从而达到品牌声浪传播与产品营销的目的。不论概念如何界定，广告创意都由两部分构成，一是广告诉求，二是广告表现，就是要将企业或产品的讯息通过创造力的表现手法迎合消费者的消费心理以促使购买行为的发生。

旅游广告创意属广告创意的范畴，因旅游产品的特性，旅游广告创意在整个旅游广告策划中起着最核心、最集中、最关键的作用。旅游广告创意是旅游广告策划人员根据旅游资源、旅游市场的调查结论，运用专业的旅游知识及丰富的广告策划经验，采用创造性思维的方法提出新颖的旅游广告主题，设计旅游广告宣传意境和表现情节的构思过程。

旅游广告创意可以从狭义与广义两个角度考虑，狭义的旅游广告创意就是用艺术化的形式反映出旅游广告的主题；广义的旅游广告创意是指旅游广告活动过程中所有创造性的思维和活动形式。

知识链接 10.2

经典广告创意方法

广告创意是广告活动中最引人注目的环节，是驱使广告信息战略制定并实施的力量。同时，广告创意也是广告运作中最难以描述和阐释的环节。过去的半个世纪以来，广告创意一直受到6种不同的讯息战略法的影响。

1. 李奥·贝纳的固有刺激法(内在戏剧性诉求法)

李奥·贝纳认为，成功的创意广告的秘诀就在于找出产品本身固有的刺激。"固有的刺激"也称之为"与生俱来的戏剧性"。他认为成功的广告创意最重要的任务是把固有的刺激发掘出来并加以利用，也就是说要发现生产厂家生产这种产品的"原因"以及消费者购买这种产品的"理由"。一旦找到这个原因，广告创意的任务便是依据固有的刺激——产品与消费者的相互作用——创作出吸引人的、令人信服的广告，而不是靠投机取巧、蒙骗或虚情假意来取胜。他反对用许多不言自明的事实做成一篇无趣味的自吹自擂的文章，或用明显的夸大之词构成夸张的狂想曲，或者炫耀才华、舞文弄墨。

李奥·贝纳运用固有刺激法最成功的一例广告是他为"青豆巨人"的广告。为了向消费者传达广告主在收割和包装青豆过程中表现出的精心细致以及消费者对"新鲜"的渴望，他在"青豆巨人"的广告中特别强调其"在月光下收割"。他解释说，如果用灌装作为标题是非常容易说的，但是月光下的收成则兼具新鲜的价值和浪漫的气氛，并包含着特殊的关切。"月光下的收成"这句灌装青豆广告语的成功创意，成为广告界的范例。

2. 罗瑟·瑞夫斯的独特销售建议

罗瑟·瑞夫斯认为，要想让广告活动获得成功，就必须依靠产品的独特销售建议(Unique Selling Proposition，USP)。他强调研究产品的卖点，对家庭消费非常看重。他帮助总督香烟、高露洁牙膏重塑了形象。USP理论就是给产品选择一个卖点或恰当的定位，其基本前提是把消费者看成理性思维者，他们倾向于注意并记住广告中的一个事件，一个强有力的宣称，一个强有力的概念。基于这一前提，广告应建立在理性诉求的基础上。广告对准目标消费者的需求，提供可以带给他们实惠的许诺，而这种许诺必然要有理由的支持。USP所提供给消费者的就是特有的承诺加充分的理由支持。

罗瑟·瑞夫斯1961年在《广告实效》(*Reality in Advertising*)一书中提出的"独特的销售建议"包含3部分内容。一是每一条广告都必须给消费者提出一条建议，不光靠文字、图片等。每则广告都必须告诉受众："买这个产品吧，你将从中获益。"二是提出的建议必须是竞争对手没有或无法提出的，无论在品牌方面还是在承诺方面都要独具一格。三是提出的建议必须要有足够的力量吸引众多的消费者。一旦独到的销售建议确定下来,广告主就应该不断地在各个广告中提到这个建议并贯穿于整个广告活动,这样有助于在长期的传播过程中建立统一的容易识别的品牌形象。

3. 奥格威的品牌形象法

大卫·奥格威是广告史上最令人尊敬的创意大师之一,奥美广告公司的创始人。这个富有传奇色彩的广告大师以创作简洁、富有冲击力的广告闻名于世。他的广告作品的特点是文辞华丽却又切合实际,尊重消费者而又不失幽默机敏。他为世人留下了许多杰出的广告创意:哈撒韦衬衫、壳牌石油、西尔斯连锁零售点、IBM、罗斯罗伊斯汽车、运通卡、国际纸业公司等。

产品个性是人们对产品所产生的全部印象,通常被叫做产品形象。它是人们在听到诸如IBM、宝洁公司、戴尔塔公司或全美联合公司等名字时心中产生的东西。大卫·奥格威认为,每一个广告都是对品牌的长期投资,任何产品的品牌形象都可以依靠广告建立起来。他认为品牌形象并不是产品固有的,而是消费者联系产品的质量、价格、历史等在外在因素的诱导、辅助下生成的。正是基于这种观点,奥格威建立了自己的品牌形象法。按照奥格威的方法,人们购买的是产品所能提供的物质利益或心理利益,而不是产品本身。因此广告活动应该以树立和保持品牌形象这种长期投资为基础,即使这种方法意味着做出一些短期牺牲也值得。万宝路一度曾是带有明显女性诉求的过滤嘴香烟,自20世纪50年代中期开始,万宝路香烟开始和"牛仔"、"骏马"、"草原"的形象结合在一起,从而使万宝路的世界逐步扩大,获得了前所未有的成功,万宝路粗犷豪迈的形象从此深入世人之心。

4. 威廉·伯恩巴克的实施过程重心法

威廉·伯恩巴克(William Bernbach)在20世纪50年代初期提出实施过程重心法。伯恩巴克赞同这样的创意过程:将客户的产品与消费者联系起来,明确人类的品质与感情扮演怎样的角色,然后广告决定如何利用电视或平面形式向消费者传递信息并赢得他们。他认为,广告是说服的艺术,广告"怎么说"比"说什么"更重要。广告信息策略的"怎么说"这个实施部分可以独立成为一个过程,形成自己的内容。这就是所谓的实施过程重心法。

按照伯恩巴克的解释,在创意的表现上,光是求新求异、与众不同并不够,杰出的广告创意不是夸大,也不是虚张声势,而是要竭尽创意人员的智慧使广告讯息单纯化、清晰化、戏剧化,使它在消费者脑海中留下深刻而难以磨灭的记忆。广告创作最难的事就是使广告信息排除众多纷杂的事物而被消费者认知接受。他认为周密的实施离不开以下4点:一是尊重受众;二是手法必须干净、直接;三是广告作品必须出众,必须具有自己的个性和风格;四是不要忽视幽默的作用。伯恩巴克的实施过程重心法的著名广告创意之一是他早年为大众(Volks Wagen)金龟车做的系列广告。金龟车系列广告的画面都很简洁,只是单纯的金龟车,通常是黑白两色,主标题是"想想还是小的好"(think small),标题简单却富有深意,以幽默和别致的创意制造了广告史上的奇迹。

5. 艾尔·里斯和杰克·特劳特的定位法

艾尔·里斯(Al Reis)和杰克·特劳特(Jack Trout)于19世纪70年代在《产业营销》(*Industrial Marketing*)和《广告时代》上发表了一系列文章,介绍和阐述了"定位"(positing)观念。这种观念自从被提出后,就不断被加以修正和发展,时至今日,它已经成为一种最为基本的广告创意方法。

定位(Positioning)原理是融合市场学、商标学、心理学、传播学、公共关系学等学科内容而形成的广告创作理论与手段。他们认为创作广告的目的应当是为处于竞争中的产品树立一些便于记忆、新颖别致的东西,为竞争中的产品确立一个独特的位置,从而在消费者心中站稳脚跟。与李奥·贝纳、罗瑟·瑞夫斯以及大卫·奥格威的方法一样,定位法也是以"应当怎么说"为根本。定位一旦确定下来,便广为宣传,消费者便会在需要这种利益或需要产品解决某种困难时回忆起来。定位法有时会和品牌形象法混淆起来。实际上,定位法是一个更宽泛的概念。定位法与明确竞争、相关属性、竞争对手以及市场有关系。定位法更注重逻辑的分析,注重在逻辑的基础上进行产品在消费者心目中的区隔。后人对这一理论不断加以丰富和发展,有人提出了定位的一些重要指标:以产品特征和消费者利益定位;以价格—质量关系定位;以使用方式定位;以产品实际消费者定位;以产品种类定位;以文化象征定位;以相对于竞争对手的位置来定位等。

10.4.2　旅游广告创意的要求

好的旅游广告创意可以用两个 S 来衡量:Simple(通俗易懂)和 Surprising(大吃一惊)。好的旅游广告创意就是艺术创造,要能给人以感染力和吸引力,能激发人的旅游动机。好的旅游广告创意有如下几个要求。

1. 新奇独特

旅游广告创意要体现旅游产品的独特,独具匠心、标新立异、不同凡响,最忌人云亦云。例如菲律宾旅游业的广告,说到该国观光,他们举出令人开心的"十大危险":小心购物太多,因为这里的货物便宜;小心吃得过饱,因为这里的食品物美价廉;小心被晒得一身古铜色,因为这里阳光充足;小心潜入海底太久,记住勤出水换气,因为这里的海底世界特别瑰丽;小心胶卷不够用,因为名胜古迹太多;小心上山下山,因为这里的山光云影常使人顾不了脚下;小心爱上好客友善的菲律宾人;小心坠入爱河,因为菲律宾的姑娘实在热情美丽;小心被亚洲最好的餐馆宠坏;小心对菲律宾着迷而舍不得离去。

2. 真实有度

其实,好的创意很简单,旅游从业者要做的其实也很简单,那就是走近生活,感受生活,表达生活。长城葡萄酒有一则广告,图上左边是在紫色背景上放置一颗葡萄,右边的文字主题是"3 毫米的旅程,一颗好葡萄要走 10 年",讲述了从一颗葡萄到成为一瓶好酒跨越的毫米酒瓶的距离,需要经历过程,诗意的文字带人体验了一次葡萄之旅。国内旅游企业就很少策划出这类广告。

3. 紧扣主题

旅游广告的目的并不仅仅是让旅游者欣赏广告的艺术,更重要的是吸引潜在旅游者购买旅游产品。正如广告大师奥格威所说，广告应让消费者记住产品而不是记住广告。旅游广告应该提供一定的信息，使潜在旅游者能获得自己所需要的信息。

4．针对性

广告要与旅游产品的主题密切相连，同时要和旅游者的心理诉求相连，创造产品观和消费观。旅游广告从商品的功效出发，即突出商品的独特功效，吸引一般或者有特殊需求的旅游者。旅游产品的这种功效越具体越好。如蒸汽机旅游产品，它具有特殊的功效，当然，特殊功效只对蒸汽机爱好者。它是活动的技术博物馆，是19世纪工业革命的先锋和技术代表。

5．把握文化

旅游广告创意对景区文化的把握要求更高。因为广告的创意没有知识产权，很容易被模仿，而文化是无法模仿和复制的。文化创意打造旅游新品牌。例如，新疆旅游局在新加坡的旅游广告是"不到长城非好汉，不走丝绸之路真遗憾"。

6．围绕核心概念

结合景区本身核心概念的旅游广告创意效果很突出。例如，"圣亚海底争霸赛"于2006年由大连圣亚海洋世界推出，该案例创意非常巧妙，圣亚将"看点"从海面搬到了海底，创造性地提出"海底争霸"，通过惊险刺激、妙趣横生的海洋娱乐竞技项目，深入海底与海洋动物同游共技的绝妙形式彻底颠覆了大连滨城乃至全国人民的娱乐体验方式，迅速引爆旅游市场。

7．原创与轰动的出场

如何才能让消费者吃惊？现在的游客基本都具备了处变不惊的功力，对一般的小概念，小创意都无动于衷。一个开发全国市场的旅游景区自然希望启动全国瞩目的活动策划。在各个终端营销发力的同时，全国有影响力的原创策划就像原子弹之于二战的决定性作用。路上跑摩托车没人看，但石人山的摩托车登山赛火了；没人蹲点在机场看飞机，但天门山的"飞机穿洞"火了。如何通过精心、别致的创意，逆向、多向的思维，引爆一个特定的细分市场，成为创意人员一直面临的挑战。

8．争议与讨论

很多中小景区没有足够的资金来打广告，那么就应该努力去创作一些具有悬念性或会引起争议的广告，否则无法与那些广告投放凶猛的大景区、大品牌争夺有限的旅游市场。比如临安浙西天滩景区由女大学生"裸泳"触发"灵感"，在该景区专门设立了一个裸泳区，随即竖起了裸泳区告示牌。景区认为裸泳是游客全身心接触大自然的一种方式。旅游局也认为，只要能够真正做到规范经营，开辟这样的场所也未尝不可。但此举在社会上引起较多争议。将争议广告作为景区的一种广告策略，是与风险"共舞"，使用不好就会带来很多负面后果。它对旅游创意能力和对景区文化的把握要求更高。

第10章 旅游广告策划

本章小结

旅游广告策划是广告策划人通过周密的旅游市场调查和系统的分析,利用已经掌握的知识、情况和手段合理而有效地开展旅游广告活动的过程。旅游广告策划决定了旅游广告的成败。本章通过对广告、旅游广告、广告策划、广告创意等知识的深入分析,总结出一些旅游广告策划的理论知识和实践策略,同时引入了最新的旅游广告策划案例,使本章内容具有鲜明的时效性和实践性。学习本章内容应该与旅游发展实践紧密联系,用旅游广告策划的理论知识去尝试解决现实问题,重点应该熟练掌握旅游广告策划的几个原则:主题性原则、真实性原则、针对性原则、文化性原则、形象性原则、及时性原则,在这些原则的指导下充分发挥主观能动性进行旅游广告创意设计,努力策划出精妙绝伦的旅游广告,为旅游业的转型提升发展提供强大的推动力。只要勇于实践,善于分析和总结,就能够在理论知识指导下不断提高旅游广告创意策划的实战能力。

关键术语

旅游广告;旅游广告策划;旅游广告创意

Key words

tourism advertising; tourism advertising planning; tourism advertising creative

参考文献

[1] 范云峰,王珏. 营销广告策划[M]. 北京:中国经济出版社,2004.

[2] 王吉方. 广告策划与实务[M]. 北京:中国经济出版社,2009.

[3] 魏超. 广告原理与策划[M]. 北京:科学出版社,2006.

习题

一、单选题

1. (　　)是旅游广告的先导和核心。
 A. 市场信息　　　　B. 媒体选择　　　　C. 广告策划　　　　D. 效果评估
2. 独特销售建议是由(　　)提出的。
 A. 李奥·贝纳
 C. 大卫·奥格威
 B. 罗瑟·瑞夫斯
 D. 威廉·伯恩巴克

二、多选题

1. 旅游广告策划的要素主要有(　　)。

A．旅游广告策划　　　　　　　　B．旅游广告策划对象
C．旅游广告策划依据　　　　　　D．旅游广告策划方案
E．旅游广告策划效果评估

2．旅游广告策划报告书中的营销战略分析包括(　　)。
A．营销重点　　　B．产品定位　　　C．营销目标　　　D．零售店战略

三、名词解释

1．旅游广告　　　　2．旅游广告策划　　　　3．旅游广告创意

四、简答题

1．旅游广告的作用有哪些？
2．旅游广告策划应遵循哪些原则？
3．旅游广告创意的要求有哪些？

五、论述题

1．试以小组的形式搜集本地的旅游广告并加以评析。
2．试选取某一自己熟悉的旅游景区，根据所学知识为该景区制作旅游广告策划报告书。

延伸阅读

江苏溧阳天目湖旅游度假区广告策划书

1．背景资料

天目湖位于常州市所辖溧阳市(县)以南8公里处，是苏浙皖三省的交界地。它东邻太湖和陶都宜兴，西接六朝古都南京，南连皖浙，北靠常州。因区内坐落着沙河、大溪两座国家级大型水库，享有"江南明珠"之称，又因属天目山余脉，故名"天目湖"。天目湖旅游度假区建设于1997年4月并经江苏省政府批准为省级旅游度假区。作为国家首批AAAA级旅游区，天目湖旅游度假区近年来逐步建设成为旅游中心、度假休闲、森林公园、农业历史文化、环境保护和湖上娱乐等6个功能区。景区建设日新月异，已初步形成了旅游度假胜地。

本策划书以孟郊《游子吟》为切入点，用人世间最真、最感人的亲情来招徕游客，提出"千里游子路，亲情天目湖"的口号，从而塑造天目湖风景区独有的品牌形象，使它的人文气息更为浓厚。

2．旅游景点简介

天目湖旅游度假主要景点有羊山自然公园、湖里山主题公园(包括临水长廊、德泽亭、中华曙猿馆)、报恩禅寺、状元阁、射击城、海洋世界、水上公园等。另外还有一些近年来新建成的现代娱乐设施如动感影院、水上冲浪等。

3．市场前景分析

溧阳天目湖风景区有着得天独厚的发展条件。从旅游资源来看，这里山清水秀、水甜

茶香，大片自然优美秀丽的景点已经、正在或者有待开发；从地势上来看，它位于江南鱼米之乡，又处于全国经济最发达的长三角一带，为开发打下了很好的奠基以及提供强大的经济实力基础；再看它的发展契机，现在人们越来越注重生活质量，旅游业兴旺发达，且人们更加崇尚自然风光、绿色旅游。所以，在全国乃至全世界树立良好、独特的"天目湖"品牌形象是当务之急。

4. 市场细分及市场定位

4.1 市场细分

张艺谋为中国拍摄申奥宣传片为北京拉票的时候说："要投我们的，我们不拉也会投，不投我们的，拉了也没用，我们的工作只是在拉拢那些犹豫不决的。"天目湖近期的目标当然要实事求是，即拉拢那些正犹豫不决的游客。

总结现状，天目湖目前有着如下的主要目标游客群。

(1) 有稳定收入的中青年——他们往往将旅游作为工作之余的放松，支付能力强。

(2) 附近城市的大学生、中学生——爱玩是学生的天性，这一人群的支付能力也是相当高的。

(3) 想对父母尽孝心的中青年人群。

4.2 消费者分析

传统消费者分析：这部分人支付能力较强，有较高的文化素质与接受能力，并且交际面广，拥有相当可观的口碑传播(因特殊性少，故不详述)。

想对父母尽孝心的中青年人群分析：此类人多已成家立业并且事业有成，在各方面得到一定程度满足的基础上，他们的注意力转移到了如何能对父母更好一点上，特别是在一定的节假日或父母生日、结婚纪念日等特殊日子。

4.3 竞争态势

随着中国加入 WTO 和改革开放的进一步深入，全国各地的旅游资源得到了大力的开发，而旅游市场的活跃说明景区只要优势明显、有独特的意蕴，就有能力争取到更多的客源。我们对周边主要的相似类型旅游景点做简要分析如下。

(1) 西湖。西湖一直是中国著名的旅游景点，以其自然风光、人文历史等在中国旅游业塑造了一个巨人的形象，是中国的骄傲。无论苏堤还是白堤、雷峰塔与白蛇传的故事，都吸引着广大的中外游客。西湖的优势不需要再刻意寻找独特点，它目前已经具有的就已经全是独特点，这是其他旅游风景区望尘莫及的。

(2) 环太湖风景区。太湖以全国五大淡水湖之一的身份，作为一项常识进驻我们大脑；其次，三国城、水浒城、欧洲城是太湖风景区的一个非常重要的组成部分，借助昔日的影视基地可吸引大量游人前来体会拍摄、照相留念，毕竟古香古色的风景是那样的诱人前往。该景区诉求点是名声、名著、影视基地等，以此吸引顾客。

(3) 千岛湖。新安江水库是浙江省最大的人工水库。由于坝位提高约 100 米，有的山峰下沉水中，有的则成了碧水中姿态各异的岛屿，水库因有1078个翠岛星罗其中，故称千岛湖。东南湖区以怪石、茂林、修竹等自然景观见长；中心湖区，鹿、猴、蛇、鸟等动物逗趣纷呈；此外还有飞艇、跳伞、空飘、滑板等水上娱乐项目。著名岛屿有天池岛、桂花岛、猴岛、鹿岛、蛇岛等。它以自然地理优势(岛屿多)和人工修饰(每个岛均集中放养一类动物,让游人体味野生动物园的趣味)相结合为主要诉求点吸引顾客。

(4) 瘦西湖。瘦西湖位于扬州市内,原名炮山河,又称保障湖,即护城河,是蜀岗山水流入运河的一段自然河道。它经过历代的疏浚治理,建造林园,因湖面瘦长故称瘦西湖,具有"南方之秀,北方之雄"的独特风格。瘦西湖作为旅游景点一直与扬州紧密结合,可以说是相得益彰。"烟花三月下扬州"点明了到扬州旅游的时节与缘由,而瘦西湖作为扬州最重要的景区,地位自然不低。它以小家碧玉的形象出现,配上江南的清秀、扬州的"烟花",这就是瘦西湖的主要诉求点。

经观察发现,众多风景区不单靠着原先的自然风光,还必须结合一定的人文历史景观或传说神话,才得以在旅游业中分到一盘美羹。中国目前还没有哪个旅游风景区以"尽孝心"为主题,而溧阳天目湖又拥有"游子吟"这样的千古绝唱,如此之好机会,不用上岂不可惜?"千里游子路,亲情天目湖"系列主题活动以此为突破口,必然可以大做文章。

4.4 优势机会

优势需要挖掘,溧阳天目湖除了优美的自然风光,还有特定的人文底蕴——已成为千古绝唱的《游子吟》。

况且,以孝为诉求点对天目湖风景区来说,提高的不仅仅是旅游经济,同时还创造了社会效益,使天目湖和尽孝心巧妙地联系起来,这对天目湖的品牌发展和深入人心有着长远的影响与深远意义。

4.5 业务定位

将山水与人文相结合,以孝敬老人为主题,抓住的正是以上定位的主要目标人群。他们不缺金钱与时间,也许只是缺乏一个提醒、一个机会。而这些我们完全可以很好地为他们创造,所以我们推出"千里游子路,亲情天目湖"系列敬老活动。

5. 行销组合策略

5.1 广告媒体选择投放

包括OD(Out Door,户外)广告、DM(Direct Mail,直邮)广告、公车内拉手广告和报纸广告等。

5.2 具体活动方案

(1) 社会公益活动。

为更好地在社会上树立天目湖的良好形象,景区可以在每年的重阳节期间组织各地福利院、老人院的一部分孤寡老人免费到天目湖旅游,并联系医院在天目湖旅游度假区为老人们义诊。

(2) 报恩禅寺游子节。

这一活动包括报恩禅寺大型法会、湖畔千人团圆餐、合家畅游天目湖、"浓浓茶叶情"品茶会、天目湖"千里游子路,亲情天目湖"文艺晚会、溧阳市天目湖"砂锅鱼头"节、天目湖状元阁勉励学子留名活动等。

6. 消费者信息反馈

度假区要召开消费者意见采纳会,广开言路,并成立"天目湖消费者信息处理中心",

设立消费者意见热线电话、意见信箱。度假区要定期做市场问卷调查，动态掌握消费热点及消费心理，并根据反馈信息及时调整战略。还可建立游客联系簿，随时和来过天目湖的游客进行联系，定期寄去天目湖的最新情况介绍和新增活动以及天目湖特产，如茶叶、砂锅鱼头餐券等，吸引更多的回头客。

7. 效果评估

从广告的经济效果看，通过以上长期及短期的广告宣传和诱导，自然会吸引一部分游客，获取一定的市场份额，给企业带来利润。更重要的是稳定了大部分未来的、潜在的消费者，从而达到广告的最基本、最重要的效果——经济效果。

从广告的社会效果看，度假区定位于尊老爱老，给年轻人一个尽孝的好机会，促进了社会主义精神文明和物质文明建设，从而产生深远的影响和意义。

从广告的心理效果看，通过和游客们联系和接触、赠送天目湖的特产，拉近了消费者与企业和产品的距离，培养了消费者对产品的信任和好感，树立了良好的品牌形象和企业形象。

(案例来源：百度文库. 溧阳天目湖旅游度假区广告策划书.
http://wenku.baidu.com/view/9ccb466448d7c1c708a145b7.html)

第 11 章 旅游公共关系策划

本章教学要点

知识要点	掌握程度	相关知识
旅游公共关系概述	了解	目的：塑造形象；手段：传播与沟通；特色：创新和策划
旅游公共活动的模式	了解	宣传性、社会性、交际性、防御性、矫正性、进攻性
旅游公关新闻策划	掌握	公关新闻媒体、制造新闻事件、新闻活动、新闻稿件策划
旅游公关专题活动策划	重点掌握	社会公益、慈善或社会赞助、庆典活动、联谊活动策划
旅游公关促销策划	掌握	旅游展览和展销策划、邀请代理商
旅游危机公关策划	重点掌握	实事求是、重视公共利益、引导舆论

本章技能要点

技能要点	掌握程度	应用方向
旅游公关策划的程序	掌握	能够组织整体公关策划的全过程
旅游危机公关策划的对策	掌握	能够在突发事件给旅游业造成不利影响时运用危机公关进行策划活动

导入案例

墨西哥旅游业就这样走出了地震危机

旅游业是个非常朝阳而又脆弱的行业，任何一种情况(强烈地震、森林大火、政治动乱、战争等)都会严重危及一个国家和一个地区的旅游业。但是正如世界旅游企业秘书长弗朗加利所言，旅游业本身又具有很强的恢复性，经历过一次危机后会变得更成熟。

从"9·11"、"巴厘岛"、"蒙巴萨"、"阿富汗"、"巴尔干"、"亚洲金融危机"等事件到1991年海湾战争都没能把墨西哥旅游业拖垮。值得一提的是，经历过严重地震灾害的墨西哥旅游业在沉寂了7个月后又重新兴旺起来。

墨西哥是世界上有名的旅游国家，旅游业发达，入境游客数量居世界前5位，目前已成为美国、加拿大以及南美洲的重要旅游胜地。旅游业成为墨西哥经济的重要支柱不是偶然的，墨西哥有着丰厚的旅游资源。墨西哥首都墨西哥城是世界上最大的城市之一。它是举世闻名的古玛雅文化、中美洲阿兹特克族人文化和托尔特克文化的发祥地。墨西哥城的查普尔特佩克公园是全城的旅游中心，这里是一片繁华喧闹的城市中心区，被人们称为"墨西哥城市之肺"。这里建有露天音乐厅、儿童园地、动物园、四季如春、景色绮丽、气候宜人。

这样一个受到世界各国游客喜爱的著名旅游国家，1986年发生的一场大地震却使它的

第11章 旅游公共关系策划

旅游业骤然遭受到空前的巨大打击。人们当时谈墨色变,那里再好玩,谁还敢去呢?墨西哥的旅游人数由先前的几千万人,一下子几乎降到了"零",当时已经订好机票、饭店的游客纷纷取消了出游的计划。

在这万分危急时刻,墨西哥邀请了美国的著名公共关系专家来到墨西哥策划,意在挽救作为国家经济重要支柱的旅游业。美专家通过一番深入地调查和努力,了解了真实的墨西哥地震后的形象,通过电视、新闻等诸多媒体向外界如实地报道损失,使游客对墨西哥地震后的现状有一个正确、直观、现实的了解,摆脱游客们对墨西哥震后惨状的猜测、疑虑和可怕的想象。然后则是出巨资到美国、日本等发达国家邀请文艺、体育和政界名流到墨西哥旅游。在他们下榻的饭店客房里,在著名的景区和街头巷尾,到处留下这些名人的身影。然后由墨西哥新闻界将这些录像在世界各地播放,用名人效应解除人们来墨西哥旅游的顾虑,引起外国游客对墨西哥的探究心理,在短时间内取得了极佳的效果。7个多月的沉寂之后,墨西哥的旅游业又兴旺起来,游客人数竟超过了地震前的旅游人数。墨西哥的旅游业不但没有因此而崩溃,反而通过努力使诸多相关的行业也兴旺起来,获得了盈利。

(资料来源:沈祖祥. 世界著名旅游实战策划案例. 河南人民出版社,2004年)

策划是公共关系工作的核心,也是体现旅游企业公关水平的重要方面。在旅游公共关系传播中,公关人员要用实际行动和客观事实去影响和说服公众,强化信息的说服力,促使公众对旅游业的态度发生积极的变化。此外,公共关系策划还应注意"从众"等社会认知效应的影响,通过公共关系活动大造声势,形成某种社会风气和"旅游=时尚"的观念,如此公众对旅游的态度和行为便在耳濡目染中悄悄地发生变化,并使之成为生活中必不可少的一个组成部分。公共关系策划是旅游企业主动参与竞争,赢得优势,获得成功的积极行为。

20世纪90年代,旅游业率先在我国进行了一系列的公关实践。迄今为止,85%以上的饭店、旅行社都设立了专门的公共部或公关销售部,负责塑造企业形象、协调外部关系的工作,由此形成了具有行业特征的旅游企业公共关系。可以说,中国的公共关系事业是与旅游业的发展同步兴盛起来的。本章将针对旅游公共关系的内涵,旅游公共活动策划的不同类型以及危机事件的公关处理方法等内容进行介绍。

11.1 旅游公共关系概述

公共关系自20世纪初问世以来,作为一种现代企业的经营管理艺术和现代社会的文明观念已风靡世界,其理念引起公众的广泛关注。一个企业乃至一个社会组织要在现代社会中生存和发展,必须与公众建立良好的关系,创造一种和谐的组织状态,以达到相互了解、相互适应的目的。现代企业通过沟通信息、协调关系、宣传招徕、社会交往、咨询决策等公关手段去创造一个"天时、地利、人和"的和谐环境。公共关系的这种特殊功能,确实成为企业生存发展的重要手段和制胜法宝。

知识链接 11.1

"公共关系"的起源

1882 年,美国律师、文官制度的倡导者多尔曼·伊顿(见图 11.1)在耶鲁大学法学院发表题为《公共关系与法律职业的责任》的演讲。在这篇演讲中,伊顿首次使用了"公共关系"这一概念。

1888 年,美国总统竞选时,共和党和民主党的候选人都以选民的代言人自居,有计划地开展了一系列活动,以争取公众支持,获取更多的选票。以后,每逢美国总统竞选,候选人都会组建一个庞大的竞选班子,制订计划,开展系列活动,树立自己的良好形象,以拉得更多的选票,由此而形成了早期的公共关系。

图 11.1　多尔曼·伊顿

11.1.1 公共关系

"公共关系"一词是英文 Public Relations 的中文翻译,英文缩写为 PR,所以我们在很多场合把公共关系也简称为 PR。公共关系的定义历来众说纷纭,从学者到实践部门各有侧重,这种情况的出现反映了公共关系丰富的内涵和不断扩展的外延。公共关系的定义经分析归类后,大致有以下三种表述,它们分别得到众多学者和实践部门的赞同,并对公共关系学的发展产生过重要的影响。

管理职能论者认为,公共关系是现代企业经营管理的重要职能。它依靠有计划的、广泛的信息传播赢得更有效的合作,更好地实现它们的共同利益。持这种观点的学者以美国的雷克斯·哈罗博士为代表。

传播沟通论者认为,现代传播学是研究人类社会信息交流的一个学术范畴。而公共关系是指社会组织与公众之间的一种传播方式,公共关系活动的本质是交流。因此,公共关系学应是现代传播学的一个应用分支。持这种观点的学者以英国学者弗兰克·杰夫金斯和美国学者约翰·马斯顿为代表。

社会关系论者认为,公共关系的主体是社会组织,客体是公众,其目的是协调两者间的关系,为组织建立一种良好的社会关系网络。因此,公共关系应是社会关系的表现形式之一。持这种观点的学者以美国普林斯顿大学的希尔兹教授为代表。

美国公共关系协会精选了四种定义,其中现象描述论者认为公共关系是企业管理机构经过自我检讨与改进后,将其态度公演于社会,借以获得顾客、员工及社会的好感和了解的经常不断的工作。表征综合论者认为,公共关系是一门艺术和社会科学;公共关系的实施是分析趋势、预测后果、向组织领导人提供意见,履行一系列服有利于组织,又有利于公众的计划行动。这是 1978 年墨西哥城世界公共关系协会达成的共识。

各种定义的视角不同,各有长短。我们不需要强行统一,在公共关系母学科的基础上,根据应用的不同领域和行业的不同特点形成具有本行业特色并能指导该行业公关实践的公共关系学说，可以使公共关系理论体系更加丰富多彩。

11.1.2 旅游公共关系概念

旅游公共关系属于旅游经营管理科学的范畴，它是旅游企业为了建立或保持与自己所形成的公众而开展的一种活动。旅游企业公共关系通过为企业塑造形象、改善关系、宣传招徕、开拓市场等一系列活动，凭借传播与沟通的手段影响相关公众并赢得公众的信任，从而获得良好地经济效益。具体而言，旅游公共关系可以从以下几个方面来理解。

1. 旅游企业公共关系活动的根本目的是塑造旅游企业形象

旅游企业是服务性企业，服务质量的好坏、企业形象的优劣直接引起客人的感性体验，并由此形成游客对旅游饭店、旅行社、旅游交通运输部门等企业的评价。因此，塑造形象是旅游企业公共关系的首要工作。

旅游企业的组织形象由外在特征和内在精神两部分组成，其外在特征包括企业的建筑外观、室内装饰、绿化环境、企业 Logo、员工服饰、仪容仪表、服务方式等，而内在特征则凝聚在企业的经营理念和企业文化中，这是企业的核心与灵魂。旅游企业形象是重要的无形资产，也是旅游企业进行市场竞争的有效手段。

案例分析 11.1

只有一名乘客的航班飞不飞？

图 11.2　只有一名乘客的航班

上海《新民晚报》1999 年 5 月 20 日有这样一条消息："一架波音 737 客机从广州飞成都，机上只有一名乘客——这次航班该不该飞？"

该报道说的是海南航空股份有限公司从广州飞往成都的航班上，148 个座位只有 1 名乘客(见图 11.2)，但飞机还是照常起飞了。而且还照常举行了乘客抽奖活动，这位唯一的乘客以 100%的中奖率获得了一张免费机票，等于不花钱享受到了乘坐专机的待遇。据悉，该机单程飞行的成本需数万元。此次事件曝光后引起了众多媒体的激烈争论。

(资料来源：百度文库)

【小思考】请分析本案例中海航这一举措对企业形象有何影响？应采取何种公关手段进一步扩大该事件的影响力？

2. 旅游企业公共关系通过传播、沟通的手段影响公众

旅游企业开展公共关系所运用的方式和手段是双向传播与沟通，一是迅速、准确、及

时地收集内外部公众的信息，为调整企业的经营管理理念，改善形象提供依据，二是及时、准确、有效地将企业信息向公众传播，争取公众的了解与好感，提高企业店的知名度。

美国《幸福》杂志在介绍公共关系的特点时曾说："良好的表现因为适宜的传播而受到大家的赞誉。"国内学者对公共关系工作的传播、沟通职能是这样形容的："付出的努力让社会知道，面临的困境求公众理解。"现代旅游企业组织如果在经营活动中不重视传播沟通的作用，而是死守"酒香不怕巷子深"的信条，缺乏对公众意见的了解，忽略对旅游产品的宣传，就很难适应现代社会发展的要求。因此，传播沟通应贯穿于公共关系活动的全过程。

3. 旅游企业公共关系的运作需要积极创新和精心策划

旅游企业为了配合企业目标的完成，需要经常开展公共专题活动。这些公共专题活动经过精心的策划，内容花样翻新，引人瞩目。例如以广州中国大酒店为原型创作的电视剧《公关小姐》，其公关部一年之间总共有五次大的公关活动，这五次公关专题活动分别为：虎年在酒店大堂展示活老虎(旨在扩大酒店的知名度)；为大熊猫进行慈善募捐(旨在提高酒店的美誉度)；举办西南民族风景画展(弘扬少数民族文化，表现酒店的文化氛围)；举办美食节，推出孔府菜(目的是进行餐饮促销)；照"中"字相(体现酒店精神与酒店文化)等。这些公关专题活动从方方面面塑造了广州中国大酒店的社会形象。

11.1.3 旅游公共关系的功能

旅游公共关系的功能主要包括以下几个方面。

1. 扩大知名度

旅游企业是由食、住、行、游、购、娱等诸多元素综合组成的多元性行业群体，与社会、经济以及政府部门有着密切的联系，有着跨行业、跨部门、跨地区的特点。因此，无论是旅游业内部的各个行业部门之间，还是旅游业与外部社会相关部门之间，都存在着不可分割的依存关系。为了自身的生存与发展，旅游企业需要广交朋友，保持与公众的良好关系，成功地编织各式各样的"关系网"，以扩大自己的知名度，促进自身的经营管理活动。比如，对政界，旅游企业公关部要不断传播企业信息，加深政府对企业的了解，扩大对企业的资金投入与信息传递；对新闻界，公关部需要对报纸、杂志、广播、电视的特征、宣传的层面、媒体的效能了解得一清二楚，并积极保持与媒体的联系，利用各种机会联络感情，不失时机地传播企业形象，争取舆论支持；对社区，公关部要注意与社区居民保持良好往来，平等待人，承担社会责任，为企业争得良好口碑；对开设旅游专业的高校，公关部要与其保持密切联系，获取人力资源和师资；对同行和商界，公关部与他们更是来往频繁，要经常举办工作午餐会、周末沙龙等活动，为彼此增加获取信息和争取合作的机会。

案例分析 11.2

最美的旅游局长

贵州省东南部有一个雷山县，历史悠久，文化灿烂，特别是苗族传统的民族文化，光彩夺目，被誉为苗族文化中心。这里集优美的生态环境和古朴的民族风情于一体，旅游资源极为丰富，旅游开发得天独厚。就这样一个听上去风景很独特的地方，至少在2009年4月份之前是很少有人知道"雷山"这个地方的，可以说是藏在深闺人未识。

然而，一切改变尽在刹那间。

2009年4月8日，网友"源形毕露"在其博客发表了《在西江邂逅最美的旅游局长》一文，并贴出了身着苗族服装的雷山县旅游局副局长阿香依(见图11.3)一组照片。到13日晚17：00，阅读这篇博文的网友已经超过14.6万人次，有240多人跟帖，一时间"中国最美旅游局长"成为网上热点话题，各大论坛纷纷转载，数百家媒体也前往雷山采访，目睹"中国最美旅游局长"的风采。黔东南州旅游局借此事件，发出"最美的旅游局长"向全国网友大方邀约《美丽的西江等着你来》的公告。就这样，原本默默无名的黔东南州的雷山县因"中国最美旅游局长"事件而声名鹊起，名声响彻大江南北。

图11.3 阿香依

(资料来源：根据网上相关资料整理所得)

2．协调行业内部和外部的关系

公关部是旅游企业与组织内部及社会公众之间协调、沟通的桥梁。它运用各种手段，对内协调组织内部各个职能部门之间的关系、管理层与全体员工的关系，在信息交流的基础上使组织内部保持和谐状态，以促进思想上和行为上的一致，提高组织的向心力和凝聚力；对外承担着旅游企业的外交任务，为企业拓展关系、广结人缘，为企业的生存和发展减少各种社会障碍，抓住各种有利契机，创造和谐的公众环境，协调企业与外部环境的关系。

3．与旅游者保持良好的关系

作为企业组织喉舌，公关部要与旅游者保持良好的关系。一是需要迅速、准确、及时地收集来自外部公众的信息，为调整旅游企业的经营管理，改善形象提供依据。二是及时、准确、有效地将企业信息向旅游者传播，争取旅游者的了解和好感，同时，还需要长期不断的沟通、潜移默化地加深并巩固旅游者对旅游企业及其产品的良好印象。旅游景区或旅游地可以借助于新闻、报告文学、事件活动、影视、音乐、名人等非广告形式对景区或旅游地的自然资源、历史文化、独特卖点、特色项目、新奇产品、民俗风情、个性服务等，多层次、多方位、多角度地与目标游客进行沟通。比如，影视名人刘若英被众人公认"淡然、含蓄、婉约"气质形象恰好与水乡乌镇的品牌形象相吻合，因此被邀请担纲浙江乌镇的旅游形象代言人，并拍摄了相关视频宣传片，它的本质是借助于"第三方力量"来诉说旅游地如何的美，如何的新奇，如何的动感，如何的浪漫。

4. 妥善处理危机，维护旅游业的声誉

当前，旅游业的积极发展正日益面临负面事件的威胁。近些年的负面事件对旅游业所造成的不良影响是其他经济领域前所未有的。在发生的所有负面事件中，对我国旅游业影响最大的莫过于"非典"事件，它给中国旅游业带来了严重的冲击。可见，旅游业是一个具有高度敏感性的行业。因此，旅游企业必须高度重视对危机的预防和应对。旅游从业人员必须树立很强的危机意识。旅游危机意识要求旅游从业人员善于分析旅游公共关系危机所表现出来的特点，能够居安思危，防患于未然，建立危机预警制度，发生危机时处变不惊，沉着应对，善于了解和拿捏社会环境与公众心理的变化，善于变危机为契机，变坏事为好事，使组织形象趋向完美。

5. 激发潜在旅游者，实施公关促销

由于旅游产品销售与旅游者的消费存在时间和空间上的较大差距，旅游产品供应者无法广泛的、深入地同旅游者逐个进行接触。旅游公关的促销作用并不是推销某个具体的产品，而是指通过宣传、说明和展示具有促使潜在顾客向现实顾客转变，促进旅游企业和产品销售的功能。促销的关键是信息互通，促销工具是通讯手段，公关活动通过信息传播引起接受者的注意，引发兴趣，激发其购买欲望，促进销售。但公关并非等同于销售。

11.1.4 旅游公共关系活动的基本模式

公关模式是指一定的公共关系工作方法系统，每种模式均有不同的方法和技巧。旅游业在进行公关活动时，可根据公关的目标，选择一种或若干种模式的组合。

1. 宣传性公关

旅游宣传公关是指利用各种传播媒介将旅游目的地或旅游企业的信息迅速向外传播，直接向公众宣传自己，形成有利的社会舆论。

例如，旅游业在开展宣传活动时，邀请新闻记者、电台和电视台来采访，并通过报刊、电台和电视台向外传播活动的内容。这种模式主导性和时效性较强，一般都是针对特定的活动，例如开业典礼、周年庆祝、举办本旅游企业的成就展时可采用这种模式。

案例分析 11.3

灵山大佛和自由女神的对话

2002 年 12 月 11 日上午，中国中央电视台《让世界了解你》栏目通过现代通讯技术，将中美双方旅游业管理者和专家联系在一起，以两尊世界巨型铜像——无锡灵山大佛和美国自由女神(见图 11.4)为背景，就旅游开发和管理、旅游文化、东西方文化以及中美双方旅游合作等相关问题进行了长达 3 个小时的对话。

对话活动形式新颖，特别是以两尊具有世界级高度的铜像为背景，引起了与会者和观众的极大兴趣。两尊铜像有很多相似之处：同样拥有世界级的高度，同样是铜质材料的人

物塑像，同样代表着具有世界影响力的文化，同样是以巨像为主题的旅游景区，同样能够引发人们从视觉到心灵的深深震撼……这些共同点造就了对话的基础。现场观点相互碰撞，对话双方妙语连珠，点评嘉宾幽默机智，现场气氛十分热烈。通过对话，双方表达了进一步合作的意向。对话也引起了媒体的关注，有的称之为灵山大佛与自由女神牵手，灵山大佛与自由女神亲密接触，灵山大佛与自由女神面对面，有的称之为旅游景区宣传的创新之举……

图 11.4 灵山大佛和自由女神

中央电视台 3 次 50 分钟大时段面向世界的报道，是对灵山很好的宣传。对话形式、内容引起了其他媒体的关注，通过对话结识的美国纽约旅游公司总裁自愿担任灵山旅游在纽约的形象代言人，民间对对话表现出的浓厚兴趣和对这个话题的传播都进一步扩大了灵山的知名度。

(资料来源：沈祖祥. 世界著名旅游实战策划案例. 河南人民出版社，2004 年)

2．社会性公关

社会性公关以各种有组织的社会性、公益性、赞助性的活动为主，如当地传统节庆活动、公益赞助活动等，目的是在引起社会公众关注的同时赢得良好的舆论导向。这种模式的公关可通过参加所在地有影响的节庆活动，资助福利、慈善和其他公益事业来进行。

例如，成都锦江宾馆在"六一"到来之际，宾馆餐饮部和公关部的团员青年到"成都 SOS 儿童村"去看望儿童村失去双亲的孩子和他们年轻的"母亲"，给他们送去一件特殊的礼物——冷餐会，将五星级酒店的服务延伸到儿童村，同孩子们一起庆祝"六一"儿童节。

3．交际性公关

这种模式通过人和人的直接接触为旅游企业广结良缘，建立广泛的社会关系网。其形式有招待会、座谈会、宴会、茶会、工作午餐、慰问和专访活动等。旅游业中的交际性公关可以利用旅游业特有的功能设施，组织这类活动。

例如，饭店可以利用餐厅、舞厅、会议和其他娱乐设施为有关部门举办各种庆祝会、联欢会、宴会聚餐、舞会及电影招待会等，如在教师节给本地区的教师安排特别服务等。

4. 防御性公关

这种模式是在旅游企业在与内外公众发生矛盾的初期及时采取相应的调整措施，争取主动，防患于未然，避免发生损害企业形象的严重事件。

例如，青岛迎宾馆是当年毛主席视察时下榻的地方。改革开放以来，周围饭店、酒楼林立，而它却仍以其特有的神秘感使游人望而却步，经营状况步履维艰。为此，宾馆领导和公关部策划了"宫廷婚礼"等系列活动，使消费者感到迎宾宾馆并非神秘莫测、可望而不可即的地方，从而赢得了宾客。

5. 矫正性公关

矫正性公关常常是在旅游危机出现时，即在遇到突发事件的情况下，为纠正旅游目的地或旅游企业的不利形象，利用公关活动采取一系列改正措施，做好善后工作，挽回声誉，化被动为主动。

例如，1985年6月，雅典发生恐怖事件，美国总统发出"旅游忠告"，告诫美国旅游者不要去雅典国际机场。对此，希腊当局策划并采取一系列的公关活动：发表声明，保护机场；对里根的忠告提出质疑；派代表团去美国开展公关活动；以"重返希腊"为题花重金在美国做广告，抚平公众恐惧心理；向美国提供廉价的旅行项目，重点是美国旅行代理商。一系列的公关活动为希腊消除了不良影响。

6. 进攻性公关

进攻性公关是一种在组织与环境之间发生严重不协调时，以攻为守，以积极主动的方式改造环境、创造局面的公关活动模式。它要求旅游企业运用一切可以利用的手段，抓住一切有利的时机和条件，以积极主动的姿态调整自身行为，改变环境，创造有利于旅游企业发展的新局面。

进攻性公关具体采用的方式有：开拓新产品和新市场，改变企业对环境的依赖关系；与旅游网站合作促销，尽量降低与竞争者之间的冲突和摩擦；建立分公司，实行战略性市场转移，创造新环境、新机会等。

案例分析11.4

一百万封"求爱信"

——上海普陀旅行社的进攻性公关战略

上海普陀旅行社经理陈安华在8年内发出了一百万封"求爱信"。把他写过的"求爱信"摊平叠起来，有十几层楼高。每次发信都是用黄鱼车装载。

第11章 旅游公共关系策划

8年前,长寿路一条弄堂口挂出了普陀旅行社这块不显眼的小招牌。加上陈安华经理,员工一共才五六个人。社址设在弄堂里的一个过街楼下,总共才13.8平方米。当时上海已有10多家旅行社,人家设在繁华的地段,镀金的招牌和耀眼的霓虹灯十分引人注目。陈经理心里明白,他们挤在"下脚角",地理条件就先天不足。旅行社开张初期,手头无资金又做不起广告,打个不恰当的比方,好比一个小伙子个子不高,经济条件不佳,找对象有一定的难度。忧虑中,陈经理蹦出灵感:小伙子向姑娘求爱,常用写信的方法,办企业为啥不能借鉴?他深情地提起笔,在信中开诚布公地表明:鄙社新开张,希望各方大力支持。信中介绍了旅游线路,服务项目,并写明收费标准。陈经理买来钢板、蜡纸、简易油印机,开始了"求爱信"的"批量生产"。陈经理和伙伴们日夜开信封,一寄就是几万封。

心诚石头也能开出花。信发出不久,果然有不少游客接连不断地前来光顾。春、夏、秋、冬,陈经理一年都要发4次"求爱信",不管对方有意还是无意,陈经理始终一往情深,8年内不间断发信,有些游客上门时说:"看在你们一年4封信的情分上,我们也该到你们这儿参加旅游。"

陈安华搜集了上海市区和郊县4万多家单位的最新邮政编码和地址,分类成4大本,计200万字,"求爱信"的数量一次比一次多,身份也越来越高。如今,信已由专业印刷厂印刷,开面比以前翻了好几番。千变万变,有一点却没变,陈经理仍像"初恋"时那样真诚。信中所标的收费价格适中,购票时绝不加费。

诚招天下客。普陀旅行社的生意越做越兴旺。在上级领导的支持下,社址已迁到长寿路上的街面房,还开设了分社。建设第一年营业额才4.5万元,去年达270万元,今年可达300万元,进入全市同行业前10名。据统计,新客户中99%是因为收到"求爱信"而来的。

(资料来源:中华管理学习网. http://guanli.100xuexi.com/HP/20100606/DetailD1118324.shtml,2010-06-06)

7. 征询性公关

征询性公关是以搜集社会信息为主的公共关系模式。其目的是通过信息搜集、舆论调查、民意测验等工作掌握与旅游企业有关的信息,为旅游企业的经营决策提供咨询,充当参谋,保持旅游企业与环境之间的动态平衡。

征询性公共关系的活动方式有:开办各种咨询业务,进行有奖测验活动,制作调查问卷,广泛开展社会调查,访问重要用户,设立公众热线电话,受理投诉业务,举办信息交流会和建立信访制度、合理化建议制度及相应的接待机构等。

案例分析 11.5

北京长城饭店的日常调研活动

北京长城饭店(见图11.5)知名度的扩大和美誉度的提高,可以说是源于其有效地开展征询性公共关系。

一提到长城饭店的公关工作,人们立刻会想到那举世闻名的里根总统的答谢宴会、北京市副市长证婚的95对新人集体婚礼、颐和园的中秋赏月和十三陵的野外烧烤等一系列使长城饭店声名鹊起的专题公关活动。长城饭店的大量公关工作,尤其是围绕为客人服务的日常公关工作,源于它周密而系统的调查研究。

长城饭店日常的调查研究通常由以下几个方面组成。

1. 日常调查

图 11.5 北京长城饭店

(1) 问卷调查。长城饭店每天将表放在客房内,表中的项目包括客人对饭店的总体评价,对十几个类别的服务质量评价,对服务员服务态度评价,以及是否加入喜来登俱乐部和客人的游历情况,等等。

(2) 接待投诉。几位客服经理24小时轮班在大厅内接待客人反映情况,随时随地帮助客人处理困难、受理投诉、解答各种问题。

2. 月调查

(1) 顾客态度调查。每天向客人发送喜来登集团在全球统一使用的调查问卷,每日收回,月底集中寄到喜来登集团总部,进行全球性综合分析,并在全球范围内进行季度评比。根据量化分析,对全球最好的喜来登饭店和进步最快的饭店给予奖励。

(2) 市场调查。前台经理与在京各大饭店的前台经理每月交流一次游客情况,互通情报,共同分析本地区的形势。

3. 半年调查

喜来登总部每半年召开一次世界范围内的全球旅游情况会,各饭店的销售经理从世界各地带来大量的信息相互交流、研究,使每个饭店都能了解世界旅游形势,站在全球的角度商议经营方针。

这种系统的全方位调研制度,宏观上可以使饭店决策者高瞻远瞩地了解全世界旅游业的形势,进而可以了解本地区的行情;微观上可以了解本店每个岗位、每项服务及每个员工工作的情况,从而使他们的决策有的放矢。

(资料来源:张岩松,等.《公共关系案例精选精析》.北京:经济管理出版社,2003)

【小思考】
1. 长城饭店在公共关系调查方面对我们有何启示?
2. 如果你是一位总经理,你认为还应从哪些方面来做好日常的公共关系工作?

11.2 旅游公关策划流程

旅游公关策划与一般公关策划除内容不同外,基本上按照相同的程序进行,即公关调查—目标策划—主题策划—策略策划—时机策划—评估策划—编制预算。

1. 旅游公关调查

旅游公关调查策划是组织整体公关策划的前提和逻辑起点,细致周密的调查研究是公关策划成功的前提。调查的内容依公关的目的不同而不同。

2. 制定旅游公关目标

公关目标是策划方案实施后所要达到的要求,它是针对需要解决的问题,将公关与其他活动所要达到的目标有机结合后形成的。

3. 确定旅游公关策划主题

公关策划主题是旅游公关策划目标的概念化,它是围绕旅游公关目标对整个旅游公关策划与操作起指导和规范作用的中心思想。旅游公共关系活动在具体执行时都由若干项目组成,主题能连接所有公关具体项目,统率整个旅游公共关系活动,使公关活动形成一个有机的整体。

旅游公关主题策划一般要经过从主题描述到主题提炼的过程,这个过程的结果往往形成简洁的陈述或简短的主题口号及醒目、简单、明了的标志,这样容易吸引公众的注意力,并便于参与公关活动的人员理解、记忆。

4. 制定旅游公关活动方案和策略

为实现旅游公关活动目标,围绕主题要开展一系列活动。旅游活动方案策划是对旅游公关活动的形式、创意、思路及模式等的谋划,是整个旅游公关活动最关键的工作,决定着旅游公关活动的成败。

具体的旅游公关活动方案可根据目标分为若干类型,见表11-1。

表11-1 旅游公关活动类型

类 型	活动项目
信息传播型	新闻发布会、记者招待会、演讲会、竞赛活动、颁奖活动、印发公共关系刊物、制作视听资料等
联络感情型	招待会、座谈会、茶话会、记者或企业家联谊会、参观访问、各类庆祝等
产品和服务推销型	展览会、展销会、博览会、向新闻单位或旅游出版单位提供新闻稿或材料、特写文章和照片、拍摄电影和电视片
形象树立型	参加全国和地方性的节庆活动、公益赞助活动、开业庆典、周年纪念等

5. 确定旅游公关活动的时机和进度

旅游公关时机策划就是对何时实施旅游公关策略才能取得最佳效果的决策。此外,在制定旅游公关方案时,策划人员还应预测可能出现的对上述活动的影响因素。

旅游公关时机常常存在于下列事件发生时。

从外部来看有:国家政策、方针变化时;具有新闻价值的重大活动;新闻人物活动;

重要节庆、节日；季节变化时。

从内部来看有：新旅游地、新旅游企业开业、新产品和新项目推出时；重大的纪念活动，如年度纪念；获得重大荣誉时；重大变革及重大人事变动；进行公益性活动时；参加社会性活动时；对社会作出重大贡献时；企业文化活动动态；出现危机和危机苗头时。

6．编制旅游公关预算

旅游公关预算是对旅游公关活动实施所需的人、财、物所进行的估算与安排。人力安排指公关活动所需的人数、类型及何时需要等，财力安排指所需资金的数额与何时需要；物力安排指需要的各种物质条件和时间。

具体的旅游公关活动可以根据目标任务、支撑条件等的不同，在上述各个流程、环节的基础上有所侧重。

11.3 不同内容主题的旅游公关策划

国外有关专家形象地指出：优秀的企业公关工作=正确的公关意识+科学的公关活动。这说明，公关人员应当具备正确的公关意识，了解旅游企业的不同时期有不同的公共关系任务，它们可以分为不同的类型。在实际的公共关系策划中应根据不同类型的公关活动采取不同的方法，才能为旅游企业营造一种"天时、地利、人和"的公共环境。可以说，公共关系在旅游企业初创时，为其鲜花铺路；在旅游企业遇到危机时，为其雪中送炭；在旅游企业顺利发展时，为其锦上添花。

11.3.1 旅游公关新闻策划

旅游企业需要与新闻界保持密切的联系，通过新闻媒体，旅游企业可以将有关的重要信息快速地传递给社会公众。旅游企业不仅可以公布一些重大事件，而且还可以利用新闻媒体的影响力主动处理一些棘手的问题，以达到澄清事实、说明原委、减少误会的目的。旅游公关新闻策划是一门向新闻媒介提供旅游目的地、旅游企业及旅游产品等形象宣传材料及销售等其他信息的艺术。

具体来讲，旅游公关新闻策划包括公关新闻媒体、制造新闻事件、新闻活动、新闻稿件等几个方面的策划。

1．新闻媒体的策划

新闻媒体策划是指对新闻媒体的决策和谋划，是关于如何选择报道新闻的专门机构才能最好地达到旅游公关目标的问题。新闻媒体选择得当，可以使所组织的具有新闻意义的活动和事件的价值得到最大限度的利用，收到事倍功半的效果。不同的旅游公关目标可借助于不同的新闻媒体达到，这是因为不同的媒体有不同的效果。新旅游景点的发现，若用电视新闻报道的形式向外宣传，就容易给人以真切感，比其他媒体更能促使人们尽快作出旅游决策。因此，对于视觉性的新闻以及希望产生轰动效果的新闻，选择电视媒体较佳，因为在人们心目中，能上电视的新闻都是比较重要的。而网络的互动性较强，信息的传播速度和传播范围更为广泛，适宜提高新开业旅游企业的知名度。

案例分析 11.6

长城饭店的一句话公关

位于北京的长城饭店是1983年开业的一家中美合资企业。开业伊始，饭店迫切需要的是扩大知名度。但一般的广告方式费用十分昂贵。由于长城饭店是一家涉外高级饭店，顾客多来自国外，这个问题显得尤为棘手，饭店的公关部面对捉襟见肘的资金预算伤透了脑筋。机会终于来了。1984年初，美国总统里根将访问中国。当长城饭店的公关部得知随行来访的有一个500多人的新闻代表团，其中包括美国的三大电视广播公司和各通讯社及著名的报刊之后，真是喜出望外，立即组织实施一次高水准的广告公关计划。

长城饭店首先要争取把500多人的新闻代表团请进饭店。他们三番五次免费邀请美国驻华使馆的工作人员来长城饭店参观品尝，在宴会上由饭店的总经理征求使馆对服务质量的意见，并多次上门求教。在这之后，他们以美国投资的一流饭店应该接待美国的一流新闻代表团为理由，提出接待随同里根的新闻代表团的要求。经双方磋商，长城饭店如愿以偿地获得接待美国新闻代表团的任务。

其次，在优惠的服务中实现潜在动机。长城饭店对代表团的所有要求都给予满足，并主动在楼顶上架起了扇形天线，把高级套房布置成便利发稿的工作间。对美国的三大电视广播公司，长城饭店更是给予特殊的照顾，将富有中国园林特色的"艺亭苑"茶园的六角亭介绍给CBS公司、将中西合璧的顶楼酒吧"凌霄阁"介绍给NBC公司、将古朴典雅的露天花园介绍给ABC公司，分别当成他们播放电视新闻的背景。这样一来，长城饭店的精华部分尽收西方各国公众的眼底。为了使收看的公众能记住长城饭店这一名字，饭店的总经理提出，如果各电视广播公司只要在播映时说上一句"我是在北京长城饭店向观众讲话"，一切费用都可以优惠。富有经济头脑的美国各电视广播公司自然愿意接受这个条件，从而为饭店做义务的广告，把长城饭店的名字传向世界。

图 11.6　长城饭店内景

有了这两步成功的经验，长城饭店又把目标对准了高规格的里根总统的答谢宴会。要争取到这样高规格的答谢宴会是有相当大难度的，因为以往像这样的宴会都要在人民大会堂或美国大使馆举行，移到其他地方尚无先例。他们决定用事实来说话。于是，长城饭店在向中美两国有关部门、人员详细介绍情况、赠送资料的同时，把重点放在了邀请各方首脑及各级负责人到饭店参观考察上，让他们亲眼看一看长城饭店的设施设备和服务水平，不仅在中国，即使是在世界上也是一流的。到场的中美官员被说服了，还争取到了里根总统的同意。

获得承办权之后，饭店经理立即与中外各大新闻机构联系，邀请他们到饭店租用场地，实况转播美国总统的答谢宴会，收费可以优惠，但条件当然是：在转播时要提到长城饭店。结果，各国电视台记者和美国三大电视广播公司的节目主持人在播映时异口同声地说："现在我们是在中国北京的长城饭店转播里根总统访华的最后一项活动——答谢宴会……"在频频的举杯中，长城饭店的名字一次又一次地通过电波飞向了世界各地，长城饭店的风姿一次又一次地跃入各国公众的眼帘。里根总统的夫人南希后来给长城饭店写信说："感谢你们周到的服务，使我和我的丈夫在这里度过了一个愉快的夜晚。"

通过这一成功的公关活动，北京长城饭店的名声大振。各国访问者、旅游者、经商者慕名而来；美国的珠宝号游艇来签合同了；美国的林德布来德旅游公司来签订合同了；几家外国航空公司也来签合同了。后来，有38个国家的首脑率代表团访问中国时，都在长城饭店举行了答谢宴会，以显示自己像里根总统一样对这次访华的重视和成功。从此，北京长城饭店的名字传了出去。

(资料来源：沈祖祥，《世界著名旅游实战策划案例》，河南人民出版社，2004年)

2. 制造"新闻事件"

策划新闻事件又称"制造新闻"、"媒介事件"。它是旅游企业为达到公共关系目标，通过巧妙的策划与安排，由人为引发的可引起戏剧性或轰动效应的事件并有意引起舆论和新闻媒介的关注与报道的公共关系活动。这是一种无偿利用大众传媒进行公共关系宣传的活动方式，具有较高的新闻价值。策划新闻事件是旅游组织最经济、最有效地扩大组织影响的公共关系活动，是一种运用智力进行的创造性劳动，它必须依靠旅游组织公共关系人员广博的知识、丰富的想象力和敏锐的洞察力，其常用方法可归纳如下。

(1) 巧借东风法。巧借东风法是旅游企业或巧借社会名流、权威人士的新闻效应或搭乘社会热点活动、重大活动(如重要外交活动、大型表演和比赛、社会热点问题等)或是巧借特别的日子(如母亲节、植树节、开业或周年庆典等)以引起社会公众的关注，达到组织策划新闻事件的目的。

案例分析 11.7

张家界=阿凡达？

2009年年末电影《阿凡达》在北美上映，短短20多天就席卷18亿美元的票房，这对世界电影界来说是一个新闻，是一个奇迹。电影《阿凡达》在中国一线城市中地毯式广告宣传，特别是电影中那云雾缭绕、美丽壮观，山脉如在空中漂浮的"哈里路亚山"与张家界的"乾坤柱"(见图11.7)一模一样，这让一向敢为天下先的张家界旅游人士看到了蕴藏着的巨大旅游市场。

图11.7 张家界"乾坤柱"

2010年1月25日张家界宣布将张家界风景区中的"乾坤柱"更名为"哈里路亚山"。此举一公布立即引来各界关注和争议。就连湖南省旅游局局长杨光荣都说，虽然张家界利用《阿凡达》的卖点不错，但旅游话题不宜随意炒作，旅游景点改名应慎重。央视名嘴白岩松撰文称这是明显的文化不自信的表现。不少网民认为，将"乾坤柱"更名为"哈里路亚山"是逐利的"炒作"行为，也有网民认为这是市场经济下"后电影经济"的营销手段，低成本高回报的宣传手段将为张家界带来可观经济收益。总之，褒贬不一的各种评论蜂拥而来，但是张家界因此而走进了更多人的视野，特别是看过《阿凡达》影迷的视野。更为戏剧的是那些批评"炒作"、"功利"的人却都表示想去张家界领略一下"哈里亚路山"。随后，张家界设立"阿凡达主题游综合事务办公室"(简称"阿办")，结合影片中的15处场景，推出"阿凡达—潘多拉神奇之旅"、"阿凡达—哈里路亚山玄幻之旅"、"阿凡达—悬浮山神秘之旅"等旅游线路，景点包括张家界的黄石寨、金鞭溪、袁家界等景区。

就这样，张家界利用一次几乎不花钱的"改名公关"就让自己赚得个盆满钵满。

(资料来源：http://www.tianxiazhiyang.com/news.aspx?id=74)

(2) 同中求异法。同中求异法又称为"轰动效应法"，其关键在于别出心裁和与众不同。公共关系讲究个性张扬，旅游企业策划新闻事件更要共性中求个性，平凡中出新奇，敢于出其不意，敢于超越常规，这样才能给旅游者留下深刻印象，达到意想不到的效果。一般来说，一个人或一件事只要具备了"新、奇、特"三个新闻要素，就很有可能成为新闻事件，并被新闻媒介所捕捉。

例如，日本一家位于市郊偏僻山坡上的酒店想出了一个在山坡上划出一块土地供旅游者种纪念树的主意，如婚礼纪念树、生日纪念树等。这一活动构思巧妙，富有情趣，吸引大批记者前去采访，竞相报道，使原来无人问津的饭店一时间顾客大增。

(3) 直接效仿法。借鉴别人成功的经验为我所用，也是旅游企业策划新闻事件时常用的一种方法。但一定要注意模仿的痕迹不要太重，要切合自身实际有目的、有组织地寻求变化，并从变化中发现富有创造性和吸引力的新闻事件。

案例分析 11.8

中国最爽工作——南湾湖岛主

2009 年，澳大利亚昆士兰州旅游局为宣传大堡礁岛屿，面向全世界招聘大堡礁"护岛人"。其职责为每天在白沙碧海间巡视，并通过博客、图片和视频汇报工作。由于工作轻松且薪酬高(半年薪酬约 10.5 万美元)，这一职位被称为"史上最牛工作"，消息一公布，就吸引了大约 3.5 万的应征者，致使招聘网站一度崩溃。无独有偶，2012 年 6 月，河南信阳南湾湖风景区(见图 11.8)为了宣传景区，也如法炮制了这么一次招聘，网上遍发"招贤帖"，帖文写道："你还在为每天忙碌的工作苦恼？你还在为低得可怜的月薪发愁？你还在为很不爽的工作付出自己宝贵的青春？梦想有一天，可以在风景无边的地方，惬意的享受阳光。做轻松的工作，赚高额的月薪。""现在，南湾湖风景旅游区给你这个机会。""岛主获得者将获 30 万年薪。工作内容为：每天写博客，拍摄宣传片，组织招募网友活动，参加景区大型活动。"此消息火爆网络，参与者甚众，最终 23 岁的北京美女黄培培在决赛中胜出。

图 11.8　河南信阳南湾湖风景区

实际上，这个南湾湖的宣传营销交给了北京的一家策划公司全面托管，策划公司的营销总监张志斌毫不隐讳地表示："我们对南湾湖的这次宣传造势，就是借鉴了大堡礁'史上最牛工作'的创意。我觉得这未尝不可，效果达到了就好，同时也给我们中国人提供一个发生在身边的'最爽工作'。"

(资料来源：根据网上相关资料整理所得)

另外，旅游企业策划新闻事件是一个创造性和组织性很强的活动，其主题必须有益于社会公众，并能引起公众的广泛兴趣。在活动中必须将实际的社会效益放在首位，从而使事件的报道引起良好的社会效应。此外，旅游企业还可以与新闻媒介共同组织活动，或为其提供场地、人员、设备等方面的服务，使旅游企业成为整个活动的有机组成部分，进而成为新闻报道的基本内容或背景内容之一，达到特定的宣传目地。

3. 旅游新闻发布会策划

新闻发布会又称记者招待会,是旅游企业为有效地树立良好形象、形成有利于自身发展的社会舆论而召集新闻记者,就某一问题说明事实、表明立场并回答记者提问的一种特殊的旅游公共关系活动。它是旅游企业广泛传播各类信息、吸引媒介报道并搞好媒介关系的重要手段。旅游企业新闻发布会策划时应注意以下事项。

(1) 做好会议组织和主持工作。在新闻发布会开始以后,主持人要充分发挥组织和主持作用,促成会议顺利圆满进行。主持人的言谈既要庄重,又要有幽默感,注意活跃整个会议的气氛,引导记者踊跃提问。主持人要切实把握发布会的主题,当记者的提问离主题太远时,应巧妙地将话题引向主题。当会议出现紧张气氛时,主持人应及时缓和气氛,维持发布会的秩序,使发布会及时顺利地进行。

(2) 准确无误地发布信息。新闻发布会所发布的信息必须是真实准确的,似是而非、模棱两可的信息不能作为新闻发布会的内容。真实准确既包含事实确凿,又包含用语确切、态度真诚和坦率。

(3) 掌握回答问题的方式和方法。发言人要掌握好回答问题的方式和方法,随机应变。发言人不要和记者争论,也不要回避问题;对于不愿或不能发表的内容,应该婉转地向记者说明,不能简单地说"不清楚"、"无可奉告"等;不要随便打断记者的提问;不能以任何动作、表情和语言对记者表示不满。对于记者有挑衅或有偏见的问题,发言人不可激动和愤怒,应以良好的素养、确凿的事实予以纠正或反驳。

(4) 避免厚此薄彼。发布会对所有新闻机构及来宾都要一视同仁,避免厚此薄彼。能公布的信息对所有来宾公开,不能公布的信息则一律封闭。要尊重所有来宾,对每个记者提出的问题都要回答,即使是无礼的要求也要表现出极高的修养,冷静地予以应对。

另外,为宣传本国和本地区的旅游业,旅游界常采取"请进来"的方法,邀请国内外有关记者到本旅游地或旅游企业采访,通过亲身体验感受旅游地的特色文化。这种方法与举办记者招待会相比虽然规模不大,但形式活跃,能使旅游地或旅游企业与新闻界保持经常的联系,加强新闻界对旅游地或旅游企业及其所要宣传的内容的理解。

4. 旅游公关新闻稿件策划

旅游行业属于"窗口"行业,自身形象的优劣直接影响到游客对本地区及国家的看法和评价,而作为大众传媒的新闻传播是公众接受信息的重要渠道,也是旅游公共关系传播的一种常用方式,旅游公关新闻稿件策划就显得至关重要。新闻稿件策划是指从大量的信息中筛选出有助于旅游公关目标的内容,并对其进行加工润色,编辑成新闻稿。内容包括:题材、新闻结构、语言、新闻背景的策划。

(1) 旅游印刷类新闻稿件的策划。旅游印刷类新闻稿件策划是指对提供给印刷类新闻媒体的旅游公关新闻的选材、写作和发送等的谋划与制作。在选择稿件所要的材料时,要充分考虑两个关键问题,一是具有新闻价值,二是有助于达到旅游企业公关的目的。印刷类旅游公关新闻稿件的结构一般分为五个部分:即标题、导语、主体、背景和结尾。

①标题策划。标题是印刷类公关新闻报道的题目,其作用是概括和提示新闻的基本内

容,表明作者的立场、观点和态度,以吸引读者阅读正文。好的标题能第一时间紧抓游客的"眼球",使游客关注自己的旅游企业或旅游地。旅游公关新闻标题的要求是准确、标新、鲜明、生动、简练。②新闻导语策划标题策划。导语通常是旅游企业新闻报道的第一自然段或第一句话,目的是以简要的文字介绍消息内容,揭示新闻主题,引起读者注意。导语写作要求凝练、醒目、明快、生动,突出最主要的事实;在写法上可以提问也可以制造悬念,以吸引读者。③背景材料策划。旅游行业并不被所有的人了解,俗话说"隔行如隔山",旅游业的无形性、不可转移性、季节性等事实并不一定被其他行业、其他部门的公众所了解。因此,在旅游公关新闻稿里安排背景材料,有助于加强公众对旅游新闻的了解,也便于不同的新闻媒体按需挑选。背景材料既要写得全面,又要十分概括,帮助读者准确理解正文。④主体策划。导语或背景材料之后便是新闻主体,它是旅游公关新闻的主体部分,主要是对导语中提到的新闻要素做进一步的解释和叙述。在策划写作时,可根据求实的前后次序叙述,也可根据事物的内在联系和问题的逻辑层次来安排新闻主体的结构。但无论按什么结构写,都应从新闻的内容需要出发,让游客能明确感知报道所要传达的旅游信息。⑤结尾策划。报道的结尾是对报道内容的总结,但不是每则旅游公关新闻都必须具备的。如果主体部分已交代清楚了事实,可以不要结尾。结尾可以是启发式的,启发人们深思;可以是号召式的,以唤起读者的响应;还有展望式的结尾,指明事物的发展趋势和方向。对报道内容的总结,可有可无。

案例分析 11.9

山西永济普救寺莺莺塔1000万元低价征婚

普救寺是一座佛教十方院。西厢记里描述的张生和崔莺莺的爱情故事就发生在普救寺内,因而素有"爱情圣地"的美誉。然而,普救寺一年的游客量也就是15万左右,门票收入只有500多万元,旅游资源吸引力与市场吸引力不成正比。北京天下智扬风景文化传播机构应邀承担普救寺2010年公关策划,经过前期调查,最终确定了"莺莺塔征婚"事件的新闻营销。"莺莺塔征婚"事件在实际操作中摒弃了传统的新闻发布会的形式,而是直接给媒体投征婚启事。

新闻稿列举了出嫁条件(冠名权300万/年,共3年),择偶条件(企业形象良好),嫁妆(莺莺塔对外宣传时均称某企业莺莺塔),这则仅仅只有872个字的征婚启事看上去简明扼要,但却字字珠玑,更为重要是每句都蕴含着新闻点。

第一,只有区区24个字的标题充满着故事性,能一下子吸引读者的眼球而且隐藏着些许的策略。首先,标题中"非诚勿扰"4字正是借时下正在流行的同名真人秀节目,因此读者看到后会产生兴趣;其次,在市场调研中发现很多人知道普救寺,但不知普救寺到底在哪儿,因此,标题明确"山西永济普救寺";最后,把1000万元与低价征婚这对矛盾体结合起来,让标题,也让整个征婚启事更具有故事性,能刺激读者的好奇心。

第二,征文的第一段"天下寺庙不谈情,唯有山西普救寺"暗示着普救寺是以爱情文化为主要卖点的景区,立即就把普救寺在千万个寺庙中脱颖出来。征文的第二、三段分别用简洁的文字对普救寺的详细地理位置、爱情文化,以及标志景观"莺莺塔"进行描述。

第三，征文的择偶条件明确要求冠名企业的产品或品牌要与爱情文化或婚恋文化相关联，这进一步向受众传达普救寺是以爱情文化为主要特色的景区，不是惯性思维上理解的以佛教文化为主要特点的景区。

第四，征文的择偶条件的第三条要求冠名企业必须有过社会公益活动背景，这是向受众传达莺莺塔此次征婚不是纯粹的炒作，而是的确在为莺莺塔募集社会资本来进行更好的保护。特别是在出嫁嫁妆的第三条、第四条中明确规定对于冠名企业的广告回报必须以不影响古建筑景观和不破坏整个景区的景观环境为前提，又进一步来印证普救寺此次征婚是公益活动，绝不是一个只为噱头的炒作。

总的来说，这是一个非常完整、系统的新闻稿件策划，从这里我们可以看出新闻点开发策划常用的手法。值得学习！

(资料来源：http://www.tianxiazhiyang.com/Show_news.aspx?id=1049)

(2) 旅游视听类新闻稿件的策划。旅游视听类新闻稿件策划是指提供给视听新闻媒体的旅游新闻稿件的谋划与制作，主要指配合图像和语言而制作的文字稿件，比如为某市或某旅游地旅游形象宣传片制作的讲解稿。

旅游视听新闻稿件也涉及选材结构等方面的内容，但与其他新闻稿件相比，其在文字表达方面的特殊性主要表现在以下方面：旅游类视听新闻稿件注重口语化；使用比较简明扼要的语句；用词造句必须与旅游地的景观视频协调一致，引人入胜，尽可能地唤起游客的旅游动机。

11.3.2 旅游公关专题活动策划

公关专题活动又称公共关系特殊事件，或公共关系特别节目。公共专题活动的类型很多，大到组织大型庆典，小到参加社区公共活动，都可列入公关专题活动的范围。具体到旅游行业，常见的旅游公共关系专题活动有展览会、社会赞助、庆典活动、联谊会、演讲、组织参观等。这些公共关系活动是旅游公共关系策划基本活动之一。结合旅游企业自身的特点，本部分内容主要阐述社会公益、慈善或社会赞助、庆典活动、联谊活动等公共专题活动的类型、特点以及如何组织策划这一类活动。

1. 社会公益、慈善或赞助型的专题旅游公关活动策划

社会公益、慈善或赞助活动是旅游企业向某一社会事业或社会活动无偿地提供资金、实物、技术或劳动力支持，以获得一定形象传播目的的公共关系专题活动。这种活动是旅游企业的一种信誉投资和感情投资行为，是一种行之有效的公共关系手段，它可以使提供赞助的企业与被赞助的项目同步成名。

知识链接 11.2

社会赞助的基本类型

第一，赞助体育活动。赞助体育活动是企业最热衷最常见的赞助活动方式，多以赞助体育设施和大型体育比赛为主。体育活动因关注者多，影响大，往往同时也是广大新闻媒体报道的热点，所以赞助体育活动效果最明显，可以大大提高旅游企业的知名度，广泛而深刻地影响社会公众对企业的态度。比如，在某大型足球赛期间，某酒店宣布邀请××球队免费入住本酒店，并以巨型条幅的形式进行宣传，虽然损失了一些经济效益，但是起到了很好的新闻宣传效果。

第二，赞助社会文化活动。社会文化活动包括电影、电视节目、文艺表演、知识竞赛、艺术节等，是公众社会生活的重要组成部分，文化活动吸引的公众层面较宽，影响面较大，品位比较高。旅游企业赞助社会文化活动，不仅可以促进社会文化事业的发展，培养公众高尚的情操、丰富公众的生活内容，而且可以培养旅游企业与社会公众的良好感情，提高企业的知名度和美誉度，烘托出旅游这个朝阳产业的灿烂形象。

第三，赞助教育事业。随着社会的进步，教育日益受到社会各界的重视；然而教育是消耗性智力投资，常常陷入经费困扰之中。赞助教育事业既为旅游企业树立了关心教育的良好形象，又和教育界建立了良好的关系，为旅游企业的人才招聘和培训创造了条件。赞助的方式有提供奖学金、兴建校舍、赠送图书资料和教育仪器、资助学校旅游科研活动、协助学校进行旅游职业培训等。同时旅游业本身是一种高层次的审美活动，可以利用自己的这一功能，与学校联合共建教育培训基地。

第四，赞助社会福利和慈善事业。社会福利和慈善事业历来就是社会关注的热点。旅游企业出资赞助社会福利和慈善活动，为贫困地区、残疾人、孤寡老人、荣誉军人等提供帮助，开展服务活动，这是密切旅游企业与政府、社区和公众关系的重要途径。比如，旅行社在端午节免费或较低折扣组织老年人登山游，饭店在中秋节时举行自制月饼"义卖"，筹得的资金用于希望工程，这种举措因体现了企业高尚的品德和主动承担社会责任的精神，所以社会效果最好，能迅速提升企业知名度和美誉度。

第五，赞助各类奖励活动。旅游企业可以有选择性地赞助支持某一职业或专业发展的奖励活动，如新闻奖、创作奖、摄像奖、设计奖、发明奖、最佳影视等；也可赞助弘扬某种社会精神的奖励活动，如见义勇为奖、优秀家庭奖、孝顺儿女奖等；还可以赞助某类社团活动等。比如旅游地可以借助赞助某一摄影展，借此向公众展示旅游地的绮丽风光。

案例分析 11.10

中华民族园公关活动拓展旅游市场

中华民族园是北京市爱国主义教育基地，担负着对北京中小学生进行民族团结教育的重任。他们将"担子"转化为"契机"，积极加强同北京及周边城市中小学校的联系，设计了一系列的活动(见图11.9)，不仅圆满完成了政府交给的教育任务，而且开辟了学生市场，取得了可观的经济效益。

图 11.9 中华民族园活动

中华民族园先后推出了一系列活动：(1)"走进民族大家庭游园活动"。这项活动包括庄严的成人宣誓，既有领导、老师和家长的谆谆嘱托，又有高山族、藏族等少数民族的成人仪式表演，给学生们留下了深刻的印象。(2)"画我眼中的少数民族"。中华民族园组织爱好美术的学生及美术专业学校师生到园里来写生、画画，并曾组织海峡两岸的少年儿童参与这项活动，举办了展览，出版了画册。(3)民族知识大赛。中华民族园参照国家教委下发的小学、中学民族教育课本，结合民族园的民族知识，设计、印制问卷，组织学生参加。由于设计和组织这些活动符合学校教育的需要，也方便学校组织，所以每年都有很多学校参加，使学生游客始终保持稳定的数量；同时，中华民族园也被评为教育基地先进单位。

(资料来源：谢苏.《旅游公共关系》. 华中师范大学出版社，2006年)

(1) 社会公益活动赞助的策划程序。社会公益活动赞助的程序主要有以下内容。

① 制订赞助计划。策划者要在调查研究的基础上，根据旅游企业总的赞助方向和政策制定具体详尽的赞助计划。这是确保赞助活动取得预期效果的必要条件。旅游企业的赞助计划一般应包括以下几个方面的内容：赞助的目的、赞助对象的范围、赞助费用的预算、赞助形式、赞助活动的组织管理、赞助活动实施的具体步骤等内容。同时也应该考虑赞助活动中可能出现的一些问题和困难，制定一些必要的应变方案。

② 核定赞助项目。对每一个具体的赞助项目，策划者都应进行逐项审核评定，确定其可行性、赞助的具体方式、款项、时机等，从而制定出此项赞助活动的具体实施方案。

③ 实施赞助项目。旅游企业应委派公关部的专职人员负责赞助方案的具体实施工作。公关人员首先要弄清楚赞助活动的目的、内容和具体细节，所要进行的宣传活动的安排、步骤和程序等。为了扩大影响，赞助活动可以举办一定规模的签字仪式。被赞助单位尽可能为旅游企业提供宣传的机会，使宣传与赞助活动同步进行。同时，旅游企业的公共关系人员还应注意充分运用各种有效的公共关系技巧，比如酒店为赞助仪式、新闻发布会提供场地、旅游地为电视剧提供外景地，把自己的店徽或旅游地的图标作为背景装饰来扩大企业的社会影响。

④ 评估赞助效果。赞助活动完成后、旅游企业应及时对每一项赞助活动的效果进行调查测定。检查和评估工作主要从以下几个方面进行。第一，广泛调查、收集各方面的看法

和反应,如社会公众、传播媒体、被赞助单位、企业员工等对此次赞助活动的评价。第二,对照原计划,测定赞助活动的实际效果,分析已达到的目标和未达到的目标,找出活动中的欠缺和不足,总结此次赞助活动的经验和教训。第三,对评价的效果撰写信息反馈报告,在报告中要反映实际效果与计划的差距、成果与不足、问题出现的原因与弥补措施、今后努力的方向等内容。

(2) 社会公益活动赞助策划的要求。社会公益活动赞助策划的要求如下。

① 突出主题。赞助活动的形式主要有出资、捐物两种,但赞助活动的主题可能多种多样。活动要突出赞助的目的与主题,突出旅游企业的名称,但不能对旅游企业及旅游产品进行详细的介绍,过于具体就有推销广告的嫌疑。赞助活动要突出的是旅游企业为社会做贡献、参与社会公益事业这一主题,这样才能真正达到提高组织声誉和树立良好组织形象的目的。

② 扩大影响。旅游企业要想在其赞助活动中获得良好的宣传效果,就要特别注意与媒介之间的关系,否则会造成人力物力的浪费。在赞助过程中,旅游企业还可以采用新颖的方式突出主题,这不仅能吸引新闻媒体的关注,同时也能吸引更多公众的目光。

③ 严格审核。旅游企业从事社会赞助活动、出资捐物不能贪图虚名、搞花架子,而是要情真意切、货真价实。另外,在考察活动实施效果、总结活动经验的基础上,旅游企业可考虑是否制订连续的赞助计划,如确有必要则要拟出新的活动计划。

④ 淡化商业意识。赞助活动要设计新颖的赞助形式,淡化商业意识,要与做广告区别开来,即使要做广告也要以公共关系广告的形式出现,以免引起公众的反感。当今这个信息泛滥的时代,广告已越来越受到受众的反感、排斥。因此,如何吸引受众的眼球来关注自己的景区或旅游地,已成为旅游地经营者和专家们日夜思考的问题。公关营销恰恰能够解决这个问题,比如赞助某一影视片,讲述一个发生在旅游地的浪漫而又跌宕起伏的爱情故事。以此可以让消费者产生兴趣,激发旅游渴望并付诸行动。

知识链接 11.3

赞助对象的选择和赞助活动的宣传

一是选择好赞助对象。在众多的赞助要求中准确选择最佳的赞助对象,是保证赞助达到预定目标的前提。旅游企业所赞助的对象应该是社会公众最感兴趣的活动,或者是社会公众最乐于支持的事业而且是最需要支持的事业。否则,赞助对象被认为有误。

二是搞好赞助活动的宣传。旅游企业出资赞助某项活动理所当然有被宣传的权利。但是赞助活动的宣传还要注意不可进行直接的促销宣传。旅游企业赞助活动的宣传主要是显示企业的社会责任感,扩大企业知名度、美誉度,密切与客户和潜在客户的联系,争取长远的宣传效果。

2. 庆典型的旅游公关专题活动策划

旅游企业通常会通过举行庆典活动展示企业形象和实力,常见的庆典活动有开幕典礼、纪念典礼、节庆典礼、庆功典礼等。通过庆典活动，旅游企业可以吸引公众的关注，扩大其知名度和美誉度，最终获得更大的社会效益和经济效益。

(1) 庆典活动的作用。

美国一位著名的公共关系人员曾经说过："实际上没有一天、一周、一年是没有特殊事件可供纪念的，而历史上任何事件都有它的一周年、10周年、100周年等，都是值得纪念的。"对于任何一个旅游企业来说，值得庆祝和纪念的重大事件和日子是很多的。庆典活动是旅游企业为庆祝某一重大事件而举行的一种公关关系专题活动。庆典形式很多，如奠基典礼、开幕式、节庆、周年纪念、闭幕式等。庆典活动可以是一项单独的活动，也可以是围绕一个主题举行的一系列活动，如一个庆典活动可能涉及新闻发布、签字仪式、展览、参观、联谊、宴请等多项活动。

成功的庆典活动有助于扩大组织的知名度，提高组织的美誉度、加强组织的凝聚力，显示组织的综合实力，还能广交朋友，化解积怨，增进友谊。

知识链接 11.4

庆典活动的类型

(1) 开业、闭幕庆典。开业庆典是指一个组织成立或开张时所举办的庆祝活动。如某景区的开业、某旅行社的成立等。旅游企业举行一个热烈、隆重、特色鲜明的开幕庆典，会迅速提高组织的知名度，给社会公众留下深刻美好的印象。闭幕典礼是旅游企业重要活动的闭幕仪式，包括各种旅游展览会、博览会和文化节日的闭幕典礼，重要旅游工程项目的竣工或落成典礼等。闭幕典礼是各种活动的尾声，同开幕典礼相比较，它更多强调的是活动的有始有终。

(2) 周年庆典。周年庆典是旅游企业在发展过程中各种内容的周年纪念活动，包括旅游企业自身的周年纪念，旅游企业之间友好关系的周年纪念，某项旅游产品问世的周年纪念活动等。旅游企业利用周年之际举办庆祝活动，对振奋员工士气，扩大宣传、协调与旅游公众的关系都有重要的意义。旅游企业的庆典往往与地方传统旅游项目相结合，如西班牙西红柿节、云南的泼水节等，可以与旅游公众沟通感情，也可以制造新闻获取轰动效应，以扩大旅游企业的知名度和影响力。

(3) 重大节庆活动。节庆活动是指旅游企业在国际、国家和社会的重要节日举行的庆祝活动或者参与的庆祝活动。重要节日有春节、清明节、端午节、中秋节、重阳节等传统民族节日；国庆节、建军节等国家节日；五一劳动节、六一儿童节等国际节日；还有我国改革开放后从西方"引进"的节日，如圣诞节、情人节、母亲节等。旅游企业可以利用自己的有利条件，比如饭店的食品节、啤酒节、烧烤周、美食月、特别庆典等；旅行社的冬日赏雪、重阳登高、三月春游、暑期夏令营等开展专题促销活动，为旅游公众举办各种娱乐、联谊活动，优惠或者免费提供旅游服务、可以活跃气氛，拉近与旅游公众的感情。

(4) 特别庆典。特别庆典是指旅游企业为了提高其知名度和社会声誉，利用某些具有特殊意义的事件或者为了某个特别的目的而策划的庆典活动。旅游企业可以根据自身的具体情况推出新的内容，尤其是抓住具有重要社会影响和新闻价值的事件进行策划。例如在旅游景点或酒店开展第 10 万名幸运游客活动或游客有奖活动，既可表明旅游企业有广阔的客源市场，值得信赖；又表明旅游企业对客人的尊重，而且庄重严肃的仪式现场也能调动公众情绪，打动人心。诸如这类既有新意又有特点的公关活动是极具新闻价值的，往往能带来很好的宣传效果。要抓住这类事件制造新闻，关键是需要旅游公共关系人员用心开发和创造。

(2) 庆典活动的策划程序与要求。

庆典活动策划工作程序一般包括开业典礼的筹备工作、开业典礼的具体程序设计和典礼后活动三大环节。

庆典活动策划的要求主要有三点。一是计划性。大型庆典活动宾客众多、场面宏大，方方面面都要关照周全。因此，旅游企业有必要制订详尽和周密的计划，力图使庆典的各项工作有条不紊地进行，同时要注意计划的灵活性，以便遇到突发问题做出相应的调整。二是新颖性。庆典活动的策划设计和制作应当体现新的创意，突出活动的新颖性。一个醒目的标题或一个令人耳目一新的口号能使庆典活动在公众心目中留下深刻的印象。三是新闻性。新闻媒体对庆典活动的反应是衡量活动成功与否的标尺，因此，努力使庆典活动本身具有新闻价值极其重要，同时，强化新闻制造，争取新闻媒体广泛宣传报道也是值得旅游企业重视的问题。有些旅游企业由于只注意新闻媒体的一般参与，不注重新闻的制造，而造成社会公众对庆典活动反映平平，无法产生轰动效应。

案例分析 11.11

酒店开业庆典活动策划工作程序

开业典礼是酒店首次向社会公众展示自身的组织管理水平、社交水平、酒店的文化素质、员工精神风貌的公共关系活动，因此，越来越多的酒店开始非常注重开业典礼。组织开业典礼应遵循"热烈、隆重、节约"的原则。

(1) 开业典礼的筹备工作。

首先由酒店公共关系部拟定邀请嘉宾名单并发请柬。酒店开业典礼应邀请的嘉宾有：酒店的主管部门领导、社会各界领导、朋友；同行业代表；社会知名人士；社区代表；新闻媒介记者等。典礼仪式一般安排在酒店大门口，门口都要悬挂横幅、欢迎标语。若在室外举行典礼仪式，要在嘉宾站立处和剪彩处铺设红地毯以示尊敬和庄重。会场两边可放置嘉宾赠送的花篮、匾，四周悬挂彩带和彩灯。主席台应事先安排好座次或站位，要有醒目的铭牌提示。还要准备好音响设备、照明设备，使整个场地显得隆重、热烈。礼仪小姐和工作人员负责典礼的礼仪、接待和服务工作。礼仪小姐一般应身着礼服，最好是红色旗袍，身披绶带，绶带上有庆典标志或酒店名称。工作人员应佩戴胸卡。事先需准备好馈赠礼品。从公共关系的发展考虑，礼品应具有象征性、宣传性等特点，即礼品应有纪念意义而不要求实用、昂贵，礼品的包装应印有酒店的标志、开业日期、服务承诺或产品图案、广告用语等。

(2) 开业典礼的程序。

嘉宾来到后，要有专人负责引领他们到签到处签到，同时发放宣传资料。嘉宾签到后，由接待人员引领到接待休息室，酒店领导应在此陪同嘉宾交流，可以谈关于酒店的话题，或者对嘉宾的到来表示欢迎和感谢的话语。活动程序应当事先印刷好，连同赠送给客人的纪念品一起送给来宾，做到嘉宾人手一份，以便他们了解庆典活动的安排。庆典活动的程序一般是：宣布典礼开始，奏相关乐曲，主持人宣读重要嘉宾名单，领导人和重要嘉宾致辞，奏乐、剪彩、鸣放鞭炮，其间可安排一些助兴节目，如盘鼓、歌舞表演或播放喜庆音乐以渲染气氛。还可以进行文艺表演，以示庆祝；也可以举行大型促销活动。

(3) 典礼后活动。

主持人宣布仪式结束，即可引导嘉宾参观酒店的设施设备、服务条件等，介绍主要设施设备或特色服务，展示、宣传自我；也可以举行简短的座谈会或请嘉宾在留言簿上留言、广泛征求意见，达到总结经验、鼓舞士气的目的。之后还可以安排舞会、宴会等答谢嘉宾。

为了旅游企业形象的传播，庆典活动结束后可以安排嘉宾或部分具有影响力的公众参观本企业。参观内容可以因旅游企业的业务性质不同而异，如旅游饭店可以带领嘉宾参观酒店硬件设施，也可让他们体验酒店服务；旅行社可以安排嘉宾体验新开辟的旅游线路；旅游科研教育机构可以参观校舍、培训基地等。此外，还可以安排有关业务生产的操作性表演让嘉宾观摩，或举办文艺表演等来联络感情。

知识链接 11.5

庆典活动的现场管理——"角色管理"

由于活动现场的参与人员数量大、事务繁杂，所以如何控制好现场的各项工作，保证活动顺利进行，对于活动管理者来说也是一个极大的挑战。为了提高活动实施阶段的管理效率，应该实施操作程序化管理。程序化管理是一种科学的管理意识，只有程序化实施，才能有标准化、科学化管理，因而实施设计重要的是设计出操作的规范程序。

其实每次庆典活动的参与人员都很固定，根据他们参与活动的不同身份大致可以分为6类，即：活动组织方、场馆方、演员/主持/选手等、舞台/灯光/音响制作方、嘉宾/观众方和媒体记者方。

所以，策划者可根据活动参与者的角色分配管理工作，分工明确、各负其责。艺术界把这个管理暂时称为"角色管理"，即根据参与活动者的不同身份把现场的管理任务分为若干方面，每一参与角色群体的相关事务为一方面的管理任务，再分别安排专人来负责每一方面的相关事务，最后由项目负责人统一管理各个方面的负责人，协调和控制整个现场的工作。

(资料来源：卢晓. 节庆活动策划与管理. 上海人民出版社，2006年)

3. 联谊型的旅游公关专题活动策划

联谊活动包括旅游企业内部员工和外部公众的联谊，这是一种沟通信息、联络感情的重要方式，其作用是使旅游企业及其内部人员更好地接触社会，获得社会的支持。

联谊活动的策划一般遵循以下程序。

一是确定联谊活动的主题。每次联谊活动一般都要有个主题，如旅游企业与儿童共度六一，与协作单位共庆元旦等。主题确定好了，就可以围绕主题选择合适的联谊活动方式。

二是确定联谊活动形式。联谊活动有多种形式，一般包括舞会、联欢会、茶话会、文艺演出、电影和音乐招待会以及各种类型的宴请等。策划一次联谊会，应根据联谊对象、公关目标和联谊活动的主题，确定合适的联谊形式。有时联谊活动也可能是一系列活动形式的组合，如某一主题的联谊活动包括展览、文艺联欢、茶话会和参观活动等。

三是确定联谊活动的时间。一项联谊活动的时间不宜过长，一般以2~3小时为宜。过长会显得拖沓，使人产生乏味感，不仅效果不佳，还会增加成本。

四是发出邀请。旅游企业需提前将参加联谊活动的凭证，如入场券、就餐券或有关票证发到参加人员手中，保证参加联谊活动的人员能按时出席。

五是场地安排。场地安排要考虑联谊活动的规模、档次、特色及环境等因素，专场的文艺演出还应准备好节目单和简介。

4. 旅游公共关系专题活动策划的技巧

旅游公共关系专题活动策划主要有以下技巧。

(1) 热点转移。"热点"，即社会上新颖的、被人们普遍关注的事物或现象。它既具有认知度大的特点，同时又具有社会性的特点。旅游公共关系专题活动的策划如能巧妙地转移热点，必然能产生绝佳的策划创意，策划出独特的公共关系专题活动。

(2) 借助名人。名人一般已在很大的范围内为公众所认知，且有较高的美誉度。旅游企业在策划专题活动时，可以借助名人来增强活动效果。

(3) 小题大做。小题大做就是旅游企业在策划公共关系专题活动时，借助与旅游企业密切相关的、加以利用可给组织带来美誉度的某些小题材进行渲染、造势，引起新闻界的注意，从而在知名度上得到收获。

(4) 感情放大。在激烈的市场竞争中，任何旅游企业都选择了向公众提供优质服务、树立组织形象的经营之道。而提供优质服务的真谛就在于向公众呈送真情。因此，真情服务中以情动人、以情感人，必然会获得公众真情的回报，而新闻媒体自然也会予以传播。

11.3.3 旅游公关促销策划

1. 旅游公关促销策划的含义

旅游公关促销是围绕销售而展开的一系列活动。旅游公关促销的重点是服务形象和组织形象。旅游公关促销活动与一般商业性的促销活动既有区别也有联系。旅游公关促销目的是让公众深入了解一个国家、一个地区、一个风景区、一个旅游企业，而商业推销则以出售产品为目的。前者目标是公众，后者则更注重购买者。但二者并不互相排斥，其最终的目的都是促进产品和服务的销售。旅游公关促销策划是运用公关手段进行旅游促销的艺术和技巧的谋划。

2. 旅游公关促销策划方法

目前使用比较普遍的旅游公关促销方法是博览会、交易会、展览会或展销会以及邀请代理商来访等。旅游展览、旅游展销会与其他行业不同，无法以实物展出，只能借助各种媒介，例如文字、图像、声音和模型等，传播旅游产品和服务的形象。由于各种传播媒介图文并茂、形象生动，因此深受旅游企业的欢迎，很多旅游企业都利用举办展览会、展销会的方法塑造旅游形象，扩大影响，与公众建立广泛联系，并谋求长期而稳定的客源市场。

(1) 旅游展览和展销策划。旅游展览和展销形式与种类很多，有综合性的整体宣传，也有就某一专题进行的专门性的宣传。规模可大可小，场所有室内和室外之分。旅游企业应根据不同的旅游促销目标，选择最理想、最有利的形式及种类。

旅游展览和展销会策划的一般程序如下。

① 确定展览和展销的目的、主题。展览和展销总的目的是促进销售，展览的内容、展览的方式和接待形式要围绕促进销售而进行。

② 组建展览和展销班子。展览和展销班子成员应由与展览和展销内容相关的部门的领导、公关人员、专业人员(摄影，美工人员)、讲解人员、接待人员和服务人员等组成。

③ 培训工作人员。参加展览和展销的工作人员不可能都是懂得旅游公共关系的专门人员，由此须对他们进行公共关系和与展览项目有关的专业知识的培训。

④ 选择展览和展销地点。旅游企业应根据展览和展销的内容和主题选择展览地点。旅游目的地的旅游部门一般都是选择到主要客源地进行展销。

⑤ 制定宣传措施。这一程序包括成立宣传小组，准备展览会必需的辅助宣传材料，如文字、幻灯和录像，制定新闻媒体报道的策略等。

⑥ 设计会徽和纪念品。旅游企业应根据展览和展销会确定的主题，制作会徽和小礼品(钥匙扣、手机链等)，在展览、展销会期间分发，达到传播信息、加深理解和联络感情的目的。

⑦ 编制预算。展览会经费预算应根据发生的费用逐一测算，包括场地费、设计费、陈列装修费、劳务费、交际费、宣传广告费、运输费和保险费。

(2) 邀请代理商。旅游区、旅游景点和旅游饭店等旅游部门通常采取邀请产品代理商考察的形式进行旅游公关促销，使他们熟悉旅游产品和服务。这种活动几乎已成为固定的模式，即 Fam Tour。Fam 是 familarization 的缩写，意思就是使人熟悉。旅游部门所邀请的中间商应包括下列人员：旅行社负责人、旅游代理商、旅行社的销售人员、旅游交通负责人、大企业的工会或福利负责人、会议组织机构。若是对一个旅游地的多个旅游区、景点和其他旅游企业进行考察，应由具有协调能力的旅游企业出面安排考察活动，避免为争夺客源而产生矛盾。旅游部门要向代理商提供宣传资料，包括书面资料及各种声音资料。内容包括：旅游景点、度假中心、游览活动和饭店等概况介绍的小册子或指南，精心编制的旅游产品目录，包价旅游指南，服务项目一览表，纪录片，幻灯片，照片选编，招贴画等。为达到宣传和旅游促销的目的，旅游部门常常邀请记者一同参加。

案例分析 11.12

徐州汉文化风景区节庆系列活动策划

"兴华夏礼仪 过传统春节"活动策划方案。

传统的春节融入一种文化的意境，是中国几千年来最具代表性、最能体现中华民族文明礼仪的重要节日，俗话说过年礼先行，一是辞旧迎新，打开一个人生的结，分开过去和未来;二是祭天祭祖,融通天地万物,缅怀先人之德,祈盼人生幸福;三是走亲访友,互相祝福。如今,随着城市生活节奏的加快,年味已经越来越淡。为了让广大市民及周边居民过上一个传统难忘的新春佳节,增添节日的气氛和意义,弘扬传承中华民族的传统礼仪,徐州汉文化景区特策划承办"兴华夏礼仪 过传统春节"活动,以飨广大游客。

一、活动宗旨

弘扬传统文化,传承中华文明,

再现传统礼仪,构建温情徐州。

二、活动目标

以"兴华夏礼仪 过传统春节"为主题,引导本市及周边居民到汉文化景区行祭天、祭祖及行成人礼等传统春节礼仪活动,促进形成尊老、敬祖、感恩、环保等美好的社会风尚。

三、活动形式和内容

1. 祭天礼——祈盼新年平安吉祥

(1) 活动意义:古代认为,礼莫大于祭天。古人畏惧天,崇敬天,祭拜天,希望得到上苍的庇护和福佑,祈求风调雨顺。这对于今日的人们尊重大自然,提倡环保是有着积极意义的。

(2) 活动内容:祭天礼活动内容主要有以下几项。

① 祭天表演:主祭人员身着汉服在赞礼官(主持人)的引导下行祭天礼仪(见图 11.10)。

② 游客参与:游客跟随主祭人员一同行祭天礼。

③ 发放元宝汤:由主祭人员向现场的游客免费发放元宝汤,寓意来年发财。

图 11.10 祭天表演

2. 祭祖礼——缅怀先祖丰功伟绩

(1) 活动意义:祭祖作为一种社会礼仪和宗族教化方式,体现了后世"谦、仁、礼、孝、亲、和"的生命观。春节祭祖,丰盛食物,先享祖先,对始祖慎终追远,今非昔比,缅古颂今,寄情宏志,祈福未来,具有重要的现实意义。

(2) 活动内容:祭祖礼活动内容主要有以下几项。

① 传统祭祖演示:由两名主祭人员身着汉代祭祀礼服,在司祭人员的导引下行祭祖礼。

② 游客祭祖：游客上香祭祖。
③ 一元报平安：现场设有平安锣和吉祥鼓，游客向宗祠捐助一元钱，即可敲响平安锣和吉祥鼓，预示着来年平安吉祥。

3. 成人礼——感受成长的喜悦和责任

(1) 活动意义：成人礼是承上启下的标志性礼仪，源自远古氏族时代的"成丁礼"，是对一个刚刚跨入成年门槛孩子的成人资格和能力的确认。孩子由此获得各种成人权利，承担起各种义务。此项活动通过独特的汉民族的成人礼(男子行冠礼，女子行笄礼)，给初成的成人上了一堂成人的教育课，激发自我独立的意识和责任感。

(2) 活动内容：成人礼活动内容主要有以下几项。
① 行礼者穿着汉服(汉民族传统服饰)，接受司礼者的加冠或加笄。
② 在司礼人员的带领下宣读成人誓词。
③ 向父母或老师、长辈行礼。

注：参与接受成人礼者要求是年满十八周岁的男女青年，须由家长或老师陪同孩子参加。

四、活动效果预测

游客在汉文化景区里徜徉，领略着古风汉韵，聆听着古典的宫廷音乐，享受着象征来年发财的元宝汤，敲起平安锣和吉祥鼓。孩子在师长的带领下，接受传统的成人礼，迈向新的人生。汉文化节庆系列活动一定会让参与者感受到一个祥和、欢乐、积极向上而又年味十足的春节。

(资料来源：根据网上相关资料整理)

11.3.4 旅游危机公关策划

世界旅游组织对旅游危机的定义为："影响旅游者对一个目的地的信心并扰乱正常经营的非预期性事件。"旅游企业的公共关系状态并非一直处于理想的状况，旅游企业与各种公众不可避免地会发生摩擦、产生冲突；旅游企业在内、外环境中生存发展，不可避免地会遇到困难、遭受挫折，使旅游企业公共关系失调，旅游企业形象受损，构成旅游公共关系危机。危机公关是公共关系活动的一个重要组成部分，旅游危机公关是指在旅游经营过程中，当出现危及生命和财产的突发事件时，旅游企业为避免或挽救旅游企业形象受损而采取的旅游公关行动。旅游危机公关策划水平反映了旅游企业整体的公关水平。

从广义的角度看，旅游公共关系危机包含了投诉和旅游企业危机两种。平常旅游企业与公众的摩擦冲突是以投诉的形式表现出来的，强烈的、广泛的、影响力大的投诉也就是旅游企业的公共关系危机。在危机型公共关系活动中，防范和消除危机，维护组织的声誉，对旅游企业的生存和发展有着举足轻重的作用。

1. 旅游公共关系危机事件的基本特征

旅游公共关系危机产生的事件、地点难以预料，涉及的范围有大有小，产生的原因也不尽相同。但不管产生的原因是什么，危机事件都具有如下基本特征。

(1) 突发性。危机事件都是意想不到，突然爆发的，如飞机失事、火车出轨、大规模食物中毒等。由于事故来得突然，又有很强的力度，往往使旅游企业措手不及，给企业造成很大冲击。如2003年的"非典"，曾让很多餐饮企业和旅行社措手不及。

(2) 危害性。任何危机事件不仅会对旅游企业的经济利益和声誉造成不利的影响，破坏旅游企业的正常秩序，带来严重的形象危机和巨大的经济损失，而且会给社会造成严重的危害。有时危机对人们本身的好奇心理刺激性相当大，危机成为人们街谈巷议的话题，成为新闻报道的中心，更扩大了危机影响的广度和深度，增加了处理的困难度。所以，旅游企业不能对危机事件掉以轻心，必须严加防范，妥善处理。如"冠生园事件"发生后，不仅南京的月饼市场一下子跌入冰点，各地的月饼销售量也都出现大的回落，正是"城门失火，殃及池鱼"。

(3) 紧迫性。危机一旦发生，就会像一颗突然爆炸的炸弹，在社会中迅速扩散开来，对社会造成严重的冲击。同时，它还会像一根牵动社会的神经，迅速引起社会各界的不同反应，令社会各界密切关注。若不采取有效的制止措施，就容易使整个旅游企业形象遭到严重破坏。如古城凤凰发生殴打游客事件后，很多网友纷纷表示，原本想去旅游观光，现在不敢去了。因此，旅游企业公关部门必须牢记"兵贵神速"这一格言，强调危机公共关系的时效性。危机发生后，旅游企业应首先想方设法防止事态的进一步扩大，然后采取具体而有效的手段修复组织和提高形象。

(4) 可变性。无论是什么程度的危机事件都不存在不可收拾的情况。哪怕是影响极大、后果严重的灾难性事件，也可以根据危机的危害程度，采取相应的处理措施。任何一种危机事件的出现都是事物运动、发展、变化的结果，旅游企业发现后，就可以通过采取适当措施让其在力所能及的范围内得到抑制、扭转并向好的方向发展。

案例分析11.13

会理PS事件的危机公关

第一阶段：危机出现——领导"悬浮"引发PS狂潮。

26日，有网友爆料称，凉山州会理县政府网站发布的一则新闻中使用了合成痕迹明显的领导视察照片。随后，该图片在网上引发了PS狂潮。

网民们对图片进行了新的合成，原图中的3名领导走出会理县、走出国门，甚至离开地球，背景包括车上、太空、草原、南方水灾现场等多个场景。

昨日，微博上甚至已形成多个"会理县领导一日环游世界各地视察"的"套图"。

第二阶段：积极回应——政府网站发布原图。

事件发生当天，会理县政府接受天府早报等媒体采访，做出正面回应，并在政府网站上发表致歉声明，贴出了PS前的原图。

与一般危机回应不同的是，会理县还向前多走了一步：当天下午，会理县政府及PS事件的当事人孙正东在新浪网开通实名认证微博，向网友说明情况并致歉。

随后网友发现，会理县政府微博和孙正东的微博积极和网友互动，以同样轻松诙谐的语气回应网友的PS恶搞，并借机推介会理旅游。

第三阶段：微博逆转——当事人公开"炒作"领导。

27日晚开始，孙正东在微博上转发并评论网友对会理县领导的各种PS恶搞图片，从中挑选自己认为"最喜欢"的与网友分享，并表示自己"在加强练习PS技术的同时，我还将学习微博操作，以便跟大家介绍会理县"。"听说PS还在继续，会理领导表示鸭梨很大。他们不仅要长时间保持同一姿势处于飘浮状态、还要全球各地的跑……很忙很累的有木有？！"

公开"拿县领导炒作"，网友感到意外的同时，对会理县的印象也发生改变，称孙正东"用轻松幽默把PS事件逆转了"。

第四阶段：收获商机——旅行社推介会理旅游。

昨日，某些团购网站和旅行社则已开始推介会理旅游套票。此前名不见经传的会理县一"图"成名。会理石榴、会理古城，都开始走进网民的视野，成为微博上热传的旅游信息。不少网友表示，在PS欢乐之余，"对会理产生了浓厚兴趣，很想去旅游"。

学者点评——危机公关，学习会理好榜样。

网友及学者对会理县的这次危机公关给予了很高评价。

中国传媒大学MBA学院院长张树庭评价说："一个危机事件华丽转身为成功的城市营销，堪称危机公关的经典案例，会理的这几位同志了不起。"《中国危机管理报告》编委、人民大学公共传播研究所研究员孙希说："没有黑幕，危机可变机遇；如有黑幕，机遇可成危机。"

中国公关网官方微博发文称"危机公关，该学学四川会理好榜样"。该网站分析，会理县政府和当事技术人员及时公开道歉，并将PS的原图和过程公之于众，对网友的各种恶搞图片不仅宽容，还跟着转发，并乘机宣传了会理县那些绝对没有PS过的旅游图片。这样的回应水平，被赞为"近年来最为成功的政府危机公关案例"。

(资料来源：根据网上相关资料整理所得)

【小思考】请问会理如何实现从危机到机遇的逆转？应如何进一步扩大其旅游宣传？

2．旅游危机公关策划的要点

(1) 实事求是。"真实是公共关系的生命。"旅游企业在处理危机事件时，必须向各方面的公众如实反映和汇报事件发生的原因、已经和可能造成的后果、旅游企业正在采取和将要采取的补救措施。可以召开新闻发布会，或者开通微博，实时播报进展，决不能故意隐瞒事件的真相，更不能推诿责任。

(2) 重视公众利益。危机事件的发生会使企业遭受很大损失，但公关人员首先考虑的应是公众的利益。公关人员要以公众利益代言人的身份出现，把公众放在第一位，一切计划措施都必须首先保障公众利益。只有保护公众利益不受到损害，得到公众的理解与支持，才会给旅游企业带来声誉，给游客带来信赖感。

(3) 引导舆论。公众舆论对企业事关重大，是旅游企业危机公关策划必须重视的要点。旅游企业危机策划要重视公众舆论，可以多层次、多角度、故事性地引导舆论，求得公众的谅解，帮助企业重振声誉。

3. 旅游公关危机事件的处理艺术

一般来说，危机事件有偶发性、突发性、复杂性及不可估量的危害性等特点。因此旅游企业在处置突出性事件时，既要讲究方法，又要注重实效。

(1) 忌"拖"、求"快"，争取时间上的主动权。旅游企业处理危机事件，争取时间极为重要。该决断的时候还要反复"研究、研究"、"看看、看看"，便会落个"小事闹大、规模扩大、难度增大"的后果。因此，旅游企业对危机事件要迅速受理，及时查处。要在众多矛盾之中指出主要矛盾，从不清楚之中找出清楚之点，抓住火候果断处置。

处置危机事件忌"拖"，危机公关如同消防救火，危机刚发生时如火苗初起，如果企业不迅速采取危机公关措施，那么等火势蔓延，事态扩大，原先可能只是一个于企业无大碍的小危机，最终会演变成置企业于死地的灭顶之灾。除此之外还要求"快"，旅游企业在事先应对可能发生的危机做预测，并制订一套切实可行的危机应急方案。当危机发生后，不要等到被媒体揭露，闹得沸沸扬扬时才匆忙进行补救，而应迅速将应急方案付诸实施，以最快的速度处理危机，保证公众的利益不受进一步损害，防止事态的扩大，及时准确地传达组织的信息，赢得公众对企业的理解和同情，杜绝不利信息的传播。

(2) 忌"瞒"、求"坦"，争取决断上的主动权。处理危机还要像"包公断案"。包公断案的特点是重调查、重证据、严格依法办事。处置危机事件同样需要这种艺术和风格。这就要求有关人员勤于调查，把事件真相搞清楚，严格依法照章处置。在处置中不问私情，不畏权势，真正做到"不唯书，不唯上，只唯实"，这样决断正确，社会反响会更好。如果事实掌握不准，决断一错，就会增加若干倍的工作量。若是处置事件当中有徇私舞弊的行为，那更会引起公众不满，把事情弄得更糟。

处置危机事件忌"瞒"。有些旅游企业在危机发生后往往试图通过掩盖事实、不让公众了解真相而达到解决危机的目的。其实被公众知道组织危机并不可怕，真正可怕的是公众知道了组织在百般掩盖它的危机，这会让公众有被欺骗的感觉，结果丧失了对组织的信赖。金钱上的丧失可以再赚回来，信赖一旦丧失就难以挽回了。处置危机事件还要求"坦"。危机一旦发生，旅游企业就应掌握信息传播的主动权，选择最恰当、最有效、最便捷的信息传播渠道(或是通过覆盖面广、具有权威性的大众传播媒介，或是通过面对面的人际传播渠道)，主动坦诚地告诉公众到底发生了什么事，企业面对危机采取哪些积极有效的措施；同时对新闻媒介的采访报道采取积极配合的态度，力求给公众一个坦率真诚的印象，赢得公众好感，让公众了解危机的真相，争取公众的信任，并设法使受危机影响的公众站到组织的一边来，引导舆论向有利于组织的方面发展。

(3) 忌"乱"、求"齐"，争取工作上的主动权。处置危机事件，一般"宜粗不宜细"，即要先抓主要矛盾，查主要对象，找主要原因。凡与事件无关的，对于一时难弄清的线索，特别是与事件关系不大的问题，可先搁一搁，必要时再补查。力求抓主要问题，及时公布事件真相，以便争取多数支持者，快速缓解矛盾，平息事端。

处置危机事件忌"乱"。因为很多旅游企业事先对有可能发生的危机没有心理准备，所以危机一旦发生，企业领导人往往会手忙脚乱，不知所措，致使企业内部人心涣散，管理失控。在接受外部新闻媒体采访时，企业内部人员说法不一，甚至出现自相矛盾的情况，这就

第11章 旅游公共关系策划

会给公众一个企业内部管理混乱的印象，连内部管理都混乱了，那么企业的失败也就成为必然了。求"齐"，即在危机面前，企业上上下下要保持一致的状态，有专门部门负责危机公关的整体策划和协调，给公众留下企业在危机发生后仍然有条不紊正常运行的好印象。

本章小结

旅游公共关系策划是实施整体公关计划的有效手段和重要途径。策划是旅游公共关系工作的核心和关键，要正确掌握旅游公关活动策划的程序，采用多种策划手段，做好新闻策划、专题活动策划、促销策划、危机公关策划，使旅游地或旅游企业新的形象得以树立、旧的形象得以改善、危机得以消除、产品得以升华、市场得以开拓。旅游业必将是公共关系发展的广阔市场。

关键术语

公共关系；旅游公共关系；旅游公共关系功能；旅游公关模式；旅游公关新闻策划；旅游公关专题活动策划；旅游公关促销策划；旅游危机公关策划

Key words

public relations; tourism public relations; tourism public relations function; mode of tourism public relations; tourism public news planning; tourism public relation activities planning; tourism public relations promotions planning; tourism crisis PR planning

参考文献

[1] [美]威尔伯·施拉姆. 媒介与冲击[M]. 长春：东北财经大学出版社，2007.
[2] 沈祖祥. 旅游策划学[M]. 福州：福建人民出版社，2005.
[3] 陈扬乐. 旅游策划——原理、方法与实践[M]. 武汉：华中科技大学出版社，2009.
[4] 沈祖祥. 世界著名旅游实战策划案例[M]. 郑州：河南人民出版社，2004.
[5] 李祝舜. 旅游公共关系学[M]. 武汉：华中科技大学出版社，2008.
[6] 吕志墉. 中国旅游策划创意攻略[M]. 上海：文汇出版社，2009.

习题

一、名词解释

1. 旅游公关新闻　　2. 旅游公关模式　　3. 进攻性公关　　4. 旅游危机公关

二、单选题

1. (　　)是指利用各种传播媒介，将旅游目的地或旅游企业的信息迅速向外传播，形成有利的社会舆论。

  A．宣传性公关 B．社会性公关 C．交际性公关 D．防御性公关

 2．旅游企业通常会通过举行庆典活动展示企业形象和实力，常见的庆典活动有( )

  A．体育典礼 B．节庆典礼 C．文化典礼 D．慈善典礼

三、简答题

1．简要说明旅游公共关系专题活动的特点和作用。
2．如何举办旅游公关新闻发布会？
3．旅游公关促销的要素有哪些？
4．赞助活动意义何在？怎样搞好赞助工作？

四、论述题

1．以开幕典礼为例说明庆典的一般组织工作程序。
2．怎样做好旅游公共关系专题活动的策划？

五、案例分析

三亚"宰客门"引发的危机公关

  三亚政府在近来"宰客门"事件中的表现差强人意，网友们认为三亚政府对此事件的回应更多是在敷衍了事，三亚政府的态度和做法也暴露出政府危机公关存在的不足。

  "宰客门"事件回顾如下。

  自三亚离岛免税政策实施以来，三亚迎来了第一个春节黄金周，天价旅游费竟高于欧美旅游的费用，让人匪夷所思。更值得一提的是，最近微博用户披露的"宰客门"事件，让三亚旅游管理置于全国舆论压力的风口浪尖。

  说到"宰客门"事件，要追溯到1月28日网上的一条微博，"朋友一家3口前天在三亚吃海鲜，3个普通菜被宰近4000元。他说是被出租车司机推荐来的。邻座一哥们指着池里一条大鱼刚问价，店家手脚麻利将鱼捞出摔晕，一称11斤，每斤580元共6000多元。那哥们刚想说理，出来几个东北大汉，只好收声认栽。"此微博一发布，拉开了"宰客门"事件的序幕，随后有三亚旅游的博友纷纷跟帖，称在三亚旅游被宰。

  当地的危机公关举措如下。

  28号当日，三亚政府迅速做出反应，涉事的富林渔村海鲜店停业整顿。29日，三亚新闻官方微博做出回应，一方面表示绝不姑息欺客宰客行为，同时表示春节黄金周三亚没有收到任何食品卫生、诚信经营方面的投诉。三亚政府的"零投诉"说法引起网友一片哗然。30日，官方微博就"零投诉"给予解释，称表述有误，实情是"海鲜排档、水果零投诉"。而之后两天三亚政府和相关媒体的态度则让人大跌眼镜。1月31日，三亚政府

图11.11 三亚"宰客门"

官员声称将通过法律途径追究那些恶意诋毁三亚声誉者，态度强硬。2月1日，《国际旅游岛商报》头版头条以"罗迪，请你站出来"为题，呼应三亚市工商局所称的证据缺失问题。三亚市委市政府举行媒体见面会，海南省副省长、三亚市委书记姜斯宪对春节期间游客反映的海鲜排档、出租车及个别景区宰客现象向公众致歉。

(资料来源：根据百度百科整理)

【思考与分析】

1. 透过三亚"宰客门"事件，请深入分析和研究什么是旅游危机公关？哪些事件将使旅游组织陷入危机公关中？
2. 网络时代的旅游危机公关面临怎样的新课题？
3. 政府究竟如何提高旅游危机公关的能力？

延伸阅读

美国得莫瓦尼斯市的公关策划

人们越不愿意见到的事就越容易发生。爱荷华州得莫瓦尼斯这个旅游与会议目的地一夜之间突然变得面目皆非。1993年夏季的一场特大洪水把这一新型美国城市变成一座四处皆水而无水可喝的城市。7月11日当育空河水漫过得莫瓦尼斯水厂大坝时当地40万人口中有25万人口的供水中断。得莫瓦尼斯因较长时间不能恢复供水而闻名美国。12天中无水可以用来沐浴、洗衣、冲刷污泥，安全的饮用水19天后才得以恢复供应。在此危机下，得莫瓦尼斯市采取了以下措施应对。

1. 保持正常办公

即便在洪水水位最高的时候游客仍可在得莫瓦尼斯驾车旅行而不觉水害的存在。准确地说得莫瓦尼斯只有5%的面积遭受水害。这场水灾造成的损失较大。大水冲毁了一些房屋及商务设施，但会议场馆设施仍完好无损。绝大多数景点也未遭水害侵袭。旅游饭店中只有南方假日饭店一家受到洪水的破坏。

得莫瓦尼斯会议与旅游署灾后进行的危机管理的主要目标就是要向各界传播有关水害影响的精确信息，回答来自世界各地的询问电话。早就拟定，但略显粗泛的危机管理方案付诸实际实施。这个方案以过去其他旅游目的地如何成功进行危机管理的经验、教训为借鉴，而实际进行危机公关管理运作为灾后纠正人们的一些误解，增长公关人员的才干提供了机会。

2. 灾后采取的危机公关管理措施

由于尚难恢复供水，得莫瓦尼斯市内设施关闭达两周。这些设施关闭的另外考虑是担心火灾出现，因为消火栓在供水中断的情况下仅仅是个摆设。得莫瓦尼斯市市长宣布该市处于紧急状态。多数政府和商务机构，包括旅游署只留有少数值班人员坚守岗位(旅游署的值班人员分4班昼夜工作)。为了尽早采取措施恢复局面，旅游署没有搬至荣誉军人纪念堂的临时办公处所。

3. 调查了解情况

洪水过后的第二天，旅游署立即着手调查哪些旅游设施可以继续开放，哪些设施不能开放，这些景点是如何处置目前这种处境的。这些情况的汇总十分关键，因为旅游署设在机场的咨询中心的热线电话一直不断，很快一切可以供旅游者下榻的饭店都预订一空。

西得莫瓦尼斯、阿通那和另外几个不由得莫瓦尼斯水厂供水的郊区的供水一如既往，基本不受洪水影响。那里的饭店照常营业，客房爆满。多数供水有问题的饭店停业两周。有人想出了一些窍门，可以使这些饭店恢复营业。其中一个便是旅游署董事会主席，两家好西部旅馆的老板万斯·柯派克，他把宿营地使用的淋浴设备派上用场。

4. 传播、传播、传播

在这段时间内旅游署工作人员之间保持较高频度的信息交流沟通；与市政府官员及其他决策人物保持联系，了解现状与各项进展情况；与旅游署属下的饭店、景点、餐点负责人进行交谈；与客人们交谈(如即将举办的会议与会者、旅游团队领队、商务与休闲旅游者等)。如果旅游署不能掌握精确的情况就很难向旅游者提供可靠的足以消除误解的信息。

5. 让外界了解实情

让外界了解真相的方法多种多样，但最根本的一点就是要做到诚实、准确，把握好时机选择和信息单一传播的特质。危机公关管理的基本原则是在组织遇到危机时需要立即选定一至两名发言人负责与新闻界进行交往。旅游部门的其他工作人员必须知道他们是谁。这样做的目的是保持组织发出的信息口径一致，否则众说纷纭，一个人一个看法，那就会对组织的信誉构成不良影响。

与新闻界建立理解和信任关系应注重平时沟通，而不是"急来抱佛脚"。向新闻界发布的消息不论是好消息，还是坏消息，一定要明确新闻记者所代表的新闻媒体。

得莫瓦尼斯会议与旅游署制定的媒介关系方案包括以下几方面。

(1) 在州内与国内散发新闻稿。旅游署在水灾恢复期间连续3次通过爱荷华州的"THE LINK"与全国性组织"PR 新闻网络"向报刊、广播电视等媒体发布消息。这两个新闻服务组织效率高，乐于协助，所以为此花费一些也很值得。一般情况下，用户将新闻稿传真发至新闻服务机构，这些信息马上可以通过他们的网络向有关媒体传发。

(2) 与传媒保持接触。旅游署花费了大量的时间与精力与新闻记者进行交谈。那些专门为旅游行业刊物撰写消息文章的记者首先打电话问询有关情况，随后电话铃声不断。旅游署对新闻记者的问询极为重视，尽可能向他们提供最全面的、最新的消息。当然，也有一些问题不能马上进行回答。按照原计划八月中旬得莫瓦尼斯航空博览会期间将有大批记者来访，旅游署决定充分利用这一时机。

记者们的所见所闻足以说明得莫瓦尼斯已经恢复正常。灾后一个月，当记者们在古董店闲逛，或到西得莫瓦尼斯的周四夜市上转转，他们是不会相信这就是他们一个月前在电视上看到的、有人曾驾舟在大街上行驶的得莫瓦尼斯。

旅游署非常高兴地听到、看到大众传播媒体对得莫瓦尼斯灾后恢复情况的报道。威拉斯各特在 NBC "今日"节目中的现场报道,《旅游时代》的封面故事及其他难以一一历数的报道向各界证实了这一现实——得莫瓦尼斯仍向外界开放。

(3) 电视新闻。正常情况下,得莫瓦尼斯会议与旅游署更关注爱荷华州及相邻各州的旅游者。但关于此次水害的报道却覆盖全国。因此,一个全国性的公关战役愈显必要。旅游署制作了一条两分钟的电视新闻。这条新闻在这场公关战役中发挥了重要作用。这条电视新闻是由一家总部设在纽约,擅长危机公关管理的西格兰传播公司拍摄的。国际发展咨询公司向得莫瓦尼斯会议与旅游署提供了电视新闻策划制作方面的专家指导。

这条发往全国 200 家电视台的电视新闻以 8 月 4 日中午得莫瓦尼斯市民用"白水代酒干杯"庆贺供水恢复为题,3500 多名企盼、感激的市民集中在诺伦广场,在那里他们举杯豪饮刚刚恢复供应的得莫瓦尼斯自来水。全国各地的电视观众都可以看到几千个闪烁着晶莹光亮的酒杯在灿烂的阳光下高高举起。当清凉的自来水象香槟一样从水龙头中喷涌而出,欢呼声、碰杯声、喇叭声四起,彩色气球腾空而起。

当市民跳跃欢呼"美国万岁"时,地方电视台将这一动人的场面直播出去。这条电视新闻又被其他电视台采用,比旅游署寄送的电视新闻提前两天播发。西格兰的最大特点就是高效的传播与监测网络。西格兰可以保证 40%的电视台采用他们提供的电视新闻,同时使用这些新闻的电视台的统计数字,其中包括收视家庭总数,精确的人口构成分析等。9 月 1 日这条新闻在 CNN 和 ABC 以及 20 多个城市电视台播出。

西格兰在 11 月前会不断向旅游署提供有关这方面反馈的信息。由于卫星电视网络的使用,这条电视新闻极有可能被散布在全国各地的电视观众收视到。

"自来水代酒干杯"的创意使我们深受启发。像这样规模的专题公关活动,在 48 小时之内由会议与旅游署的员工圆满完成,体现出他们的极高的专业素质和毅力。每个员工都为这次活动献计献策,从"喝一杯,这水甘甜似蜜"到"感谢美国"都展现出员工的智慧和团结。

6. 结果评估

公关方面的努力与 8 万美元的广告投入相得益彰。这笔投入并非由旅游署当年预算拨付的,这一活动实际上得到了得莫瓦尼斯会议与旅游署、美国运通公司和地区旅游企业的大力资助。

在 8 月举办的爱荷华州博览会和新一届得莫瓦尼斯航空博览会时,休闲旅游已经恢复正常。得莫瓦尼斯大学花园假日酒店的总经理包博·奥讷认为得莫瓦尼斯市能够在如此短暂的时间内使休闲旅游恢复到近于正常的状态是一个巨大的胜利。在该市西部进行的一项旅游饭店客房出租率的调查表明 1992 年同季客房出租率为 72%,1993 年为 86%。

7 月是得莫瓦尼斯会议旅游的淡季,因此洪水对会议的举行影响不大,只有一项 3500 间/日业务的业余体操联合会锦标赛易地举办。比赛易地举办并不是锦标赛组织官员的决定,而是因为参赛者家长担心孩子们可能会喝"污染了的水"而患病,所以易地举行的。"污染"一词在公众的理解中包含了很多模糊的,甚至是错误的理解。而实际上水厂的化验结果表明水中细菌对人危害最严重时也就是引起轻微腹痛,并无其他影响。而在锦标赛召开之时自来水供应已经恢复正常。得莫瓦尼斯的一切都恢复了正常，绝大多数会议如期在得莫瓦尼斯举行。

当我们开始持慎重的乐观态度时，旅游者已经意识到得莫瓦尼斯并没有淹没在水下，商务旅游、会议旅游、休闲旅游一直在继续。

洪水虽然来去匆匆，但影响深远。得莫瓦尼斯的旅馆、餐饮、景点仍不能排除这一突发事件带来的5000万美元的损失。无论危机公关管理多么及时高明，财政投入多大，洪水造成的消极影响也难一笔勾销。甚至国际传媒也对这场洪水进行了报道。

任何人都没有资本躺在以往取得的成就上高枕无忧，否则在面临下一次危机公关管理时就难保证应付自如、稳操胜券。

(资料来源：中国公关网，2007-01-04，有删改)

北京大学出版社本科旅游管理系列规划教材

序号	书 名	标准书号	主编	定价	出版时间	配套情况
1	旅游学	7-301-22518-9	李 瑞	30	2013	课件
2	旅游学概论	7-301-21610-1	李玉华	42	2013	课件
3	旅游学导论	7-301-21325-4	张金霞	36	2012	课件
4	旅游策划理论与实务	7-301-22630-8	李峰 李萌	43	2013	课件
5	旅游资源开发与规划	7-301-22451-9	孟爱云	32	2013	课件
6	旅游规划原理与实务	7-301-21221-9	郭 伟	35	2012	课件
7	旅游地形象设计学	7-301-20946-2	凌善金	30	2012	课件
8	旅游英语教程	7-301-22042-9	于立新	38	2013	课件
9	导游实务	7-301-22045-0	易婷婷	29	2013	课件
10	导游实务	7-301-21638-5	朱 斌	32	2013	课件
11	旅游文化与传播	7-301-19349-5	潘文焰	38	2012	课件
12	休闲学导论	7-301-22654-4	李经龙	30	2013	课件
13	休闲学导论	7-301-21655-2	吴文新	49	2013	课件
14	休闲活动策划与服务	7-301-22113-6	杨 梅	32	2013	课件
15	旅游财务会计	7-301-20101-5	金莉芝	40	2012	课件
16	前厅客房服务与管理	7-301-22547-9	张青云	42	2013	课件
17	现代酒店管理与服务案例	7-301-17449-4	邢夫敏	29	2012	课件
18	餐饮运行与管理	7-301-21049-9	单铭磊	39	2012	课件
19	会展概论	7-301-21091-8	来逢波	33	2012	课件
20	旅行社门市管理实务	7-301-19339-6	梁雪松	39	2011	课件
21	餐饮经营管理	7-5038-5792-8	孙丽坤	30	2010	课件
22	现代旅行社管理	7-5038-5458-3	蒋长春	34	2010	课件
23	旅游学基础教程	7-5038-5363-0	王明星	43	2009	课件
24	民俗旅游学概论	7-5038-5373-9	梁福兴	34	2009	课件
25	旅游资源学	7-5038-5375-3	郑耀星	28	2009	课件
26	旅游信息系统	7-5038-5344-9	夏琛珍	18	2009	课件
27	旅游景观美学	7-5038-5345-6	祁 颖	22	2009	课件
28	前厅客房服务与管理	7-5038-5374-6	王 华	34	2009	课件
29	旅游市场营销学	7-5038-5443-9	程道品	30	2009	课件
30	中国人文旅游资源概论	7-5038-5601-3	朱桂凤	26	2009	课件
31	观光农业概论	7-5038-5661-7	潘贤丽	22	2009	课件
32	饭店管理概论	7-5038-4996-1	张利民	35	2008	课件
33	现代饭店管理	7-5038-5283-1	尹华光	36	2008	课件
34	旅游策划理论与实务	7-5038-5000-4	王衍用	20	2008	课件
35	中国旅游地理	7-5038-5006-6	周凤杰	28	2008	课件
36	旅游摄影	7-5038-5047-9	夏 峰	36	2008	
37	酒店人力资源管理	7-5038-5030-1	张玉改	28	2008	课件
38	旅游服务礼仪	7-5038-5040-0	胡碧芳	23	2008	课件
39	旅游经济学	7-5038-5036-3	王 梓	28	2008	课件
40	旅游文化学概论	7-5038-5008-0	曹诗图	23	2008	课件
41	旅游企业财务管理	7-5038-5302-9	周桂芳	32	2008	课件
42	旅游心理学	7-5038-5293-0	邹本涛	32	2008	课件
43	旅游政策与法规	7-5038-5306-7	袁正新	37	2008	课件
44	野外旅游探险考察教程	7-5038-5384-5	崔铁成	31	2008	课件

相关教学资源如电子课件、电子教材、习题答案等可以登录 www.pup6.com 下载或在线阅读。

　　扑六知识网(www.pup6.com)有海量的相关教学资源和电子教材供阅读及下载(包括北京大学出版社第六事业部的相关资源)，同时欢迎您将教学课件、视频、教案、素材、习题、试卷、辅导材料、课改成果、设计作品、论文等教学资源上传到pup6.com，与全国高校师生分享您的教学成就与经验，并可自由设定价格，知识也能创造财富。具体情况请登录网站查询。

　　如您需要免费纸质样书用于教学，欢迎登陆第六事业部门户网(www.pup6.com)填表申请，并欢迎在线登记选题以到北京大学出版社来出版您的大作，也可下载相关表格填写后发到我们的邮箱，我们将及时与您取得联系并做好全方位的服务。

　　扑六知识网将打造成全国最大的教育资源共享平台，欢迎您的加入——让知识有价值，让教学无界限，让学习更轻松。

　　联系方式：010-62750667，liuhe_cn@163.com，moyu333333@163.com，lihu80@163.com，欢迎来电来信。